Peter · Aktion und Reflexion

Andrea Peter

Aktion und Reflexion – Lehrerfortbildung aus international vergleichender Perspektive

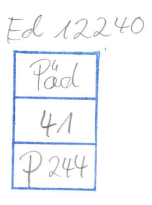

Deutscher Studien Verlag · Weinheim 1996

Über die Autorin:

Andrea Peter, Dr. phil., Jg. 65, ist Wissenschaftliche Hochschulassistentin am Institut für Didaktik der Mathematik der Westfälischen Wilhelms-Universität Münster.

Druck nach Typoskript (DTP)

Alle Rechte, insbesondere das Recht der Vervielfältigung und Verbreitung sowie der Übersetzung, vorbehalten. Kein Teil des Werkes darf in irgendeiner Form (durch Photokopie, Mikrofilm oder ein anderes Verfahren) ohne schriftliche Genehmigung des Verlages reproduziert oder unter Verwendung elektronischer Systeme verarbeitet, vervielfältigt und verbreitet werden.

© 1996 Deutscher Studien Verlag · Weinheim
Druck: Druck Partner Rübelmann GmbH, 69502 Hemsbach
Seriengestaltung des Umschlags: Atelier Warminski, 63654 Büdingen
Printed in Germany

ISBN 3 89271 626 9

Educational change depends on what teachers do or think - it's as simple and as complex as that.

Michael G. Fullan

Vorwort

Interessant und bemerkenswert ist bereits die Genese dieser Arbeit. Im Rahmen ihres in die zweite Hälfte der achtziger Jahre fallenden Studiums für das Lehramt Primarstufe in Nordrhein-Westfalen beobachtet die Autorin in zahlreichen Unterrichtshospitationen und Schulpraktika immer wieder Unzufriedenheit und deutliches Unbehagen in den Kollegien der besuchten Grundschulen, besonders in bezug auf den Mathematikunterricht. Für die Grundschule waren neue Richtlinien und Lehrpläne eingeführt worden, und viele Lehrer beklagten vor allem, daß ihnen kaum Hilfe für die Umsetzung in die Praxis gegeben wurde.Vor diesem Hintergrund entwickelt sich für Andrea Peter ein starkes Interesse an der Frage nach den Zielen, Möglichkeiten und tatsächlichen Realisierungen der Weiterqualifizierung der Lehrer, insbesondere der Grundschullehrer, nachdem sie ihre primäre Ausbildung abgeschlossen haben.

Nach ersten auf Literaturstudien gegründeten Orientierungen an den in Deutschland bestehenden Strukturen und Praktiken und der hier geführten aktuellen wissenschaftlichen Diskussion und Forschungsarbeit gewinnt sie 1990 Einblicke in die Situation und die Entwicklungstendenzen in Australien. Während eines privaten Aufenthaltes erhält sie aufgrund eigener Initiativen Gelegenheit, Grundschulen in Melbourne zu besuchen und sich dabei auch über verschiedene Projekte, insbesondere zur Fortbildung von Lehrern, die in der Primarstufe Mathematik unterrichten, zu informieren.

Die nähere Beschäftigung mit dem 1990 bereits sehr erfolgreich laufenden Fortbildungsprogramm "Exploring Mathematics in Classrooms" (EMIC) führte zu Kontakten zu einer mathematikdidaktischen Forschungsgruppe an der *Australian Catholic University* in Melbourne (und den international bekannten Mathematikdidaktikern David Clarke und Peter Sullivan als leitenden Mitgliedern), die ihrerseits in Zusammenarbeit mit dem *Catholic Education Office* des Bundesstaates Victoria und drei diesem unterstehenden katholischen Sekundarschulen in Melbourne damit befaßt war, das für die vorliegende Arbeit zentrale Lehrerfortbildungsprogramm ARTISM ("Active and Reflective Teaching in Secondary Mathematics") als eine Anschlußmaßnahme an EMIC für die Sekundarstufe I, d.h. die Jahrgangsstufen 7 bis 10, zu konzipieren. Die besonderen Merkmale des ARTISM-Projekts liegen in der Betonung und Bedeutung der individuellen Lern- und Entwicklungsprozesse bei den teilnehmenden Lehrern im Hinblick auf Veränderungen ihres Wissens, ihrer Überzeugungen und Einstellungen, ihrer mit dem Mathematikunterricht assoziierten Werte und Ziele sowie ihrer eigenen Unterrichtspraxis. Eine entsprechende

Rolle spielt dabei auch die Berücksichtigung der Kontexte und Bedingungszusammenhänge, unter denen die Fortbildung stattfindet. Insgesamt werden sowohl bei der Konzeption und Implementation als auch bei der Evaluierung des Programms theoretische Ansätze, Modellvorstellungen und Methoden verwendet bzw. weiterentwickelt, die vorwiegend aus einem verhältnismäßig umfangreichen Forschungs- und Erfahrungsvorlauf australischer und im Zusammenhang damit auch anglo-amerikanischer fachdidaktischer und erziehungswissenschaftlicher Arbeiten zur Lehrerfortbildung hervorgegangen sind.

In der vorliegenden Arbeit wird das Lehrerfortbildungsprogramm ARTISM als Entwicklungs- und Forschungsprogramm im einzelnen dargestellt: in seinen Entstehungszusammenhängen im Rahmen von Reformen des Mathematikunterrichts in Australien, in seinen strukturellen und konzeptionellen Rahmenbedingungen, in Programmaufbau und Programmkomponenten, in seinen tragenden Konzepten aus mathematik- und fortbildungsdidaktischer Perspektive, in seinem Evaluationsdesign und im Hinblick auf seine Wahl als Hintergrund zur Untersuchung von individuellen Veränderungsprozessen von Lehrern. Sodann werden der forschungsmethodologische Rahmen und das methodische Vorgehen dargestellt. Einen zentralen Stellenwert haben die ausführlich belegten Einzelfallstudien, die sich auf vier Lehrer aus drei verschiedenen Schulen beziehen.

Wichtige Grundlagen für die Durchführung und Auswertung dieser Einzelfallstudien wie auch für das gesamte Rahmenkonzept der Arbeit sind bereits im ersten Kapitel bereitgestellt worden. Hier werden im Sinne der Entwicklung einer international vergleichenden Perspektive, wie sie im Titel der Arbeit angesprochen wird, die bildungspolitische Diskussion sowie die wissenschaftliche Erörterung der Lehrerfortbildung einschließlich der zugehörigen Evaluationsproblematik, sowohl mit Bezug auf die Situation in Deutschland als auch mit Bezug auf die Situation in Australien und allgemeiner auf anglo-amerikanisch/australische Sichtweisen, aufgearbeitet und unter dem Aspekt von Kontrasten und Parallelen aufeinander bezogen. In diesem Zusammenhang spielen gewisse Modellbildungen für das Verständnis von Veränderungsprozessen bei Lehrern durch Fortbildung eine wichtige Rolle, wobei das von David Clarke und Andrea Peter aus vorhandenen Ansätzen weiterentwickelte zyklische Modell gerade für das Erfassen von Individualität und Vielfalt im Hinblick auch auf die Komplexität der Wechselwirkung der verschiedenen Bedingungen und Fakten besondere Vorteile bildete, was sich in der Durchführung und Auswertung der Einzelfallstudien bewährt.

Die ungemein aufschlußreichen Einzelfallstudien zu den vier ausgewählten Lehrern, die markante Fallcharakterisierungen erlauben, was die Autorin bereits in den gewählten Überschriften wie "Ted - Unterrichtserprobungen als Stimulus für Veränderung" oder "Neil - Versuch der Anpassung seines Unterrichts an bestehende Werte" zum Ausdruck bringt, werden ergänzt durch Untersuchungen zur Konzeptionalisierung der Kontextspezifität der individuellen Veränderungsprozesse von Lehrern, wobei einmal individuell biographisch verankerte und entwicklungsbedingte Faktoren des Veränderungsprozesses berücksichtigt werden, zum anderen Einflüsse der Schulverwaltung, der Schulorganisation und des Schulklimas.

Aus den Ergebnissen ihrer Arbeit zieht die Autorin abschließend ein Fazit für die Konzeption von Lehrerfortbildungsmaßnahmen: die Ermöglichung multipler Einstiegs- sowie Zugriffs- und Umgangsweisen mit den Inhalten und Zielen je nach individuellen Bedürfnissen, Vorlieben und Ansprüchen; Unterstützung auf verschiedenen unterrichtspraktischen wie affektiven und kognitiven Ebenen; möglichst gemeinsame Teilnahme mehrerer Lehrer einer Schule und Integration der Schulleitung.

Insgesamt stellt die Arbeit von Andrea Peter angesichts der hohen Komplexität der untersuchten Zusammenhänge, der souveränen Entwicklung von theoretischen Konzepten und Modellen und deren Verbindung mit wirksamen Ansätzen und Methoden für empirische Untersuchungen, der gezielten Verarbeitung einer umfangreichen Literatur sowohl aus der deutschen wie der anglo-amerikanisch/australischen Forschungstradition, bei gleichzeitiger Herausarbeitung von Korrespondenzen, Komplementaritäten, Kontrasten und Parallelen zum Nutzen einer fruchtbaren internationalen Wechselwirkung, wie schließlich der hohen theoretischen und praktischen Relevanz der Ergebnisse einen bedeutsamen wissenschaftlichen Beitrag dar, von dem starke Impulse für weitergehende Untersuchungen nach verschiedenen Richtungen zu erwarten sind.

Hans-Georg Steiner

Inhaltsverzeichnis

	Einleitung	1
1	**Lehrerfortbildung als international unterschiedlich aufgearbeitetes Handlungs- und Forschungsfeld**	6
1.1	Lehrerfortbildung in (West-)Deutschland zwischen Wissenschaft und Bildungspolitik	7
1.1.1	Begriffsabgrenzung und Definition des Arbeitsbegriffs Lehrerfortbildung	7
1.1.2	Lehrerfortbildung in der bildungspolitischen Diskussion	11
1.1.2.1	Aktualität von Lehrerfortbildung in der bildungspolitischen Diskussion	11
1.1.2.2	Neue Aufgaben und Ziele in der Lehrerfortbildung	14
1.1.2.3	Professionalisierung von Lehrerfortbildung	16
1.1.2.4	Lehrerfortbildung zwischen Freiwilligkeit, Systemlosigkeit und Verstaatlichung	23
1.1.3	Lehrerfortbildung in der wissenschaftlichen Diskussion	24
1.1.3.1	Das Forschungsfeld Lehrerfortbildung: (Defizit-) Darstellung seiner gegenwärtigen wissenschaftlichen Erschließung	25
1.1.3.2	Darstellung und Strukturierung der wissenschaftlichen Themen und Fragestellungen	27
1.1.3.3	Entwicklungstrends von Forschungsrichtungen in der Lehrerfortbildung	28
1.1.4	Modelle und Methoden der Evaluation in der Lehrerfortbildung	32
1.1.5	Anschlußpunkte für die australische Diskussion	35
1.2	Die bildungspolitische und wissenschaftliche Diskussion zum Thema Lehrerfortbildung in Australien	37
1.2.1	*Teacher Professional Development:* Entwicklung und Begriffsbildung	37
1.2.2	Bildungspolitische Aspekte der australischen Ansätze zur Lehrerfortbildung	40
1.2.2.1	Funktionen und Ziele	41
1.2.2.2	Aktualität von Lehrerfortbildung: Strukturelle Bedingungen und Entwicklungen	44

1.2.3	Die wissenschaftliche Diskussion zum Thema Lehrerfortbildung aus anglo-amerikanisch/australischer Sicht	49
1.2.3.1	Lehrer als Lerner zwischen Theorien der Erwachsenenbildung und konstruktivistisch-orientierten Lerntheorien	50
1.2.3.2	Auswirkungen des Wissens, der Überzeugungen und Werte von Lehrern auf ihr Unterrichtshandeln	56
1.2.3.3	Lehrerfortbildung als Prozeß: Modellbildungsversuche	61
1.2.3.4	Faktoren und Bedingungen für praxiswirksame Lehrerfortbildung	68
1.2.4	Theorie und Praxis der Evaluation von Lehrerfortbildung	74
1.3	Lehrerfortbildung aus international vergleichender Perspektive	79
2	**Das ARTISM-Programm**	**83**
2.1	Entstehungszusammenhang	83
2.1.1	Reform des Mathematikunterrichts in Australien	83
2.1.1.1	Veränderung des Mathematikverständnisses	84
2.1.1.2	Veränderung der Inhalte des Mathematikunterrichts	87
2.1.1.3	Veränderung des Verständnisses von Lernen	88
2.1.1.4	Veränderungen der pädagogischen Konzepte von Unterricht	90
2.1.2	Entwicklung des ARTISM-Programms	93
2.1.2.1	Strukturelle Rahmenbedingungen	93
2.1.2.2	Konzeptionelle Rahmenbedingungen	94
2.2	Darstellung der Konzeption des ARTISM-Programms	95
2.2.1	Aufbau des ARTISM-Programms	95
2.2.2	Theoretischer Rahmen des ARTISM-Konzepts	99
2.2.3	Das Evaluationsdesign des ARTISM-Programms	104
2.3	Die Wahl des ARTISM-Programms als Kontext der empirischen Untersuchung	105
3	**Methodologischer Rahmen und methodisches Vorgehen**	**110**
3.1	Methodologische Grundlagen	110
3.2	Entwicklung der Forschungsfragen und -ziele	112
3.3	Multiple Perspektiven als konzeptioneller Rahmen	114
3.4	Auswahl der Lehrer für die Einzelfallstudien	116
3.5	Verfahren, Instrumente und zeitlicher Rahmen der Studie	118
3.6	Datenanalyse	125
3.7	Grenzen und Einschränkungen der Studie	127

4	**Einzelfallstudien**	129
4.1	Ted - Unterrichtserprobungen als Stimulus für Veränderung	130
4.1.1	Biographische Voraussetzungen	130
4.1.2	Charakteristika von Teds Mathematikunterricht vor ARTISM und seine diesbezügliche Erwartungshaltung	131
4.1.3	Teds Veränderungsprozeß	132
4.1.3.1	Explorationsphase	133
4.1.3.2	Konsolidierungsphase	141
4.1.3.3	Verselbständigungsphase	148
4.1.3.4	Teds Veränderungsprozeß aus modelltheoretischer Sicht	156
4.2	Kim - Strukturelle Faktoren seitens der Schule sowie das eigene professionelle Selbstverständnis scheinen nicht kompatibel zu den ARTISM-Inhalten	161
4.2.1	Biographische Voraussetzungen	161
4.2.2	Charakteristika von Kims Mathematikunterricht vor ARTISM und ihre diesbezügliche Erwartungshaltung	162
4.2.3	Kims Umgang mit den ARTISM-Inhalten	163
4.2.3.1	Kims Unterrichtspraxis nach der Teilnahme an ARTISM	164
4.2.3.2	ARTISM-Einflüsse auf affektiver und kognitiver Ebene	175
4.2.3.3	Kims Reaktion auf ARTISM aus modelltheoretischer Sicht	182
4.3.	Neil - Versuch der Anpassung seines Unterrichts an bestehende Werte	184
4.3.1	Biographische Voraussetzungen	184
4.3.2	Charakteristika von Neils Mathematikunterricht vor ARTISM und seine diesbezügliche Erwartungshaltung	185
4.3.3	Neils Veränderungsbestrebungen	186
4.3.3.1	Neils Versuche zur Überwindung des Theorie-Praxis-Konflikts	187
4.3.3.2	Neils Veränderungsprozeß aus modelltheoretischer Sicht	201
4.4	Jeff - Fortbildung als schwerpunktmäßig kognitives Lernen mit nur bedingter Praxiswirksamkeit	205
4.4.1	Biographische Voraussetzungen	205
4.4.2	Charakteristika von Jeffs Mathematikunterricht vor ARTISM und seine diesbezügliche Erwartungshaltung	205
4.4.3	Jeffs schwerpunktmäßig extern gesteuerter Veränderungsprozeß	207
4.4.3.1	Direkte und indirekte Einflüsse des ARTISM-Programms auf Jeffs Unterricht	207
4.4.3.2	ARTISM-bezogene Veränderungen auf kognitiver Ebene	225
4.4.3.3	Jeffs Veränderungsprozeß aus modelltheoretischer Sicht	227

5	**Konzeptionalisierung der Kontextspezifität der individuellen Veränderungsprozesse von Lehrern**	233
5.1	Biographische und entwicklungsbedingte Faktoren	234
5.1.1	Lebensalter und berufliche wie kognitive Entwicklungsstadien	234
5.1.2	Auswirkungen bestehenden Wissens und existierender Überzeugungen auf die im Rahmen von Lehrerfortbildung angestrebten Veränderungen	237
5.1.3	Individuelle Einstellungen gegenüber berufsbezogenen Innovationen und diesbezügliche Ansprüche an die Lehrerfortbildung	238
5.2	Einflüsse der Schulverwaltung, der Schulorganisation und des Schulklimas auf den Veränderungsprozeß von Lehrern	241
5.2.1	Schulklima und Kollegialität	242
5.2.2	Unterstützung seitens der Schulleitung	245
5.2.3	Übereinstimmung der angestrebten Veränderungen mit strukturellen Bedingungen seitens der Schule	256
5.3	Auswirkungen der konzeptionellen und strukturell-organisatorischen Bedingungen von Fortbildung auf den Veränderungsprozeß	258
5.3.1	Strukturell-organisatorische Voraussetzungen und Bedingungen des ARTISM-Programms	259
5.3.2	Konzeptionelle Charakteristika des ARTISM-Programms	263
6	**Resümee und Ausblick**	268
6.1	Kernelemente des professionellen Entwicklungsprozesses: Aktion und Reflexion	268
6.2	Bedingungsfaktoren des beruflichen Lernens	269
6.3	Fortbildungsdidaktische Kompetenzen der Fortbildner und ihre Auswirkungen auf Lernerfolge in der Lehrerfortbildung	272
6.4	Perspektiven für die Theorie und Praxis von Lehrerfortbildung	273
	Bibliographie	276
	Glossar	288

Einleitung

Die Forderung nach der Professionalisierung von Lehrern[1] und verbesserter Lehrerfortbildung wird gegenwärtig global im Rahmen bildungspolitischer Diskussionen in zunehmendem Maß artikuliert. Allerdings stellt sich der Themenbereich Fortbildung/ Professionalisierung von Lehrern als international sehr unterschiedlich aufgearbeitetes Handlungs- und Forschungsfeld dar. Lehrerfortbildung zielt, wenn auch mehr oder weniger explizit formuliert, immer auf die Veränderung von Lehrern ab: Veränderung ihres Wissens, Veränderung ihrer Einstellungen, Veränderung ihrer Unterrichtspraxis. Zwar liegen begründete Vermutungen über Kriterien für diesbezüglich wirksame Fortbildungsmaßnahmen vor, dennoch sind in bezug auf praktische Umsetzungen und entsprechende Fortbildungsansätze und -formen international große Unterschiede zu verzeichnen, die zum Teil auf den individuell verschiedenen Wertvorstellungen und organisatorischen Strukturen der Schulsysteme und der Lehrerbildung der einzelnen Nationen basieren. In Deutschland, wie auch in zahlreichen anderen Ländern, wird das Wissen über Lehrerfortbildung vornehmlich von denjenigen repräsentiert, die Lehrerfortbildung haupt- oder nebenberuflich betreiben. Nur selten wird Lehrer(fort)bildung von externer Seite betrachtet und analysiert. Nennenswerte Beiträge sind in diesem Zusammenhang aus deutscher Sicht Brommes Arbeiten zum Expertenwissen von Lehrern (vgl. Bromme 1992; 1987) sowie die Arbeiten der Soziologen Dewe, Ferchhoff und Radtke, die Fragen und Probleme der Wissensverwendung und des Professionswissens von Lehrern untersuchen und aufarbeiten (vgl. Dewe, Ferchhoff & Radtke, 1991 und 1990; Dewe & Radtke, 1989; Dewe, 1988).
Australien zeichnet sich seit Ende der siebziger Jahre durch eine aktive Forschungslandschaft in bezug auf Lehrerfortbildung aus. In der letzten Dekade wurden hier international anerkannte und adaptierte Initiativen und Programme entwickelt und darüber hinaus wichtige Beiträge zur Theorieentwicklung auf diesem Gebiet geleistet. Australische Fortbildungsansätze sind konzeptionell mehr oder weniger direkt auf Veränderung ausgerichtet, was sich bereits in der englischen Bezeichnung "teacher change" widerspiegelt.

---

[1] Selbstverständlich sind, soweit in dieser Arbeit nur die männliche Form verwendet wird, jeweils auch alle Lehrerinnen, Schülerinnen, Mathematik-Koordinatorinnen, Schulleiterinnen, Lehrerfortbildnerinnen, Wissenschaftlerinnen etc. mit eingeschlossen. Auf ihre ausdrückliche Erwähnung im Text habe ich jeweils aus schreibtechnischen Gründen sowie zugunsten einer flüssigen Lesbarkeit verzichtet. Alle von mir verwendeten männlichen Formen sind grundsätzlich geschlechtsneutral gemeint.

Der Amerikaner Guskey gehörte zu den ersten Wissenschaftlern, die versucht haben, den Prozeß der Veränderung anhand eines theoretischen Modells zu abstrahieren (vgl. Guskey, 1985, 1986). Während Guskeys Modell von einer linearen Struktur dieses Veränderungsprozesses ausging, beschreibt der Australier D.J. Clarke den durch Lehrerfortbildung angeregten Veränderungsprozeß als einen Kreislauf, der sich im Idealfall spiralförmig ausweitet (Clarke, 1988). In enger Anlehnung an die nordamerikanische Diskussion wird effektive und erfolgreiche Lehrerfortbildung nach australischem Verständnis unabhängig von verschiedenen theoretischen Modellen am Grad des Transfers von Fortbildungsinhalten in die Unterrichtspraxis der Teilnehmer gemessen und definiert. Praxiswirksamkeit ist ein vielfach formuliertes Ziel australischer Fortbildungsmaßnahmen. Unabhängig von einer linearen bzw. zyklischen Struktur der verschiedenen Modellbildungsversuche des Veränderungsprozesses von Lehrern in Zusammenhang mit ihrer Teilnahme an Lehrerfortbildung neigen die bisherigen Modelle zur Generalisierung von individuellen Verhaltensmustern und Lernprozessen. Dies scheint umso problematischer, da die professionelle Entwicklung von Lehrern von zahlreichen Wissenschaftlern als ein sehr individueller und kontextabhängiger Prozeß charakterisiert worden ist (Clarke, 1993; Fullan, 1985; Huberman & Miles, 1984; Joyce & McKibbin, 1982; Hall & Loucks, 1978). Seit Beginn der achtziger Jahre ist international verstärkt auf der Ebene von Curriculumsinnovationen und bei der Entwicklung von didaktischen Materialien versucht worden, den verschiedenen individuellen Bedürfnissen und intellektuellen Möglichkeiten der Schüler durch Differenzierung in bezug auf Unterrichtsinhalte, -methoden und -materialien Rechnung zu tragen (vgl. u.a. Schittko, 1984; Niermann, 1981; Morawietz, 1980). Im Gegensatz dazu ist der Individualität des Lern- und Entwicklungsprozesses von Lehrern im Rahmen ihrer professionellen Fortbildung und Entwicklung oft nicht die nötige Bedeutung zugemessen worden. Dies hat in vielen Fällen zu einem Verlust an Praxiswirksamkeit geführt (D. M. Clarke, 1993; Owen et al., 1988; Joyce & McKibbin, 1982). Das Wissen über die an diesem Veränderungsprozeß beteiligten Faktoren und Bedingungen sowie deren Wechselwirkungen untereinander ist bislang noch äußerst lückenhaft. Die noch mangelnde Erforschung und Analyse des Bedingungsgefüges von Lehrerfortbildung (Böhmer, 1983; Baumann & Genger, 1978) ist nicht nur ein deutsches sondern vielmehr ein globales Defizit, obwohl theoretisches Wissen gerade auf diesem Gebiet für die Konzeption und Implementation erfolgreicher Lehrerfortbildung unbedingt erforderlich ist (wobei "erfolgreiche Lehrerfortbildung" durchaus unterschiedlich definiert sein kann). Der individuelle berufliche Veränderungsprozeß von Lehrern in Zusammenhang mit ihrer Teilnahme an Lehrerfortbildungsveranstaltungen oder -programmen ist ein zentrales Element dieses Bedingungsgefüges. Doch die Untersuchung dieses Veränderungsprozesses war in der Vergangenheit bezüglich ihrer Inhalte, Forschungsinstrumente und -verfahren sowie des Umfangs des Untersuchungszeitraums eingeschränkt. Aktuelle Bemühungen zur Lehrerfortbildung in Australien gelten besonders der Fortbildung von Mathematiklehrern. Dieser Prozeß begann Mitte der achtziger Jahre auf Primarschulebene mit Einführung des "Exploring Mathematics In Classrooms" (EMIC) Programms (vgl. Beesey, 1989; Robinson, 1987/1986), einer landesweit durchgeführten Fortbildungsmaßnahme, an der bis 1994 bereits mehr als die Hälfte aller Grundschullehrer teilgenommen hatte, und verlagert(e) sich zunehmend auf die Sekundarstufe. Bei der Konzeption eines Lehrerfortbildungsprogramms für Mathematiklehrer der Jahrgangsstufen 7-10, dem "Active and Reflective Teaching In Secondary Mathematics" (ARTISM) Programm (Clarke, Carlin & Peter, 1992a/1992b), das als Anschlußmaßnahme für die Sekundarstufe I an das überaus erfolgreiche EMIC-Programm anknüpfen sollte, bemühte man sich besonders darum, aktuelles theoriegeleitetes Wissen bezüglich der Faktoren, die einen höchstmöglichen Erfolg im Sinne von langfristiger Praxiswirksamkeit bedingen, mit strukturell organisatorischen und finanziellen Voraussetzungen und Gegebenheiten bei der praktischen Umsetzung zu verknüpfen. Die Priorität, die das ARTISM-Programm den individuellen Bedürfnissen, Fähigkeiten und Ansprüchen einzelner Lehrer zumißt, sowie seine Orientierung an aktuellen wissenschaftlichen Erkenntnissen über praxiswirksame Lehrerfortbildung begründete die Auswahl dieses Projektes als Kontext der dieser Arbeit zugrunde liegenden Studie, die einen Beitrag zur Analyse des professionellen Entwicklungs- und Veränderungsprozesses von Lehrern in Zusammenhang mit ihrer Teilnahme an Fortbildungsveranstaltungen liefern soll. Der Schwerpunkt der Untersuchung liegt dabei auf den qualitativen Unterschieden einzelner Lehrer bei diesem Prozeß. Um eine detailliertere Einsicht in den individuellen Veränderungsprozeß von Lehrern zu gewinnen, ist eine methodische Vorgehensweise entwickelt worden, die unterschiedliche Perspektiven zu diesem Veränderungsprozeß berücksichtigt. In der Vergangenheit war die Datengrundlage diesbezüglicher Untersuchungen im wesentlichen auf Selbstmitteilungen der beteiligten Lehrer beschränkt, die rückblickend Eindrücke und Wahrnehmungen bezüglich ihres persönlichen Veränderungsprozesses formulierten. Die Datenerhebung dieser Untersuchung hingegen konzentriert sich neben der Lehrerperspektive, die einen Schwerpunkt der Untersuchung bildet, auch auf die Perspektive ihrer Schüler, die Perspektiven der Mathematik-Koordinatoren und Schulleiter ihrer Schulen sowie auf die Perspektive der beteiligten Lehrerfortbildner (in diesem konkreten Fall sind das die drei Autoren/Entwickler des ARTISM-Programms und ein am ARTISM-Projekt beteiligter Vertreter der Schulverwaltung) und die eigene Perspektive als Wissenschaftlerin. Als geeigneter Forschungsansatz wurden Einzelfallstudien gewählt, da das Ziel der Untersuchung in der qualitativen Erforschung individueller Veränderungsprozesse besteht.

Übersicht über das Programm der Arbeit

Im *theoretischen* Teil (Kapitel 1) soll das Thema Lehrerfortbildung als international unterschiedlich aufgearbeitetes Handlungs- und Forschungsfeld dargestellt werden. Anhand der einschlägigen Fachliteratur wird jeweils die bildungspolitische und die wissenschaftliche Diskussion zum Thema Lehrerfortbildung in Deutschland (1.1) und in Australien (1.2) entfaltet und darüber hinaus die Entwicklung und Bedeutung der Evaluation bezüglich ihrer Theorie und praktischen Umsetzung in beiden Ländern dargestellt. Abschließend soll die Lehrerfortbildung aus international vergleichender Perspektive betrachtet werden, wobei anhand eines Vergleichs beider Länder Kontraste und Parallelen bezüglich des bildungspolitischen Stellenwertes von Lehrerfortbildung, ihrer wissenschaftlichen Aufarbeitung und der Identifikation von gegenwärtigen Forschungsdesideraten herausgearbeitet werden (1.3).

Im *kontextuellen* Teil der Arbeit (Kapitel 2) steht das Lehrerfortbildungsprogramm ARTISM im Mittelpunkt der Betrachtung. Dieses Kapitel ist insofern von Bedeutung, als die Wahl des ARTISM-Programms als kontextueller Rahmen der Einzelfallstudien sowohl aus fortbildungsdidaktischer als auch aus mathematikdidaktischer Perspektive begründet werden soll (2.3). Doch zunächst wird der Entstehungszusammenhang des ARTISM-Programms sowohl in seiner Beziehung zur Reform des Mathematikunterrichts in Australien als auch hinsichtlich der strukturellen und konzeptionellen Rahmenbedingungen nachgezeichnet (2.1). Die detaillierte Darstellung der Konzeption des ARTISM-Programms (2.2) trägt dem Aspekt der Kontextspezifität im Rahmen von Einzelfallstudien Rechnung; denn die Datengrundlagen und Ergebnisse von Einzelfallstudien sind grundsätzlich in Zusammenhang zum Kontext ihrer Erhebung zu sehen und zu verstehen.

Im *methodologischen* und *methodischen* Teil der Arbeit (Kapitel 3) wird nach einer einleitenden methodologischen "Standortbestimmung" der Arbeit (3.1) und der Darstellung der konkreten Forschungsfragen und -ziele (3.2) zunächst der konzeptionelle Rahmen der Fallstudien, der sich auf die Berücksichtigung *multipler Perspektiven* bezüglich des individuellen Veränderungsprozesses von Lehrern bezieht (3.3), dargestellt. Im Hinblick auf die methodische Vorgehensweise der Untersuchung wird im Anschluß daran die Auswahl der Lehrer für die Einzelfallstudien dokumentiert (3.4), die Untersuchungsverfahren und -instrumente sowie ihr Einsatz innerhalb des zeitlichen Rahmens der Untersuchung vorgestellt (3.5) und die Vorgehensweise bei der Analyse der Daten und Interpretation der Ergebnisse konkretisiert (3.6). Abschließend werden die

Grenzen und Einschränkungen der Studie sowie die getroffenen Kompensationsmaßnahmen erläutert (3.7).

Im *empirischen* Teil der Arbeit (Kapitel 4) werden insgesamt vier Einzelfallstudien des individuellen Veränderungsprozesses am ARTISM-Programm beteiligter Lehrer dargestellt. Dazu werden die aus den verschiedenen Perspektiven erhobenen Daten qualitativ und quantitativ ausgewertet und zueinander in Beziehung gesetzt. Die sich so ergebenden Darstellungen der individuellen Veränderungsprozesse werden einem theoretischen Modell, das den aktuellen Erkenntnisstand zur Theorie der Lehrerfortbildung reflektiert, gegenübergestellt, um den jeweiligen individuellen Veränderungsprozeß auch konzeptionell auf theoretischer Ebene zu erfassen.

Im *konzeptionalisierenden* Teil der Arbeit (Kapitel 5) werden die auf unterschiedlichen Ebenen angesiedelten Faktoren und Variablen, die den Veränderungsprozeß von Lehrern steuern und beeinflussen, identifiziert und zueinander in Beziehung gesetzt. Auf der Grundlage des erhobenen empirischen Datenmaterials werden unter Rückgriff auf die im ersten Kapitel referierte Fachliteratur individuelle Zusammenhänge und Bedingungen der im vierten Kapitel dargestellten Einzelfallstudien untersucht sowie forschungsgeleitete Hypothesen und weiterführende Forschungsfragen entwickelt, deren wissenschaftliche Untersuchung dazu beitragen wird, im Forschungsfeld Lehrerfortbildung den Veränderungsprozeß von Lehrern und die diesen Prozeß bestimmenden Bedingungen und Faktoren weiter zu erhellen. Die diesbezüglichen Variablen betreffen individuelle biographisch verankerte und entwicklungsbedingte Faktoren der individuellen Veränderungsprozesse von Lehrern (5.1), Einflüsse der Schulverwaltung, der Schulorganisation und des Schulklimas auf diese Veränderungsprozesse (5.2) sowie die Auswirkungen der konzeptionellen und strukturell/organisatorischen Bedingungen von einzelnen Lehrerfortbildungsprogrammen und -initiativen auf den beruflichen Entwicklungsprozeß von Lehrern (5.3).

Im letzten Teil (Kapitel 6) werden dann in einem Resümee die empirischen und theoretischen Ergebnisse dieser Arbeit auf das deutsche Handlungs- und Forschungsfeld Lehrerfortbildung übertragen. Abschließend werden in einem Ausblick Anschlußpunkte an aktuelle deutsche Forschungsarbeiten und -trends zur Lehrerfortbildung aufgezeigt und sich in diesem Zusammenhang aus Sicht der Autorin ergebende weitere Handlungs- und Forschungsaufgaben der Lehrerfortbildung entfaltet.

Kapitel 1

Lehrerfortbildung als international unterschiedlich aufgearbeitetes Handlungs- und Forschungsfeld

In diesem Kapitel soll die Ausgangslage für meine eigene empirische Untersuchung aufgezeigt werden. Das Handlungs- und Forschungsfeld Lehrerfortbildung in (West-) Deutschland[2] und Australien soll zunächst jeweils in einem Überblick dargestellt und die Ergebnisse dann zueinander in Beziehung gesetzt werden. Meine Ausführungen erheben keinen Anspruch auf Vollständigkeit. Es sollen lediglich Entwicklungstrends beschrieben werden, um den Forschungsschwerpunkt dieser Arbeit inhaltlich in die internationale Entwicklung im Bereich Lehrerfortbildung einordnen zu können. Da historische Aspekte von Lehrerfortbildung in der Literatur bereits vielerorts Beachtung gefunden haben, sollen hier schwerpunktmäßig neuere Entwicklungen und ihre Verknüpfungen miteinander aufgezeigt werden.

Wie auch das folgende Zitat von Recums (1982) belegt, liegen Bemühungen und Untersuchungen zur Fort- und Weiterbildung von Lehrern international im Trend der Bildungspolitik.

> *Die internationale bildungspolitische Diskussion ist gekennzeichnet durch einen bemerkenswerten Kurswechsel. Das Reformdenken orientiert sich zunehmend an der Erwachsenenbildung statt wie bisher an der Jugendbildung. Angestrebt wird der Entwurf von Gesamtbildungssystemen auf der Grundlage der Weiterbildung.*
> (von Recum, 1982,11)

Baumann und Genger (1978, 377) verweisen ausdrücklich auf die Bedeutung von internationalen Vergleichen, die neben anderen Forschungstypen Beiträge zur Grundlagenforschung im Bereich Lehrerfortbildung liefern können (vgl. auch Aregger, 1976). Die vorliegende Arbeit versteht sich als ein Schritt in diese Richtung.

---

[2]Dem Literaturüberblick aus deutscher Perspektive liegt für die Zeit vor der Wiedervereinigung am 3.10.1990 nur die in der Bundesrepublik Deutschland veröffentlichte Literatur zugrunde, da entsprechendes Material aus der früheren DDR in umfassender Form nur sehr schwer zugänglich und für die aktuelle Diskussion zur Lehrerfortbildung im vereinigten Deutschland aufgrund der drastischen Veränderungen des Schulwesens in Ostdeutschland nur unter erheblichen Einschränkungen noch relevant ist.

Im Rahmen des Literaturüberblicks soll jeweils die Diskussion zur Lehrerfortbildung, wie sie in (West-)Deutschland und in Australien geführt wird, aus bildungspolitischer und aus wissenschaftlicher Perspektive dargestellt sowie auch die Entwicklung von Theorie und Praxis der Evaluation von Lehrerfortbildung in beiden Ländern untersucht werden. Ein dieses Kapitel abschließender Vergleich der dargestellten Bemühungen um Lehrerfortbildung in (West-) Deutschland und in Australien soll die Grundlage für die Einordnung des ARTISM-Programms in das Handlungs- und Forschungsfeld Lehrerfortbildung bilden und Anknüpfungspunkte an Aspekte und Dimensionen der diesbezüglichen internationalen Literatur ermöglichen.

1.1 Lehrerfortbildung in (West-)Deutschland zwischen Wissenschaft und Bildungspolitik

Ein Großteil der Literatur zum Handlungs- und Forschungsfeld Lehrerfortbildung läßt sich zwei verschiedenen Bereichen zuordnen. Einerseits werden bildungspolitische Forderungen und Entwicklungen thematisiert, andererseits stehen wissenschaftliche Fragestellungen und Probleme im Mittelpunkt der Beiträge. Nach einer kurzen Einführung und Klärung der Arbeitsbegriffe werden die Entwicklungstrends der Diskussion zur Lehrerfortbildung auf bildungspolitischer und wissenschaftlicher Basis getrennt voneinander dargestellt. Nur so läßt es sich erreichen, bildungspolitische Desiderate und normative Anspruchshaltungen von wissenschaftlichen Fragen, Forschungsaufgaben und -ansätzen eindeutig abzuheben. Diese Trennung scheint angemessen, um diese beiden Bereiche, die häufig ineinander verschwommen behandelt werden, voneinander abzugrenzen und so zu einer Klärung beizutragen, auch wenn sich an verschiedenen Stellen Überschneidungen nicht vermeiden lassen. Der letzte Abschnitt dieses Kapitels beschäftigt sich mit dem speziellen Forschungsansatz der Evaluation in der Lehrerfortbildung. Evaluationsbezogene Fragen und Probleme sind Bestandteil der in Kapitel fünf dargestellten empirischen Untersuchung. Deshalb soll die Rolle der Evaluation in der Lehrerfortbildung auf theoretischer Ebene kurz behandelt werden.

1.1.1 Begriffsabgrenzung und Definition des Arbeitsbegriffs Lehrerfortbildung

Der Arbeitsbegriff Lehrerfortbildung im Rahmen der vorliegenden Dissertation soll eingangs kurz in seiner begriffsgeschichtlichen Verankerung dargestellt und bezüglich seiner aktuellen Verwendung definiert werden.

Zunächst scheint es notwendig, die Begriffe *Lehrerweiterbildung* und *Lehrerfortbildung* voneinander abzuheben, deren synonyme Verwendung in der Vergangenheit vielfach zu Mißverständnissen und Problemen geführt hat. Friberg (1981) verfolgt die Begriffe Fort- und Weiterbildung bis ins 19. Jahrhundert zurück, stellt aber fest, daß die Termini Lehrerfortbildung/Lehrerweiterbildung erst nach der Jahrhundertwende geprägt und diese beiden Begriffe zunächst synonym verwendet und auf einzelne Lehrergruppen bezogen wurden[3]. Sie wurden von verschiedenen Autoren im Lauf der Zeit unbestimmt gebraucht, und ihre Bedeutung wurde mehrfach verändert. Unter Lehrerfortbildung verstand man bis in die frühen sechziger Jahre häufig die ehemalige zweite Phase der Volksschullehrerausbildung, während sich Lehrerweiterbildung meist auf berufsbezogene Aktivitäten nach dieser zweiten Phase bezog (Friberg, 1976). In der von Kemp (1976, 2) dargestellten "Begriffspyramide Weiterbildung" nach der Definiton des Deutschen Bildungsrates sind Fortbildung und Umschulung Formen der primär beruflich orientierten Weiterbildung, welche sich von der Erwachsenenbildung als der primär nicht beruflich orientierten Weiterbildung abhebt. Gleichzeitig werden jedoch in der Literatur Maßnahmen, die auf eine Effizienzverbesserung des Lehrerhandelns abzielen, unter dem Begriff Lehrerfortbildung gefaßt, während die Lehrerweiterbildung mit Statusveränderung in Zusammenhang gebracht wird. Böhmer (1983) beschreibt eingehend die Schwierigkeiten inhaltlicher Determinierung und Begriffsabgrenzung in den sechziger und siebziger Jahren, die sie mit der unzulänglichen wissenschaftlichen Auseinandersetzung mit Theorie und Praxis der Lehrerfortbildung begründet[4]. Auch Meyer (1985) kritisiert die gebräuchlichen Definitionen als unzureichend, was er auf die mangelnde konzeptionelle Begründung von Lehrerfortbildung zurückführt. Er stellt weiterhin fest:

Der Versuch des DEUTSCHEN BILDUNGSRATES, für alle Formen des organisierten Lernens nach Schule und Berufsausbildung allein den Begriff "Weiterbildung" zu gebrauchen, ist gescheitert ...

(Meyer, 1985, 18)

---

[3] Bereits zwischen 1750 und 1844 lassen sich jedoch unabhängig von der bloßen Begriffsgeschichte Hinweise auf erste Anfänge der praktischen Bemühungen um Lehrerfortbildung finden (Krüger, 1978, 45-53). Die historische Entwicklung von Theorie und Praxis der Lehrerfortbildung wird darüber hinaus u.a. auch in folgenden Beiträgen thematisiert: Böhmer (1983, 18-44) liefert eine umfassende entwicklungsgeschichtliche Betrachtung der Lehrerfortbildung in Deutschland zwischen 1752 und 1848. Cloer (1980, 13-37) gibt einen Überblick über die geschichtliche Entwicklung in Deutschland bis 1945, während Heck & Schurig (1982, 45ff) und auch Dumke (1980, 66-77) schwerpunktmäßig die Lehrerfortbildung in der Nachkriegszeit betrachten. Friberg (1981) hat eine Bibliographie deutschsprachiger Literatur zum Thema Lehrerfort- und -weiterbildung von 1945 bis 1974 zusammengestellt.

[4] Eine Analyse der Interpretationen der Begriffe Fortbildung und Weiterbildung im Interesse einer Begriffsfindung liefert Böhmer (1983, 47-66) anhand von Gesetzestexten, juristischen Kommentaren zur Berufsbildung und Arbeitsförderung sowie der Literatur zur Berufspädagogik.

Dennoch scheint es sinnvoll, die beiden Begriffe an dieser Stelle voneinander abzugrenzen, da sie in der fachspezifischen Literatur in ihrem gegenwärtigen Gebrauch strukturell und inhaltlich unterschiedliche Ansprüche und Intentionen vertreten.

Mit *Lehrerweiterbildung* wird gegenwärtig generell die Bereitstellung von Ergänzungs-, Erweiterungs- und Spezialqualifikationen für zusätzliche Aufgabenfelder und Fachbereiche bezeichnet, die meist mit dem Erwerb von Zertifikationen und/oder einer Statusverbesserung gekoppelt sind. Es geht jeweils um klar bestimmbare Teilqualifikationen, die neu erworben werden müssen (Bönsch, 1983).

Unter dem Begriff *Lehrerfortbildung* werden nach Fischer (1986) hingegen Veranstaltungen zusammengefaßt, die die folgenden Intentionen verfolgen: Festigung, Ergänzung und Aktualisierung allgemeiner und berufsbezogener Wissensbestände und Fertigkeiten, Vermittlung neuer Qualifikationen als Voraussetzung für Reformen im Bildungswesen, Beteiligung der Lehrer an schulischen Innovationen.

Böhmer definiert Lehrerfortbildung ähnlich, wenn auch etwas umfassender:

> *Lehrerfortbildung umfaßt unter Bezug auf bestehende Qualifikationen des Lehrers oder im Hinblick auf seine zusätzliche Qualifizierung alle Aktivitäten, die durch karriereorientierte und innovationsfördernde Aufgaben der Erhaltung und Erhöhung beruflicher Tüchtigkeit dienen.*
> (Böhmer, 1983, 67)

Eine eindeutige Funktionsbeschreibung von Lehrerfortbildung scheint gegenwärtig kaum möglich. Als Schnittstelle der Systeme Wissenschaft, Schulverwaltung/Schulaufsicht und Schulpraxis (Nevermann, 1988) fällt ihr rein praktisch eine Vermittlungsaufgabe zu, die auf zwei Ebenen anknüpfen muß. Sie soll der beruflichen, allgemeinen und politischen Bildung der Lehrer dienen, dabei gleichzeitig Auswirkungen auf ihr schulisches und unterrichtliches Handeln intendieren. Lehrerfortbildung bewegt sich im Spannungsfeld zwischen zwei Ebenen: Zum einen soll sie Lehrern Raum für individuelle und berufsbezogene Weiterentwicklung bieten und an ihren Interessen und Bedürfnissen ansetzen, und zum anderen steht die Lehrerfortbildung im Dienst der Bildungspolitik und bezieht sich auf die Rolle der Lehrer bei der Implementation von Reformen.

Praktisch vollzieht sich die Fortbildung von Lehrern sehr vielfältig, ist jedoch bislang nur wenig forschungsgeleitet. Prinzipiell umfaßt sie berufsrelevantes Lernen generell. Dazu zählen in erster Linie die Lektüre von Fachliteratur, der Erwerb und die Weiterentwicklung von Erfahrungen in der täglichen Unterrichtspraxis im Austausch mit Kollegen und in der Elternarbeit die Teilnahme an speziell ausgewiesenen Fortbildungsveranstaltungen. Da die beiden ersten Aspekte nur sehr schwer zu lokalisieren sind, ist hauptsächlich die intentional veranstaltete Lehrerfortbildung von Institutionen und Organisationen Gegenstand der wissenschaftlichen Analyse und soll im folgenden im Mittelpunkt der Betrachtung stehen. Dennoch darf nicht übersehen werden, daß diese *veranstaltete* Lehrerfortbildung nur ein Aspekt des berufsrelevanten Lernens von Lehrern ist, dessen Vielschichtigkeit Edelhoff wie folgt beschreibt:

> *Fortbildung geschieht in jedem bewußten Akt des Unterrichtens und Erziehens, der Unterrichtsvorbereitung und -auswertung, des (Zu)hörens, Lesens und (Fern)sehens, des kulturellen und sozialen Handelns, auch des bewußten Reisens und ganz allgemein in der beruflich relevanten Aufnahme und kritischen Verarbeitung von Informationen, eigener und fremder Erfahrungen. Sie kann sich besonders im kritisch-entwickelnden beruflichen Gespräch mit Kolleginnen und Kollegen, aber auch Berufsfernen entfalten. Als Form des Lernens ist sie immer persönlich, jedoch - im Berufsfeld des Lehrers mit sozialen Zielen und Vermittlungen - oft angestoßen durch und gerichtet auf soziale, d.h. gruppenbezogene Prozesse. Fortbildung in diesem Sinne ist aktive, engagierte, geistige, kulturelle und soziale Tätigkeit, die sich auf Erfahrungen im Beruf bezieht, diese aufarbeitet und erweitert.*
>
> (Edelhoff 1988a, 10)

Organisationsformen dieser veranstalteten, d.h. intentionalen Lehrerfortbildung werden in der Literatur häufig auf verschiedenen räumlichen Ebenen unterschieden: die zentrale, regionale, lokale und schulinterne Lehrerfortbildung. Leider ist der Sprachgebrauch auch hier nicht einheitlich und eine begriffliche Abgrenzung nicht immer trennscharf (vgl. Meyer 1985, 124 ff. sowie Böhmer 1983, 115 ff.).

Im folgenden soll diesbezüglich dem in Nordrhein-Westfalen üblichen Sprachgebrauch gefolgt werden. Unter zentraler Lehrerfortbildung werden landesweite Fortbildungsmaßnahmen verstanden. Regionale Fortbildungsangebote erfolgen innerhalb eines Schulbezirks und liegen in Nordrhein-Westfalen im Dienstbereich der oberen Schulaufsicht (d.h. der fünf Regierungspräsidien). Böhmers Kommentar bezüglich der Gegenüberstellung zentraler und regionaler Fortbildungsarbeit erscheint mir jedoch durchaus angebracht und an dieser Stelle für ein verbessertes Verständnis der Terminologie hilfreich:

> *Landesweite Ebene erstreckt sich auf ein Bundesland als Aktionsbereich und ist meist mit zentraler Lehrerfortbildung gleichgesetzt. Tatsächlich stellen landesweite Fortbildungsmaßnahmen jedoch nur einen Teilbereich der zentralen Lehrerfortbildungsarbeit dar. Auch die Gegenüberstellung zentral / regional trifft nicht zu, denn sie verdeckt die häufig zentral erfolgende Koordination regionaler Fortbildungsaktivitäten. Deshalb ist es angebracht, im Hinblick auf den Aktionsbereich Bundesland von landesweiter Ebene der Lehrerfortbildung zu sprechen und "zentral" zur Kennzeichnung von Organisationsstrukturen zu verwenden.*
>
> (Böhmer, 1983, 117)

Lokale Lehrerfortbildung bezieht sich auf Fortbildungsveranstaltungen in den jeweiligen Schulamtsbereichen, und schulinterne Lehrerfortbildung konzentriert sich auf die einzelne Schule (vgl. Schönig, 1990, 61-62).

1.1.2 Lehrerfortbildung in der bildungspolitischen Diskussion

Neben der Feststellung und Betonung der Aktualität von Lehrerfortbildung befaßt sich die bildungspolitische Diskussion mit der Formulierung aktueller Aufgaben und Ziele der Lehrerfortbildung. Darüber hinaus werden mögliche und notwendige Formen und Maßnahmen zur Professionalisierung dieses Bereichs diskutiert sowie der Versuch unternommen, Lehrerfortbildung zwischen Freiwilligkeit, Systemlosigkeit und Verstaatlichung zu verankern und zu institutionalisieren. Auf diese genannten Dimensionen der Diskussion um die Lehrerfortbildung aus bildungspolitischer Perspektive soll im folgenden eingegangen und der jeweilige Diskussionsstand zusammenfassend dargestellt werden.

1.1.2.1 Aktualität von Lehrerfortbildung in der bildungspolitischen Diskussion

Einleitend sollen kurz die Einflüsse der bildungspolitischen Reformbewegungen der sechziger und siebziger Jahre auf ein wachsendes Interesse an der Lehrerfortbildung dargestellt werden.

So war die Hauptkritik an den Bemühungen um Schul- und Curriculumsreformen in den sechziger und frühen siebziger Jahren, daß die Lehrer und ihre Bedürfnisse vielfach übergangen wurden und sie sich und ihre Schulalltagsprobleme in den Reformplänen nicht wiederfanden.

Die alltägliche Reformarbeit in der Schule wurde durch die Fülle von Theorien, Modellen, Begriffen und Forschungskatalogen eher verunsichert und schließlich enttäuscht.
(Meyer, 1985, 32)

Meyer stellt in Anlehnung an Aussagen des Deutschen Bildungsrates von 1974 fest, daß Mitte der siebziger Jahre deutlich wurde, "daß weder strukturelle noch inhaltliche Reformen zu der gewünschten Verbesserung des Unterrichts führen, wenn sie schulfern und ohne Beteiligung der Lehrer konzipiert werden" (Meyer, 1985, 29). Die Bedeutung der Lehrer bei der Implementation von Reformen wird nun praktisch erfahren, und der Zusammenhang von Lehrerfortbildung und bildungspolitischen Maßnahmen wird deutlich.

Bereits für die sechziger Jahre beschreibt Friberg (1981, 131) eine grundsätzliche Verschiebung hinsichtlich der Verantwortung für Lehrerfortbildung auf einer zunächst eher theoretisch-normativen Basis. Lag die Lehrerfortbildung nach dem Zweiten Weltkrieg zunächst fast ausschließlich im Aktionsradius und der Verantwortung der

Lehrerverbände, so wird sie in den sechziger Jahren immer mehr als Aufgabe des Staates gesehen. Im "Gutachten zur Ausbildung von Lehrern" des Deutschen Ausschusses (1965, 808) wird die Lehrerbildung als "immer unvollendbar" eingestuft. Berufliche Weiterbildung sei demnach unverzichtbare Aufgabe der Lehrerausbildung, die nicht nur auf fachliches Wissen und methodisch/didaktische Fragen reduziert werden dürfe, sondern darüber hinaus auch auf neue Erkenntnisse der Sozial- und Erziehungswissenschaften und ihre Bedeutung für Schule und Unterricht abzielen solle.

> *Solche Weiterbildung [Weiterbildung meint hier zugleich Lehrerfortbildung; Anmerk. d. Verf.] kann aber heute nicht mehr als die private Leistung des Lehrers gefordert werden; sie ist eine so umfassende Aufgabe, daß sie seine Möglichkeiten im geistigen und im wirtschaftlichen Betracht überschreitet; sie ist überdies in ihrem Wesen und ihrem Ziel gar keine private Angelegenheit. Die Neigung, sie auf den einzelnen Lehrer abzuwälzen, zeigt, daß man ihren Charakter und ihren Umfang verkennt. Es ist Pflicht des Staates, Institutionen der Weiterbildung zu schaffen und sie zu finanzieren.*
>
> (Deutscher Ausschuß, 1965, 809)

Das Interesse der Kultusverwaltungen an der Lehrerfortbildung, die nun zunehmend neben Studium und Referendariat als eine dritte Phase der Lehrerbildung gesehen wird (Friberg, 1981), entwickelt sich zunehmend. Einen Niederschlag findet die Anerkennung der Bedeutung von Lehrerfortbildung in den siebziger Jahren in der Gründung und dem Aufbau von Landesinstituten zur Lehrerfortbildung in den einzelnen Bundesländern[5]. Doch der Versuch, Lehrerfortbildung durch zunehmende Institutionalisierung zu steuern und umfassend zu verbessern, gelingt nur ansatzweise. Anfang der achtziger Jahre verweisen u.a. Priebe und Schiffers (1983) auf die als unbefriedigend empfundene Lehrerfortbildungspraxis am Beispiel Nordrhein-Westfalens. Meyer (1985) kritisiert die Vernachlässigung des Zusammenhanges von Reformplanung und schulischer Umsetzung:

> *Wenn auch verschiedentlich die Bedeutung der Lehrerausbildung, der Lehrerfortbildung und der Weiterbildung in früheren Reformplänen hervorgehoben worden ist, so hat dieser Aspekt bis in die jüngste Zeit hinein wenig Echo gefunden. Die Vernachlässigung des Zusammenhanges von Reformplanung und Realisierung durch Lehrer in der Institution Schule muß eigentlich erstaunen.*
>
> (Meyer, 1985, 31)

Krüger (1978,8) beklagte bereits einige Jahre zuvor "den geringen Grad der Entfaltung selbst von Vorstellungen über Funktion und Struktur der Lehrerfortbildung", der sich exemplarisch an den Ausführungen im "Strukturplan für das Bildungswesen, einer Empfehlung der Bildungskommission des deutschen Bildungsrates aus dem Jahre 1970" zeigen lasse. Kröll stellt in diesem Zusammenhang fest:

---

[5] vgl. Meyers Übersicht "Gründung von LFB-Instituten" (Meyer, 1985, 41)

Institutionalisierung und Professionalisierung der Lehrerfortbildung als eines integralen Bestandteils der Lehrerbildung signalisieren die Bedeutung, welche die Bildungsforschung und Bildungsadministration dieser Aufgabe für die Erhaltung und Weiterentwicklung der Lehrerkompetenz in einer Situation ständigen Wissensfortschritts und schulischer Reformen beimessen. So kann es nicht weiter überraschen, daß die Kultusministerien die Lehrerfortbildung immer gezielter als Medium der inhaltlichen und administrativen Einführung schulischer Neuerungen (z.B. Richtlinien, Mengenlehre, Orientierungsstufe) einsetzen; zeitweise stellen die staatlichen Institute ihre Arbeit ganz auf ein oder mehrere zentrale Themen ab.

(Kröll, 1980, 235)

Lehrerfortbildung hat in der bildungspolitischen Diskussion in Deutschland seit den achtziger Jahren zunehmend an Bedeutung gewonnen (Schönig 1990), wie zahlreiche Veröffentlichungen und Themenhefte von Fachzeitschriften[6] belegen.

Laut Nevermann (1988,31) fungiert sie als "zentrales Medium der Problemlösung und Innovation im Schulwesen", und der Bedarf an Lehrerfortbildung wird vor allem an folgenden Kriterien und Situationsmerkmalen manifestiert: Bedingt durch den Einstellungsstop von Lehrern in der letzten Dekade bereite der Transfer von (neuen) wissenschaftlichen Erkenntnissen in die Schulen zunehmend Probleme, und die durch den Einstellungsstop bedingte kollektive Überalterung der Kollegien wirke sich hemmend auf die Innovationsbereitschaft der Lehrer aus. Darüber hinaus verlangen die relative Kürze und notwendigen Defizite der Erstausbildung, die ihre Ursache darin haben, daß eine praktische Ausbildung mangels einer Orientierungmöglichkeit an eigenen beruflichen Erfahrungen nur exemplarisch sein kann, sowie das ständige Anwachsen und der schnelle Wandel der Qualifikationserfordernisse die Notwendigkeit von Lehrerfortbildung (Bromme et al. 1981, 126).

Die Erfahrungen der letzten zwanzig Jahre haben außerdem gezeigt, daß sich Veränderungen nicht durch den Erlaß neuer Richtlinien und Lehrpläne allein bewirken lassen (Nevermann, 1988).

Wie Lehrerfortbildung inhaltlich und strukturell beschaffen sein muß, um zu einer Übertragung und langfristigen Verankerung in die Schul- und Unterrichtspraxis zu führen und so innovative Ideen und Bildungsansprüche zu implementieren, ist bislang jedoch noch eine weitgehend ungeklärte Frage.

---

[6] Die Deutsche Schule 80(1988) Heft 3, Die Grundschule 20(1988) Heft 1, Die Grundschulzeitschrift 4(1990) Heft 35, Neue Sammlung 28(1988) Heft 3, Pädagogik 40(1988) Heft 6, Pädagogik 43(1991) Heft 5.

1.1.2.2 Neue Aufgaben und Ziele in der Lehrerfortbildung

Beschreibungen der Aufgaben und Ziele sind zumeist mit Definitionsversuchen für Lehrerfortbildung verknüpft (Böhmer, 1983). An dieser Stelle soll mein Definitionsversuch (vgl. 1.1.1) durch einen kurzen Überblick der aktuellen Diskussion zur Aufgaben- und Zielbeschreibung von Lehrerfortbildung ergänzt werden.
Schönings Vergleich der Aufgaben und Ziele der Lehrerfortbildung in den achtziger Jahren mit dem Zeitraum zwischen 1945 und 1977 resultiert in der Feststellung einiger formaler Gleichheiten, die nach wie vor als wesentlich angesehen werden. Qualifikationserhalt, Wissenschaftsorientierung, Praxisorientierung und die Innovationsaufgabe der Lehrerfortbildung werden auch heute als Aufgaben und Ziele der Lehrerfortbildung diskutiert und verstanden[7] (Schönig, 1990, 15-35). Allerdings lassen sich in der aktuellen Literatur darüber hinaus einige weitere Tendenzen und Akzentuierungen erkennen, die ich im folgenden kurz ansprechen möchte.

(1) Problemorientierung
Die Unterstützung der Lehrer bei der Bewältigung von Schwierigkeiten und Problemen in der Schul- und Unterrichtspraxis, die sowohl fachlicher als auch sozialer Art sein können, zählt zu den Aufgaben der Lehrerfortbildung (vgl. Schönig, 1990 sowie Frischkopf, 1981). Mit der Forderung nach Problemorientierung in der Lehrerfortbildung ist zunächst einmal die Förderung der individuellen Problemlösungskapazität des einzelnen Lehrers gemeint. In der schulinternen Lehrerfortbildung erfährt dieses Fortbildungsziel eine Modifikation dahingehend, daß die Erweiterung der kollektiven Problemlösungsfähigkeit der gesamten sozialen Gruppe des Lehrerkollegiums angestrebt wird, "was selbstverständlich die Entwicklung von Kommunikationsfähigkeit, Problembewußtsein und Veränderungsbereitschaft auf der individuellen Ebene mit einschließt" (Wenzel & Wesemann, 1990, 35).

(2) Erfahrungsorientierung
Die Frage nach dem Lernen von Lehrern gehört zu den permanenten Aufgabenstellungen der Lehrerfortbildung (Schönig, 1990), und die Forderung nach Erfahrungsorientierung der Lehrerfortbildung knüpft nach Scheilke (1978) an humanistische Lerntheorien an und stützt sich auf ein "ganzheitlich-humanistisches Lernmodell, das die Erfahrungen, Lernbedürfnisse und -schwierigkeiten und aktuellen Probleme der Adressaten berücksichtigen

---
[7] Eine detaillierte Zusammenstellung und Gliederung von Aussagen über die Bedeutung und Aufgaben der Lehrerfortbildung in den fünfziger bis siebziger Jahren liefert Friberg (1981, 44-78) in seinem Kapitel über "Begründungen der dritten Phase der Lehrerbildung".

soll, anstatt sie den Formen eines einseitig auf Wissensvermittlung zentrierten 'akademischen Unterrichts' zu opfern" (Schönig, 1990, 22). Die Lehrerfortbildung muß sich daher an den besonderen Lernformen Erwachsener orientieren und die Denkprozesse und Alltagstheorien von Lehrern berücksichtigen (Edelhoff, 1988a; Botte, 1986; Hofer, 1987 sowie DVLFB, 1988).

(3) Persönlichkeitsorientierung und Psychohygiene
In der Lehrerfortbildung gewinnt neben der Problem- und Erfahrungsorientierung auch die Orientierung an der Persönlichkeit des Lehrers und seinen Bedürfnissen zunehmend an Bedeutung. "Angebote zur Bewältigung des Schulalltags, persönlicher und beruflicher Probleme, spezielles Lehrerverhaltenstraining, Selbsterfahrung usw. zu enthalten" (Brenn, 1984, 85), seien Aufgabe der Lehrerfortbildung. Klippert, Herrmann, Heimlich und Deckwerth (1983) sprechen in diesem Zusammenhang von der notwendigen "individuell-psychischen Regeneration[8]", welcher ein systematischer Stellenwert in der Lehrerfortbildung zukommen muß. Entsprechend solle sich laut Schönig (1990, 34) die Lehrerfortbildung "therapeutischen bzw. beraterischen oder Aufgaben der Psychohygiene stellen" (vgl. auch Schmidt, 1979); denn laut Brenn ist jede Art von Bildung "überhaupt erst grundsätzlich effektiv und sinnvoll, wenn die Beteiligten und Betroffenen über emotionale Stabilität, psychische Belastbarkeit und damit Gesundheit verfügen" (1984, 85). Miller faßt das allen o.g. traditionellen und neuen Aufgaben und Zielen zugrunde liegende Selbstverständis der Lehrerfortbildung wie folgt zusammen:

> *Lehreraus-, -fort- und -weiterbildung müssen im Zusammenhang betrachtet werden. Der Lehrerberuf ist nie abgeschlossen, die Arbeit ist immer 'work in progress', eine Gratwanderung zwischen Lebendigkeit/Innovation und Überforderung/Resignation.*
>
> (Miller 1990, 27)

Dieses Verständnis des Lehrerberufs und der Lehrerfortbildung als Entwicklungsprozeß entlastet von dem Anspruch auf Perfektion (Heckt & Krichbaum, 1988). Im anglo-amerikanischen Sprachraum hat sich in diesem Zusammenhang der Terminus *teacher professional development* etabliert, um "die Fortbildungsprozesse als selbstgesteuerte, biographisch verankerte Teile der Persönlichkeitsentwicklung des Lehrers zu bezeichnen" (Edelhoff, 1988a, 10). Aufgaben, Ziele und auch Chancen der Lehrerfortbildung bestehen dabei nicht in einer grundlegenden Umschulung berufstätiger Lehrer, sondern in der Setzung neuer Impulse sowie der Vermittlung, Weiterentwicklung und Umsetzung neuer Ideen (Dollase, 1991).

---

[8] Bereits Weniger (1951) machte auf die Aufgabe der Lehrerfortbildung, die Lehrer zu regenerieren, aufmerksam.

1.1.2.3 Professionalisierung von Lehrerfortbildung

Fischer (1990, 52) konstatiert gegenwärtig bei den Verantwortlichen einen Trend, Lehrerfortbildung zu professionalisieren. Drei Entwicklungstendenzen seien hierzu bemerkenswert:

(1) Die Entwicklung und Verknüpfung von zentralen, regionalen und lokalen Fortbildungsangeboten mit dem Ziel, mehr Lehrer sinnvoller und effektiver zu erreichen

Wie eine solche Verknüpfung in der Praxis aussehen kann, soll im folgenden beispielhaft an der Neustrukturierung der staatlichen Lehrerfortbildung in Nordrhein-Westfalen dargestellt werden (vgl. Fischer, 1986, 78-84):
Bis 1984 waren die Gesamtseminare des Landes mit der Lehreraus- und -fortbildung betraut. 1981 wurde dann damit begonnen, die staatliche Lehrerfortbildung neu zu strukturieren, und seitdem basiert sie auf dem sog. Multiplikator-Modell. Im *Landesinstitut für Schule und Weiterbildung* als zentraler Institution erfolgt die Ausbildung berufserfahrener Lehrer zu Moderatoren und Multiplikatoren, die dann in der regionalen und lokalen Lehrerfortbildung tätig werden sollen. Auf regionaler Basis werden Fortbildungsveranstaltungen von den betreffenden Dezernaten der fünf Regierungspräsidien unter Beteiligung der Regierungspräsidenten (obere Schulaufsicht) sowie der Schulämter (untere Schulaufsicht) organisiert.
Fortbildungsveranstaltungen sind in Nordrhein-Westfalen nach dem Lehrerausbildungsgesetz in erster Linie regional in der Hauptverantwortung der Regierungspräsidenten in Kooperation mit den Hochschulen und anderen Fortbildungsinstituten, wie z.B. Kirchen und Gewerkschaften, durchzuführen. Aufgaben des Landesinstitutes in seiner Funktion als "Leit- und Clearingstelle" (Knab, 1981, 24), das für die Rückkopplung zur Wissenschaft, Ausbildung und Schulpraxis zu sorgen hat, sind die Planung, Durchführung und Evaluation landesweiter Fort- und Weiterbildungsschwerpunkte, die Unterstützung der regionalen Fortbildungsbemühungen sowie die Aus- und Fortbildung der Moderatoren.
Nach den vom Kultusminister in einem Runderlaß festgelegten thematischen Schwerpunkten der Lehrerfortbildung richten das Landesinstitut und die zuständigen Dezernate der Regierungspräsidien ihre Schwerpunktprogramme zur Lehrerfortbildung aus, die in der Regel eine Verknüpfung mit der Schul- und Unterrichtspraxis vorsehen. Zusätzlich bieten die Fortbildungsdezernate regionale Schwerpunkte und Einzelveranstaltungen an, die ca. vierzig Prozent des gesamten regionalen Fortbildungsprogramms ausmachen.

(2) Erörterungsansätze einer Didaktik der Lehrerfortbildung, die diesen Bildungsbereich im Schnittfeld unterschiedlicher Interessen zu klären versucht und dabei unter anderem Konzepte und Theorieansätze der berufsbezogenen Erwachsenenbildung berücksichtigt

In diesem Zusammenhang sei auf folgende Arbeiten verwiesen: Neben Fabers Ausführungen zur "Lehrerfortbildung als Erwachsenenbildung" (1983, 16-36) und Fischers Betrachtungen der "Lehrerfortbildung als berufsbezogene(n) Bildungsarbeit mit Erwachsenen" (1990, 97-98) verweist beispielsweise auch Ruprecht (1979, 9-64) im Rahmen seiner Ausführungen über lerntheoretische Grundlagen der Lehrerfortbildung u.a. auf Lerntheorien und ihre Bedeutung für die Erwachsenenbildung sowie auf die Problematik der Psycho- und Soziostruktur beim Lernen Erwachsener und der Entscheidungsfelder in der Weiterbildung. Organisationsformen, Inhalte und Ziele, allgemeine didaktische Rahmenbedingungen der Lehrerfortbildung sowie Ansätze zu einer speziellen Didaktik werden bei Schmidt (1979, 65-114) konkret thematisiert. In der Erprobungsfassung der Handreichung "Fortbildungsdidaktische Analyse: Planung, Durchführung und Auswertung von Lehrerfortbildung" des nordrhein-westfälischen Landesinstituts für Schule und Weiterbildung (1990) wird die Lehrerfortbildung als pädagogisches Handlungsfeld beschrieben und darüber hinaus eine Auswahl unterrichtsdidaktischer Theorien zu einer Didaktik der Lehrerfortbildung in Beziehung gesetzt.

(3) Das Bemühen, Qualifizierungsmöglichkeiten für den schulischen Arbeitsplatz und für interaktionale Anforderungen der Lehrerarbeit bereitzustellen, die über fachliche und schulartenspezifische Fortbildungsangebote hinausgehen

Vielfach läßt sich eine Orientierung an aktuellen gesellschaftspolitischen Themen feststellen. Folgende Beispiele für Fortbildungsangebote lassen sich in diesem Zusammenhang u.a. anführen:
Angebote an Lehrer aller Schulformen des Regierungspräsidiums Detmold 1990/91: z.B. "Mädchenförderung in der Schule", "Sexueller Mißbrauch an Mädchen und Jungen", "Öffnung von Schule", "AIDS-Aufklärung".
Vom Landesinstitut für Schule und Weiterbildung in Nordrhein-Westfalen geplante landesweit durchgeführte Fortbildungsmaßnahmen: "Unterricht für ausländische Schülerinnen und Schüler" (seit 1981), "Friedenserziehung" (seit 1985).
Schulartübergreifende Fortbildungsthemen der Akademie für Lehrerfortbildung Dillingen (1983): z.B. "Massenmedien", "Familien- und Sexualerziehung", "Zehn Thesen zur Deutschen Frage".

Meines Erachtens lassen sich noch drei weitere Entwicklungstendenzen im Rahmen der Bemühungen um eine Professionalisierung von Lehrerfortbildung aufzeigen, die mir in diesem Zusammenhang bedeutsam erscheinen und auf die ich im folgenden kurz eingehen werde.

(4) Die (kritische) Betrachtung und Auseinandersetzung mit dem Beruf Lehrerfortbildner

Während nach Fischers Einschätzung mit der personellen Ausweitung der Lehrerfortbildung auch der fachliche Austausch zwischen Lehrerfortbildnern intensiviert worden sei "mit dem Ziel, Lehrerfortbildung als Arbeitsfeld pädagogischen Handelns und Reflektierens zu professionalisieren" (Fischer, 1990, 37), konstatiert Böhmer (1983, 208) noch ein akutes "Professionalisierungsdefizit bei Lehrerfortbildnern" und liefert daran anschließend "Begründungen für die Professionalisierung des Berufs Lehrerfortbildner", wobei sie Professionalisierung im Sinne Krügers (1973)[9] als "Fähigkeit zu autonomem Strukturieren des berufsspezifischen Handlungsspielraums" (a.a.O. S. 209) versteht. Nevermann beschreibt ein "Qualifikationsprofil, über das Lehrerfortbildner verfügen sollten: nicht nur eine wissenschaftliche Erstausbildung sondern weitere (informelle oder formelle) Kontaktstudien; nicht nur einen praktischen Blick für den Freiraum im Klassenzimmer sondern auch für die Schule als Institution und das Schulwesen als administratives System; nicht nur Schulerfahrungen aus zweiter Hand oder in kurzer Frist sondern eigene ausführliche Schulpraxis" (1988, 31), während Kohls (1989) darüber hinaus auch Kriterien für eine angemessene Fortbildung der Fortbildner thematisiert. Bei Bloch, Bünder, Frey & Rost (1981) stand der Lehrerfortbildner bereits zu Beginn der achtziger Jahre im Mittelpunkt ihrer empirischen Untersuchung zur Situation und Bestandsaufnahme der Lehrerfortbildung im naturwissenschaftlichen Bereich. Die Studie ist in drei Abschnitte unterteilt und befaßt sich zunächst mit der Person des Lehrerfortbildners in bezug auf Ausbildung, Arbeitsfeld, Berufs- und Schulerfahrungen. Im zweiten Abschnitt stehen die Zielvorstellungen der Lehrerfortbildner sowie ihre didaktischen Konzepte bei der Durchführungspraxis von Fortbildungsveranstaltungen im Mittelpunkt. Der dritte Teil beschäftigt sich mit der praktischen Durchführung von Fortbildungsveranstaltungen und beleuchtet u.a. die organisatorischen Rahmenbedingungen, Festlegung der Thematik, Teilnehmer, Arbeitsformen und -mittel. Insgesamt läßt sich feststellen, daß auf dem Weg zur Institutionalisierung und Professionalisierung von Fortbildung eine Professionalisierung der Lehrerfortbildner unerläßlich erscheint.

---

[9] Krüger, H. (1973). Professionalisierung und Innovation in pädagogischen Berufen. In Lüdtke, H (Hg.), *Erzieher ohne Status? Beiträge zum Problem der strukturellen Unsicherheit in pädagogischen Berufen* (S. 110-130). Heidelberg: Quelle & Meier.

Die Fortbildung der Fortbildner ist umso mehr eine wesentliche Bedingung für die Effektivität der Lehrerfortbildung, als es bislang keine gezielte Vorbereitung auf die Tätigkeit als Lehrerfortbildner gibt. (Böhmer, 1983, 125)

Im Rahmen der Diskussion um die Effektivität oder Wirksamkeit von Maßnahmen zur Lehrerfortbildung hat eine Organisationsform in den letzten Jahren zunehmend an Bedeutung gewonnen: die schulinterne Lehrerfortbildung, deren Entwicklung und Expansion ich ebenfalls als einen Entwicklungstrend in Richtung Professionalisierung von Lehrerfortbildung verstehe:

(5) Die Anerkennung der Bedeutung der schulinternen Lehrerfortbildung als "vierte Säule der Lehrerfortbildung" (Kunert, 1993, 195)

Schulinterne Lehrerfortbildung richtet sich an eine einzelne Schule, ein Kollegium oder eine Gruppe eines Lehrerkollegiums (vgl. Schönig, 1990, 115) und kann daher verschiedene Arbeitsformen umfassen: eine fächerübergreifende pädagogische Fortbildung des gesamten Kollegiums einer Schule, fachspezifische Fortbildung von Lehrern eines speziellen Fachs, aber auch schulstufen-, jahrgangs-, klassen- und kursbezogene Lehrerfortbildung innerhalb eines Kollegiums.

Zu Beginn der neunziger Jahre thematisiert ein großer Teil der Veröffentlichungen zur Lehrerfortbildung diese schulinterne Lehrerfortbildung (u.a. Miller, 1990; Schönig, 1990; Wenzel u.a., 1990; Greber u.a., 1991; Kunert, 1993). Priebe und Greber stellen fest, daß die schulinterne Lehrerfortbildung "in den vergangenen zehn Jahren an Nachfrage, Forschung, Praxiskonzepten, Erfolgen und Problemen, also an Bedeutung, beständig hinzugewonnen hat" (Priebe & Greber, 1991, 8). Die Ursachen für diese Entwicklung, die nicht allein auf Deutschland beschränkt ist[10], lassen sich meiner Ansicht nach an folgenden Kriterien festmachen: In der zentralen, regionalen und lokalen Lehrerfortbildung sind die Lehrer bei dem Transfer von Fortbildungsinhalten in ihr persönliches Arbeitsfeld weitgehend auf sich allein gestellt, und dementsprechend ist eine Praxiswirksamkeit von diesbezüglichen Fortbildungsbemühungen oft fragwürdig (vgl. u.a. Knab, 1981; Meyer, 1985, 181 ff.; Mutzeck, 1991a).

Da sich die Fortbildungsarbeit in der schulinternen Lehrerfortbildung konkret auf das gemeinsame Problemfeld der beteiligten Lehrer bezieht, wird der Transferproblematik systematisch entgegengewirkt.

---

[10] Auf parallele Entwicklungen in den USA, Australien sowie weiteren europäischen Ländern verweisen u.a. Schönig (1988, 404-405), Schönig (1990, 72-77) und Kunert (1993, 195).

> *Keine andere Form der Lehrerfortbildung kann so problem-, schul- und personennah stattfinden wie die schulinterne Lehrerfortbildung. Im unmittelbaren Entstehungskontext von Schwierigkeiten und Problemen können mit allen Beteiligten und Betroffenen Lösungen erarbeitet, erprobt und konkretisiert werden. Fortbildungs- und Arbeitsfeld sind identisch.*
>
> (Knapp & Priebe, 1983, 13)

Darüber hinaus korrespondiert die Entwicklung der schulinternen Lehrerfortbildung mit der Formulierung neuer Aufgaben und Ziele in der Lehrerfortbildung (vgl. 2.1.2.2). Miller (1991, 7) charakterisiert schulinterne Lehrerfortbildung als " zielgerichtet, geplant und zweckvoll, problem-, handlungs- und prozeßorientiert, teilnehmer- und adressatenbezogen, schul-, sach- und situationsbezogen, praxisnah und schülerorientiert" und knüpft damit an die funktionalistische Diskussion um die Lehrerfortbildung an.

Weiterhin lassen sich zahlreiche Verknüpfungen bezüglich der Frage nach der "guten" Schule[11] und den Ergebnissen der jüngsten Schulforschung mit der Entwicklung der schulinternen Lehrerfortbildung erkennen, die besonders von Bohnsack, Wenzel und Wesemann (1990) sowie von Miller (1990, 16-25) thematisiert und analysiert worden sind. Abschließend sei in diesem Zusammenhang auf Priebe und Greber verwiesen, die zusammenfassend feststellen:

> *Ob der Wunsch nach schulinterner Lehrerfortbildung durch Problemdruck und Erneuerungsinteresse in Lehrerkollegien motiviert ist oder durch Konkurrenz zwischen Schulen um Schüler und damit um Lehrerstellen; ob die schulinterne Lehrerfortbildung als besonders einfache und kostengünstige Form massenhafter Lehrerfortbildung mißverstanden oder wegen ihrer besonderen Schulerneuerungs- und Erfolgschancen verstärkt nachgefragt wird: immer sollte dabei im Blick bleiben, daß sie keine Alternative zu den bereits bestehenden Formen der Lehrerausbildung und der Lehrerfortbildung sein kann sondern eine früher eher vernachlässigte und unentwickelte, heute aber verbreitete Erweiterung der Lehrerfortbildung, eine vielfach erfolgreiche und spezifisch professionelle Art der kollegialen Problemlösung und Schulerneuerung ist.*
>
> (Priebe & Greber, 1991, 11)

Doch kann auch (und besonders) die schulinterne Lehrerfortbildung aufgrund ihrer unmittelbaren Praxisnähe auf Anregungen und Hilfe von außen nicht verzichten. Da die beteiligten Lehrer als Problemlöser fungieren sollen, zugleich aber häufig gleichzeitig die Problemträger oder evt. sogar -verursacher sind, ist eine Unterstützung durch professionelle externe Berater durchaus wünschenswert und sinnvoll.

---

[11] Im Rahmen dieser Diskussion sei u.a. auf folgende Arbeiten verwiesen: Tillmann (1989), Haenisch (1986), Fend (1986) und Steffens (1986).

Schulexterne Moderatorinnen und Moderatoren bzw. Beraterinnen und Berater sind in der Lage, Kollegien bei der Planung, Durchführung und Auswertung ihrer schulinternen Fortbildung zu unterstützen; sie übernehmen nicht die Leitung und Verantwortung für die Arbeitsprozesse, sondern bringen vielmehr Kompetenzen ein, über die Kollegiumsmitglieder von ihrer Ausbildung her meist nicht verfügen und die sie aus ihrer zeitlich-räumlichen Distanz als Schulexterne, die nicht in soziale Spannungen der betreffenden Kollegien verwickelt sind, einsetzen können.

(Priebe & Greber, 1990, 17)

Moderatoren, die ein Schulkollegium bei einem schulinternen Lehrerfortbildungsprojekt längerfristig unterstützen, sollten über spezifische Fortbildungsqualifikationen und Handlungsmodelle verfügen. Die "Fortbildung der Fortbildner" (Kluth & Witte, 1985) im Rahmen spezieller Lehrerfortbildungsveranstaltungen für Moderatoren (meist auf zentraler Ebene) ist deshalb ein unerläßliches Kriterium für die Professionalisierung schulinterner Lehrerfortbildung, die sich somit zwischen Autonomie und staatlicher Steuerung bewegt (vgl. Schönig, 1988). Laut Nevermann ist die Fortbildung der Fortbildner die "Voraussetzung für eine lokale Fortbildung, die nicht in basis-, cliquen- und modeorientierte Basteleien zurückfallen soll" (1988, 32). Ergänzend sollten jedoch auch Vorträge zu speziellen Fragestellungen bzw. Erfahrungsberichte von Vertretern der Verbände, Hochschulen etc. punktuell eingesetzt und einbezogen werden. An dieser Stelle möchte ich abschließend an ein weiteres Kennzeichen für eine Tendenz zur Professionalisierung von Lehrerfortbildung anknüpfen, das in der letzten Dekade verstärkt diskutiert wurde:

(6) Die Bedeutung, Rolle und Möglichkeiten der Hochschulen im Rahmen der Lehrerfortbildung

Seit Ende der siebziger Jahre haben die Hochschulen zunehmend zu Fragen der Lehrerfort- und -weiterbildung Stellung genommen (Raapke, 1983, 214). Hier handelt es sich besonders um die Hochschulen und Fachbereiche, die Lehrer ausbilden (Meyer, 1985, 45). So sind beispielsweise in Nordrhein-Westfalen an den reformorientierten Hochschulen in Bielefeld, Bochum, Dortmund und Essen spezielle Zentren für Lehrerbildung mit einem direkt Beauftragten gegründet worden. Diese Institutionalisierung von Lehrer(fort)bildung an Hochschulen ist ein weiterer Schritt hinsichtlich der Professionalisierung von Lehrerfortbildung. Radtke (1980, 308-311) leitet die Rolle der Hochschulen in der Lehrerfortbildung von zwei Charakteristika ab, die die Hochschulen gegen andere Lehrerfortbildungsträger abheben: Erstens hat die Universität als autonome Institution, die sich durch ihre Unabhängigkeit von der (Schul-)Administration auszeichnet, einen "größeren Spielraum gegenüber (bildungs-)politisch-administrativen Rücksichtnahmen und eine Offenheit gegenüber Problemstellungen, die nicht schon konzeptionell und innovationsstrategisch eingeengt sind" (Radtke, 1980, 308). So muß ein Fortbildungsangebot der Hochschule nicht von vornherein einer Funktionalisierung für die Ziele der Trägereinrichtung unterliegen.

> *Die Universität als nichtprogrammatisch gebundene Einrichtung hat die strukturelle Chance, Lehrerfortbildung vorrangig aus dem Blickwinkel der Praktiker zu organisieren. Sie kann die Perspektive der handelnden Lehrer betonen, sie kann die Fortbildung stärker aus deren Sicht entwickeln, weil sie nicht vorrangig festgelegt ist.*
>
> (a.a.O. S. 310)

Zweitens hat die Hochschule als wissenschaftliche und an der Forschung orientierte Einrichtung die besondere Möglichkeit, in Zusammenhang mit der Lehrerfortbildung den Forschungsaspekt zu betonen.

> *Forschungsorientierung meint dann durchaus gegenstandsbezogene Forschung. Die Arbeitsteilung, die vorsieht, daß die Hochschulen über Fortbildung forschen, die anderen Träger sie aber machen, mag aus einer übertriebenen Angst vor einem Verdrängungswettbewerb resultieren, würde aber eine unnütze Vertikalisierung in das auf Kooperation angelegte Verhältnis hineintragen. Sie würde aber auch die besonderen Möglichkeiten, die auf Parallelisierung von gegenstandsbezogenen Lern- und Erkenntnisprozessen liegen, verschütten.*
>
> (a.a.O. S. 311)

Formen der universitären Lehrerfort- und -weiterbildung lassen sich im wesentlichen auf folgenden Ebenen ansiedeln:
- spezielle Fortbildungsveranstaltungen für Lehrer,
- für Lehrer geöffnete Veranstaltungen aus dem Lehrangebot der Hochschule,
- Zusatzqualifikationen durch ein weiterbildendes Studium, an der Universität Bielefeld zum Beispiel, durch ein dreisemestriges Studium "Migrationspädagogik" mit dem Abschluß Staatsexamen,
- projektförmige Lehrerfortbildung in Zusammenarbeit mit Gewerkschaft Erziehung und Wissenschaft.

Die besondere Chance und Bedeutung der Lehrerfortbildung neben allen administrativen und strukturellen Einschränkungen und Problemen, auf die ich an dieser Stelle nicht näher eingehen kann (siehe u.a. Liebau, 1983 u. Institut für die Pädagogik der Naturwissenschaften, 1981, 15-20), haben Priebe und Greber wie folgt zusammengefaßt:

> *Schulexterne Experten, Wissenschaftlerinnen und Wissenschaftler können an kommunikativer Fortbildungsarbeit hilfreich unter der Voraussetzung mitwirken, daß sie an Problem- und Situationsanalysen teilnehmen und daß sie sich dementspechend an der notwendigen Transformation ihres Experten- und Wissenschaftswissens in pädagogisches Handlungs- und Praxiswissen beteiligen.*
>
> (Priebe & Greber 1990,13)

Zahlreiche Probleme der Theorie und Praxis der Lehrerfortbildung erfordern eine enge Kooperation zwischen Lehrern und Vertretern der Forschung und Wissenschaft. Eine Verzahnung zwischen Lehrerfortbildung und Forschung und Lehre der Hochschulen erscheint für die Gewährleistung einer notwendigen Kontinuität in der Lehrerbildung bedeutsam (Simonis, 1983, 111).

1.1.2.4 Lehrerfortbildung zwischen Freiwilligkeit, Systemlosigkeit und Verstaatlichung

Fortbildung gehört gemäß dem Lehrerausbildungsgesetz in Nordrhein-Westfalen und den übrigen Bundesländern zu den Berufspflichten des Lehrers. Themen und Inhalte, Umfang und Häufigkeit, der zeitliche Rahmen sowie methodische und didaktische Konzepte sind jedoch nicht (gesetzlich) festgelegt.

Ein Kernstück des Selbstverständnisses der professionellen Lehrerfortbildung in Deutschland ist der Aspekt der *Freiwilligkeit* (Edelhoff, 1988b; Cossmann, 1988). Der Forderung nach Freiwilligkeit liegt ein demokratisch-professionelles Menschenbild sowie die Erkenntnis zugrunde, daß von Erwachsenen selbst ausgewählte Lernprozesse in Zusammenhang mit ihrer beruflichen Tätigkeit effektiver sind als verordnete. Einsicht, Neugier, Verantwortungs- und Lernbereitschaft seien Charakteristika dieses Verständnisses von Freiwilligkeit (Claussen 1990, 2-3). Edelhoff (1988b) definiert freiwillige Fortbildung demnach durch die Bereitschaft zu und Wahrnehmung von Fortbildungsangeboten. Freiwilligkeit wird zur "Beliebigkeit, wenn sie dem einzelnen überlassen wird" (a.a.O. S. 326). Auf die Problematik des Grundsatzes auf Freiwilligkeit in der Lehrerfortbildung verweist insbesondere auch Bönsch:

> *Lehrerfortbildung ist freiwillig. Wer nicht will, kann mit einer einmaligen Ausbildung vierzig Dienstjahre bestreiten. Lehrerfortbildung ist systemlos, obwohl für kaum einen anderen Beruf Fortbildung wichtiger wäre. ... Die große Chance einer konzeptionell bestimmten Lehrerfort- und -weiterbildung aber liegt neben der Aufgabe, das Wissen der Lehrer aktuell zu halten - und dies ist in einer durch schnelle Veränderung gekennzeichneten Gesellschaft wohl besonders wichtig - darin, Lehrer durch ständiges Weiterlernen lebendig zu halten, Verkrustungen und Erstarrungen zu vermeiden, Erfahrungen und Routine begleiten zu lassen durch Lebendigkeit, Erweiterung. Drittens kann daraus Motivation für die tägliche Arbeit gewonnen werden.*
> (Bönsch, 1983, 314)

Der Vorwurf der Systemlosigkeit bzw. der "relativen Naturwüchsigkeit" (Bromme, et al. 1981, 130) von Lehrerfortbildung manifestiert sich meines Erachtens u.a. an folgenden einander bedingenden Merkmalen. So sind regelmäßige Fortbildungsmaßnahmen für jeden Lehrer, die fachwissenschaftliche, fachdidaktische und erziehungswissenschaftliche Themen und Fragestellungen aufgreifen, bislang eine Utopie. Fortbildungswünsche und die damit verbundene Unterrichtsfreistellung scheitern häufig an einer fehlenden Stundenreserve pro Kollegium bzw. Regierungsbezirk, um Fortbildungsangebote in Anspruch nehmen zu können, ohne daß Unterrichtsausfall zu einer unmittelbaren Begleiterscheinung wird. Fortbildung, die trotz des Anspruchs auf Freiwilligkeit zu den Berufspflichten der Lehrer zählt, wird deshalb häufig zum "Luxus" (Bönsch, 1983). Bromme und seine Kollegen (1981, 130) betonen z.B. Anfang der achtziger Jahre, daß in Nordrhein-Westfalen im Durchschnitt auf jeden Lehrer nur ein Fortbildungstag pro Jahr entfällt.

Fischer weist in diesem Zusammenhang ausdrücklich auf das staatliche Monopol im Bereich der Lehrerfort- und -weiterbildung und diesbezügliche Auswirkungen hin:

Durch die Zuteilung von Zeit für Fortbildung, die Verfügung über materielle Ressourcen, die Definition von Fortbildungsprogrammen entscheidet der Staat, wer in welchem Umfang und mit welcher Zielrichtung fortgebildet wird. Lehrer werden nur dann vom Unterricht für Fortbildung freigestellt, wenn keine zwingenden dienstlichen Gründe dem entgegenstehen. Die Politik der Lehrereinstellung hat gegenwärtig an vielen Orten zu einer Situation geführt, die keine Freistellung für Fortbildung mehr zuläßt.

(Fischer, 1990, 52)

Im Rahmen der Bemühungen um eine Professionalisierung von Lehrerfortbildung erscheint die Klärung der Stellung von Lehrerfortbildung im Spannungsfeld von Berufspflicht, Freiwilligkeit und Verstaatlichung sowie die Entwicklung und praktische Umsetzung entsprechender Realisationskonzepte von Lehrerfortbildung dringend notwendig.

1.1.3 Lehrerfortbildung in der wissenschaftlichen Diskussion

Die wissenschaftliche Diskussion zum Thema Lehrerfortbildung wird im wesentlichen auf drei verschiedenen Ebenen geführt. So thematisieren zahlreiche Beiträge die Defizite seitens der wissenschaftlichen Erschließung der Lehrerfortbildung, häufig jedoch, ohne konstruktive Anregungen zu deren Kompensation zu liefern. Eine andere Art von Beiträgen formuliert konkrete Forschungsaufgaben, die im Bereich Lehrerfortbildung zu leisten sind, und gibt Anregungen zur deren Realisierung. Die dritte Art von Beiträgen sind Berichte über wissenschaftliche Studien zur Lehrerfortbildung und deren Ergebnisse. Im folgenden soll der jeweilige Diskussionsstand auf diesen drei Ebenen umrissen werden.

1.1.3.1 Das Forschungsfeld Lehrerfortbildung: (Defizit-) Darstellung seiner gegenwärtigen wissenschaftlichen Erschließung

Derzeit ist das Wissen über Lehrerfortbildung vornehmlich das Wissen der in diesem Bereich aktiv Tätigen (Knab 1983, 224). Ihre Diskussionsbeiträge basieren deshalb zum großen Teil auf ihren eigenen Erfahrungen und spiegeln im wesentlichen eine normative Anspruchshaltung wider, indem sie in erster Linie beschreiben, was in der Lehrerfortbildung geleistet werden muß bzw. was organisatorisch und strukturell möglich ist (eine Übersicht über aktuelle Diskussionsbeiträge und Tendenzen liefert Kapitel 1.1.2). Eine wissenschaftliche Durchdringung im Sinn einer Didaktik der Lehrerfortbildung als Theorie der Bildungsinhalte, die sich durch eine gewisse Distanz zur Praxis auszeichnet, steckt hingegen noch in den Anfängen (Kohls, 1989, 26; Heck & Schurig 1982, 5).

In der Literatur wird seit den siebziger Jahren verstärkt auf ein Forschungsdefizit in der Lehrerfort- und -weiterbildung hingewiesen (Meyer, 1985, 53). Dabei besteht die Schwierigkeit gemäß der Senatskommision für Erziehungswissenschaft der Deutschen Forschungsgemeinschaft darin, "angesichts stark differierender Arbeitsbedingungen und schon praktizierter Weiterbildungsversuche solche übergreifenden Fragestellungen und Kriterien zu finden, nach denen sich der Fortbildungsbedarf besser bestimmen läßt und Fortbildungsmodelle konstruiert werden können" (Senatskommission, 1976, 33).
Baumann und Genger (1978) und Meyer (1985) verweisen auf die Komplexität des Forschungsfeldes Lehrerfortbildung, die durch unterschiedliche Rahmenbedingungen und diverse Realisierungsformen von Fortbildung bedingt werde.

Bislang fehlen sowohl eine aktuelle und umfassende Bestandsaufnahme als auch eine differenzierte theoretische Durchdringung dieses Arbeitsfeldes (Meyer, 1985, 61; Bloch, Bünder, Frey & Rost, 1981, 9). Eine erste, wenn auch noch nicht umfassende, Bestandsaufnahme der Lehrerfortbildung in der Bundesrepublik Deutschland von Hochwald, Kröll und Schmitz (1974) ist bislang noch nicht ausreichend aktualisiert worden[12]. Baumann und Genger formulieren ein Defizit an Arbeiten, die über die bisherige wissenschaftliche Auseinandersetzung mit dem Lehrer und seinen Arbeitsfeldern in Schule, Unterricht und den einzelnen Fächern hinausgehen und sich konkret mit Problemen der Lehrerfortbildung befassen:

---

[12] Einen ersten Versuch in diese Richtung unternimmt Will (1987) mit seiner bundesweiten Bestandsaufnahme der Lehrerfortbildung. Erwähnenswert sind in diesem Zusammenhang die Publikationen von Kröll (1980) und Heck & Schurig (1982), die jeweils eine Auswahl bedeutender Arbeiten zur Lehrerfortbildung von 1945 bis zum Ende der siebziger Jahre zusammengestellt haben.

> *Obwohl die Lehrerfortbildung ständig weiter ausgebaut wird und neue Formen institutionalisiert werden sollen, gibt es kaum Untersuchungen zum Gegenstandsbereich, zu seinen wissenschaftlichen Inhalten und Vermittlungsmodellen, zu unterschiedlichen Arbeitsformen und ihrer Wirksamkeit: Es fehlen weitgehend Forschungsvorhaben und -ergebnisse zur Frage, wie und was Lehrer in ihrer Praxis lernen und wie Lehrer außerhalb ihrer Praxis für diese Praxis lernen (sollten).*

(Baumann & Genger, 1978, 376)

Fragen und Probleme der Lehrerfortbildung wurden in zahlreichen wissenschaftlichen Arbeiten zur Curriculuminnovation aufgegriffen (vgl. u.a. Huber, 1971; Haller & Wolf, 1973; Aregger & Lattmann, 1976; Hamacher, 1976; Friberg, 1981, 36 ff.). Aregger sieht eine enge Verbindung von Curriculumentwicklung und -implementation und der Entwicklung der Lehrerfortbildung zum Forschungsgegenstand:

> *Die systematische Analyse der Lehrerfortbildung steht im deutschsprachigen Raum hinter derjenigen der Lehrerausbildung. Obwohl beide Problembereiche immer miteinander verknüpft betrachtet werden müßten und vermehrt als wesentliche Faktoren der Schulreform verstanden werden, haben erst jüngere Curriculumprojekte die Lehrerfortbildung zu einem Forschungsgegenstand gemacht.*

(Aregger, 1976,11)

Lütgert und Schüler (1978, 351-352) verweisen auf Empfehlungen des Deutschen Bildungsrates[13] von 1974, nach denen Curriculumentwicklung und Lehrerfortbildung als sich gegenseitig bedingende Innovationsstrategien für den Bereich Schule verstanden werden sollen, und unterscheiden in diesem Zusammenhang *funktionale* und *intentionale* Lehrerfortbildung. Kennzeichen einer *funktionalen* Lehrerfortbildung sei die gemeinsame Arbeit an einer Sache, die alle Beteiligten im Rahmen der Bemühungen um *Curriculumentwicklung* fortbilde, während bei der *intentionalen* Lehrerfortbildung mit dem Ziel der *Curriculumsadaption* seitens der Wissenschaftler Fortbildungsangebote an die Lehrer gemacht werden, deren Lernprozesse dann Gegenstand wissenschaftlicher Analysen sind. Diese Differenzierung scheint in einem Forschungsfeld, das von Komplexität, mangelnder Erschließung und Systemlosigkeit (Bönsch, 1983, 314) gekennzeichnet ist, hilfreich für weitere gezielte wissenschaftliche Auseinandersetzungen.

Meyer (1985, 53 ff.) hat die wissenschaftlichen Veröffentlichungen und Forschungsbeiträge zur Lehrerfortbildung, die er als nicht sehr zahlreich einschätzt, dokumentiert und eine Übersicht über die Einzelaspekte erarbeitet, auf die sich die meisten der von ihm berücksichtigten Titel beziehen:

---

[13] Deutscher Bildungsrat (Empfehlungen der Bildungskommission) (1974). *Zur Förderung praxisnaher Curriculum-Entwicklung.* Stuttgart: Klett

- Lehrerfort- und -weiterbildung unter den Gesichtspunkten Bestandsaufnahme und Institutionalisierung, Didaktik, Inhalte, Konzeptionen und Verfahren, Untersuchungen zu Einstellungen von Lehrern und Lehrerbefragungen, Evaluation, Fernstudien sowie historische Entwicklung
- Verhältnis von Lehrerfortbildung zur 1. und 2. Phase der Lehrerausbildung
- Bedeutung der Curriculum-Reform für die Lehrerfortbildung
- Lehrerrolle, Professionalisierung und Lehrerfortbildung
- Zusammenhang zwischen Schulreform, Innovation und Lehrerfortbildung
- Lehrerfortbildung als Erwachsenenbildung (Meyer, 1985, 55).

Die von ihm genannten Titel sind jedoch lediglich als vereinzelte Beiträge zu den genannten Forschungsaspekten zu sehen. Eine systematische Bearbeitung des Forschungsfeldes Lehrerfortbildung ist noch zu leisten. Voraussetzung dafür ist meines Erachtens in diesem Zusammenhang zunächst die Formulierung und Strukturierung der zu untersuchenden wissenschaftlichen Fragestellungen. Zu diesem Zweck schließt sich eine Übersicht über die Darstellung diesbezüglicher Forschungsfragen in der Literatur an.

1.1.3.2 Darstellung und Strukturierung der wissenschaftlichen Themen und Fragestellungen

Mit der Erarbeitung und Formulierung von Forschungsfragen haben sich Baumann und Genger (1978) sowie Böhmer (1983) befaßt. Die von ihnen entworfenen Forschungskataloge sollen an dieser Stelle zusammenfassend dargestellt werden.
Nach Baumann und Genger (1978, 377-379) sollten Forschungsprojekte zu den Grundlagen der Lehrerfortbildung und zu ihrer Didaktik folgende drei Fragenkomplexe systematisch und aufeinander bezogen bearbeiten:

1. Das berufliche Lernen von Lehrern und seine Bedingungsfaktoren in der Institution Schule ("Lernen von Lehrern in der Praxis").
2. Lehrererfahrungen und -lernen in der Lehrerfortbildung sowie ihre Beziehung zur beruflichen Praxis von Lehrern ("Lernen für die Praxis").
3. (Fortbildungs-)didaktische Kompetenzen des "Lehrerfortbildners" und ihre Auswirkungen auf Lernerfolge in der Lehrerfortbildung.

Auch Böhmer betont die Notwendigkeit wissenschaftlicher Forschung in der Lehrerfort- und -weiterbildung und plädiert für die systematische Aufarbeitung von "Lehrerfortbildung mit ihren zahlreichen bisher kaum untersuchten komplexen Problemen und ihren

vielfältigen Bezügen zu anderen Bereichen des Bildungswesens" (Böhmer, 1983, 318). Erstrebenswertes Hauptziel ist ihrer Ansicht nach langfristig die Entwicklung einer Theorie der Lehrerfortbildung im Sinne einer Fortbildungsdidaktik. Auf dem Weg dahin sieht Böhmer (1983, 319) auf kurzfristiger Basis folgende Teilziele und zu lösende Forschungsaufgaben:
- Entwurf einer Fortbildungsdidaktik und Konzeption von Fortbildungscurricula,
- Erforschung und Analyse des Bedingungsgefüges von Lehrerfortbildung,
- Kontinuierliche statistische Datenerhebung für eine verbesserte Planungsgrundlage,
- Entwicklung und Erprobung von Fortbildungsmodellen,
- Evaluation von Lehrerfortbildung,
- Forschungen zur Professionalisierung des Berufs Lehrerfortbildner.

Nicht alle genannten Forschungsdesiderate und -themen sind bislang in gleichem Umfang wissenschaftlich bearbeitet und untersucht worden. Gegenwärtig zeichnen sich meiner Einschätzung nach einige Schwerpunkte und Tendenzen ab, deren Inhalte und Methoden im folgenden in einem Überblick zusammengefaßt werden sollen.

1.1.3.3 Entwicklungstrends von Forschungsrichtungen in der Lehrerfortbildung

Kennzeichnend für das Forschungsfeld Lehrerfortbildung sind, wie oben bereits dargestellt, eine mangelnde Theorieentwicklung einerseits und eine unerforschte Fortbildungspraxis andererseits. An diesen Defiziten setzen in den achtziger Jahren Forschungsbeiträge zur Lehrerfortbildung an. Die Haupttendenzen und Entwicklungslinien der Forschung im Bereich Lehrerfortbildung, wie sie sich gegenwärtig abzeichnen, umfassen folgende Schwerpunkte:

Beiträge zur Entwicklung einer eigenständigen Didaktik der Lehrerfortbildung
Die Entwicklung einer Didaktik der Lehrerfortbildung wird in erster Linie von den Lehrerfortbildnern selbst und weniger von den Hochschulen vorangetrieben (Meyer, 1985, 71) und steht in engem Zusammenhang mit dem im Zuge der Institutionalisierung der staatlichen Lehrerfortbildung aufgeworfenen Professionalisierungsanspruch (vgl. die Ausführungen unter Punkt 2.1.2.3). Im Vordergrund vieler Arbeiten steht die Bemühung um die Entwicklung einer eigenständigen Didaktik der Lehrerfortbildung. Ging man in der Vergangenheit von der Vorstellung aus, daß lediglich allgemeine didaktische Modelle auf die Lehrerfortbildung zu übertragen seien (vgl. Raapke, 1977), geht nun die Tendenz dahin, Modelle der allgemeinen Didaktik heranzuziehen, um in der Theoriebildung der

Lehrerfortbildung hinsichtlich einer eigenständigen Fortbildungsdidaktik einen Schritt weiterzukommen (Böhmer, 1983, 68-84; Klippert, 1983, 149-254; Meyer, 1985, 85-90; Landesinstitut für Schule und Weiterbildung, 1990, 13-17). Darüber hinaus werden bei weiteren Arbeiten zur Entwicklung einer eigenständigen Didaktik der Lehrerfortbildung in besonderem Maß Theorien zur berufsbezogenen Erwachsenenbildung berücksichtigt (siehe u.a. Faber, 1983; Krüger, W., 1983, 79-121; Fischer, 1990, 97-98).

Praxisberichte zur Lehrerfortbildung
Seit den achtziger Jahren ist eine deutliche Zunahme an Praxisberichten über konkrete Fortbildungprojekte und -veranstaltungen zu verzeichnen. Diese Berichte dokumentieren auf vielfältige Weise die Fortbildungsarbeit staatlicher und kirchlicher Träger, Organisationen und Vereine und beziehen sich inhaltlich und methodisch auf verschiedene Organisationsformen, Fächer oder Lernbereiche, einzelne Schulformen, -stufen oder Klassen, spezielle fachdidaktische, pädagogische und sozialpolitische Fragestellungen und Themen. Auch wenn diese Dokumentationen häufig keinen wissenschaftlichen Anspruch erfüllen, "spiegeln sie die aktuelle Realität sicher besser als mancher Forschungsbericht" (Meyer, 1985, 72) wider. Erwähnenswert sind die in den letzten Jahren erschienenen Publikationen zur schulinternen Lehrerfortbildung. Viele dieser Beiträge verknüpfen theoretische Überlegungen und konkrete wissenschaftliche und hier speziell auch didaktische Fragestellungen mit Beispielen aus der praktischen Arbeit in der schulinternen Lehrerfortbildung. In diesem Zusammenhang sei besonders auf die Arbeiten von Miller (1990), Schönig (1990), Wenzel, Wesemann & Bohnsack (1990) sowie Greber, Maybaum, Priebe & Wenzel (1991) verwiesen.

Arbeiten, die die Bedeutung von interpretativen Zugängen zu Lehr-Lern-Prozessen für die Lehrerfortbildung betonen
Interpretative Zugänge zu Lehr-Lern-Prozessen in der Lehrerfortbildung (Fischer, 1990, 47-51) werden in zunehmendem Maß berücksichtigt. Die Entwicklung und Erprobung solcher Ansätze läßt sich inhaltlich auf zwei verschiedenen Ebenen feststellen:
Im Rahmen von fachspezifischen Interaktionsanalysen wird die Diskrepanz zwischen Wahrnehmung des Unterrichts während des eigenen Unterrichtens und der distanzierten Betrachtung anhand von Videoaufnahmen und Transkripten thematisiert, und dem Lehrer werden gezielte und strukturierte Reflexionsmöglichkeiten des eigenen Handelns angeboten. Dieser Ansatz geht auf ursprüngliche Arbeiten zu fachspezifischen Deutungsmustern von Bauersfeld, Heymann, Krummheuer, Lorenz & Reiß (1982) und Voigt (1984) zurück. Seit Ende der achtziger Jahre ist dieser Ansatz von Münzinger & Voigt (1988), von Harten & Steinbring (1991) und Voigt (1991) konkret auf fachspezifische Lehrerfortbildungsprojekte im Fach Mathematik übertragen worden.

Die Bearbeitung von Selbst- und Persönlichkeitskonzepten steht im Mittelpunkt der persönlichkeitsorientierten Konzepte der Lehrerfortbildung (vgl. Mutzeck, 1988; Groeben, Wahl, Schlee & Scheele, 1988; Wagner et al., 1984; Mutzeck & Pallasch, 1983). Probleme der Interaktion von Lehrern und Schülern, die individuell, sozial und kognitionspsychologisch von Bedeutung sind, bilden dabei den Schwerpunkt der fortbildnerischen Arbeit.

Untersuchungen zur Wirksamkeit und Evaluation von Lehrerfortbildung
Seit den achtziger Jahren werden verstärkt Fragen nach der Wirksamkeit von Lehrerfortbildung thematisiert und diskutiert (vgl. u.a. Knab, 1981; Mutzeck, 1991b). Bei der Evaluation von Wirkungen der Lehrerfortbildung stehen zunehmend Analysen von Lehrerfortbildungsmaßnahmen und -programmen mit dem Ziel ihrer Optimierung im Vordergrund (vgl. Meyer, 1985; Haenisch 1988). Eine detailliertere Beschreibung der Forschungslandschaft "Evaluation in der Lehrerfortbildung" folgt unter Punkt 2.1.4 dieser Arbeit.

Darüber hinaus liegen im Rahmen der wissenschaftlichen Diskussion und Analyse des Theorie-Praxis-Bezugs in der Pädagogik jüngere Forschungsarbeiten vor, die sich zwar nicht unmittelbar auf die Lehrerfortbildung beziehen, deren Ergebnisse jedoch bedeutsam für die Entwicklung von Theorien und Organisationsformen in der Lehrerfortbildung sind. Folgende vier Ansätze, die Forschungsbeiräge zum Theorie-Praxis-Problem auf empirischer Basis liefern, scheinen mir diesbezüglich erwähnenswert:

(1) *Aktionsforschung* wird nicht länger bloß als Modell für die Entwicklung professioneller Praktiker, sondern darüber hinaus als Beitrag zur Weiterentwicklung erziehungswissenschaftlicher Theorie verstanden (vgl. Altrichter & Posch, 1990).

(2) Im Rahmen der *neueren Diskussion um Professionalisierung und Professionswissen* werden Wissensgrundlagen situativen Handelns im Unterricht anhand empirischer Mikroanalysen und Fallstudien thematisiert (vgl. Alisch, Baumert & Beck, 1990; Koring, 1989; Tenorth, 1989; Harney, Jüting & Koring, 1987).

(3) Beiträge der *neueren Wissensverwendungsforschung* (Drerup, 1987; Eckerle & Patry, 1987) stellen die Praxisprobleme erziehungswissenschaftlichen Wissens in pädagogisch-interaktiven Handlungskontexten in den Mittelpunkt ihrer Untersuchungen (vgl. Dewe, Ferchhoff & Radtke, 1990).

(4) Neuere Untersuchungen zum *Expertenansatz in der Pädagogischen Psychologie* beschäftigen sich mit Wissensbildern in der *Lehrerkognitionsforschung* und der Analyse des Expertenwissens von Lehrern (vgl. Berliner, 1987; Bromme 1987, 1989 u. 1992).

Auf ein generelles Problem zum Theorie-Praxis-Bezug von Lehrerfortbildung geht Niklaus ein und kritisiert ein verbreitetes Mißverständnis. Demnach ist Lehrerfortbildung nicht lediglich als Anwendung von Theorie auf Praxis zu verstehen, "sondern konstituiert sich geradezu in der Auseinandersetzung mit der Praxis" (1979,463). Wissenschaftliche Ergebnisse seien deshalb in aller Regel nicht geeignet, als (unmittelbare) Handlungsanweisungen zu dienen. Meyer stellt zusammenfassend fest, daß angesichts des immer noch akuten Forschungsdefizits in der Lehrerfortbildung nicht schnelle Lösungen und der Entwurf abstrakter Modelle und reibungsloser Konzepte sondern eine "geduldige wissenschaftliche Begleitung und Förderung der Entwicklungen in der LFB-Praxis" (1985, 179-180) angestrebt werden sollten. Die produktive Auseinandersetzung mit der Lehrerfortbildungspraxis bedarf jedoch nach Frischkopf (1981, 224) der Unterstützung durch wissenschaftliche Methoden und Erkenntnisse.

Beispiele für eine solche forschungsgeleitete Lehrerfortbildung sind aktuelle Bemühungen und Initiativen um die fachspezifische Fortbildung von Mathematiklehrern in Deutschland, in denen versucht wird, "die Beziehungen zwischen mathematikdidaktischer Forschung und der Lehrertätigkeit" (Steiner, 1987) zu thematisieren und aufzuarbeiten. Angesiedelt sind solche Vorhaben und Projekte in erster Linie an den Mathematik-Fakultäten der Universitäten (vgl. in diesem Zusammenhang auch 2.1.2.3), wobei die einzelnen Fortbildungsprojekte inhaltlich und konzeptionell unterschiedliche Schwerpunkte setzen. Während Fortbildungsbemühungen auf der einen Seite des diesbezüglichen Gesamtspektrums in erster Linie darauf abzielen, aktuelle Erkenntnisse und Ergebnisse mathematikdidaktischer Forschung an die teilnehmenden Lehrer zu vermitteln und ihnen die Relevanz für ihre eigene Unterrichtspraxis aufzuzeigen (vgl. u.a. Baptist, 1987; Christmann, 1987), werden die Lehrer in einigen Fortbildungsinitiativen am anderen Ende dieses Spektrums konkret und aktiv in die didaktische Entwicklungs- und Forschungsarbeit eingebunden (vgl. u.a. Steinbring, 1987; Winter, 1987 und Wittmann, 1987). Derartige Ansätze gehen nach Auffassung Steiners weit über das hinaus, was traditionell unter dem Begriff Lehrerfortbildung zusammengefaßt wird:

Gerade weil der Lehrer für solche Forschungen und ihre Rückvermittlung in die Praxis nicht nur Objekt der Untersuchung bzw. Adressat der Mitteilung von Ergebnissen, sondern in besonderem Maße Partner des Mathematikdidaktikers in einer Weise sein sollte, daß beide voneinander lernen und zugleich übereinander lernen, werden an verschiedenen Orten, auch im Ausland, stärkere symbiotische und interaktive Formen einer Zusammenarbeit und Weiterentwicklung gesucht, die mit dem traditionellen Terminus 'Lehrerfortbildung' sicher nicht mehr adäquat benannt sind.

(Steiner, 1987, 43)

Charakteristisch für die o.g. Fortbildungskonzepte ist u.a. auch, daß ihrer Evaluation mehr oder weniger große Aufmerksamkeit und Engagement zuteil werden. Die verschiedenen Formen und Ziele der Evaluation von Lehrerfortbildung sind auch Gegenstand der folgenden Betrachtungen.

1.1.4 Modelle und Methoden der Evaluation in der Lehrerfortbildung

In Zusammenhang mit der Frage nach der Wirksamkeit von Lehrerfortbildung (vgl. Knab, 1981; Mutzeck, 1991b) werden seit den achtziger Jahren Möglichkeiten der Evaluation von Lehrerfortbildung diskutiert. Ausgangspunkt dafür war die Frage nach der Wirksamkeit von Bildungsreformen im allgemeinen und insbesondere bei der Planung und Implementation neuer Curricula. Bei der umfangreichen Literatur zum Thema Evaluation in der Pädagogik lassen sich im Bildungsbereich zwei Schwerpunkte erkennen. Zum einen die Evaluation von Bildungssystemen und zum anderen die Evaluation von Unterricht (Meyer, 1985, 182). Speziell zur Evaluation von Lehrerfortbildung liegen bislang nur wenige Arbeiten vor, auf die ich im folgenden eingehen will. Es fällt auf, daß sich auch bei der Betrachtung der Evaluation in der Lehrerfortbildung eine Unterscheidung zwischen wissenschaftlichen Themen und Fragestellungen einerseits und bildungspolitischen Aspekten und Einschränkungen andererseits ergibt. Im folgenden soll im wesentlichen auf wissenschaftliche Gesichtspunkte der Evaluation[14] eingegangen werden. Eine Betrachtung unter bildungspolitischen Aspekten liefern in detaillierter Form u.a. Meyer (1985) und Schmidt (1980).

Nur wenige wissenschaftliche Publikationen beschäftigen sich konkret mit der Evaluation in der Lehrerfortbildung. An dieser Stelle sei u.a. besonders auf die Arbeiten von Mutzeck (1991b), Posse (1991), Haenisch (1988), Meyer (1985, 181-259), Becker (1983), Böhmer (1983, 168-174), Geiser, Frey & Bünder (1981) und Schmidt (1980, 123-192) hingewiesen. Die Evaluierung von Lehrerfortbildung hat erst in Zusammenhang mit den Bemühungen um eine Institutionalisierung und Professionalisierung von Lehrerfortbildung (vgl. 1.1.2.3) an Bedeutung gewonnen.

Abgesehen von zahlreichen kleineren Evaluationsuntersuchungen und Bedarfserhebungen, die jedoch lediglich Informationswert auf einer beschränkten lokalen Ebene haben, sind "größere Evaluationsuntersuchungen im Bereich der Lehrerfortbildung, die

---

[14] Eine ausführliche Diskussion zur Begriffs- sowie Theorieentwicklung der Evaluation, auf die ich an dieser Stelle nicht weiter eingehen möchte, führen Wulf (1972, 1975), Meyer (1985) und Haensich (1988).

etwa vergleichbar mit wissenschaftlichen Begleituntersuchungen von Schulversuchen wären" (Geiser, Frey & Bünder, 1981, 61), bislang kaum durchgeführt worden. Meyer betont unter Verweis auf Bünder[15], daß jeder Lehrerfortbildner (ebenso wie jeder Lehrer) zugleich sein eigener Evaluator sei. Durch die Untersuchung der Wirksamkeit seiner Veranstaltungen gewinne er wichtige Erkenntnisse für die zukünftige Fortbildungsarbeit, was aber eine Kooperation mit externen Evaluatoren durchaus nicht ausschließe (Meyer, 1985, 187-188). Selbstevaluation gekoppelt mit Fremdevaluation liefert im Sinne einer kooperativen Evaluation vielschichtige Erkenntnisse sowohl in bezug auf die Praxis von Lehrerfortbildung als auch im Hinblick auf die Theorieentwicklung in der Lehrerfortbildung.

Petri (1981, 68-70) fordert eine *umfassende Evaluation*, die nicht nur summativ angelegt ist, d.h. pädagogische Entwicklungsprojekte (und dazu zählt auch die Fort- und Weiterbildung von Lehrern) nicht bloß in bezug auf ihre Ergebnisse oder Zwischenergebnisse untersucht, sondern sämtliche Phasen und Dimensionen der Entwicklung einbezieht. Evaluation ist deshalb als ein Teilaspekt der Entwicklung zu verstehen und spiegelt das komplexe Bedingungsgefüge von Planung, Implementation und Reflexion.

So gesehen hat die Evaluation eine Rückmelde- und Reflexionsfunktion im Prozeß der Theoriebildung/Forschung bzw. Entwicklung / Planung und der Praxis.
(Meyer, 1985, 191)

Zusammenfassend läßt sich feststellen, daß dieses oben beschriebene erweiterte Veständnis von Evaluation dem Trend der Diskussion um die Evaluierung von Lehrerfortbildung entspricht (vgl. Meyer, 1985, 196; Haenisch, 1982, 21). Die Vorteile dieser erweiterten Begriffsfassung liegen nach Meyer (a.a.O.) darin, daß zum einen das Verhältnis von Evaluation und Didaktik von Lehrerfortbildung besser in seinem Bedingungsgefüge betrachtet werden kann, zum anderen werde das Theorie-Praxis-Problem mit einbezogen. Den Zusammenhang von Evaluation und Didaktik hat Meyer wie folgt konkretisiert:

Didaktik meint die mehr konzeptionell und inhaltlich begründeten und planenden Aspekte des Handelns in Lehr- und Lernprozessen. Evaluation betont die reflexiven, analytischen, kontrollierenden und unterstützenden Aspekte, die vor dem Handeln, begleitend und hinterher eine Art geistiger Distanzierung bewirken sollen. In der Praxis gehen beide Betrachtungsweisen des Handelns oft ineinander über und bedingen einander. Der Begriff "Entwicklung" verbindet die theoretischen mit den praktischen Aspekten, so z.B. in der Curriculumentwicklung, in der Unterrichtsplanung und in der Konzipierung eines LFB-Kurses.
(Meyer, 1985, 197)

---

[15] Bünder, W. (1979). *Lehrerfortbildung und Evaluation*. IPN Kiel Symposium, Arbeitspapier 4 (Maschinenmanuskript).

Im Hinblick auf die Evaluation in der Lehrerfortbildung sind die Grundmodelle der Evaluation nach Wulf (1975, 588-594) interessant, weil sie verschiedene Ansätze und Forschungsrichtungen thematisieren, die für die unterschiedlichen Ebenen der praktischen und theoretischen Analyse von Lehrerfortbildung von Bedeutung sind.

Die *praxisorientierte Evaluation* ist im Sinne der Handlungsforschung auf die Analyse und Optimierung gesellschaftlich-pädagogischer Praxis ausgerichtet. Im Mittelpunkt steht die Verbesserung des berufsrelevanten Handelns von Lehrern auf diversen Ebenen (z.B. fachwissenschaftlich, fachdidaktisch, pädagogisch). Praxisorientierte Evaluation liegt u.a. im Interesse bildungspolitischer Entscheidungsträger wie z.B. Kultusministerien.

Die *entwicklungsorientierte Evaluation* strebt die Optimierung einer Bildungsmaßnahme, z.B. eines Lehrerfortbildungspogramms, an. Die Unterrichtspraxis der Lehrer bleibt dabei weitgehend unberücksichtigt, denn Ziel ist es, im Entwicklungsprozeß zur Verbesserung eines speziellen Programms beizutragen, indem Informationen zur Vorbereitung und Unterstützung diesbezüglicher Entscheidungen bereitgestellt werden. Ergebnisse entwicklungsorientierter Evaluationsmaßnahmen sind z.B. für die Landesinstitute für Lehrerfortbildung der einzelnen Bundesländer interessant, zu deren Aufgaben die Planung und Durchführung von Lehrerfortbildung zählt.

Die Ziele der *theorieorientierten Evaluation* hingegen sind an den Interessen der Wissenschaft orientiert. Die Untersuchung spezifischer Fragen der Grundlagenforschung steht im Mittelpunkt. Diese Art von Evaluation befaßt sich zwar nicht speziell mit der Entwicklung von entsprechenden Programmen und deren Einfluß auf die Unterrichtspraxis von Lehrern, doch Ergebnisse dieser Forschung können durchaus bei praxis- und entwicklungsorientierten Projekten eingebracht werden.

Das Fazit dieser Gegenüberstellung der Grundmodelle der Evaluation ist, daß jegliche Evaluation kontextbezogen geplant und durchgeführt werden muß und daß aus der Kenntnis der verschiedenen Evaluationsformen kein "Super-Modell abgeleitet werden kann, sondern daß jede Evaluation in Zusammenhang mit den Zielen, Zwecken, Funktionen und Rollen, mit der Entwicklungsarbeit und den jeweils verfügbaren Ressourcen neu entworfen werden muß" (Meyer, 1985, 220). Daher sind auch die Evaluationsmethoden[16] abhängig von den Grundsatzentscheidungen über Aufgaben und Ziele der Evaluation. Evaluationsverfahren können deshalb auch nicht pauschal übernommen, sondern müssen in jedem Evaluationsvorhaben neu entwickelt und arrangiert werden. Eine Methoden- und Verfahrensvielfalt ist Voraussetzung, wenn Evaluation nicht in einen "Methodendogmatismus" verfallen soll (Meyer 1985, 259).

---

[16] Unter dem Begriff Evaluationsmethoden sind im engeren Sinn die zur Erhebung und Analyse von Daten und Informationen geeigneten Forschungsinstrumente zu verstehen.

In bezug auf die Forschungslage zur Evaluation in der Lehrerfortbildung läßt sich in Anlehnung an Krumms Literaturanalyse von 1979 auch heute noch feststellen, daß in der Literatur zur Lehrerfortbildung der Aspekt der Evaluation nach wie vor eine untergeordnete Rolle spielt. Dies gilt besonders für die theorieorientierte Evaluation. Beiträge, die sich mit Evaluationsprojekten in der Lehrerfortbildung befassen, beziehen sich nun zunehmend auf die Analyse von Lehrerfortbildungsmaßnahmen und ihrer Verbesserung[17], während in der Vergangenheit meist Lehrer- und Schülerkenntnisse, Einstellungen und Verhalten sowie Unterrichtsmaterialien im Vordergrund standen (vgl. Meyer, 1985, 227). Hinsichtlich der Methoden überwiegen Fragebogenerhebungen gegenüber Beobachtungen[18], und die Entwicklung von Forschungsdesigns in der Evaluation wird nur sehr vereinzelt thematisiert und detailliert dargestellt. Zutreffend ist auch nach wie vor Krumms Einschätzung, daß die meisten Evaluationsuntersuchungen keinen wissenschaftstheoretischen Aussagewert besitzen.

1.1.5 Anschlußpunkte für die australische Diskussion

Vor der Darstellung der bildungspolitischen und wissenschaftlichen Diskussion zur Lehrerfortbildung in Australien im nächsten Abschnitt dieses Kapitels sollen die Anknüpfungspunkte aus deutscher Sicht zusammengefaßt und daran aufgezeigt werden, inwieweit australische Forschungsbeiträge zu diesem Thema die in Deutschland geführte Diskussion informieren können.

Zu den unter 1.1.3.2 dargestellten Forschungsdesideraten aus deutscher Perspektive zählt die Erforschung des Bedingungsgefüges von Lehrerfortbildung. In der anglo-amerikanisch/australischen Literatur liegen zahlreiche Arbeiten vor, die sich mit der Erforschung der Bedingungen und Faktoren wirkungsvoller Lehrerfortbildung befassen und die unter Punkt 1.2.3 dieser Arbeit vorgestellt werden. Besonders die Einstellungen und das Wissen von Lehrern, deren Auswirkungen auf die Unterrichtspraxis sowie das Lernen von Lehrern im Rahmen von Lehrerfortbildung und dessen Bedingungen werden in der anglo-amerikanisch/australischen Literatur thematisiert und sind Gegenstand diesbezüglicher Untersuchungen. Die Entwicklung einer speziellen Didaktik der Lehrerfortbildung, wie sie in Deutschland unter anderem von Böhmer (1983) sowie Baumann und Genger (1978) propagiert wird, wird in der australischen Diskussion so nicht thema-

---

[17] Beispiele für diesbezügliche Beiträge finden sich u.a. bei Haenisch (1988) und Meyer (1985)

[18] Meyer (1985, 239) spricht in diesem Zusammenhang von der Gefahr der Evaluation, in einen "naiven Empirismus" abzugleiten.

tisiert. Dies hängt sicherlich damit zusammen, daß der Begriff "Didaktik" in der englischen Sprache in diesem Zusammenhang ungebräuchlich ist[19]. Stattdessen richtet man das Augenmerk auf die Erforschung der Charakteristika wirkungsvoller, d.h. nach australischem Verständnis praxiswirksamer Lehrerfortbildung (vgl. 1.2.3.4).

Eng mit der Erforschung des Bedingungsgefüges von Lehrerfortbildung ist die Notwendigkeit der Entwicklung und Erprobung von Fortbildungsmodellen verknüpft. Auch in dieser Hinsicht liegen zahlreiche australische Fortbildungsprojekte vor, die Anregungen für das deutsche System liefern könnten. Das im zweiten Kapitel im Detail vorgestellte ARTISM-Programm ist ein Fortbildungsmodell, bei dem versucht wurde, sowohl die Erfahrungen vorangegangener Projekte als auch in der Literatur formulierte theoretische Anforderungen zu berücksichtigen und umzusetzen.

Die Evaluation von Lehrerfortbildung gehört ebenfalls zu den zukünftigen Forschungsaufgaben (vgl. 1.1.3.2). Die wenigen bislang vorliegenden deutschen Arbeiten zur Evaluation von Lehrerfortbildung befassen sich hauptsächlich mit der *entwicklungsorientierten Evaluation* nach Wulf (1975), d.h. Ziel der Evaluation ist die Optimierung entsprechender Fortbildungsprogramme, während die praxisorientierte und die theorieorientierte Evaluation bislang nur eine untergeordnete Rolle spielen. Die in Australien geführte Diskussion zur Evaluation von Lehrerfortbildung ist aus deutscher Sicht interessant, weil in der Literatur konzeptionelle Vorschläge und Anregungen für Evaluationsdesigns zu den verschiedenen Evaluationsarten vorgestellt und diskutiert werden (vgl. 1.2.4). Es besteht generell Einigkeit darüber, daß Evaluation ein integraler Bestandteil von Fortbildungskonzepten sein soll. Das ARTISM-Programm ist auch in dieser Hinsicht von Bedeutung, weil bei seiner Konzeption in besonderem Maß versucht wurde, dieser Forderung Rechnung zu tragen.

Bei aller Unterschiedlichkeit hinsichtlich bildungspolitischer Grundlagen und Forderungen sowie der nationalen Bildungssysteme im allgemeinen können internationale Vergleiche wertvolle Beiträge zur Beseitigung von Forschungsdefiziten im eigenen Land liefern. Anhand dieser Arbeit sollen mögliche Konsequenzen australischer Forschung im Bereich Lehrerfortbildung und deren Übertragung auf die Situation in Deutschland auf zwei Ebenen erarbeitet werden: Zum einen betreffen sie wissenschaftliche Erkenntnisse, die im Rahmen der themenbezogenen Literatur diskutiert werden, zum anderen konkrete Erfahrungen, die in Zusammenhang mit der Implementation und Evaluation des ARTISM-Programms gemacht wurden.

---

[19] Der Gebrauch des englischen Wortes "didactic" ist in Australien negativ besetzt und wird oft im Sinn von belehrend, schulmeisterlich, dogmatisch, authoritär verstanden. In bezug auf Mathematikdidaktik wird im englischen Sprachraum von "mathematics education" oder "mathematics teaching and learning" gesprochen.

1.2 Die bildungspolitische und wissenschaftliche Diskussion zum Thema Lehrerfortbildung in Australien

Die Entwicklung von Theorie und Praxis von Lehrerfortbildung in Australien läßt sich kaum isoliert vom gesamten anglo-amerikanischen Sprachraum darstellen, da es aufgrund der Sprachhomogenität zu einem wechselseitig beeinflußten Entwicklungsprozeß vor allem in Australien, den Vereinigten Staaten, Kanada und Großbritannien gekommen ist. Es soll jedoch unter spezieller Berücksichtigung australischer Beiträge und Autoren versucht werden, die Entwicklung von normativen Ansprüchen und Initiativen zur beruflichen Fortbildung von Lehrern in Australien exemplarisch darzustellen.

Zahlreiche Beiträge der australischen Fachliteratur befassen sich mit der beruflichen Fortbildung von Mathematiklehrern. In diesen Beiträgen werden die Entwicklung und Implementation mathematikspezifischer Fortbildungsprogramme, die seit den achtziger Jahren in steigender Zahl vorliegen, dokumentiert und analysiert und daraus theoretische Überlegungen für die Konzeption neuer Maßnahmen und Programme abgeleitet. Auf diese mathematikspezifische Literatur zur Lehrerfortbildung in Australien soll besonders zurückgegriffen werden, um die theoretische Einbettung des ARTISM-Programms in die australische Forschungslandschaft deutlich zu machen. Berücksichtigt wurde in diesem Rahmen auch die Literatur zur Evaluation von Lehrerfortbildung, deren theoretische Grundlagen darüber hinaus auch die methodologischen Überlegungen hinsichtlich meiner empirischen Untersuchung beeinflußt haben.

Der folgende Ausschnitt aus der anglo-amerikanisch/australischen Diskussion, die in ihrer gesamten Komplexität und Vielschichtigkeit im Rahmen der vorliegenden Arbeiten nicht dargestellt werden kann, wird unter zwei leitenden Gesichtspunkten vorgeführt. Zum einen sollen der Kontext für die Entstehung, die Implementation sowie die inhaltliche und strukturelle Einbindung des ARTISM-Programms verdeutlicht und zum anderen abschließend die international diskutierten Anknüpfungspunkte für die bereits unter Punkt 1.1 dargestellte deutsche Lehrerfortbildungslandschaft herausgestellt werden.

1.2.1 *Teacher Professional Development*: Entwicklung und Begriffsbildung

Zunächst einmal läßt sich feststellen, daß die Begriffe "teacher professional development", "staff development", "teacher change" und "teacher professional growth" in der fachspezifischen Literatur weitgehend synonym verwendet wurden (bzw. werden). Douglas M.Clarke faßt diesbezügliche Definierungsversuche wie folgt zusammen:

> *In each case they refer to any activity or process intended to change any combination of the following: teachers' beliefs and attitudes, teachers' knowledge, or teachers' classroom practice.*
>
> (D.M. Clarke, 1991, 1)

Der Terminus "teacher inservice education" bezieht sich generell auf Fortbildungsprogramme, die die Anregung und/oder Förderung der professionellen Entwicklung von Lehrern intendieren. Diese Programme können sowohl schulintern als auch schulextern organisiert und/oder durchgeführt werden. Auf Konzeption, Implementation und Evaluation solcher Programme wird an späterer Stelle noch detailliert eingegangen.

Das Aufkommen der Diskussion um die Lehrerfortbildung als bedeutsames bildungspolitisches Unterfangen läßt sich historisch in den frühen vierziger Jahren, also der Zeit nach der wirtschaftlichen Depression, ansiedeln:

> *Schools were forced to expand their missions to explain and combat or defend social and political views that had previously been of little concern, ... staff development took on potential significance as one process for responding to that change in schools.*
>
> (Howey & Vaughan, 1991, 1)

Harvey und Vaughan führen den Sputnik-Schock nach 1956, den sozialen und politischen Aktivismus der sechziger und siebziger Jahre, der zu einem verstärkten Bewußtsein gegenüber kultureller Diversität und interpersonalen Beziehungen geführt hat, und die Bemühungen, Gehaltserhöhungen und berufliche Weiterqualifikation mit der Teilnahme an Fortbildungsprogrammen zu verknüpfen, als Hauptfaktoren für den drastischen Anstieg von Aktivitäten zur beruflichen Weiterentwicklung von Lehrern an. Konnten die Autoren des Jahrbuchs der *National Society for the Study of Education* (Henry, 1957) nur auf insgesamt circa fünfzig Studien zurückgreifen, so läßt sich in den vergangenen zwanzig Jahren ein deutlicher Anstieg an Arbeiten und Studien zum Thema Lehrerfortbildung im anglo-amerikanischen Sprachraum verzeichnen. Fullan und Pomfret (1977) weisen auf einen deutlichen Zusammenhang zwischen Lehrerfortbildung und der Implementation bildungspolitischer Innovationen hin. Viele Veröffentlichungen der siebziger und frühen achtziger Jahre haben einen rezeptiven Charakter und offerieren schrittweise vorgehende Ansätze zur erfolgreichen Innovation. In der letzten Dekade läßt sich eine deutliche Zunahme an desriptiven Studien verzeichnen, die die Schwierigkeiten des Innovationsprozesses und die relative Seltenheit von deutlichen Veränderungen in der Schulpraxis dokumentieren. Ornstein kritisiert die mangelnde praktische Umsetzung von Innovationsbestrebungen in die Unterrichtspraxis und kommentiert:

> *Hopes for the innovations of the last three decades never really came to full fruition. Most of the promising plans were tried for a short time and then were dropped or modified leaving curriculum and instruction about the same. Reliance*

on the textbook and teacher-dominated activities, coupled with students being quiet, following directions, copying from the blackboard or workbook, and memorizing the information the teacher doles out, still pervade the (....) classroom.

(Ornstein, 1982, 280)

Robinson (1989) spricht in Australien vom Phänomen der "innovation without practice", das deutlich wurde, als Unterrichtsforscher feststellten:

... many schools pretend to innovate while preserving previous practices almost intact.

(Munro, 1976, 14).

Zu Beginn der achtziger Jahre wird der Begriff "innovation" fallengelassen und durch "change" ersetzt, um deutlich zu machen, worauf es bei der Implementation angestrebter Veränderungen ankommt:

Educational advisors and support personnel became known as "change agents". Experts on educational change analysed change processes and made recommendations to educational administrators on how to manage and promote change.

(Robinson, 1989, 270)

In Zusammenhang mit der beruflichen Fortbildung von Lehrern wird der Begriff "staff development" nun häufig durch "teacher change" ersetzt und synonym verwendet. Vielen Bemühungen um die Lehrerfortbildung, die auf der Vorstellung von "teacher change" beruhen, liegen Defizitmodelle zugrunde. Diese Ansätze werden darin kritisiert, daß sie von der Notwendigkeit zur Veränderung aufgrund von beruflichen Unzulänglichkeiten seitens der Lehrer ausgehen. Wood (1989, 7) konstatiert "the tension between the desire on the part of the school system to change teaching practice by improving teachers' knowledge and the negative perception that such a view leaves with the participants". Laut Jackson (1974) sind diejenigen, die sich auf die Vorstellung eines Defizitmodells stützen, in den meisten Fällen behavioristisch orientiert und neigen dazu, die molekularen Aspekte des Unterrichtsverhaltens von Lehrern zu betonen. Ihr Ziel scheine die Ausstattung der Lehrer mit spezifischen Fertigkeiten - "teaching them how-to-do-it" - (Jackson, 1974, 25) zu sein.

Ein positiveres Verständnis von Lehrerfortbildung geht von der Vorstellung aus, daß Lehrer bei ihrer Arbeit auf ein expansives Repertoire von Ansätzen zum Lehren und Lernen zurückgreifen und sich selbst dabei als Lernende verstehen, die darum bestrebt sind, ihre "comfort zone" in der alltäglichen Unterrichtspraxis zu erweitern (Stephens, Lovitt, Clarke & Romberg, 1989). Jackson (1974, 26) spricht in diesem Zusammenhang vom "professional growth approach. Robinson (1989) unterscheidet diesbezüglich zwischen dem "change paradigm" (dem bisherigen negativ besetzten Paradigma) und dem "choice paradigm" (dem anzustrebenden positiv besetzten Paradigma). Auch Shulman (1987, 11) prägt ein positives Professionalitätsverständnis von Lehrern und verweist auf ihren "wisdom of practice".

Die Abkehr von Defizitmodellen als Grundlage für Bemühungen zur Lehrerfortbildung und anstelle dessen das Verständnis von Lehrerfortbildung als professionellen Wachstumsprozeß spiegelt sich auch sprachlich wider. In der aktuellen fachbezogenen Literatur wird "teacher change" weitgehend durch die Begriffe "teacher professional development" und "teacher professional growth" ersetzt. Diese Begriffe sollen einen natürlichen Entwicklungsprozeß anstatt der Notwendigkeit drastischer Veränderungen implizieren. Unabhängig von der jeweiligen sprachlichen Einkleidung ist jedoch meiner Ansicht nach festzustellen, daß jede Bemühung um die berufliche Entwicklung und Fortbildung von Lehrern darauf abzielt, Wissen und Verhalten der Lehrer zu erweitern und so letztendlich zu einer Veränderung zu führen. Eine gewisse, wenn auch mehr oder weniger implizite, Defizitvorstellung unterliegt somit generell.

Nachdem die inhaltliche Bedeutung der in der englischen Sprache in Zusammenhang mit der beruflichen Fortbildung von Lehrern in Australien verwandten Termini geklärt und somit die Grundlage für die exakte inhaltliche Einordnung der im folgenden zitierten englischsprachigen Textstellen geschaffen ist, wird aus Gründen der Einheitlichkeit und Übersichtlichkeit im weiteren Verlauf des Textes grundsätzlich der Begriff Lehrerfortbildung benutzt. Parallel zum englischen Terminus "teacher professional development" wird damit das gegenwärtig international vorherrschende Verständnis von Lehrerfortbildung als kontinuierlicher, biographisch verankerter Prozeß professioneller Entwicklung von Lehrern angesprochen (vgl. Edelhoff, 1988a, 10)

Obwohl die Eindeutschung der im folgenden Text verwandten englischsprachigen Fachausdrücke angestrebt wird, wird an einigen Stellen die englische Bezeichnung in Klammern hinzugefügt, um inhaltliche Beziehungen eindeutig werden zu lassen. Außerdem sind die wichtigsten der verwendeten englischen Fachtermini in einem Glossar (siehe Anhang) aufgelistet und hinsichtlich ihrer Bedeutung erklärt.

1.2.2 Bildungspolitische Aspekte der australischen Ansätze zur Lehrerfortbildung

Lehrerfortbildung ist in Australien besonders seit den achtziger Jahren überaus populär. Davon zeugen nicht nur wissenschaftliche Veröffentlichungen, auf die ich im weiteren Verlauf dieses Kapitels näher eingehen werde, sondern auch die hohen Teilnehmerzahlen an entsprechenden Programmen. Um ein Beispiel hinsichtlich der Größenordnung zu geben, sei auf das "Exploring Mathematics In Classrooms" Programm (EMIC) für Mathematiklehrer der Primarstufe[20] verwiesen. Hierbei handelt es sich um eine zehn Veranstaltungen umfassende Fortbildungsmaßnahme, die vom Ministerium für Bildung und Erziehung im Staat Victoria geplant sowie finanziert wurde und seit 1985 durchgeführt wird. Nach Angaben des Ministeriums haben bislang über 40 Prozent aller Lehrer, die in der Primarstufe Mathematik unterrichten, an diesem Programm teilgenommen, und die Zahl wächst beständig. Dies sind Zahlen, die auch sehr optimistische Schätzungen von Teilnehmerzahlen in Deutschland weit übertreffen. Im folgenden soll versucht werden, die Gründe für die Popularität von Lehrerfortbildung aufzuzeigen und ihre Funktionen und Ziele zu untersuchen. Ergänzend scheint mir auch die Einbeziehung struktureller Gegebenheiten des australischen Schulsystems und ein Exkurs über die Formen der Lehreraus- und -fortbildung in Australien sinnvoll, da diese Informationen zum einen Aufschluß über das Interesse der Bildungsministerien an der Ausbildung einer "Kultur der Lehrerfortbildung" und zum anderen über die Motivation der Lehrer zur Teilnahme an entsprechenden Fortbildungsprogrammen, die zum großen Teil in ihrer unterrichtsfreien Zeit stattfinden, geben. Abschließend sollen aktuelle Trends in bezug auf die Konzeption und Entwicklung entsprechender Fortbildungsmaßnahmen aufgezeigt und erläutert werden.

1.2.2.1 Funktionen und Ziele

Zunächst soll die Frage nach einer Funktionsbeschreibung von Lehrerfortbildung in Australien geklärt und ein Überblick über gegenwärtige Aufgaben und Ziele gegeben werden. Bemühungen um Professional Development dienen nach Schlechty und Whitford (1983) im wesentlichen, ähnlich wie in Deutschland (vgl. 2.1.1), drei verschiedenen Funktionen:

(1) *"Establishing Function"*
Ziel sind in erster Linie organisatorische Veränderungen durch die Einführung neuer Programme, Technologien oder Verfahren in Schulen bzw. Schulbezirken, an deren Entwicklung die Lehrer in der Regel nicht beteiligt waren, die sie jedoch in die Praxis umsetzen sollen.

(2) *"Maintenance Function"*
Bemühungen, die auf die Sicherstellung und Einhaltung solcher Routinen und Verfahrensweisen abzielen, die von administrativer Seite befürwortet werden.

---

[20] Die Primarstufe umfaßt in Australien die Klassen 0-6.

(3) *"Enhancement Function"*
Professional Development Maßnahmen, die die individuelle Verbesserung des Unterrichtshandelns von Lehrern intendieren, wobei von einem positiven Lehrerbild ausgegangen wird. Ziel ist die Erweiterung und Steigerung ihres beruflichen Könnens durch die Konfrontation mit neuen Ideen und Ansätzen.

Auf diese dreiteilige Funktionsbeschreibung stützen sich u.a. auch die Überlegungen des Australiers D.M.Clarke (1991), der, ähnlich wie u.a. seine Kollegen Robinson (1989) und Rice (1992a), die Bedeutung und die Notwendigkeit des Ausbaus der "enhancement function" betont. Der Amerikaner Smylie liefert einen Definitionsversuch, der auch das aktuelle australische Verständnis von Lehrerfortbildung widerspiegelt:

> *Staff development for teachers has been defined as "the provision of activities designed to advance the knowledge, skills, and understanding of teachers in ways that lead to changes in their thinking and classroom behavior" (Fenstermacher & Berliner, 1983, 4). It is a systematic attempt to bring about change toward an articulated end.*
> (Smylie, 1988, 1)

Anknüpfend an Smylie ist herauszustellen, daß ein wichtiges Ziel der Bemühungen um Lehrerfortbildung auch in Australien der gezielte Transfer von neu (d.h. im Rahmen der Fortbildung) erworbenem Wissen, Fertigkeiten oder Einsichten in den Unterricht ist. Diese enge Anbindung an den Unterricht wird auch in der Aufgabenbeschreibung des "MCTP[21] Professional Development Package" deutlich:

> *MCTP seeks to provide resources for all interested teachers to explore such alternative approaches in their classrooms ... Hence MCTP aims to assist teachers to move towards greater understanding about teaching and learning, thereby informing their practice.*
> (Owen, Johnson, Clarke, Lovitt & Morony, 1988, 2)

Angestrebtes Ziel aktueller Bemühungen um die Professionalisierung von (Mathematik) Lehrern ist es, alternative Lehr- und Lernstrategien aufzuzeigen, aktuelle Forschungsergebnisse und deren Bedeutung für die Unterrichtspraxis zu vermitteln oder die Implementation von Curriculumsinnovationen zu unterstützen (vgl. Robinson, 1989; Clarke, 1993, Carlin 1992). Alle diese Unternehmungen, die eng an der Unterrichtspraxis der Lehrer orientiert sind, zielen auf ein langfristiges professionelles Wachstum und letztlich eine Verbesserung des Schülerlernens ab. Der Schüler als Endziel von Lehrerfortbildungsmaßnahmen - diese Vorstellung ist zuerst Mitte der achtziger Jahre seitens des Amerikaners Guskey explizit formuliert worden:

---

[21] MCTP ist die in Australien gängige Abkürzung für "Mathematics Curriculum and Teaching Program" (Owen et al., 1988)

> *Specifically, staff development programs are designed to "alter the professional practices, beliefs, and understanding of school persons toward an articulated end" (Griffin, 1983, p.2). In most cases that end is the improvement of student learning. In other words, staff development programs are a systematic attempt to bring about change - change in the classroom practices of teachers, change in their beliefs and attitudes, and change in the learning outcomes of students.*
>
> (Guskey, 1986, 5)

An dieser Zielvorstellung orientieren sich auch die Entwickler australischer Fortbildungsprogramme wie ARTISM (vgl. Peter, Clarke & Carlin, 1992, 5) sowie Wissenschaftler auf theoretischer Ebene im Rahmen der Modellierung des Fortbildungsprozesses (vgl. dazu die Ausführungen unter 1.2.3.3).

Auch der Definitionsversuch des Briten Main liefert wichtige Aspekte bezüglich der australischen Fortbildungspraxis:

> *Staff development is a deliberate and continuous process involving the identification and discussion of present and anticipated needs of individual staff for furthering their job satisfaction and career prospects and of the institution for supporting its academic work and plans, and the implementation of programmes of staff activities designed for the harmonious satisfaction of those needs.*
>
> (Main, 1982, 4)

Mains[22] Definitionsversuch verweist auf eine weitere Dimension der Funktionen von Lehrerfortbildung. Er unterstreicht die Berücksichtigung der Bedürfnisse des einzelnen Lehrers einerseits und der Institutionen (Schule bzw. Schulverwaltung) andererseits, die im Rahmen von Fortbildungsmaßnahmen in Einklang zu bringen seien. Diese Überlegungen schließen an die oben dargestellten Funktionen nach Schlechty und Whitford an, indem Lehrerfortbildung durch die Vereinigungsmenge aller drei Funktionen beschrieben wird. Meiner Meinung nach trifft diese Funktionsbeschreibung die Realität der australischen Fortbildungslandschaft; denn bei vielen Fortbildungsbemühungen wie dem "Key Group Project" (vgl. Rice 1993; Rice, 1991; Robinson, 1989), "Exploring Mathematics In Classrooms" (vgl. Beesey, 1989; BLIPS Numeracy Initiative, 1989; Robinson, 1987 u. 1986) "Improving Teaching Approaches to Mathematics" (vgl. Redden & Pegg, 1993) oder ARTISM (vgl. Clarke, Carlin & Peter, 1992b) steht einerseits das individuelle professionelle Wachstum ("professional growth") der einzelnen Lehrer, andererseits der Transfer von Forschungsergebnissen und Innovationen in die Unterrichtspraxis im Mittelpunkt der Bemühungen. Darüber hinaus wird Lehrerfortbildung in Australien eine Selbsterhaltungsfunktion zugeschrieben. Gemäß Rices Verständnis sollen alle Lehrerfortbildungsbemühungen letztlich dazu beitragen, ein

---

[22] Main sützt sich auf Aussagen von Billing, D. (1982) *The role of staff development.* Birmingham: SCEDSIP, Occasional Paper No. 6.

"Fortbildungsethos" bei den Lehrern zu etablieren, indem kontinuierliche Fortbildung als integrativer Bestandteil des Lehrerberufs verankert ist.

It is argued that professional development programs should aim to foster in teachers a professional development ethos which is ultimately self-sustaining and empowering.

(Rice, 1992a, 470)

1.2.2.2 Aktualität von Lehrerfortbildung: Strukturelle Bedingungen und Entwicklungen

Unter dem Stichwort "career prospects" verweist Main in seiner Definition auf einen Aspekt, der einerseits auf die Bemühungen um Lehrerfortbildung von administrativer Seite und andererseits auf die Popularität von Fortbildung bei den Lehrern abzielt. Es besteht ein starkes Interesse seitens der Schulverwaltung bzw. der zuständigen Ministerien,[23] die vergleichsweise kurze und schwerpunktmäßig fachwissenschaftliche Lehrerausbildung durch kontinuierliche Fortbildungsmaßnahmen aufzufangen und zu ergänzen. Ein Exkurs zur Lehrerausbildung in Australien gibt hier näheren Aufschluß.

Exkurs:
Innerhalb Australiens gibt es in den verschiedenen Staaten und Territorien unterschiedliche Lehrerausbildungsformen für verschiedene Schulstufen. Auf die gängigsten und gegenwärtig typischen Verfahren will ich im folgenden kurz eingehen.

Primarstufenlehrer, die die Klassen Prep[24] bis 6 unterrichten, haben gegenwärtig fast überall eine vierjährige Universitätsausbildung, in deren Rahmen sie alle Fächer, die sie später unterrichten müssen, in bezug auf ihre Fachdidaktik studieren und außerdem zwei Schwerpunktfächer festlegen, die auch bezüglich der Fachinhalte studiert werden. Außerdem besuchen sie Veranstaltungen aus den Bereichen Pädagogik, Geschichte der Erziehungswissenschaft, Pädagogische Psychologie und Philosophie. Das Studium gliedert sich zu ca. je einem Drittel in die beschriebenen Disziplinen Fachwissenschaft, Fachdidaktik und Erziehungswissenschaft, und auch die zu erbringenden Leistungsnachweise liegen in diesem Verhältnis. Nach dieser vierjährigen universitären Ausbildung, die pro Jahr ca. 6 Wochen Schulpraktikum

---

[23] Gemeint sind hier sowohl die Ministerien für Bildung und Erziehung der sieben einzelnen Staaten und Territorien als auch das entsprechende Ministerium der Bundesregierung in Canberra.

[24] Prep steht für "preparatory grade", welches als erstes Schuljahr der insgesamt siebenjährigen Primary School und für alle schulpflichtigen Kinder verbindlich ist.

umfaßt, graduieren die zukünftigen Lehrer mit dem Abschluß *Bachelor of Education*. Bis Mitte der achtziger Jahre war die Universitätsausbildung in der Regel nur dreijährig. Um jedoch alle Lehrer auf einen vergleichbaren Ausbildungsstand zu bringen, wird ihnen angeboten, nach ein- oder mehrjähriger Schulpraxis das vierte Ausbildungsjahr berufsbegleitend in Abendkursen über einen Zeitraum von zwei Jahren nachzuholen. In dieser Zeit spezialisieren sich die Lehrer fachdidaktisch in einem Fach, z.B. Mathematik. Es bestand in der Vergangenheit auch die Möglichkeit, nach einem dreijährigen, rein fachwissenschaftlichen Studium, z.B. in Mathematik oder Englisch, das mit einem Bachelor Degree abgeschlossen wurde, ein einjähriges Studium mit dem Abschluß *Bachelor of Teaching* anzuschließen und so die Lehrbefähigung zu erwerben. Diese Möglichkeit gibt es jedoch gegenwärtig, soweit mir bekannt ist, nicht mehr.

Sekundarstufenlehrer, die die Klassen 7 bis 12 unterrichten (es gibt in Australien keine Unterscheidung zwischen Sek. I und Sek. II innerhalb der Ausbildung), absolvieren zunächst ein dreijähriges reines Fachstudium zweier Fächer, das je nach Fächerkombination mit einem *Bachelor of Arts* oder einem *Bachelor of Science* abgeschlossen wird. Daran schließt sich ein einjähriges *Diploma of Education* an. Während dieses einen Jahres werden fachdidaktische Kurse entsprechend der beiden zuvor fachwissenschaftlich studierten Fächer sowie Kurse in erziehungswissenschaftlichen Disziplinen zu je einem Drittel besucht. Das restliche Drittel der Studienzeit (ca. 9 Wochen) verbleibt den schulpraktischen Studien.

Eine mit dem zweiten Teil der Lehrerausbildung in Deutschland, dem Referendariat, vergleichbare Phase gibt es im australischen Lehrerausbildungskonzept nicht.

In einzelnen Regionen werden zwar Programme zur Unterstützung von Lehrern im ersten Berufsjahr angeboten, doch es gibt keine systematisch strukturierte Übergangsphase von der Universität in den Lehrerberuf. In manchen Schulen haben Lehrer im ersten Berufsjahr eine Stundenermäßigung von zwanzig % der insgeamt zu unterrichtenden Stunden, doch auch das ist nicht die Regel. In den Catholic Schools ist es generell üblich, Junglehrer einem erfahrenen Kollegen zuzuordnen, mit dem sie zusammenarbeiten und den sie um Hilfe bitten können.

Die australische Ausbildung ist also in der Regel um zwei Jahre kürzer als in Deutschland und außerdem, zumindest was die Ausbildung der Sekundarstufenlehrer betrifft, schwerpunktmäßig fachwissenschaftlich ausgerichtet.

Die Regierungen der einzelnen Staaten sowie die Bundesregierung Australiens in Canberra haben den durch die Kürze der Ausbildung, besonders was die Schulpraxis betrifft, untermauerten Desideraten nach verstärkter Lehrerfortbildung (Karmel, 1973) seit vielen Jahren durch Bereitstellung von erheblichen Finanzmitteln Rechnung getragen. Das durch den Zusammenschluß von Mitgliedern der Bildungsministerien der sieben Staaten und Territorien sowie des Bildungsministeriums der australischen Bundesregierung entstandene *Australian Council of Education* ist Wegweiser für den Trend, der sich in den letzten sechs bis sieben Jahren im australischen Bildungssystem abzeichnet, nämlich den Transfer der Verantwortung für bildungspolitische Maßnahmen von der früher alleinigen staatlichen auf eine gemeinschaftlich von den Regierungen der einzelnen Bundesstaaten und der australischen Bundesregierung getragene Verantwortung. Der damit verbundenen finanziellen Umstrukturierung sind die in den einzelnen Regionen angesiedelten *School Support Centres,* die einen Großteil ihrer Arbeit in der Lehrerfortbildung geleistet haben und die von den Ministerien der einzelnen Staaten getragen wurden, zum Opfer gefallen. Die in diese Institutionen geflossenen Gelder werden nun anteilmäßig direkt an die einzelnen Schulen verteilt, die somit eigenverantwortlich die Fortbildung ihrer Kollegien organisieren können und sollen. Dies hat zum einen zu einer Verstärkung der schulinternen Lehrerfortbildung, die durch den 'Einkauf' von externen Beratern von Universitäten und/oder Vereinen und Organisationen, wie z.B.der *Mathematical Association of Victoria,* des *Australian Educational Research Council* oder des *Catholic Education Office* unterstützt wird, geführt. Zum anderen schließen sich aber auch mehrere Schulen, die Fortbildungsinteressen auf gleichen oder ähnlichen Gebieten haben, zusammen und finanzieren gemeinsam einzelne Fortbildungsveranstaltungen oder -programme wie z.B. das ARTISM-Programm, denen sie schulintern für einen bestimmten Zeitraum Priorität einräumen.

Die Entwicklung, den einzelnen Schulen durch die schulinterne Curriculumentwicklung verstärkt Eigenverantwortung zu übertragen, wird gegenwärtig in Australien auch im Bereich Lehrerfortbildung weiter forciert. Für die nächsten drei Jahre stehen außerdem landesweit insgesamt Mittel in Höhe von 60 Millionen Dollar für Lehrerfortbildungsaktivitäten zur Verfügung, die an von Schulen, tertiären Institutionen und Organisationen gemeinsam organisierte Projekte, die an Fortbildungsprioritäten der Regierung anknüpfen, vergeben werden.

Das Interesse des australischen Bildungsministeriums an Lehrerfortbildung läßt sich auch an einem Erlaß der australischen Bundesregierung aus dem Jahre 1990 festmachen, nach dem alle nicht-staatlichen Schulen[25] künftig nur dann weiterhin Förderung aus

---

[25] Gemäß einer Veröffentlichung des *Directorate of School Education Victoria* (1993) lag imFebruar 1993 folgende Verteilung von staatlichen bzw. nicht-staatlichen *Secondary Schools* (Klassen 7-12) im Staat Victoria vor:
Staatliche Schulen: 74% (322)
Nicht-staatliche Schulen: 26% (113)   davon   *Catholic Schools:* 22.3% (97)
                                              Independent Schools 3.7% (16)

Bundesmitteln erhalten, wenn sie nachweisen können, daß sie mindestens ein Prozent ihres Gesamtbudgets für Lehrerfortbildunsaktivitäten verwenden[26]. Somit erhält die berufliche Fortbildung von Lehrern auch seitens der Schulleitungen über das Interesse an der Erweiterung und Konsolidierung der fachwissenschaftlichen, fachdidaktischen und pädagogischen Kompetenzen des Lehrerkollegiums hinaus einen bedeutenden finanzstrukturellen Stellenwert.

Auch auf Schulebene wird der verstärkten Forderung nach Lehrerfortbildung Rechnung getragen. Erwähnenswert ist in diesem Zusammenhang die Rolle des "professional development coordinator", die sich in den letzten Jahren an einem Großteil australischer Schulen etabliert hat. Es handelt sich hierbei um eine Person des Lehrerkollegiums, die gegen eine Unterrichtsstundenentlastung administrative Aufgaben, die mit der Planung, Organisation und Durchführung von Fortbildungsmaßnahmen verbunden sind, übernimmt. Diese relativ neue Position wurde zunächst Ende der achtziger Jahre an privaten Sekundarschulen eingeführt. Nachdem 1990 das eindeutige Interesse der Regierung an einem Ausbau der Lehrerfortbildung deutlich wurde, übertrugen zunehmend auch Primarschulen und staatliche Schulen die Verantwortung für Lehrerfortbildung auf ein erfahrenes Lehrerkollegiumsmitglied. Während die Rolle an einigen Privatschulen eine Position innerhalb der Schule ist, die regelmäßig neu ausgeschrieben wird und mit einer finanziellen Vergütung sowie Stundenentlastung verbunden ist, befördern staatliche Schulen erfahrene Mitglieder des Kollegiums zu "advanced skills teachers" (sog. AST) der Level 1 bis 3, je nach Zahl der Berufsjahre bzw. Aus- und Weiterbildungsgrad.

Die Verantwortung für die Organisation von Fortbildungsmaßnahmen innerhalb des Kollegiums gehört zu den zusätzlichen administrativen Aufgaben, die an sog. AST-Lehrer verteilt werden. Diese Arbeit umfaßt vornehmlich Initiativen zu und Unterstützung von Maßnahmen, bei denen sich Kollegiumsmitglieder gegenseitig fortbilden (z.B. Team-Teaching), die Organisation und Gestaltung der schulinternen Fortbildungstage und die Kontaktpflege mit dem Ministerium bzw. denjenigen Organisationen, die Lehrerfortbildungsveranstaltungen anbieten, die Bekanntmachung von diesbezüglichen Fortbildungsangeboten und die Koordination an deren Teilnahme innerhalb des Kollegiums. Unterstützung dabei bieten die Schulleitung, der Curriculum-Koordinator ("curriculum coordinator") sowie die einzelnen Fach-Koordinatoren ("subject coordinators"), wenn es um konkret fachbezogene Lehrerfortbildung geht.

---

[26] Eine verbindliche Regelung der Ausgaben für Lehrerfortbildung an staatlichen Schulen wird bereits ebenfalls diskutiert.

Wie bereits angesprochen, ist die im Vergleich zu Deutschland deutlich höhere Teilnahmebereitschaft an Lehrerfortbildung in Australien auffällig. Über die Motivation der australischen Lehrer zur Teilnahme an Fortbildungsveranstaltungen lassen sich an dieser Stelle jedoch Vermutungen anstellen, die auf den Ergebnissen meiner eigenen Untersuchung sowie der Arbeiten von Hollingsworth (1993), D.M. Clarke (1993) und Murdoch (1992) basieren; gesicherte Untersuchungsergebnisse über die Beweggründe liegen bislang nicht vor. Folgende Faktoren tragen meines Erachtens zu einer relativ hohen Akzeptanz und Annahme von Lehrerfortbildungsangeboten bei:

- der Wunsch, ein guter Lehrer zu sein, Freude und Erfüllung im Beruf zu finden und sich den ständig wachsenden Anforderungen des Erziehungssystems kontinuierlich anzupassen;
- die zunehmende Entwicklung eines "professional development ethos" (vgl. Rice, 1992a) in der australischen Schulkultur, bei dem Fortbildung als wesentlicher und dauerhafter Bestandteil der Berufsausübung verstanden wird;
- Unsicherheit und der damit verbundene Wunsch nach verbesserten pädagogischen, fachdidaktischen oder fachwissenschaftlichen Kenntnissen, besonders bei Lehrern in den ersten beiden Berufsjahren und bei älteren Kollegen, die sich mit zahlreichen Innovationen, z.B. bezüglich der Curricula oder Bewertungs- / Benotungspraxis konfrontiert sehen;
- die (regelmäßige) Beteiligung an Lehrerfortbildungsaktivitäten unterstützt Beförderungsgesuche, z.B. zum "advanced skills teacher" und damit verbundene Gehaltserhöhungen bzw. trägt zur Sicherung des Arbeitsplatzes bei[27].

Auch seitens der Schulleitung besteht ein Interesse an der Etablierung von Lehrerfortbildung innerhalb der Schule. Die durch kontinuierliche Fortbildung erhoffte Verbesserung und Erhaltung der Unterrichtsqualität ist Grundlage für die Anwerbung von neuen Schülern, eine Überlegung, die besonders bei privaten Schulen hohe Priorität genießt.

Im folgenden schließt sich ein Überblick über die wissenschaftliche Diskussion um die (Mathematik-)Lehrerfortbildung mit dem Ziel an, den Stellenwert des ARTISM-Programms in der australischen Fortbildungslandschaft deutlich werden zu lassen.

---

[27] Die Teilnahme an Lehrerfortbildungsveranstaltungen zieht zwar nicht generell Gehaltserhöhungen oder Beförderungen nach sich, ist jedoch eine dafür wesentliche Voraussetzung. Da australische Lehrer nicht verbeamtet sind und im Vergleich zu deutschen Kollegen wesentlich weniger verdienen und geringere soziale Sicherheiten haben, ist dies ein nicht zu unterschätzender Motivationsfaktor.

1.2.3 Die wissenschaftliche Diskussion zum Thema Lehrerfortbildung aus anglo-amerikanisch/australischer Sicht

Während der letzten zwanzig Jahre ist in der anglo-amerikanisch/australischen Fachliteratur eine deutliche Zunahme an wissenschaftlichen Arbeiten zum Forschungsfeld Lehrerfortbildung zu verzeichnen. Das Schlagwort, welches sich durchgängig durch diesbezügliche Forschungsarbeiten zieht, lautet "change" und bringt klar zum Ausdruck, auf was Bemühungen um die Lehrerfortbildung abzielen, nämlich kurz gesagt, das berufliche Verhalten und Wissen von Lehrern zu erweitern und somit zu einer möglichst dauerhaften Veränderung zu führen (vgl. 1.2.1). Bemerkenswertes Resultat ist die Erkenntnis, daß diese Veränderung von Lehrerverhalten als ein Prozeß und nicht etwa ein Ereignis zu verstehen ist (vgl. Hall & Loucks, 1977; Berman & McLaughlin, 1978; Fullan, 1982).

Um diesen zentralen Gedanken der Veränderung von Lehrern konzentriert sich das Forschungsinteresse in der letzten Dekade schwerpunktmäßig u.a. auf folgende Fragen und Ansätze, die im Hinblick auf meine Studie zum ARTISM-Programm besonders von Bedeutung sind:

- Fragen, die mit dem beruflichen Lernen von Lehrern und der Bedeutung von Theorien der Erwachsenenbildung auf die Lehrerfortbildung verbunden sind (vgl. u.a. Burden, 1990; Oja, 1989; Knowles, 1984; Joyce & Showers, 1980; Wood & Thompson, 1980) sowie Übertragungsversuche konstruktivistischer Theorien[28] auf das Lernen von Lehrern im Rahmen von Lehrerfortbildung (vgl. Rice 1992b; Siemon, 1989; Gunstone & Northfield, 1988);
- Auswirkungen des Wissens ("knowledge") und der individuellen Fertigkeiten ("skills") von Lehrern sowie ihrer Überzeugungen ("beliefs") und Auffassungen ("conceptions") auf ihr Unterrichtshandeln in Zusammenhang mit dem beruflichen Veränderungsprozeß der Teilnehmer an Fortbildungsprogrammen (vgl. u.a. Fennema & Loef-Franke, 1992; Thompson, 1992; Brophy, 1991; Ernest, 1989; Shulman, 1986; Thompson, 1984; Skemp, 1978);
- die genauere Erforschung der Faktoren und Bedingungen dieses Veränderungsprozesses sowie ihrer wechselseitigen Beziehungen und diesbezügliche Modellbildungsversuche (vgl. u.a.D. J. Clarke & Peter, 1993a; Cobb, Wood & Yackel, 1990; D.J. Clarke, 1988; Guskey, 1986; Johnson & Owen, 1986);

---

[28] Diese Aussage bezieht sich speziell auf Initiativen zur fachbezogenen Lehrerfortbildung im Fach Mathematik in Australien.

- die Untersuchung der Faktoren und Bedingungen von wirkungsvollen (gemeint ist hier die langfristige praktische Umsetzung und Vernetzung der entsprechenden Inhalte von Lehrerfortbildung im Unterrichtsalltag) Lehrerfortbildungsmaßnahmen (vgl. Rice 1992a; D.M. Clarke, 1991; Sparks & Loucks-Horsley, 1990; Stephens et al; 1989; Owen et al., 1988; Joyce & Showers, 1980).

Diese in der Übersicht skizzierten Forschungsansätze sollen im folgenden inhaltlich kurz erläutert werden.

1.2.3.1 Lehrer als Lerner zwischen Theorien der Erwachsenenbildung und konstruktivistisch-orientierten Lerntheorien

Wenn Lehrer im Rahmen ihrer Berufstätigkeit als Lehrende in die Situation der Lernenden versetzt werden, gelten für dieses Lernen besondere Bedingungen, die sich zunächst aus ihrer Erwachsenenrolle ergeben und die im folgenden in enger Anlehnung an die Fachliteratur zur Lehrerfortbildung kurz referiert werden sollen.

Die Grundlagen einer modernen Theorie der Erwachsenenbildung hat Knowles (1984, 31) unter Rückgriff auf Lindeman (1961) thesenartig zusammengefaßt (vgl. auch Brookfield, 1988; Boomer, 1987, 8-9; Wood & Thompson, 1980, 376-377):

- Erwachsene sind grundsätzlich zum Lernen motiviert, wenn sie Bedürfnisse und Interessen feststellen, die ihrer Ansicht nach durch Lernen gestillt werden können; deshalb sei dies ein besonders günstiger Ausgangspunkt für Ansätze der Erwachsenenbildung.
- Das Lernen von Erwachsenen basiert auf Lebensbezügen und Erfahrungen; deshalb sollten Maßnahmen der Erwachsenenbildung an diesen Lebensbezügen und Erfahrungen und nicht an übergeordneten Themen anknüpfen.
- Erwachsene streben in der Regel selbstbestimmtes Handeln an; daher sollten Fortbildner nicht eine reine Wissenstransformation auf die erwachsenen Lerner anstreben, sondern vielmehr Lernen in einen gemeinsamen Prozeß des Forschens und Untersuchens einbetten.
- Da individuelle Unterschiede mit zunehmendem Lebensalter immer deutlicher werden, sollten in der Erwachsenenbildung individuell unterschiedliche Lernstile, -orte, -zeiten und -schritte besondere Berücksichtigung finden.

Burden (1990) hat diese Prinzipien der Erwachsenenbildung zur Lehrerfortbildung in Beziehung gesetzt und, ausgehend von seinen Untersuchungen, auf die gravierenden Unterschiede von Lehrern bezüglich ihres Anspruchs auf Selbstbestimmung, ihrem

Wunsch nach Zusammenarbeit mit Kollegen und der Fähigkeit, Praxisprobleme zu artikulieren, hingewiesen. Ein bedeutender Faktor bei der Planung von Lehrerfortbildungsmaßnahmen liege deshalb in der Flexibilität von Konzepten, die die individuellen Unterschiede von Lehrern berücksichtigen und auf die Vielfalt von Bedürfnissen und Erwartungen der jeweiligen Zielgruppe zugeschnitten sind. Oja (1989) hat die Verknüpfung von Alter und Entwicklungsstadien von Erwachsenen mit der beruflichen Entwicklung von Lehrern ("teacher professional growth") untersucht und anhand von Fallstudien dokumentiert. Für die Planung und Organisation von Lehrerfortbildung folgt daraus:

> *Teachers' performance, thoughts, problem-solving, and group behaviour, once they have chosen a certain staff development activity, are based in cognitive-developmental stages. ... The characteristics of adult stages of development are important to recognise and prepare for.*
> (Oja, 1989, 149)

Lehrerfortbildungsprogramme sollten nach Ojas Verständnis intensives Nachdenken über alternative Perspektiven, das wirkliche Lösen von Problemen innerhalb des Unterrichts oder der Schule einschließen und verstärkt die Fähigkeit trainieren, sich in eine andere Person hineinzuversetzen und ihre Gedanken, Überzeugungen und Handlungen nachvollziehen zu können.

Die Kombination von handlungs- und erfahrungsgesteuertem Lernen ("experiential learning" bzw. "learning by doing") und informellem Lernen durch soziale Interaktion im Rahmen von Lehrerfortbildung wird in der Fachliteratur vielfach propagiert (vgl. u.a. Berlin & Jensen, 1989; Simon, 1989; Holly & Blackman, 1981; Hutson, 1981; Wood & Thompson, 1980). Besonders Wood & Thompson verwiesen auf die Vorteile handlungs- und erfahrungsgesteuerten Lernens für die Teilnehmer, deren Verständnis neuer Inhalte nicht an abstrakte Ideen sondern an konkrete Erfahrungen gebunden ist, auf die in ähnlichen Unterrichtssituationen leichter zurückgegriffen werden kann.

> *... the principles and skills developed through experiential learning are more easily recalled because they are tied to a sequence of personal actions and consequences.*
> (Wood & Thompson, 1980, 377)

Sie beschreiben im Rückgriff auf John Dewey anhand eines Modells für Lehrerfortbildung die Bedingungen, unter denen experientelles, d.h. handlungs- und erfahrungsgesteuertes Lernen stattfinden kann:

> *Experiential learning - learning by doing includes: (a) an initial limited orientation followed by participation activities in a real setting to experience and implement what is learned - the skill, concept, strategy; (b) an examination and analysis of the experience in which learners identify the effects of their actions; (c) an*

opportunity to generalize and summarize when learners develop their own principles and identify applications of those principles; and (d) an opportunity to return to try out their principles in the work setting and develop confidence in using what is learned.

(Wood & Thompson, 1980, 377)

Nach der Meinung Hutsons soll Lehrerfortbildung guten Unterricht modellieren und sich dabei an folgenden Faktoren orientieren:

"... encourage active learning, use self-instructional methods, allow great freedom of choice, involve demonstrations, supervised trials and feedback, and be adaptive to the real conditions of adults".

(Hutsons,1981,7)

Bruce Joyce und seine Kollegen (vgl. Joyce, 1990; Showers, Joyce & Bennett, 1987; Joyce, Hersh & McKibbin, 1983; Joyce & Showers, 1980) messen erfolgreiche Fortbildungsprogramme zum einen an der Adaption von spezifischen Unterrichtsfertigkeiten ("specific teaching skills") und zum anderen an der Leistungssteigerung der Schüler ("increased student achievement"). Aufgrund der Erkenntnisse und Erfahrungen ihrer über viele Jahre hinweg durchgeführten Studien in einer Vielzahl von Kontexten und zu verschiedenen Fachinhalten haben sie fünf Kernelemente der erfolgreichen Implementation, d.h. dem Erlernen von spezifischen (Lehr-) Fertigkeiten für Lehrerfortbildungsmaßnahmen identifiziert [29]:

- Präsentation der Theorie/Innovationsidee durch die verbale Beschreibung eines innovativen Lehransatzes oder einer Instruktionstechnik ("instructional technique")
- Modellierung ("modelling") oder Demonstration von bestimmten Unterrichtsfertigkeiten oder -strategien
- Praxiserprobung dieser Fertigkeiten und Strategien unter simulierten Bedingungen mit Peers oder kleinen Schülergruppen
- Strukturierte Rückmeldung (durch das Erlernen eines Konzepts zur Beobachtung von Unterrichtsverhalten und die Bereitstellung von Reflexionsmöglichkeiten dieser Beobachtungen (diese Rückmeldung kann sowohl selbstgeleitet sein als auch durch Kollegen bzw. externe Berater erfolgen)
- Anwendungstraining der angestrebten Innovation in der Praxis (für viele Lehrer ein notwendiger Schritt für die Aufnahme einer Innovation in ihr bestehendes Unterrichtsrepertoire, vgl. Joyce & Showers, 1980, 380).

---

[29] Die Diskussion bezüglich der Faktoren wirkungsvoller Lehrerfortbildung, die über lerntheoretische Konzepte hinaus auch strukturelle und personelle Faktoren einschließt, wird unter Punkt 1.2.3.4 näher erläutert.

Day (1985) hat sich in der Zusammenfassung eigener Untersuchungen sowie der Forschungsergebnisse von Kollegen zur Aktionsforschung mit Lehrern in der Rolle der Lernenden auseinandergesetzt und betont die Bedeutsamkeit einer Konfrontation von gedanklichen Vorstellungen und Ideen und dem eigenen Handeln durch die Reflexion von Unterrichts- und Fortbildungspraxis. Doyle (1990) hat Days Ansatz der Reflexion von Erfahrung später im Rahmen der Diskussion um Lehrer(fort)bildung aufgegriffen und zum Lernverständnis gemäß konstruktivistischer Theorien in Beziehung gesetzt.

> *This constructivist perspective emphasizes the importance of direct experience and the gradual accumulation of knowledge structures from reflection on that experience over time.*
>
> (Doyle, 1990, 7)

Er befürwortet ausdrücklich Programme, die sich an Grundlagen der Aktionsforschung, Unterrichtssimulation und -reflexion sowie der Diskussion von "cases"[30] orientieren und sich deutlich von der reinen Vermittlung von Rezepten für guten Unterricht und dem Training bestimmter fachlicher bzw. pädagogischer Fertigkeiten distanzieren. Er führt damit zu einem erweiterten Verständnis von Lernen im Rahmen von Lehrerfortbildung hin, das zwar über die Vermittlung von spezifischen Fertigkeiten im Sinne von Joyce und seinen Kollegen hinausgeht, sie aber dennoch als wesentliche Aspekte einschließt.

Douglas Clarke verweist auf die deutliche Diskrepanz hinsichtlich des wissenschaftlichen Erkenntnisstandes über effektives Lernen im Rahmen von Lehrerfortbildung und der gegenwärtigen Fortbildungspraxis:

> *... despite the research basis in adult education and effective inservice, this is far from dominant styles of inservice. The most common form of staff development, certainly in Australia and in the U.S., continues to be the "one-shot" inservice, where an external expert makes a presentation, with little active involvement, and no follow-up (Hoover, 1989; Owen et al., 1988; Sparks 1983).*
>
> (D.M. Clarke, 1991, 34)

In der mathematikdidaktischen Diskussion in Australien wird darüber hinaus auf den Zusammenhang zwischen dem Lernen der Lehrer im Rahmen von Lehrerfortbildung und konstruktivistisch-orientierten Lernprinzipien (Rice, 1992b) verwiesen, da der Radikale Konstruktivismus nach Ernst von Glasersfeld (1981, 1983 und 1987) einen bedeutenden

---

[30] Unter "cases" werden einzelne authentische Fallbeispiele von Unterrichtssequenzen verstanden, die im Rahmen von Fortbildungsveranstaltungen analysiert und diskutiert werden. Diese Fallbeispiele stellen entweder beispielhafte Unterrichtspraxis dar oder sind weder als besonders gute oder schlechte Unterrichtspraxis klassifiziert und werden ohne diesbezügliche Dispositionen diskutiert und ausgewertet. Diese Methode, deren Übertragung ausgehend von Fortbildungsbemühungen in anderen Berufssparten auf erziehungswissenschaftliche Zusammenhänge ursprünglich von Lee Shulman (1986) propagiert und gefördert wurde, wird gegenwärtig am *Far West Laboratory for Educational Research and Development* in San Francisco erprobt und in ihren Potentialen für die Lehrerfortbildung erforscht und dokumentiert (vgl. Barnett & Tyson, 1993; Barnett, 1991; Shulman, 1986).

Einfluß auf Theorie und Praxis des Mathematikunterrichts dort gehabt hat bzw. noch hat. Ernst von Glasersfeld (1987, 131) definiert Lernen "als einen Akt der Konstruktion, als ein Zusammenfügen von Bestandteilen zur Herstellung eines größeren Gebildes, eines komplexen Konstrukts ..., das erhalten und immer wieder benutzt werden kann". Wissenserwerb sei ein adaptiver Prozeß, bei dem der Lerner sein Wissen so organisiert, daß es in erster Linie mit seinen persönlichen Erfahrungen korrespondiert und nicht etwa mit einer externen Wirklichkeit außerhalb seines Verstandes. Wissen könne daher nie passiv erworben werden und somit Lernen nur stattfinden, wenn es zu einem Konflikt zwischen (neuen) Erfahrungen und bereits bestehenden kognitiven Strukturen seitens des Lerners komme. Die häufigste Ursache für diese Konflikte sei die Interaktion mit anderen Menschen. Maher und Alston (1990) beziehen sich auf Erkenntnisse über "Lehrer als Lerner" anhand ihrer extensiven Fortbildungsarbeit an Schulen in New Jersey und beschreiben Bedingungen dieses Lernprozesses (vgl. auch Cobb, Wood und Yackel, 1990) wie folgt in diesem Sinn:

> *... we found that teachers, like children, learn in social contexts in which they can interact und make sense of their experiences.*
> (Maher & Alston, 1990, 148)

Lerman (1989) faßt den Erwerb von Wissen gemäß eines konstruktivistischen Verständnisses unter Rückgriff auf Kilpatrick (1987)[31] wie folgt zusammen:

> *Constructivism has been described (e.g. Kilparick, 1987) as consisting of two hypotheses: (1) Knowledge is actively constructed by the organizing subject, not passively received from the environment.*
> *(2) Coming to know is an adaptive process that organizes one's experiential world; it does not discover an independent, pre-existing world outside the mind of the knower.*
> (Lerman, 1989, 211)

Für die Unterrichtspraxis hat von Glasersfeld (1983) einige Prinzipien abgeleitet, die hier stark verkürzt zusammenfassend wiedergegeben werden. Von Glasersfeld unterscheidet zwischen Unterricht, der auf Verstehen abzielt, und Unterricht, der den Schüler lediglich zur bloßen Nachahmung anregt und befähigt. Ziel seines Verständnisses von Unterricht ist der Erwerb operativen Wissens. Versuche der reinen Wissenstransformation hingegen werden als ineffektiv und nicht erstrebenswert beurteilt. Verbale Kommunikation in Form von Diskussionen soll den Schülern helfen, durch die interaktive Auseinandersetzung mit anderen Menschen und die Reflexion ihrer persönlichen Erfahrungen ihr eigenes Wissen

---

[31] Kilpatrick, J. (1987). What constructivism might be in mathematics education. In J. C. Bergeron, N. Herscovics & C. Kieran (Eds.) (1987). *Proceedings of the Eleventh International Conference on the Psychology of Mathematics Education* (vol. I, pp. 3-27). Montreal: International Group for the Psychology of Mathematics Education.

zu konstruieren. In einem auf operatives Wissen angelegten Unterricht werden Fehler als natürliche und hilfreiche Faktoren des Lernprozesses verstanden, die Aufschluß über den gegenwärtigen Entwicklungsstand des Lerners geben. Den Denkprozessen der Lernenden und dem Stand ihres Entwicklungprozesses sollte demnach erhöhte Aufmerksamkeit gewidmet werden.

Gunstone und Northfield (1988) argumentieren, daß diese konstruktivistischen Prinzipien gleichermaßen für das Lernen von Schülern, Lehrern (und Wissenschaftlern) gelten sollen (vgl. auch Maher & Alston, 1990) und analysieren unter dieser Prämisse vier verschiedene Fortbildungsprogramme.

Siemon interpretiert den Veränderungsprozeß von (Mathematik-)Lehrern als einen Lernprozeß und legt ihren Überlegungen ein konstruktivistisch-orientiertes Verständnis von Lernen zugrunde:

> ... *"change equals learning"* (Fullan 1987; Siemon, 1987) and ... *learning is a constructive process which draws heavily on what we know and believe about the phenomena in question (von Glasersfeld, 1983; Wittrock, 1974).*
> (Siemon, 1989, 250)

Auch Simon und Schifter (1991, 312 ff) adoptieren ein ähnlich grundlegendes Verständnis des Veränderungsprozesses von Lehrern und seiner Bedingungen. Sie betonen im besonderen die Notwendigkeit der Bereitstellung von "follow-up supervision and support" bei der langfristigen und dauerhaften Umsetzung von Fortbildungsinhalten in die Unterrichtspraxis, da durch die Interaktion mit anderen (hier Kollegen und Fortbildnern) der für eine Wissenserweiterung notwendige Konflikt zwischen bestehenden kognitiven Strukturen und neuen Erfahrungen (hier in der eigenen Unterrichtspraxis) im Sinne von Ernst von Glasersfeld geschaffen werde. Inwieweit ARTISM an diese zusammenfassend dargestellten lerntheoretischen Bedingungen anknüpft, wird in Kapitel 2.3 geklärt werden.

Neben der Beschäftigung mit Fragen bezüglich des beruflichen Lernens von Lehrern konzentriert sich eine Vielzahl anglo-amerikanisch/australischer Arbeiten auf die Bedeutung des Wissens, der Einstellungen und der Unterrichtspraxis von Lehrern im Rahmen von Lehrerfortbildung. Im folgenden soll ein Überblick über diesen Aspekt der Diskussion um die Lehrerfortbildung im Mittelpunkt der Betrachtungen stehen.

1.2.3.2 Auswirkungen des Wissens, der Überzeugungen und Werte von Lehrern auf ihr Unterrichtshandeln

Wie bereits festgestellt, wird als ultimatives Ziel von Lehrerfortbildungsbemühungen die Veränderung des Unterrichts und ein darauf zurückzuführendes verbessertes Schülerlernen (vgl. Joyce & Showers 1988; Guskey, 1986 sowie die Ausführungen unter 1.2.3.3) verstanden. Zahlreiche internationale Studien (vgl. u.a. Shealy et al., 1994; Phillipp, et al, 1994; Bromme, 1992; Thompson, 1992 und 1984; Ernest, 1989; Kraak, 1987) haben gezeigt, daß die Unterrichtspraxis von Lehrern jedoch durch ihr vorhandenes Wissen ("knowledge") und ihre Einstellungen und Überzeugungen ("beliefs") eindeutig geprägt und beeinflußt wird. Die zentrale Frage, inwieweit diesen Faktoren bei der Planung und Implementation von Lehrerfortbildung Rechnung getragen werden sollte, ist daher Gegenstand der wissenschaftlichen Diskussion, die an dieser Stelle kurz skizziert werden soll.

Die Australierin Hilary Hollingsworth (1993) beschreibt das Unterrichten als einen äußerst komplexen und facettenreichen Prozeß, in dem die drei Komponenten Wissen, Überzeugungen und Unterrichtshandeln von Lehrern miteinander verknüpft sind und die Grundlage für die Art und Weise bilden, wie Lehrer unterrichten. Die Wechselbeziehungen zwischen diesen Faktoren hat sie in dem folgenden Schaubild graphisch dargestellt :

Abb. 1
Bedingungsfaktoren des Veränderungsprozesses von Lehrern (Hollingsworth, 1993, 21, Fig. 3: *Key domains of the teaching process*)

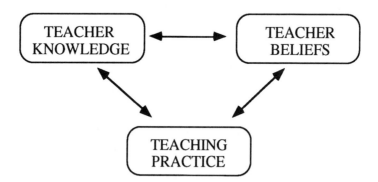

Veränderungen in einem der drei Bereiche werden demnach auch Veränderungen in den anderen beiden nach sich ziehen. Deshalb sind angestrebte Veränderungen der Unterrichtspraxis von Lehrern eng mit der Veränderung ihres Wissens und ihrer Überzeugungen verknüpft. Fullan hat auf diesen Zusammenhang in bezug auf die Lehrerfortbildung hingewiesen:

> *Changes in teaching practices involve the development of new skills, behaviors, coordinated activities and the like. Changes in beliefs or understandings - in philosophy, conceptual frameworks, pedagogical theory - lie at the very heart of what education and learning are for a particular group of pupils in a partiular community or society. Such changes in practices, beliefs, or in other words, in doing and thinking are the essence in my view of staff development.*
> (Fullan, 1987, 214)

In der Literatur (vgl. u.a. Fennema & Loef-Franke, 1992; Thompson, 1992) wird häufig die Schwierigkeit betont, die Begriffe "knowledge" und "beliefs" inhaltlich zu trennen. Doch diese Diskussion, auf die hier lediglich hingewiesen werden soll, kann im Rahmen dieser Arbeit nicht weiter erörtert werden. Deutlich werden ihre Unterschiede jedoch, wenn man ihre verschiedenen Bestandteile und ihren Aufbau in Betracht zieht, was im folgenden geschehen soll.

Formen des Lehrerwissens

Es besteht weitgehend Übereinstimmung darüber, daß die Wissensformen und der Umfang des Lehrerwissens individuell und in struktureller Hinsicht sehr unterschiedlich sein können. Bezüglich dieser Strukturen des Wissens hat Shulman (1986, 9-10) wertvolle und international anerkannte Kategorien benannt. Er unterscheidet im wesentlichen[32] das disziplinäre Wissen des Fachinhaltes ("content knowledge"), das Wissen über seine didaktische Aufbereitung ("pedagogical content knowledge") und das Wissen über Unterrichtsmedien und den im Lehrplan vorgeschriebenen Stoff ("curricular knowledge"). Seiner Meinung nach beeinflußt die qualitative und quantitative Ausprägung dieser einzelnen Wissenskategorien des Lehrers sein Unterrichtsverhalten.

Brophy (1991) hat die Ergebnisse seiner Untersuchungen zu den Auswirkungen des fachlichen Wissens von Lehrern und ihrer Ausbildung auf ihre Unterrichtspraxis zusammengefaßt. Demnach unterrichten Lehrer ein Fach dynamischer, präsentieren es in vielfältigerer Art und Weise, gehen intensiver auf Schülerfragen und -kommentare ein sowie ermutigen ihre Schüler mehr, wenn ihr fachliches Wissen sehr explizit, inhaltlich gut verknüpft und integriert ist. Ist ihr fachliches Wissen jedoch eingeschränkt, arbeiten

---

[32] In einer späteren Veröffentlichung (Shulman, 1987, 8) strukturiert er die Wissensbasis von Lehrern in insgesamt sieben Kategorien, die außerdem noch das allgemeine pädagogische Wissen ("general pedagogical knowledge"), das Wissen von Lernern und seine Bedingungen ("knowledge of learners and their characteristics"), das Wissen um erziehungsorientierte Kontexte und Zusammenhänge ("knowledge of educational contexts, ranking from the working of the group or classroom, the governance and financing of school districts, to the character of communities and cultures") sowie das Wissen von erzieherischen Endzielen und ihrer historischen bzw. philosophischen Hintergründe ("knowlwedge of education ends, purposes, and values, and their historical grounds").

sie inhaltlich eng am Text, legen weniger Wert auf interaktive Diskurse, bevorzugen Einzel- und Stillarbeit ("seatwork assignments") und stellen das betreffende Fach als eine Sammlung statischen und faktischen Wissens dar. Diese Erkenntnisse decken sich im wesentlichen mit den diesbezüglichen Forschungsergebnissen von Fennema und Loef-Franke (1992).

Bezüglich des curricularen Wissens von Lehrern stellt Shulman (1986) fest, daß schon die Lehrerausbildung in den USA rückständig sei, was die Vermittlung von umfassenden Curriculumskenntnissen selbst bei den studierten Fächern angeht[33]. Darüber hinaus sei es jedoch wünschenswert, daß Lehrer auch die Lehrpläne anderer Fächer, die sie nicht unterrichten, kennen, um den Schülern inhaltliche Zusammenhänge der verschiedenen Fächer aufzeigen zu können. Außerdem seien viele Lehrer nicht ausreichend über die ihnen zur Verfügung stehende Vielfalt von Unterrichtsmaterialien sowie die Vor- und Nachteile ihres Einsatzes zu bestimmten Unterrichtsinhalten in den verschiedenen Jahrgangsstufen informiert. Zeitmangel werde von den Betroffenen häufig als Grund für dieses Versäumnis genannt.

Das fachdidaktische Wissen beinhaltet nach Shulman die Kenntnis der effektivsten Präsentationsformen der fachbezogenen inhaltlichen Zusammenhänge sowie das Wissen um die geeignetsten Illustrationen, Beispiele, Analogien, Erläuterungen und Demonstrationen für die entsprechenden Klassen und Jahrgänge, kurz die Möglichkeiten, ein Thema so zu präsentieren und zu formulieren, daß es für andere nachvollziehbar und verständlich wird. Dies setzt voraus, daß der Lehrer weiß, was das Erlernen von bestimmten Inhalten erleichtert bzw. erschwert, z.B. welches Vorwissen und welche inhaltlichen Konzepte Schüler in bestimmten Altersstufen und aus bestimmten (familiären bzw. sozialen) Hintergründen mitbringen, und beinhaltet ebenfalls das Wissen über das Lernen und die Denkweisen von Schülern zu bestimmten Gebieten. In einer Untersuchung von Fennema und Loef-Franke (1992) bezüglich des Einflusses von fachlichem ("content knowledge") und fachdidaktischem Wissen ("pedagogical content knowledge") auf das Unterrichtsverhalten von Grundschullehrern, die das Fach Mathematik unterrichten, hat sich am Beispiel einer Grundschullehrerin gezeigt, daß ihr Unterrichtsverhalten durch ihr Wissen deutlich beeinflußt wurde. So zeigte sie zu einem Thema (hier Addition und Subtraktion ganzer Zahlen), in dem sie sich sowohl fachlich als auch fachdidaktisch sehr sicher fühlte und solide Wissensgrundlagen aufwies, ein ganz anderes Unterrichtsverhalten als zu einem Thema (hier Addition von Brüchen), zu dem sie sowohl Fachwissen als auch fachdidaktisches Wissen entbehrte.

---

[33] Diese Einschätzung trifft meiner Erfahrung nach vielfach auch auf australische Verhältnisse zu, da die Lehrerausbildung dort von ihrer Struktur und ihrem Umfang her ähnlich ist.

Überzeugungen und Auffassungen von Lehrern

Die Überzeugungen und Auffassungen von Lehrern sind offensichtlich zu einem großen Teil von Unterrichtserfahrungen geprägt, zum einen von ihren eigenen Unterrichtserfahrungen in der Rolle des Lehrers und zum anderen von ihren vorangegangenen Erfahrungen aus der Sicht des Lernenden, d.h. aus der Schülerperspektive (Cobb, Wood & Yackel, 1991; Huberman & Miles, 1984). Auch wenn über die genaue Unterscheidung dieser Erfahrungen hinsichtlich von Wissen und Fertigkeiten des Lehrers und seinen grundlegenden Überzeugungen ("beliefs") und Auffassungen ("conceptions") bislang noch Unklarheiten bestehen, so herrscht dennoch Übereinkunft darüber, daß sie das Unterrichtshandeln von Lehrern entscheidend beeinflussen (Thompson, 1992; Ernest, 1989; Schoenfeld, 1989).

Ernest (1991) und Thompson (1992) haben beispielsweise untersucht, inwieweit die Auffassungen von Mathematik als Disziplin und ihres Erlernens den Mathematikunterricht von Lehrern beeinflussen. Ernest (1991, 10) unterscheidet drei verschiedene Auffassungen von Mathematik und ihres Erlernens seitens der Lehrer, die jeweils eng mit ihrem entsprechenden Unterrichtshandeln verknüpft sind:

- eine instrumentalistische Sichtweise
  Mathematik wird als eine Sammlung von Fakten, Regeln, Gesetzen und Techniken verstanden, die von einem ausgebildeten 'Handwerker' benutzt werden.
- ein Platonistisches Verständnis
  Mathematik wird gesehen als ein vereinigter Wissenskörper untereinander verknüpfter Strukturen und Wahrheiten, die durch logische und inhaltliche Bedeutungsstränge miteinander verbunden sind.
- eine "problem solving" orientierte (konstruktivistische) Perspektive[34]
  Mathematik wird begriffen als ein dynamisches, kontinuierlich anwachsendes Gebilde menschlichen Wissens und Erfindens, bei dem Schemen und Muster entwickelt und daraus Erkenntnisse/Wissen abgeleitet werden. Aus konstruktivistischer Sicht ist Mathematik ein menschliches Produkt bzw. Konstrukt, mit dessen Hilfe Modelle und Vorstellungen von der Wirklichkeit geschaffen werden können, denn nach dem Radikalen Konstruktivismus, wie von Glasersfeld ihn vertritt, entsteht die Wirklichkeit in den Köpfen der Menschen. Im Unterschied zu einem platonistischen Verständnis, nach dem das Kind die richtigen Ideen und Konzepte bereits in sich trägt, die nur noch hervorgeholt bzw. provoziert werden müßten, geht eine konstruktivistische Auffassung von Mathematikunterricht davon aus, daß im Kind noch nicht Gegebenes oder Angelegtes besteht, sondern alles erst noch konstruiert werden muß.

---

[34] vgl. die unter 1.2.3.1 dargestellten konstruktivistisch-orientierten Lerntheorien

Alba Thompson (1992) hat verschiedene Untersuchungen zur Kategorisierung der Auffassungen von Mathematik zusammengefaßt und einen engen Zusammenhang zwischen den von Lehrern selbst bekundeten Auffassungen von Mathematik und ihrem entsprechenden Unterrichtshandeln konstatiert (vgl. Middleton et al. 1990). Gleichzeitig hat sie jedoch auch Unstimmigkeiten zwischen den Lehreraussagen und ihrer tatsächlichen Unterrichtspraxis festgestellt und betont deshalb, daß für die Erforschung von Lehrerauffassungen und Überzeugungen bezüglich eines Faches mindestens zwei Erhebungsquellen nötig seien: von den Lehrern selbst bekundete Auffassungen sowie Unterrichtshospitationen. Auch Richard Skemp hat bereits auf die Bedeutung von Auffassungen und Überzeugungen von Lehrern, auf die Art und Weise, wie sie Mathematik unterrichten, hingewiesen. Er unterscheidet zwischen einem relationalen Verständnis ("relational understanding") und einem instrumentalen Verständnis ("instrumental understanding") von Mathematik (1978, 9). Ein Lehrer mit einem instrumentalen Verständnis von Mathematik kann auf konzeptuelle Strukturen zurückgreifen, die ihm die Lösung von Problemen durch eine Vielzahl von Mitteln und Möglichkeiten erlauben, selbst wenn er mit dem Problem nicht vertraut ist, und vermittelt genau dieses Verständnis und die damit verbundenen Lösungsstrategien an seine Schüler. Während ein Lehrer mit einem instrumentalen Mathematikverständnis an einem Regelwerk festhält, dessen Ursprung und Zusammenhänge ihm nicht deutlich sind und diese Vorstellung der "rules without reason" auch an seine Schüler vermittelt.

Die Erkenntnisse über den Zusammenhang von Lehrerauffassungen und ihrem Unterrichtshandeln betreffen allerdings nicht allein den Mathematikunterricht. So berichten beispielsweise Hunsaker & Johnston (1992) im Rahmen einer sich über vier Jahre erstreckenden Fallstudie zu den Veränderungen der Unterrichtspraxis einer Grundschullehrerin im Lese- und Rechtschreibunterricht über ähnliche Erfahrungen:

> *The results support the argument made by others (Bullough, 1989 & Tabachnick & Zeichner, 1984) that changes in reflective thinking and teaching are not a matter of behavior management or training, but are complexly related to both teachers' beliefs and sociopolitical contexts of their work and study.*
> (Hunsaker & Johnston, 1992, 364)

Thompson (1984) hat jedoch bereits betont, daß die Untersuchungen des Zusammenhangs zwischen Überzeugungen und Unterrichtspraxis von Lehrern nicht generell übereinstimmende Muster und Ergebnisse gezeigt haben. So beeinflussen neben dem individuellen Verständnis von Mathematik und Mathematikunterricht des Lehrers auch andere Faktoren wie der soziale Rahmen des Unterrichts das Unterrichtsgeschehen.

Außerdem hat Thompson (1992) darüber hinaus darauf aufmerksam gemacht, daß sich Unstimmigkeiten zwischen Überzeugungen und Unterrichtshandeln beim einzelnen

Lehrer hemmend auf eine Veränderung des Unterrichtshandelns auswirken. Solche Unstimmigkeiten entstehen zum Beispiel, wenn Lehrer nicht das Wissen und die Fertigkeiten (skills) haben, die von ihnen vertretenen Unterrichtsideale zu realisieren.

Auch wenn die Faktoren, die die Veränderung von Wissen und Überzeugungen beeinflussen, noch weitgehend unbekannt sind und eine Abgrenzung dieser Faktoren voneinander noch unscharf ist, so hat der Blick auf die in der Fachliteratur vorgestellten Studien dennoch gezeigt, daß Wissen und Überzeugungen von Lehrern ihr Unterrichtshandeln deutlich prägen. Aus diesem Grund ist die Forderung nach Berücksichtigung dieser Faktoren hinsichtlich der Inhalte und Struktur von Lehrerfortbildungsveranstaltungen, die ja, wie gesagt, auf eine Veränderung des Unterrichtsverhaltens von Lehrern abzielen, durchaus bedeutsam (Clarke, 1993; Hollingsworth, 1993) und daher Gegenstand wissenschaftlicher Untersuchungen (vgl. Cooney, Wilson & Shealy, 1992; Good & Grouws, 1987).

Einen besonderen Stellenwert hat der Zusammenhang von Wissen bzw. Überzeugungen und Unterrichtshandeln der Lehrer auch im Rahmen der theoretischen Überlegungen zur Modellierung des Veränderungsprozesses, den Teilnehmer an Lehrerfortbildungsmaßnahmen (aus Sicht der Veranstalter) durchlaufen. Der folgende Abschnitt geht der Entwicklung diesbezüglicher Versuche der Modellbildung nach.

1.2.3.3 Lehrerfortbildung als Prozeß: Modellbildungsversuche

Auch wenn Lehrerfortbildung generell mehr oder weniger auf Veränderung ausgerichtet ist (vgl. 1.2.1), z.B. Veränderung von Wissen und Einstellungen der Lehrer, Veränderung ihrer Unterrichtspraxis, ist der eigentliche Prozeß dieser Veränderungen und damit in Zusammenhang stehender Variablen, ihrer Bedingungen und Wechselbeziehungen noch relativ wenig erforscht, auch wenn weitgehend Konsens darüber besteht, daß sich dieser Prozeß sehr individuell und kontextabhängig vollzieht (D.M. Clarke, 1993; Fullan, 1985; Huberman & Miles, 1984; Joyce & McKibbin, 1982; Hall & Loucks, 1978). Wenn Lehrerfortbildungsprogramme einen wesentlichen Beitrag zum professionellen Wachstum von Lehrern leisten sollen, ist ein verbessertes Verständnis der an diesem Prozeß beteiligten Faktoren und ihrer Beziehungen untereinander eine wichtige Voraussetzung.

A question of interest now is the order in which the change process occurs, and the nature of the interactions between the variables involved. A greater understanding of these major aspects is essential if staff development programs are to make a major contribution to teacher professional growth.

(Clarke, 1993, 46)

Einen wesentlichen Beitrag zur Erforschung des Veränderungsprozesses haben Untersuchungen geliefert, die versuchen, diesen Prozeß zu abstrahieren und theoretische Modelle der Veränderung von Lehrern durch Lehrerfortbildung zu entwerfen. Diese Entwicklung von Modellen und ihrer graphischen Darstellung soll anhand der vorliegenden Fachliteratur nachvollzogen werden.

Ein erster Schritt hinsichtlich der graphisch dargestellten Modellierung des beruflichen Veränderungsprozesses von Lehrern geht auf Guskey zurück. Er leitete sein 1985 propagiertes Modell (Abb. 3) von der Lehrerfortbildungspraxis in den siebziger und frühen achtziger Jahren ab. Ein frühes Grundmodell (siehe Abb. 2), das lange Zeit implizit der Organisation und Implementation von Lehrerfortbildung zugrunde lag und das Guskey auf Lewin (1935) zurückführt, beinhaltet die Vorstellung, daß eine konkrete Fortbildungsveranstaltung eine Veränderung bezüglich des Wissens und der Überzeugungen der teilnehmenden Lehrer bewirke bzw. bewirken solle, die dann zu einem veränderten Unterrichtsverhalten führe und sich letztlich in verbesserten Schülerergebnissen messen lasse. Dieser Ansatz geht davon aus, daß sich Lehrer vor ihrem eigentlichen Unterrichtshandeln zu bestimmten curricularen Inhalten oder Lehrstrategien bekennen, die sie in die Praxis umsetzen. Die ultimative Auswirkung auf das Schülerlernen als Ziel von Lehrerfortbildung ist zwar explizit zuerst von Guskey (1985) formuliert worden, doch es ist nicht auszuschließen, daß diese Vorstellung zumindest implizit die Planer von Lehrerfortbildung beeinflußt hat.

Abb. 2
Frühes Grundmodell des durch Lehrerfortbildung angeregten Veränderungsprozesses (D. J. Clarke & Peter, 1993a, 168, Fig. 1: *An early model of change in response to staff development*)

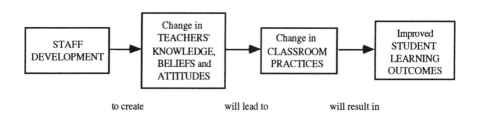

Guskeys Untersuchungen des Veränderungsprozesses von Lehrern führte ihn zu dem Schluß, daß die unmittelbare Folge eines Fortbildungsinputs die Veränderung des Unterrichtsverhaltens sei. Unter Rückgriff auf die Ergebnisse von Lortie (1975)

argumentiert er, daß die meisten Lehrer ihren Erfolg über die Lernerfolge ihrer Schüler definieren anstatt über ihr eigenes Verhalten oder andere Faktoren. Aus diesem Grund müsse Lehrerfortbildung auf direkte Veränderungen des Unterrichtsverhaltens von Lehrern abzielen. Die sich aus veränderter Unterrichtspraxis ergebenden Veränderungen, angestrebt sind hier Verbesserungen, des Schülerlernens würden somit erst zu einer Veränderung bezüglich der Überzeugungen und Einstellungen von Lehrern führen. Guskey stützt seine Aussagen auf Untersuchungen von Doyle und Ponder (1977) sowie Zigarmi, Betz und Jensen (1977), die gezeigt haben, daß ein Großteil der Lehrer von der Teilnahme an Fortbildungsveranstaltungen konkrete praktische Anregungen für den eigenen Unterricht erwartet.

Das von Guskey entwickelte Modell (siehe Abb. 3) behält zwar die lineare Struktur des in Abb. 2 dargestellten Grundmodells bei, basiert jedoch auf einer sequentiellen Verschiebung der einzelnen Faktoren im Sinne seiner Theorie der Definition von Erfolg durch Schülerleistungen. Ziel von Lehrerfortbildungsbemühungen nach diesem Modell ist die dauerhafte Veränderung von Einstellungen und Überzeugungen seitens der Lehrer. Die dem Modell zugrunde liegenden Implikationen beinhalten die Erkenntnis Guskeys, daß Veränderung ein langsamer, schwieriger und allmählicher Prozeß für Lehrer ist, bei dem sie regelmäßige Rückmeldungen über den Lernerfolg ihrer Schüler ebenso brauchen wie eine langfristige Unterstützung bei ihren Veränderungsbestrebungen.

Abb. 3
Guskeys lineares Modell des Veränderungsprozesses von Lehrern durch Fortbildung (Guskey, 1985, 58, Fig. 1: *A new model of teacher change*)

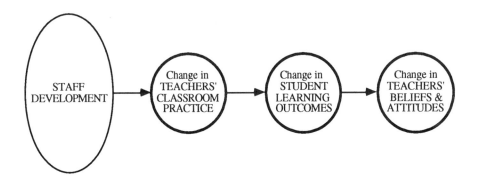

Ein alternatives Verständnis des Veränderungsprozesses von Lehrern zeigt sich jeweils in den Arbeiten von Cobb, Wood und Yackel (1990), sowie der Australier D. J. Clarke

(1988) und Johnston und Owen (1986). Cobb und seine Kollegen (1990, 145) sehen die Veränderungen von Lehrern nicht als einen linearen Prozeß im Sinne Guskeys, sondern vertreten die Ansicht, daß Veränderungen der Überzeugungen und Konzepte von Lehrern in allen Phasen des Entwicklungsprozesses eintreten können. Eine wesentliche Abweichung von Guskeys Modell besteht darin, daß Cobb und seine Kollegen in der Erzeugung eines kognitiven Konflikts ("cognitive dissonance") eine grundlegende Voraussetzung für die Bereitschaft zur Veränderung sehen. So soll den Lehrern *vor* der Ermutigung zur Modifizierung ihrer Unterrichtspraxis deutlich werden, daß z.B. ihr gegenwärtiger im wesentlichen auf einem entsprechenden Schulbuch basierender Unterricht fragwürdig und problematisch ist.

Johnson und Owen (1986, 5-7) hingegen machen den Veränderungsprozeß von Lehrern an fünf Phasen fest: Wiedererkennen ihres eigenen Unterrichtsrepertoires ("recognition"), Verfeinerung dieses Repertoires ("refinement"), kritische Reflexion ihres Unterrichts ("re-examination"), Erprobung von Verbesserungsmöglichkeiten ("renovation") und schließlich Erneuerung ihres Repertoires ("renewal") durch eine erneute Evaluation und die Ergänzung neuer Elemente. Ähnlich wie Cobb et al. verstehen sie diesen Prozeß als eine wechselseitige Beeinflussung von Wissen, Überzeugungen und Unterrichtshandeln.

Die lineare Struktur des Veränderungsprozesses nach Guskey kann auch David J. Clarke nicht akzeptieren. Er beschreibt den durch Lehrerfortbildung angeregten Veränderungsprozeß als einen Kreislauf, der sich spiralförmig ausweitet (Clarke, 1988, 188) und stellt diesen Prozeß mittels eines zyklischen Modells (Abb. 4) dar, das bezüglich Guskeys sequentieller Anordnung der einzelnen Veränderungsfaktoren identisch ist.

Clarke vertritt jedoch die These, daß dieser Veränderungsprozeß an jedem einzelnen Faktor einsetzen sowie enden könne, daß jedoch im Idealfall der betroffene Lehrer in einen in sich geschlossenen Kreis der Veränderung eintrete, denn die Veränderung der Überzeugungen eines Lehrers führt nach Clarkes Verständnis zu der Erkenntnis des erneuten Bedarfs der Teilnahme an Fortbildungsmaßnahmen, die an der Unterrichtspraxis der Lehrer ansetzen. Clarkes Annahmen bezüglich der professionellen Entwicklung von Lehrern basieren auf denselben Faktoren, die auch Guskeys linearem Modell zugrunde liegen. Beide gehen von einem Lehrerbild aus, das den Lehrer als Lernenden versteht, der seine persönliche berufliche Praxis durch die Partizipation an Lehrerfortbildung sowie individuellen Unterrichtserfahrungen in einer Art und Weise entwickelt, die seinen persönlichen Hintergrund sowie seine gegenwärtige Situation reflektiert. Die berufliche Entwicklung von Lehrern wird als ein sehr individueller Prozeß verstanden, der eng mit der persönlichen Entwicklung sowie der aktuellen Situation der beteiligten Individuen verknüpft ist und folglich sehr persönlicher Natur ist.

Abb. 4
Clarkes zyklisches Modell des Veränderungsprozesses von Lehrern (Clarke, 1988, 188, Fig. 1: *A cycle of professional development*)

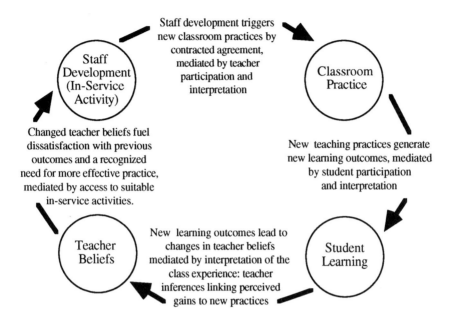

Die im Rahmen der formalen Evaluation des ARTISM-Programms gewonnenen Daten und Erkenntnisse (D. J. Clarke, Carlin & Peter, 1992b) haben zu einer Überarbeitung dieses zyklischen Modells des Veränderungsprozesses nach Clarke geführt. Die Analyse der Daten ergab eine Vielfalt von verschiedenen Entwicklungsprozessen, sog. Pfaden, seitens der Teilnehmer. Während sich der Veränderungsprozeß einiger Lehrer durchaus mit den in den Abb. 2 bis 4 dargestellten Modellen deckte, ließ sich die Veränderung der Mehrzahl der Teilnehmer durch die bislang vorliegenden Modelle kaum oder nur unzureichend beschreiben. Es wurde deutlich, daß einzelne Faktoren dieses Veränderungsprozesses inhaltlich zu eng gefaßt waren: Verbessertes Schülerlernen z. B. war nicht die einzig angestrebte Wirkung des ARTISM-Programms, intentional veranstaltete Lehrerfortbildung (vgl. 1.1.1) nicht der ausschließliche Stimulus für Veränderung von Unterricht, und den wechselseitigen Beeinflussungen der einzelnen Faktoren untereinander (vgl. Abb. 1) wurde in den früheren Modellen nicht ausreichend Rechnung getragen.

Das in Abb. 5 dargestellte Modell berücksichtigt diese ergänzenden Elemente, während alle früheren Modelle durch die Möglichkeit entsprechender Pfade in dem neuen Modell zusammenfassend integriert sind. Das Clarke/Peter-Modell basiert auf zwei verschiedenen Konstruktionsmerkmalen: Vier analytischen Bereichen ("analytic domains") und ihren Bindegliedern ("mediating processes"). Die vier analytischen Bereiche, die kennzeichnend für das Modell sind, betreffen externe Einflüsse (*External Domain*), die Person des Lehrers (*Personal Domain*), seine Unterrichtspraxis (*Domain of Practice*) sowie daraus resultierende Konsequenzen und Folgerungen (*Domain of Consequence*).

Abb. 5
Clarke/Peter-Modell des beruflichen Entwicklungsprozesses von Lehrern (D.J. Clarke & Peter, 1993a, 170, Fig. 4: *Clarke-Peter model of professional growth*)

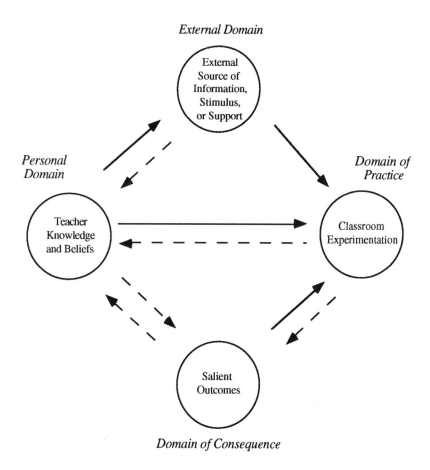

(solid line = *enactive* mediating process; broken line = *reflective* mediating process)

Personal Domain - Teacher knowledge and beliefs
Die Unterrichtspraxis wird zu einem großen Teil vom Wissen und den Überzeugungen des einzelnen Lehrers bezüglich seines Faches, wirkungsvoller Unterrichtsstrategien, des Lernerfolgs der Schüler sowie sozialer Lernumgebungen beeinflußt.

Domain of Practice - Classroom Experimentation
Wissen und Überzeugungen von Lehrern stellen sich in ihrer Unterrichtspraxis dar. Unterrichtspraxis ist durch die Erprobung neuer Methoden, Inhalte und Strategien immer dann im besonderen gekennzeichnet, wenn der bestehende Unterricht als problematisch oder herausfordernd empfunden wird. Gleichzeitig sind experimentelle Komponenten grundsätzlich Bestandteile des Unterrichts.

Domain of Consequence - Salient Outcomes
Diejenigen Ergebnisse und Resultate, mit denen Lehrer unterrichtliche oder berufliche Werte assoziieren, stellen eine Verbindung zwischen der Erprobung neuer Methoden, Inhalte sowie Strategien und Veränderungen des Wissens und/ oder der Überzeugungen von Lehrern her. Solche von Lehrern positiv bewerteten Ergebnisse beinhalten u.a. verbessertes Schülerlernen, effektivere Unterrichtsplanung, reduzierten Streß und erhöhte Freude am Unterricht bei Schülern und Lehrern.

External Domain - Sources of information, stimulus and support
Die Reflexion des eigenen Unterrichts sowie der verstärkte Einbau von Erprobungsphasen seitens der Lehrer kann zum einen durch die Kreativität und Problemlösekompetenz des einzelnen Lehrers, zum anderen jedoch auch durch externe Einflüsse unterschiedlichster Art stimuliert werden. Neben der Teilnahme an einer Fortbildungsveranstaltung können kollegiumsinterne pädagogische Konferenzen, die Lektüre von Fachliteratur sowie informelle Gespräche mit Kollegen (vgl. Sparks & Loucks-Horsley, 1990) als diesbezügliche Impulsgeber dienen.

Die Verbindungsprozesse der einzelnen Bereiche untereinander sind unterschiedlicher Qualität. Die Verbindung zweier Bereiche, d.h. die Übertragung von Veränderungen in einem auf einen anderen Bereich, kann aufgrund reflektiver Prozesse und/oder durch handelnd gewonnene Erfahrung erfolgen. Diese qualitativ unterschiedliche Art des Transfers wird durch die Verwendung von durchgezogenen Linien zur Darstellung der handlungsbedingten Verbindungsprozesse und von unterbrochenen Linien der reflektiv gesteuerten Übertragung von einem Bereich in einen anderen graphisch verdeutlicht. Detaillierte Darstellungen einzelner Pfade, die den beruflichen Veränderungsprozeß von Lehrern skizzieren, finden sich in Clarke & Peter (1993a, 170-174).

Vielfalt und Individualität der beruflichen Veränderungsprozesse von Lehrern lassen sich mit Hilfe dieses Modells besser erfassen und beschreiben als anhand seiner Vorgänger, die aufgrund ihrer Linearität, der starken inhaltlichen Einschränkung der einzelnen Faktoren sowie mangelnder Berücksichtigung der Wechselbeziehungen der einzelnen Variablen insgesamt der hohen Komplexität dieser Veränderungsprozesse nicht gerecht wurden.

Auch wenn der Veränderungsprozeß von Lehrern in seiner gesamten Komplexität noch längst nicht vollständig erforscht ist, so ist doch eine deutliche Konkretisierung hinsichtlich der modellhaften Abbildung dieses Prozesses zu erkennen. Das jüngste Modell bietet zum einen eine verbesserte theoretische Grundlage zur Beschreibung und zum Verstehen individueller Veränderungsprozesse im Rahmen der Evaluation von Lehrerfortbildung. Zum anderen trägt es dazu bei, die Entwicklung und Implementation von zukünftiger intentional veranstalteter Lehrerfortbildung zu informieren, denn je besser der Veränderungsprozeß, seine Variablen und deren Zusammenhänge und Abhängigkeiten verstanden werden, desto praxiswirksamer lassen sich Fortbildungskonzepte und -programme entwickeln.

Im folgenden soll abschließend ein Überblick über den aktuellen Diskussionsstand bezüglich der Entwicklung von effektiver, im Sinne von praxiswirksamer Lehrerfortbildung gegeben werden.

1.2.3.4 Faktoren und Bedingungen praxiswirksamer Lehrerfortbildung

Daß der Veränderungsprozeß von Lehrern äußerst facettenreich ist und von zahlreichen Voraussetzungen und Variablen wie dem Wissen, den Einstellungen / Überzeugungen von Lehrern sowie lerntheoretischen Bedingungen und ihrer wechselseitigen Beeinflussung gesteuert wird, ist im Rahmen dieses Kaptitels bereits angeklungen. In den Arbeiten von Joyce und Showers (1980), Fullan (1982), Huberman und Miles (1984) werden darüber hinaus weitere Faktoren identifiziert, die auf diesen Prozeß einwirken und die sogenannte äußere Einflüsse der Schule als Organisation und diesbezügliche strukturelle Bedingungen beinhalten, auf die im folgenden noch weiter eingegangen wird. Bezüglich der Faktoren für wirksame Lehrerfortbildung stellt die Australierin Rice fest:

> *These factors relate to the nature of teachers as people, schools as organisations and change processes themselves including many variables which facilitate or constrain change.*
>
> (Rice, 1992a, 470)

Für den Veränderungsprozeß hinderliche Faktoren, die aus den Arbeiten von Barth (1972), Little (1984), Day (1985), Fullan (1987 und 1990), Hunkins und Ornstein (1989), Pinks (1989) und Stephens et al. (1989) resultieren, hat D. M. Clarke (1991, 8-9) zusammenfassend dargestellt. Diese Faktoren bzw. Impedimente lassen sich auf vier verschiedenen Ebenen ansiedeln und umfassen

- schulexterne Hinderungsgründe wie u.a. mangelnde finanzielle Ressourcen, mangelnde Kompetenz der Fortbildner sowie ungünstige Zeiten und Austragungsorte;
- Schulverwaltungs- bzw. -organisationsbedingte Impedimente wie z. B. Zeitmangel bei der gemeinsamen Planung von Lehrerfortbildung mit den Lehrern, häufiger Lehrerwechsel an einer Schule, fehlende Übereinstimmung der angestrebten Veränderungen mit strukturellen Bedingungen wie z.B. Bewertungs- und Benotungspraxis;
- Hindernisfaktoren, die das Wissen, die Überzeugungen und das Handeln von Lehrern und Schülern betreffen, wie z. B. Konflikte zwischen den Erwartungen der Schüler und im Rahmen der Fortbildung angestrebter Veränderungen oder die Wahrnehmung seitens der Lehrer, daß die angestrebten Veränderungen eine drastische Erhöhung ihres Arbeitsaufwandes zur Folge haben;
- Hindernisse, die durch den Inhalt der entsprechenden Fortbildungsmaßnahme bedingt sind, wie u.a. fehlende Verbindung zwischen Theorie und der Unterrichtspraxis der Lehrer oder die Betonung von Defiziten seitens der Lehrer und der damit verbundenen Notwendigkeit ihrer Behebung.

Auch wenn Robinson (1989, 274) darauf hinweist, daß es kein Patentrezept für beispielhafte Lehrerfortbildung gibt, das in allen Situationen für alle Lehrer anwendbar ist, so weisen Meta-Analysen der Forschungsbeiträge auf diesem Gebiet (vgl. Wood & Thompson, 1980; Wade, 1985; Showers, Joyce and Bennett, 1987; Stephens et al., 1989; Sparks & Loucks-Horsley, 1990) eine hohe Übereinstimmung darüber auf, durch welche Charakteristika wirkungsvolle Lehrerfortbildung bestimmt wird. Diese Charakteristika betreffen im wesentlichen zum einen Bedingungen, die eng mit der Person des Lehrers und seinen individuellen Bedürfnissen und Lernvoraussetzungen verknüpft sind, und zum anderen externe Faktoren, deren Berücksichtigung sich jedoch positiv auf den Veränderungsprozeß von Lehrern auswirkt (vgl. Rice 1992a). Zusammenfassend lassen sich die Charakteristika von wirkungsvoller Lehrerfortbildung anhand der Fachliteratur wie folgt darstellen.

Lehrerfortbildung sollte an den Interessen und Sorgen von Lehrern anknüpfen, diese thematisieren und Lehrer aktiv an der Planung und Implementation beteiligen, um ihnen zu einem gewissen Grad "ownership" zu vermitteln und so ihre Anerkennung als wahre Partner und nicht bloße Objekte der Veränderung zu signalisieren. (vgl. Johnson, 1989;

Robinson, 1989; Owen et al. 1988; Showers et al., 1987 sowie Fenstermacher & Berliner, 1985, McPherson, 1980).

> *Taking teachers seriously as professionals makes them capable of participating in their own generation. It makes it possible, too, for them to choose how they will align their personal and professional goals.*
> (McPherson, 1980, 130)

Im Idealfall werden die Fortbildungsinhalte gemeinsam festgelegt, zum einen von den Lehrern selbst bestimmt und zum anderen seitens der Fortbildner ergänzt, denn die Untersuchungen von Cogan und Anderson (1977) haben ergeben, daß die Kenntnis aktueller Entwicklungen seitens der Lehrer häufig durch mangelndes Studium entsprechender Fachliteratur eingeschränkt ist und deshalb ein ergänzender externer Input durchaus nötig und wünschenswert ist. Eng mit dem Gedanken des "ownership" ist das Kriterium der Auswahlmöglichkeit im Rahmen von effektiver Fortbildungspraxis verknüpft. So argumentieren Owen et al. (1988) sowie Wood und Thompson (1980), daß man, wenn man der Individualität und den unterschiedlichen Entwicklungsstadien und Bedürfnissen von Lehrern Rechnung tragen will, im Rahmen der Fortbildung Wahlmöglichkeiten bezüglich verschiedener Inhalte, Aktionsformen und didaktischer Konzepte anbieten sollte, die der Individualität der Lehrer entsprechen, und diese auffangen. Die Entscheidung zur Teilnahme an Lehrerfortbildung sollte bewußt und auf freiwilliger Basis erfolgen und neben der Teilnahme an den einzelnen Veranstaltungen auch die Bereitschaft zum begleitenden Studium entsprechender Fachliteratur und der Erprobung alternativer Unterrichtsinhalte und -strategien umfassen. (Clarke, 1991; Stephens et al., 1989). Dies scheint bedeutsam, da Veränderungen bezüglich der Einstellungen und Überzeugungen von Lehrern zum großen Teil von eigenen Unterrichtserfahrungen bedingt werden (vgl. 1.2.3.2). Neben Clarke und Stephens et al. betonen auch Hollingsworths (1993) sowie Owen et al. (1988) die Bedeutung der Einbettung praktischer Erprobungsphasen in Lehrerfortbildungsprogramme, die den Lehrern eigene Erfahrungen und die Reflexion dieser Erfahrungen (Johnson, 1989) als Grundlage für ihr berufliches Lernen ermöglichen.

> *Experiential learning accomodates the special learning styles of adults, and it maximizes the transfer of learning from training setting to application on the job. It has the potential to change and improve the quality of instructional and administrative practice in our schools.*
> (Wood & Thompson, 1989, 376)

Darüber hinaus sollen die Teilnehmer dazu angeregt und ermutigt werden, sich weitere Ziele für ihre berufliche Fortbildung zu setzen und diese beispielsweise im Sinn des Clarke/Peter-Modells zu realisieren (vgl. auch Rice, 1992a).

Neben der individuellen Erprobung neuer Unterrichtskonzepte sollen genug Zeit und Gelegenheit für Planung, Reflexion und Feedback im Fortbildungsprogramm integriert sein, um den Lehrern zu ermöglichen, im Rahmen der Teilnehmergruppe über persönliche Erfolge und Schwierigkeiten zu berichten sowie Probleme und Lösungsansätze in bezug auf einzelne Schüler und Fragen, die den eigenen Unterricht betreffen, mit der Peergruppe zu diskutieren. Reflexion (auf individueller Basis sowie gestützt durch Diskussion mit Kollegen und Fortbildnern) ist dabei ein entscheidender Bestandteil von Lehrerfortbildung (vgl. Clarke & Peter, 1993a; Louden; 1992; Doyle 1990; Johnson, 1989; Kemnis, 1987; Schön, 1983 Kapitel 2.2.3.1). Durch Reflexion können Lehrer selbst erkennen und bestimmen, was sie verändern wollen und warum.

Reflection provides constant review of thoughts and action. It enhances understanding of a situation, promotes self confidence and enables more efficient learning and problem solving. There is already a well established body of literature on the importance of reflection in the teaching situation.
(Rice, 1992a, 475)

Lehrerfortbildung sollte konzeptionell langfristig angelegt sein, um der Langwierigkeit des Veränderungsprozesses Rechnung zu tragen (Hinson, Caldwell & Landrum, 1989; Johnson, 1989; Stephens et al., 1989). Laut Huberman und Miles (1984) sind Hilfe und Unterstützung nicht nur während der einzelnen Veranstaltungen sondern beim eigentlichen Veränderungsprozeß bedeutsam. "Follow-up" ist ein Kernelement der Diskussion um effektive Lehrerfortbildung (vgl. u.a. Smylie, 1988; Simon, 1989; Killon & Kaylor, 1991; Wenz & Adams, 1991) und umfaßt nach McLaughlin (1991) eine Kombination von Ansprechpartnern auf Schulebene sowie seitens der für das Programm verantwortlichen Fortbildner und der Teilnahme an weiteren Diskussionsrunden (sog. "project meetings"). Sinnvolle Unterstützung kann auch durch Möglichkeiten wie Team-Teaching (Robinson, 1989) erfolgen.

Lehrerfortbildungsangebote sollten sich an ganze (Fach-)Kollegien oder zumindest eine kleine Gruppe von Lehrern einer Schule richten und nicht an einzelne Lehrer von zahlreichen Schulen (vgl. Clarke 1991; Johnson, 1989; Stephens et al., 1989; Owen et al. 1988). Innerhalb der eigenen Schule ist neben der Unterstützung durch (ebenfalls teilnehmende) Kollegen auch die inhaltliche und strukturelle Unterstützung seitens der Schulleitung (Fullan et al., 1990), z. B. durch Unterrichtsfreistellung oder Aufnahme von innovativen Ansätzen und Neuerungen in die Tagesordnung von pädagogischen sowie Fachkonferenzen für einen dauerhaften Veränderungsprozeß bedeutsam. Ein positives Schulklima (Joyce & Mc Kibbin, 1982), ein hoher Grad an Kollegialität sowie die Ausbildung der verschiedenen Aspekte und Formen der Kooperation von Lehrern untereinander sind laut Fullan (1990) und Wood (1989) wichtige Voraussetzung für die

Implementation von Innovationen (vgl. auch Stephens et al., 1989, 245; Smylie, 1988, 10; Joyce & Showers, 1988, 7 sowie Little, 1982a).

Sparks und Loucks-Horsley (1990) sowie Owen et al. (1988, 15) weisen auf die verschiedenen Arten und Konzepte von Lehrerfortbildung hin, die gegenwärtig praktiziert und angeboten werden und die von schulinterner Lehrerfortbildung mit einem hohen Grad der aktiven Beteiligung der einzelnen Lehrer bis hin zu vorlesungsähnlichen schulexternen Veranstaltungen vielfältige Formen umfassen. Als sicher gilt inzwischen, daß die weltweit immer noch am häufigsten praktizierte Form von Lehrerfortbildung, das sog. "one-shot" Modell, grundsätzlich nicht mit den bekannten Kriterien für wirkungsvolle Fortbildungskonzepte übereinstimmt und kaum Einfluß auf eine langfristige Veränderung der Unterrichtspraxis von Lehrern hat (Hollingsworth, 1993; D. M. Clarke, 1991; Fullan, 1991; Wood, 1989; Owen et al., 1988).

Douglas M. Clarke (1991) hat die gegenwärtigen Erkenntnisse über Prinzipien erfolgreicher (im Sinne von praxiswirksamer) Lehrerfortbildung zusammengefaßt (vgl. auch Smylie, 1988). Bemühungen zur Fortbildung von Lehrern versprechen seiner Meinung nach am ehesten Erfolg, wenn

- sie Interessen und Sorgen von Lehrern thematisieren, die weitgehend (jedoch nicht ausschließlich) von den Lehrern selbst formuliert worden sind und zu einem gewissen Grad ein Auswahlpotential für die Fortbildungsteilnehmer beinhalten;
- sie sich an ganze (Fach-)Kollegien anstatt einzelne Lehrer von zahlreichen Schulen richten und Unterstützung seitens der jeweiligen Schulleitung erfahren;
- sie die potentiellen Hindernisse für das professionelle Wachstum der beteiligten Lehrer (auf individueller, Schul- oder Verwaltungsebene) erkennen und berücksichtigen;
- neue wünschenswerte Unterrichtsansätze während der einzelnen Fortbildungsveranstaltungen modellhaft dargestellt werden, um den Teilnehmern eine klare Vorstellung der angestrebten Veränderungen zu vermitteln;
- anerkannt wird, daß den Teilnehmern bei ihrem Veränderungsprozeß langfristig Unterstützung und Hilfen zur Verfügung stehen müssen;
- Lehrer sich bewußt und freiwillig zur aktiven Teilnahme an der Fortbildungsmaßnahme entscheiden und neben der Teilnahme an den einzelnen Veranstaltungen auch zum begleitenden Studium entsprechender Fachliteratur sowie zur Erprobung alternativer Ansätze in ihrem eigenen Unterricht bereit sind;
- Zeit und Gelegenheit für Planung, Reflexion und Rückmeldungen integrale Bestandteile des Fortbildungsprogramms sind und den Lehrern ermöglicht wird, sich im Rahmen der Teilnehmergruppe über Erfolge, Schwierigkeiten sowie individuelle Probleme und Lösungsansätze in bezug auf einzelne Schüler auszutauschen und

Fragen, die den eigenen Unterricht betreffen, mit der Peergruppe diskutieren zu können;
- den Teilnehmern durch ihre Beteiligung an Entscheidungsprozessen und ihre Anerkennung als wahre Partner bei der Veränderung von Unterricht zu einem gewissen Grad "ownership" in bezug auf das entsprechende Fortbildungsprogramm vermittelt wird;
- bei der Konzeption von Fortbildungsprogrammen der Tatsache Rechnung getragen wird, daß Veränderungen bezüglich der beruflichen Überzeugungen von Lehrern zum großen Teil von ihren persönlichen Unterrichtserfahrungen herrühren;
- die Teilnehmer dazu angeregt werden, sich weitere Ziele für ihre berufliche (Fort-) Bildung zu setzen und diese zu verfolgen (vgl. D.M. Clarke, 1991, 64-65).

Speziell in Australien läßt sich innerhalb der letzten Dekade eine zunehmende Zahl von Fortbildungskonzepten und -initiativen verzeichnen (vgl. 1.2.2.2.1), die die oben dargestellten Charakteristika in weiten Teilen berücksichtigen und besonders den Forderungen nach einer engen Anbindung an die Unterrichtspraxis der Lehrer, der Möglichkeit zur Reflexion sowie zum Erfahrungsaustausch mit Kollegen und der langfristigen Begleitung und Unterstützung der Lehrer bei ihrem Veränderungsprozeß Rechnung tragen. Rice verweist in diesem Zusammenhang jedoch auf ein zu beobachtendes Phänomen:

> *... the crucial factor is not the model, but how teachers respond to it. In other words, irrespective of the form of staff development undertaken, and nonwithstanding the culture of schools, the professional lives of some teachers are significantly changed whilst others remain largely unchanged.*
> (Rice, 1992a, 474)

Offensichtlich lassen sich Lehrer mit sehr unterschiedlicher Intensität und Bereitschaft auf Veränderungsprozesse ein. Wilson (1989) hat im Rahmen einer Studie zu den Bedingungen curricularer Veränderungen im Mathematikunterricht drei Variablen identifiziert, die mit dem Erfolg von Veränderungsbestrebungen korrelieren und die unabhängig von speziellen Situationen zu beobachten waren. Sie umfassen den Umfang der individuellen Einbringung des Lehrers, den Grad seiner Unterstützung seitens der Schule und seine Bereitschaft zu beständiger Evaluation, Revision und Modifikation des eigenen Unterrichts. Sparks und Loucks-Horsley (1990, 248) haben ausdrücklich betont, daß viele Fragen, die die Konzeption und Implementation von effektiver Lehrerfortbildung betreffen, noch weitgehend ungeklärt sind, und sie verweisen für die Zukunft auf den Bedarf an Langzeitstudien zu den Auswirkungen von Fortbildungsprogrammen auf die teilnehmenden Lehrer und ihre Unterrichtspraxis.

Hilfreich dürften in diesem Zusammenhang auch die Ergebnisse der Evaluationen von Lehrerfortbildung sein, die jedoch bestimmte konzeptionelle Merkmale, besonders was die Evaluationsmethoden betrifft, aufweisen müssen, um als valide Informationsgrundlage dienen zu können. Auf diese Problematik soll im folgenden eingegangen werden.

1.2.4 Theorie und Praxis der Evaluation von Lehrerfortbildung

Parallel zur Diskussion um die Lehrerfortbildung lassen sich in den letzten Jahren vermehrt Beiträge zur Evaluation von Fortbildungsaktivitäten verzeichnen. Es besteht weitgehend Einigkeit darüber, daß Evaluation ein integrativer Bestandteil von Lehrerfortbildung sein sollte (vgl. Clarke, 1991; Guskey & Sparks, 1991; Joyce & Showers, 1988; Smylie, 1988; Stake et al., 1987; Fenstermacher & Berliner, 1985; Little, 1982b; Harris, 1980). Am drastischsten hat Scriven (1991) die Forderung nach Evaluation von Lehrerfortbildung formuliert:

> *... teacher development is a sham unless based on evaluation, and the kind of evaluation on which it has to be based (formative evaluation) should be more and not less thorough than that required for personnel decisions (summative evaluation).*
>
> (Scriven, 1991, 25)

Explizites oder implizites Ziel der meisten Fortbildungsprogramme ist es, langfristiges professionelles Wachstum und eine Veränderung der Unterrichtspraxis von Lehrern zu fördern. Beurteilungskriterien für anglo-amerikanische und australische Bemühungen um Lehrerfortbildung sind daher gegenwärtig in erster Linie, ob sich Überzeugungen, Wissen und Unterrichtspraxis von Lehrern tatsächlich entsprechend verändern und zu verbessertem Schülerlernen führen. Nach Kategorisierungen von Stake (1986) und Scriven (1973) haben diesbezügliche Evaluationsbemühungen demnach vorwiegend eine summative Funktion, d.h. sie dienen der Dokumentation des Erfolges (bzw. Mißerfolges) einer Fortbildungsmaßnahme und somit der Legitimation ihrer Durchführung. Ebenso sind diese Evaluationen nach Stake und Scriven häufig produktorientiert, denn sie zielen auf das Produkt der Fortbildungsmaßnahme, d.h. den Grad des Transfers von Programminhalten in die Unterrichtspraxis (vgl. Guskey & Sparks, 1991; Orlich, 1989, 48; Joyce & Showers, 1988), und vernachlässigen häufig den eigentlichen Prozeß dieses Transfers. Objekte einer solchen produktorientierten und summativen Evaluation sind zwangsläufig zum einen die Lehrer, die den Transfer von Innovationen in den Unterricht leisten sollen, und zum anderen die Schüler, deren Lernen durch diese innovativen Maßnahmen verbessert werden soll.

Die Methoden, mit denen Veränderungen der Unterrichtspraxis von Lehrern evaluiert werden sollen, sind jedoch noch nicht hinreichend ausgefeilt. Berichte über die

Zufriedenheit der Teilnehmer sind vorherrschend, doch höchst unzulängliche Maßstäbe bezüglich der Wirksamkeit von Programmen, da sie allein keine validen Indikatoren für verändertes Lehrerverhalten bzw. verbessertes Schülerlernen sind (Clarke, 1991; Joyce & Showers 1988; Wade, 1985; Loucks & Melle, 1982). Smylie faßt Ende der achtziger Jahre entsprechende Evaluationsbemühungen wie folgt zusammen:

> *Many studies of the enhancement function of staff development fail to measure program effectiveness and teacher change in systematic ways. Most evaluations do not go beyond simple and more or less immediate statements of teachers' personal satisfaction with programs and their activities.*
> (Smylie, 1988, 2-3)

Neben Guskey (1986), Joyce & Showers (1988, 111-127) sowie Guskey & Sparks (1991) erweitert auch D.M. Clarke (1991, 45-48) die Diskussion um die Meßbarkeit des Erfolges von Fortbildungsprogrammen auf die Ebene der Schüler und fordert bezüglich der Meßbarkeit des Lernerfolges der Schüler verbesserte Beurteilungsinstrumente und deren Einsatz durch die Lehrer:

> *... we also need more information on the effect of staff development on student learning. One of the difficulties with this in the domain of mathematics is the teachers' lack of experiences with forms of assessment other than standardized tests (Clarke, 1989; NCTM, 1991b; Stenmark, 1991). Given that increasingly, teachers and researchers accept that traditional forms of assessment fail to adequately measure many of the new goals of teaching (of mathematics), it will only be when there is a wider acceptance of alternative forms of assessment, that the results yielded by these will also be accepted in staff development evaluations.*
> (Clarke, 1991, 46-47)

In diesem Zusammenhang sei auf die Arbeit von Simon und Schifter (1993) hingewiesen, die kognitive, affektive und soziale Veränderungen bei Schülern untersucht haben, deren Mathematiklehrer am Fortbildungsprojekt *Educational Leaders in Mathematics* teilgenommen haben. Ohne jedoch näher auf ihr methodisches Vorgehen und die Ergebnisse ihrer Studie eingehen zu wollen, ist zu betonen, daß diesbezügliche Untersuchungen äußerst schwierig sind, da sie versuchen, Kausalzusammenhänge zwischen Fortbildungsprojekten und ihren konkreten Auswirkungen auf das Lernen der Schüler herzustellen, was ich persönlich als sehr problematisch ansehe.

Fenstermacher und Berliner (1985) knüpfen hinsichtlich ihrer Ausführungen zur Evaluation von Lehrerfortbildung an eine zweidimensionale Definition von Evaluation im Sinne von Scriven (1991) und Nevo (1986) an, die sowohl deskriptive als auch bewertende Elemente beinhaltet. Sie formulieren drei Dimensionen, die zur Beurteilung des Erfolges von Lehrerfortbildungsprogrammen gleichermaßen berücksichtigt werden sollten: Erfolg und Wirksamkeit lediglich anhand eines geringen Abweichungsgrades von geplanten und tatsächlichen Ergebnissen zu messen ("lack of difference"), sei allein nicht

ausreichend. Ebenso sollten Fragen nach dem Wert und der Bedeutung der Fortbildungsaktivitäten ("notion of worth") sowie nach den Vorteilen und Verdiensten, d.h. der Qualität der angestrebten Veränderungsprozessse ("notion of merit") ebenfalls gleichsam untersucht werden, wobei der Wert von Fortbildungsprogrammen von mehreren Faktoren abhängig und nur schwer zu generalisieren sei (a.a.O. 287 ff.).
Stake, Shapson und Russell betonen darüber hinaus die Notwendigkeit, die Kongruenz der Wahrnehmungen von Lehrern und Veranstaltern bezüglich erforderlicher Veränderungen zu untersuchen. Ferner sei zu prüfen, ob der Frage, was bei der Implementation von Innovationen bzw. Veränderungen unbedingt erhaltenswert ist, genügend Beachtung geschenkt wird. Außerdem weisen sie darauf hin, daß der Wert eines Fortbildungsprogramms in seinem Kontext gesehen werden muß:

> *What is excellent may be seen to be in many places, but to understand what actually is excellent in one's own context and to understand alternative views of it, the background activities and cultural setting of the staff development program need to be studied. The evaluation must devote some of its resources to detailing when and where the staff development is happening; what is most applicable is to collect rich qualitative data.*
>
> (Stake, Shapson & Russell, 1987, 196)

Stake und seine Kollegen wenden sich eindeutig gegen eine Generalisierung von Evaluationsergebnissen, während Rice aufgrund ihrer Erfahrungen in Zusammenhang mit ihrer Beteiligung an formalen Evaluationen verschiedener Fortbildungskonzepte[35] resümiert:

> *Whilst some outcomes are applicable to individual models, there are a number of common outcomes and generalizable trends which have emerged and which are outlined below. Impact on teachers ... Impact on classrooms ... Impact at the wider school level.*
>
> (Rice 1992a, 472-473)

Auch wenn der Einsatz von Evaluationsmethoden und -instrumenten, wie eingangs bereits erwähnt, in der Praxis vielfach noch sehr eingeschränkt ist, lassen sich in der Literatur zahlreiche Ansätze, Vorschläge und Konzepte finden, die jedoch jeweils in ihrem Kontext und in Abhängigkeit von den jeweiligen Zielen der Evaluation gesehen werden müssen. Einige der etablierten Evaluationskonzepte sollen hier kurz dargestellt und vor dem Hintergrund der theoretischen Diskussion kommentiert werden.

Joyce und Showers (1988, 118-122) haben die für die Evaluation von Lehrerfortbildung kritischen Variablen Lehrer, Schüler, Schule/Schulsystem sowie das Fortbildungsprogramm selbst in dem folgenden Schaubild zusammengefaßt. Nach ihrem Verständnis

---

[35] Es handelt sich hierbei um Fortbildungsprogramme für Mathematiklehrer: Das EMIC Programm (Barwon - South Western Region (1990-91), das Key Group Project (Charlton & Holmes-Smith, 1987; Rice, 1991 und 1990) sowie den Deakin University Kurs ECT 430 (Rice & Mousley, 1989).

sollte die Evaluation von Lehrerfortbildung sowohl eine formative Funktion haben, d.h. zur Verbesserung des Fortbildungsprogramms oder -konzepts beitragen, als auch eine summative Funktion, d.h. die Überprüfung des Transfers der Programminhalte und Ziele in die Unterrichtspraxis umfassen. Ein diesbezügliches Evaluationsdesign sollte daher die in Abb. 6 dargestellten Variablen bzw. Objekte der Evaluation berücksichtigen.

Abb. 6
Variablen zur Evaluation von Lehrerfortbildung (Joyce & Showers, 1988, 113, Fig. 4: *Teachers, schools, programs, students: The major variables in staff development systems*)

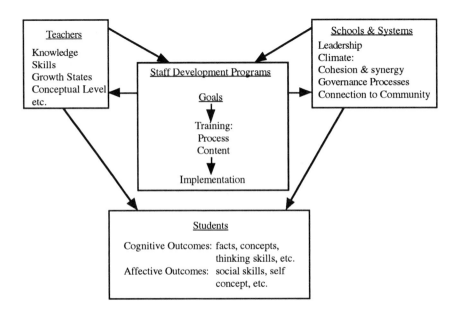

Hinsichtlich der Evaluationsmethoden und -instrumente fordern sie die Erhebung von Daten aus möglichst vielfältigen Quellen und Perspektiven mit folgenden Mitteln: Interviews, Beobachtungen, Fragebögen, Materialanalysen (z.B. des entsprechenden Fortbildungsprogramms) und Schülerleistungstests. D. M. Clarke (1991, 46) ergänzt diese Liste noch durch Fallstudien und persönliche Biographien der Lehrer.
Stake et al. (1987) liefern ein Evaluationsdesign (Abb. 7), das die zu erhebenden Daten auf zwei Ebenen kategorisiert, deskriptiv oder beurteilend / bewertend, und sie zugleich verbindet. Sie knüpfen ähnlich wie Fenstermacher und Berliner (1985) an die beiden von Scriven (1973) geforderten Dimensionen der Evaluation an.

Abb. 7

Evaluationsdesign mit Berücksichtigung der Erhebung deskriptiver und bewertender Daten (Stake at al., 1987, 202, Fig. 3: *A layout of statements and data to be collected by the evaluator of an educational program*)

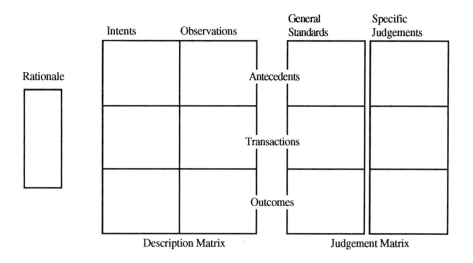

Schifter (1991,1) konstatiert die Erfordernis von Evaluationsinstrumenten "which are sensitive to the developmental nature of the change in teachers' thinking and practice and allow for discrimination between a practice in which instructional decisions are guided by a constructivist view of learning (which involves changes in beliefs) on the one hand, and the introduction of particular, innovative teaching strategies (which may involve only changes in behavior) on the other" und bezieht sich dabei auf ein Projekt, das sich auf konstruktivistische Lerntheorien stützt. Auffällig ist, daß sich Schifters nicht nur auf das Produkt der Lehrerfortbildung, also den Grad des Transfers von Innovationen in die Unterrichtspraxis, sondern auch auf den Prozeß dieses Transfers bezieht (vgl. Stake, 1986).

> *Evaluation will be more valued by all if it is designed to provide useful information on recurrent issues and problems, if it preserves high standards while rewarding curiosity, and if it is designed to include teachers and administrators as informed partners in its design and conduct.*
>
> (Little, 1982b, 45)

Die im folgenden unter Rückgriff auf Guskey und Sparks (1989, 74-75) sowie Orlich (1989, 70-71) aufgeführten Kriterien spiegeln meiner Ansicht nach den aktuellen Stand der Erkenntnisse zur Theorie und Praxis der Evaluation von Lehrerfortbildung wider:

- Grundsätzlich sollte jede Lehrerfortbildungsmaßnahme evaluiert werden.
- Evaluationsergebnisse sollten sowohl zur Verbesserung des Programms an sich als auch zu seiner Beurteilung genutzt werden.
- Die Evaluation sollte bereits mit der Planung beginnen und durch alle Phasen des Programms fortgesetzt werden.
- Bei der Planung sollte berücksichtigt werden, daß sich Veränderungen in einem Teil des Systems sehr wahrscheinlich auch auf andere Bereiche auswirken werden.
- Generell sollten alle Aspekte der erzieherischen Unternehmung einbezogen werden.
- Evaluationsziele und -objekte sollten eindeutig festgelegt sein.
- Evaluationsmethoden sollten durch Ziele/Objekte der Evaluation bestimmt werden.
- Grundlage der Beschreibung und Beurteilung der Auswirkungen auf die Teilnehmer, ihre Schüler sowie die gesamte Institution sollten vielfältige quantitative und qualitative Methoden der Datenerhebung sein.
- Verbesserte Schülerergebnisse zu erwarten, ohne daß sich Lehrer und Schulorganisation ebenfalls Veränderungen unterziehen, sei unrealistisch.

Die genannten Ansprüche an die Evaluation von Lehrerfortbildung decken sich weitgehend mit dem Stand der allgemein theoretischen Diskussion zur Rolle der Evaluation in der Pädagogik. Problematisch ist die bislang nur ansatzweise zu erkennende Umsetzung dieser Prinzipien in die Praxis.

1.3 Lehrerfortbildung aus international vergleichender Perspektive

Abschließend sollen die dargestellten deutschen wie australischen Bemühungen zur Lehrerfortbildung einander gegenübergestellt werden, um entsprechende Parallelen und Abweichungen der bildungspolitischen wie wissenschaftlichen Diskussion und der Theorie und Praxis der Evaluation von Lehrerfortbildung herauszustellen. Die Schnittmenge schulpolitischer Interessen und wissenschaftlicher Fragestellungen aus deutscher und australischer Sicht ist dabei als Ausgangspunkt der Bewertung der (inter-)nationalen Bedeutung des ARTISM-Programms die Grundlage der im fünften Kapitel dargestellten Fallstudien hinsichtlich der Prozesse und Bedingungen unterrichtswirksamer Lehrerfortbildung.
Sowohl in Australien als auch in Deutschland hat Lehrerfortbildung in der bildungspolitischen wie wissenschaftlichen Diskussion seit den achtziger Jahren zunehmend an Bedeutung gewonnen. Während man in Deutschland versucht, der Lehrerfortbildung

durch zunehmende Institutionalisierung Rechnung zu tragen und sie so fest im Bildungssystem zu verankern, wird die Fortbildung der Lehrer in Australien eher als Teil der Schulentwicklung verstanden und entsprechend finanziell unterstützt (vgl. 1.2.2.2). Die Schulnähe der australischen Lehrerfortbildung spiegelt sich ferner an der Übertragung der Verantwortung für Lehrerfortbildung auf Schulebene an sog. "professional development coordinators" oder "curriculum coordinators" innerhalb der Kollegien der einzelnen Schulen wider.

Das Prinzip der Freiwilligkeit (vgl. 1.1.2.4) als grundlegende Bedingung und Voraussetzung für die Teilnahme an Fortbildungsveranstaltungen und -programmen ist sowohl in Australien als auch in Deutschland oberstes Gebot diesbezüglicher Bemühungen.

Die Komplexität des Forschungsfeldes Lehrerfortbildung wird in beiden Kulturen anerkannt, und hinsichtlich der Formulierung von Forschungsfragen und -interessen zur Lehrerfortbildung lassen sich zahlreiche Parallelen finden. Die Erforschung und Analyse des Bedingungsfeldes von Lehrerfortbildung wird in Deutschland zwar als notwendig gesehen (vgl. Böhmer, 1983; Baumann & Genger, 1978), dennoch liegen bislang im Gegensatz zum anglo-amerikanisch/australischen Sprachraum (siehe 1.2.3) wenig konkrete Forschungsergebnisse in dieser Richtung vor. Auffällig ist, daß die kritische Auseinandersetzung mit der Person des Lehrerfortbildners und seiner Kompetenzen, wie sie in Deutschland geführt wird (vgl. 1.1.2.3), in der australischen Literatur weniger vehement verfolgt wird. Außer D.M. Clarkes Verweis (1991, 34-36) auf die vom amerikanischen *National Staff Development Council* (1990)[36] veröffentlichten "Competencies for staff developers" gibt es meines Wissens nach keine australischen Publikationen zu diesem Thema.

Die Entwicklung und Erprobung von Fortbildungsmodellen wird hingegen auf beiden Seiten vorangetrieben. Allerdings sind diese Bemühungen hinsichtlich ihrer Schwerpunkte und Ziele zum Teil unterschiedlich stark ausgeprägt (vgl. 1.1.2.2 sowie 1.2.2.1). Eine Zunahme von Praxisberichten über konkrete Fortbildungsprojekte oder -veranstaltungen ist in diesem Zusammenhang in beiden Ländern zu verzeichnen und spiegelt das nationale Verständnis von Lehrerfortbildung sowie ihrer Aufgaben und Ziele wider.

Die in der deutschen Literatur formulierten aktuellen Ziele der Lehrerfortbildung (Problem-, Erfahrungs- und Persönlichkeitsorientierung) lassen sich in den australischen Diskussionsbeiträgen zum Teil wiederfinden. Die Orientierung der Lehrerfortbildung an den Lernformen Erwachsener sowie ihrer Denkprozesse und Alltagstheorien (Erfahrungsorientierung) ist auch in Australien Gegenstand des wissenschaftlichen Interesses sowie fortbildungspraktischer Bemühungen (vgl. 1.2.3.1 und 1.2.3.2). Und sowohl in

---

[36] National Staff Development Council (1990, October). Competencies for staff developers. *The Developer*, pp.1-4.

Deutschland als auch in Australien ist die Orientierung von Fortbildung an der Persönlichkeit des Lehrers sowie seinen individuellen Bedürfnissen unumstritten. Während dabei aus deutscher Sicht der Psychohygiene und Regeneration eine besondere Rolle zukommt, steht in australischen Fortbildungsbemühungen eher das individuelle professionelle Wachstum des einzelnen Lehrers sowie der Transfer von Forschungsergebnissen und bildungspolitischen Innovationen in die Unterrichtspraxis im Mittelpunkt.

Sowohl in Australien als auch in Deutschland steht Lehrerfortbildung hinsichtlich ihrer Entwicklung und Durchführung in engem Zusammenhang mit Curriculumentwicklung und Curriculumsinnovationen. Während in Deutschland in den siebziger Jahren Fragen und Probleme der Lehrerfortbildung in zahlreichen wissenschaftlichen Arbeiten zur Curriculumsinnovation aufgegriffen wurden und Arreger (1976, 11) eine enge Verbindung von Curriculumentwicklung und -implementation und der Entwicklung der Lehrerfortbildung zum Forschungsgegenstand feststellte (vgl. 1.1.3.1), wurde in Australien konkret die Implementation von Curriculumsinnovationen als Aufgabe und Hauptziel von Lehrerfortbildung verstanden. Heute spielt Lehrerfortbildung im Prozeß der Dezentralisierung von Curriculumentwicklung besonders im Rahmen der von der Regierung angestrebten schulinternen Curriculumentwicklung eine große Rolle (vgl. 1.2.2.2) und ist mit relativ großzügigen Finanzmitteln ausgestattet.

Generell ist Lehrerfortbildung in Australien meist explizit auf Veränderung ausgerichtet, was sich bereits an der Formulierung "teacher change" ablesen läßt. Gelungene Lehrerfortbildungsmaßnahmen müssen nach australischem Verständnis konkrete Auswirkungen auf die Unterrichtspraxis haben (vgl. 1.2.2.1 sowie 1.2.3.3). Überhaupt wird die wissenschaftliche Diskussion um Lehrerfortbildung hinsichtlich ihrer Schwerpunkte in Australien viel pragmatischer geführt als in Deutschland. Fragen bezüglich der Effektivität von Lehrerfortbildung (vgl. 1.2.3.4) sowie bezüglich der Bedingungen für einen Transfer der Fortbildungsinhalte in die individuelle Unterrichtspraxis von Lehrern (vgl. 1.2.3.2) stehen im Vordergrund zahlreicher anglo-amerikanisch/australischer Beiträge. Dies zeigt sich auch in dem Bestreben, den durch Lehrerfortbildung angeregten Veränderungsprozeß der Lehrer anhand theoretischer Modelle abzubilden (vgl. 1.2.3.3) und ihn so näher zu erforschen, was dann wiederum, auf die Fortbildungspraxis übertragen, der Effektivitätssteigerung dienen soll.

Ein wesentlicher internationaler bzw. kultureller Unterschied besteht darin, daß in der anglo-amerikanisch/australischen Fachliteratur als Endziel von Lehrerfortbildung die Verbesserung der Lernergebnisse der Schüler verstanden und explizit formuliert wird, während zunehmende Professionalisierung von Lehrern und ihre Auswirkungen auf die Lernerfolge der Schüler in deutschen Publikationen eher impliziert und nicht konkret thematisiert werden. Demzufolge wurde bisher auch der Frage nach der Wirkung und

Wirksamkeit entsprechender Fortbildungskonzepte und -programme sowie ihrer Meßbarkeit nur wenig Bedeutung geschenkt. Dieser Anspruch auf Meßbarkeit des Erfolges von Fortbildungsbemühungen anhand der Lernerfolge der Schüler ist meiner Ansicht nach äußerst problematisch. Abgesehen von Simon und Schifter (1993) liegen meines Wissens bislang keine Studien vor, die versuchen, den Kausalzusammenhang von Schülerleistungen mit vorangegangener Fortbildung ihrer Lehrer wissenschaftlich nachzuweisen.

Die Notwendigkeit der Evaluation von Lehrerfortbildung ist sowohl in Deutschland als auch in Australien unumstritten. Unterschiedlich sind jedoch die Ziele und Schwerpunkte der Evaluation in den beiden Ländern. Während man in Australien bislang in erster Linie an der Überprüfung des Transfers der Programminhalte und -ziele in die Praxis interessiert war (formative bzw. praxisorientierte Evaluation), stand in Deutschland bislang die Optimierung von Fortbildungsprogrammen, d.h. die summative bzw. entwicklungsorientierte Evaluation im Vordergrund des Interesses. Die Fachliteratur zur Evaluation in der Lehrerfortbildung spiegelt jedoch in beiden Kulturen jeweils ein umfassenderes Verständnis von Evaluation wider, das sowohl die praxis- und entwicklungsorientierte als auch theorieorientierte Evaluation umfaßt.

Charakteristisch für beide Länder ist jedoch ebenfalls, daß bislang die theoretischen Ansprüche nicht entsprechend in der Praxis verankert und die Evaluationsmethoden und -instrumente noch nicht hinreichend ausgefeilt sind. Auffällig ist, daß in Australien die allgemeine Diskussion zur Evaluation in der Pädagogik konkret auf die Evaluation von Lehrerfortbildung bezogen wird und in der Literatur Orientierungshilfen und Vorschläge für die Entwicklung von Evaluationsdesigns zu finden sind (vgl. 1.2.4). Erst in jüngster Zeit erfährt die Evaluation vermehrt bei der Planung von australischen Fortbildungsprojekten (u.a. zum Beispiel beim ARTISM-Programm) Berücksichtigung.

Evaluationsbezogene Fragen und Probleme sind ebenfalls Bestandteil der im vierten und fünften Kapitel dargestellten empirischen Untersuchung und werden an der Stelle unter Rückgriff auf die internationale Literatur zur Evaluation von Lehrerfortbildung thematisiert und behandelt.

Inwieweit das ARTISM-Programm generell hinsichtlich seiner Konzeption an normative Ansprüche und wissenschaftliche Erkenntnisse in bezug auf Konzepte und Maßnahmen in der Lehrerfortbildung anknüpft, soll im folgenden Kapitel herausgearbeitet werden.

Kapitel 2
Das ARTISM-Programm

Schwerpunkt dieses Kapitels ist die Darstellung des ARTISM-Programms, seiner Entstehungshintergründe und seines konzeptionellen Aufbaus einschließlich des Evaluationsdesigns. Darüber hinaus soll die Wahl des ARTISM- Programms als Kontext der vorliegenden Untersuchung sowohl aus fortbildungstheoretischer als auch aus mathematikdidaktischer Perspektive begründet und seine Bedeutung über Australien hinaus anhand seiner Verknüpfungen mit der internationalen Literatur zum Thema Lehrerfortbildung erläutert werden.

2.1 Entstehungszusammenhang

Der Entstehungszusammenhang des ARTISM-Programms ist auf mehreren Ebenen zu sehen. In einem weiteren Rahmen ist ARTISM eingebunden in den Prozeß des konzeptionellen wie praktischen Wandels des Mathematikunterrichts in Australien insgesamt, der sich seit Beginn der achtziger Jahre verzeichnen läßt und der sich wiederum nicht trennscharf von der gesamten anglo-amerikanischen Entwicklung darstellen läßt. In einem engeren Rahmen läßt sich die Entstehung von ARTISM an den speziellen lokalen Bedingungen festmachen, die konkret die Situation und Bedürfnisse an den drei beteiligten Schulen betreffen. Auf beide Ebenen will ich im folgenden eingehen, um den Stellenwert des ARTISM-Programms sowohl bezüglich seiner Bedeutung im Schnittfeld der Diskussionen um die Veränderung des Mathematikunterrichts und effektiver Lehrerfortbildung als auch hinsichtlich der Bedeutung des Programms auf lokaler Ebene, d.h. die Motivation der drei teilnehmenden Schulen betreffend, aufzuzeigen.

2.1.1 Reform des Mathematikunterrichts in Australien

Initiativen zur Verbesserung des Mathematikunterrichts in Australien lassen sich auf zwei Ebenen ansiedeln: Zum einen engagieren sich Unternehmer und Regierungen für die Verbesserung der mathematischen Kompetenzen der Schüler. Zu ihren Motivationen zählt hauptsächlich die Sicherung bzw. Steigerung von Produktivität und Wettbewerbsfähigkeit auf dem internationalen Absatzmarkt. Sullivan (1989,1) verweist auf zahlreiche internationale wie nationale seitens der Regierung finanzierte und geförderte Projekte, die eine Verbesserung des Lehrens und Lernens von Mathematik zum Ziel haben. Zum anderen haben auch die Mathematiklehrenden auf den verschiedenen Ebenen des Bildungssystems zur Verbesserung des Mathematikunterrichts aufgerufen. Ihr Interesse richtet sich auf die Qualität des Lehrens und Lernens von Mathematik. Hollingsworth (1993) spricht die Diskrepanz von gegenwärtig vielfach praktiziertem Unterricht und diesbezüglichen Reformbestrebungen an und faßt den Stand der Bemühungen wie folgt zusammen:

> *Much has been learnt about mathematics teaching and learning through research, and a shared concern of many mathematics educators is the frequent mismatch between actual classroom practices and quality practices recommended in the research literature.*
>
> (Hollingsworth, 1993, 6)

Im folgenden sollen vier Dimensionen der Reform des Mathematikunterrichts in Australien dargestellt werden, die direkt oder indirekt in die Konzeption des ARTISM-Programms eingeflossen sind und die an späterer Stelle im Rahmen der Darstellung des Programms entsprechend identifiziert werden: Veränderung des Mathematikverständnisses, Veränderung der Inhalte des Mathematikunterrichts, Veränderung des Verständnisses von Lernen sowie Veränderungen der pädagogischen Konzepte von Unterricht.

2.1.1.1 Veränderung des Mathematikverständnisses

Ein modifiziertes Verständnis von Mathematik als Disziplin[37] ist eine der grundlegenden Veränderungen im Rahmen der Diskussion um die Konzeption von Mathematikunterricht.

> *One of the major shifts in thinking in relation to teaching and learning of mathematics in recent years has been with respect to the adoption of differing views of the nature of mathematics as a discipline.*
>
> (Nickson, 1992, 102)

Rombergs Ansicht nach hängen die grundlegenden Probleme des Mathematikunterrichts mit einem engen, mechanischen Konzept von Erziehung zusammen (Romberg, 1984, 11). Das gängige Verständnis von Mathematik beschreibt er als "static collection of concepts or skills to be mastered one by one" (a.a.O., 6). Die Entstehung eines solchen Mathematikverständnisses hat seiner Ansicht nach folgende Ursachen:

---

[37] Zahlreiche Wissenschaftler unterschiedlichster Disziplinen haben verschiedene Ansätze zum Verständnis von Mathematik diskutiert. Die Aussagen an dieser Stelle beziehen sich jedoch speziell auf die Ansätze von Mathematikdidaktikern und Erziehungswissenschaftlern.

- die Überfragmentierung mathematischer Inhalte;
- die nachdrückliche Bestätigung dieser Überfragmentierung durch Schülertests, die eher eine Abgrenzung mathematischer Ideen voneinander als ihre Verknüpfung implizieren;
- die begrenzte Auffassung von Mathematik seitens vieler Lehrer;
- die Annahme, daß sich die Mathematik aus einer Summe strikt voneinander unabhängiger Teilgebiete konstituiert.

Romberg fordert deshalb die Entwicklung von Curricula, die die Verknüpfung mathematischer Ideen betonen und die Mathematik als eine Art Kommunikationsmittel präsentieren (a.a.O., 20). Ähnliche Vorstellungen bezüglich einer notwendigen Verschiebung, weg von der Fragmentation der Mathematik hin zu der Vermittlung und Darstellung der Mathematik als Gesamtgebilde, finden sich auch in der Fachliteratur sowie in amtlichen Dokumenten und Richtlinien (Australian Education Council, 1991; National Research Council, 1989; Ministry of Education, Victoria, 1988; Cockcroft, 1983).

Ernest (1989/1991) unterscheidet drei verschiedene Auffassungen von Mathematik, die das Mathematiklehren und -lernen beeinflussen (vgl. 1.2.3.2):

- die instrumentalistische Sichtweise (Mathematik als eine Sammlung von Fakten, Regeln, Gesetzen und Techniken)
- das Platonistische Verständnis (Mathematik als ein statischer Wissenskörper untereinander verknüpfter Strukturen und Wahrheiten)
- die "problem solving" orientierte (konstruktivistische) Perspektive (Mathematik als ein dynamisches, kontinuierlich anwachsendes Gebilde menschlichen Wissens und Erfindens, d.h. ein kulturelles Produkt).

Ernest vertritt die Auffassung, daß alle Lehrer entweder ganz direkt oder eher implizit eine dieser beschriebenen Auffassungen vertreten. Seiner Ansicht nach besteht eine Verbindung zwischen ihrer Auffassung von Mathematik und den von ihnen angestrebten Lernzielen, der Auswahl und dem Einsatz von entsprechendem Unterrichtsmaterial sowie ihrem Verständnis von Lernen.

In seiner Literaturanalyse bezüglich der verschiedenen Konzepte und Auffassungen von Mathematik beschreibt Dossey (1992, 39) ein reiches Mosaik verschiedener Konzeptionen von Mathematik "ranging from axiomatic structures to generalised heuristics for solving problems". Zu einer ähnlichen Schlußfolgerung kommt auch das Ministerium für Erziehung und Bildung in Victoria:

> *At the one end mathematics may be viewed as a sequenced, cumulative abstract discipline, at the other, it is seen as a way of thinking and of modelling reality; it is more pragmatic and concerned with applications to everyday problems.*
> (Ministry of Education, Victoria, 1988, 11)

Dossey (1992, 39) betont im besonderen, daß während Mathematik einerseits in der reformorientierten Literatur als ein dynamisches, wachsendes Forschungsfeld charakterisiert wird, andererseits zur gleichen Zeit Konzeptionen propagiert werden, die Mathematik im Widerspruch dazu als eine statische Disziplin mit einer bekannten Anzahl von Regeln und Gesetzen darstellen. Diese Situation führt seiner Ansicht nach zu erheblichen Spannungen und Konflikten bei den Lehrern, die einerseits gern die konstruktivistische Sichtweise der reformorientierten Literatur übernehmen würden, aber andererseits in ihrer Unterrichtspraxis oft auf ein platonistisches Verständnis von Mathematik zurückgreifen.

Das Mathematikverständnis von Lehrern ist vor allem in den Mittelpunkt der Diskussion um eine Reform des Mathematikunterrichts gerückt, seit wissenschaftliche Untersuchungen (Dossey, 1992; Thompson, 1992 u. 1984; Ernest, 1991 u. 1989) belegt haben, daß zwischen der Unterrichtspraxis der Lehrer und ihrem Mathematikverständnis ein deutlicher Zusammenhang besteht[38]. Die mehr oder weniger direkt formulierte Forderung nach einer Veränderung des Mathematikverständnisses findet sich in zahlreichen Literaturbeiträgen und Dokumenten. Das *National Research Council* der USA betont z. B. diesbezüglich:

> *The public perception of mathematics is shifting from that of a fixed body of arbitrary rules to a vigorous active science of patterns ... As teaching begins to reflect these emphases, students will have opportunities to study mathematics as an exploratory, dynamic, evolving discipline rather than as a rigid, absolute, closed body of laws to be memorized. They will be encouraged to see mathematics as a science, not as a canon, and to recognise that mathematics is really about patterns and not merely about numbers.*
> (National Research Council, 1989, 84)

Unter der Überschrift "What is mathematics?" verweist auch das *Australian Education Council* in der Einleitung des "National Statement on Mathematics for Australian Schools" auf eine Veränderung des Mathematikverständnisses in folgendem Sinn:

> *Mathematics involves observing, representing, and investigating patterns and relationships in social and physical phenomena and between mathematical objects themselves. ... Mathematical knowledge is not empirical knowledge in that its source is not physical reality; rather its source is patterns and relationships created in the mind.*
> (Australian Education Council, 1991, 4)

---

[38] Thompson (1992) beschreibt jedoch auch Forschungsergebnisse, die widersprüchliche Zusammenhänge zwischen den Angaben von Lehrern bezüglich ihres Mathematikverständnisses und ihrer Unterrichtspraxis in diesem Fach ergeben haben. Eine Erklärungsmöglichkeit für dieses Phänomen ist der Konflikt, auf den Dossey (1992) verwiesen hat und der die Unterschiede zwischen einem Mathematikverständnis, das den Lehrern zwar plausibel und schülergerecht erscheint und das sie gern vertreten würden, und ihrem internalisierten Verständnis von Mathematik betrifft.

Aktuelle Empfehlungen zur Reform des Mathematikunterrichts sind weitgehend kongruent zu dem von Ernest als "problem solving view" beschriebenen konstruktivistisch-orientierten Verständnis von Mathematik (vgl u.a. Australian Education Council, 1991; Ministry of Education, Victoria, 1988).

2.1.1.2 Veränderung der Inhalte des Mathematikunterrichts

Mit einem veränderten Mathematikverständnis sind häufig auch Forderungen nach veränderten Inhalten im Mathematikunterricht gekoppelt. Die mathematischen Bedürfnisse der Menschen wandeln sich nach Ansicht des *Australian Education Council* (1991) ebenso wie die charakteristischen Merkmale der in unserer technologischen Gesellschaft angewandten und benötigten Mathematik. In den vergangenen Jahren sei deshalb eine Entwicklung und ein Anwachsen mathematischer Inhalte zu verzeichnen, die mit diesen erweiterten Anforderungen zusammenhängen. Gründe für diesen inhaltlichen Zuwachs hat das *National Research Council* unter Rückgriff auf historische Ereignisse und Entwicklungen angeführt, z. B. neue Entwicklungen und Forschungsergebnisse sowohl in den traditionellen Teildisziplinen Algebra, Analysis und Topologie als auch bezüglich der Bereiche Zahlentheorie, Logik, Statistik, Operations Research (Optimierungsmethoden, Spieltheorie), Wahrscheinlichkeit, numerische Mathematik, Geometrie und Kombinatorik sowie die Entwicklung von Computern und elektronischer Datenverarbeitung. Das *Australian Education Council* spricht in diesem Zusammenhang von einer neuen Revolution in der Mathematik und betont diesbezüglich:

> *The rapid growth of computing and applications has helped cross-fertilise the mathematical sciences, yielding an unprecedented abundance of new methods, theories, and models ...*
> (Australian Education Council, 1991, 5)

Am deutlichsten erkennbar sind die inhaltlichen Veränderungen in den Mathematikcurricula der australischen Primarschulen, in denen seit Mitte der achtziger Jahre deutlich andere Ziele und Inhalte im Mathematikunterricht angestrebt werden als noch in der ersten Hälfte dieses Jahrhunderts. Die traditionelle Schwerpunktlegung auf arithmetische Fähigkeiten, die einst für das Alltagshandeln der Menschen am bedeutungsvollsten erschienen, wird heute als zu einschränkend beurteilt.

> *Now much more than arithmetic and geometry, mathematics today is a diverse discipline that deals with data, measurements, and observations from science; with inference, deduction, and proof; and with mathematical models of natural phenomena, of human behaviour, and of social systems.*
> (National Research Council, 1989, 31)

Nach Ansicht des *Australian Education Council* (1991) sollten moderne Curricula sowohl der Primar- als auch der Sekundarstufe heute folgende Inhalte und Themenkomplexe umfassen: Einstellungen und Haltungen gegenüber der Mathematik, Umwelterschließung mit Hilfe der Mathematik, Auswahl und Verwendung von Mathematik, mathematisches Modellieren, Zahlen, Raum, Messen, Stochastik und Datenanalyse sowie Algebra.

In diesen Bereichen sollen bei Schülern aller Jahrgangsstufen mathematisches Verständnis und Wissen, mathematische Fertigkeiten und Prozesse gefördert werden. Das *Australian Education Council* betont die signifikanten Überlappungen und inhaltlichen Verknüpfungen dieser Bereiche, die nicht als voneinander abgegrenzt dargestellt und vermittelt werden dürften:

> *The unity of mathematics should be emphasized throughout and students should be helped to draw upon the whole range of their mathematical experiences in the solutions of their problems.*
>
> (Australian Education Council, 1991, 2)

Ferner wird u.a. in dem im Staat Victoria verbindlichen "Mathematics Framework: P-10" die Notwendigkeit der Aufnahme neuer Technologien in den Mathematikunterricht betont und der durchgängige Einsatz von Taschenrechnern und Computern im Unterricht der Primar- und der Sekundarstufe propagiert sowie Vorschläge und Anregungen für die Unterrichtspraxis dargestellt (Ministry of Education, Victoria, 1988, 36-45).

2.1.1.3 Veränderung des Verständnisses von Lernen

Parallel zu einem modifizierten Mathematikverständnis und einer entsprechenden Verschiebung der Unterrichtsinhalte wirkt sich auch der Erkenntniszuwachs auf lernpsychologischer Ebene auf die Forderungen nach einer Reform des Mathematikunterrichts aus. Da eine detaillierte Analyse der Forschungsbeiträge zum Mathematiklernen von Kindern den Rahmen dieser Arbeit sprengen würde, sollen lediglich die Kernelemente und -aussagen der diesbezüglichen wissenschaftlichen Diskussion im Rahmen eines Überblicks referiert werden.

Ähnlich wie die verschiedenen Sichtweisen von Mathematik lassen sich auch unterschiedliche Perspektiven bezüglich des Lernens als eine Skala mit konträren Endpunkten auffassen, wobei Lerner zum einen Extrem als "absorbers of information" und zum anderen Extrem als "constructors of meaning" klassifiziert werden (Hollingsworth, 1993, 12). Das Lernverständnis, das auf der Idee der Absorption beruht, impliziert, daß der Lernende passiv Informationen aufnimmt und sie zum späteren Gebrauch in seinem Gedächtnis ablegt. Am anderen Ende des Spektrums basiert das Verständnis von Lernen auf konstruktivistischen Prinzipien, d.h. daß der Lerner neue Informationen zu bereits bestehendem Wissen in Beziehung setzt und aus dieser Assimilation alten und neuen Wissens eigenständig neue Erkenntnisse 'konstruiert'. Romberg (1984) betont, daß die Feststellung, daß Lernen nicht durch Absorption stattfindet, eine der bedeutungsvollsten lerntheoretischen Erkenntnisse des letzten Vierteljahrhunderts sei. Um eine Verbesserung des Mathematikunterrichts zu erreichen, sollte den Lernenden seiner Meinung nach ausreichend Gelegenheit gegeben werden, das, was sie wissen, aktiv zu konstruieren, zu adaptieren und zu expandieren. Bezüglich des Konstruktivismus existieren verschiedene variierende Definitionen und theoretische Positionen. Ohne an dieser Stelle eine Diskussion um konstruktivistische Lernvorstellungen aufzurollen, will ich kurz einige Grundzüge des konstruktivistischen Lernansatzes aus australischer Perspektive darstellen. Clarke (1993) gibt unter Rückgriff auf die Beschreibung konstruktivistischer Ansätze von Clements und Battista (1990) eine hilfreiche Übersicht bezüglich dieser Grundsätze:

- Wissen wird vom Kind in einem aktiven Prozeß kreiert und erfunden, während es neue Denkweisen über die Welt entwickelt.
- Kinder erschaffen sich neues mathematisches Wissen durch die Reflexion ihrer eigenen physischen und mentalen Handlungen. Neue Ideen werden erzeugt und mit Bedeutung gefüllt, wenn Kinder sie in ihre bereits bestehenden Wissensstrukturen integrieren.
- Es existiert keine wahre Realität sondern nur individuelle Interpretation der Welt.
- Lernen ist ein sozialer Prozeß, bei dem mathematische Ideen und Erkenntnisse sowohl in ihrer Anwendung als auch hinsichtlich ihrer Bedeutung gemeinsam von den Mitgliedern eines Kulturkreises mittels Erklärungen, Rechtfertigungen und Begründungen sowie Verhandlungen über verschiedene Interpretationsansätze ergründet und eingeführt werden (vgl. Clarke, 1993, 6).

Zahlreiche neuere mathematikdidaktische Beiträge im anglo-amerikanischen Sprachraum unterstützen diese konstruktivistisch-orientierte Sicht des Mathematiklernens (vgl. u.a. von Glasersfeld, 1991; Davis, Maher & Noddings, 1990). Das amerikanische *National Research Council* resümiert die Leistungen aktueller erziehungswissenschaftlicher Forschung wie folgt :

> *[It] offers compelling evidence that students learn mathematics well only when they construct their own mathematical understanding.*
> (National Research Council, 1989, 58)

Davis et al. (1990, 188) betonen jedoch, daß der Konstruktivismus keine pädagogischen Rezepte oder Annehmlichkeiten bietet. "It asks much of us". Von zahlreichen Autoren reformorientierter Dokumente sind daher Prinzipien für das Mathematiklernen und die

Gestaltung des Mathematikunterrichts angeführt worden, die hier beispielhaft anhand der Ausführungen des *Australian Education Council* im "National Statement on Mathematics for Australian Schools" zusammengefaßt werden sollen:

Prinzipien für das Mathematiklernen
- Lernende konstruieren ihre eigene Bedeutung von und für Ideen, Dinge und Ereignisse, die sie selbst konkret erfahren.
- Lernen findet statt, wenn bestehende Konzepte in Frage gestellt und herausgefordert werden.
- Lernen erfordert Handlung und Reflexion seitens des Lerners.
- Lernen erfordert das Eingehen von Risiken.

Folgerungen für den Mathematikunterricht
Mathematiklernen wird sehr wahrscheinlich unterstützt und gefördert durch:
- Aktivitäten, die an den Erfahrungen der Schüler anknüpfen und diese ernst nehmen;
- Aktivitäten, die dem Lerner zweckmäßig und interessant erscheinen;
- die Entwicklung und den Einsatz der Sprache der Mathematik;
- die Herausforderung der Schüler innerhalb einer unterstützenden Lernumgebung (vgl. Australian Education Council, 1991, 16-25).

Auch wenn weitgehend Einigkeit darüber besteht, daß weitere Untersuchungen bezüglich des Mathematiklernens von Kindern nötig sind, besteht dennoch eine generelle Akzeptanz der vielversprechenden Möglichkeiten, die ein konstruktivistischer Ansatz als Grundlage eines reformierten Mathematikunterrichts haben kann (vgl. u.a. Australian Education Council, 1991; National Research Council, 1989; Ministry of Education, Victoria, 1988). Das *National Research Council* kommt zu folgendem Schluß:

> *To improve mathematics education for all students, we need to expand teaching practices that engage and motivate students as they struggle with their own learning. In addition to beckoning light at the end of the tunnel, we need even more to increase illumination in the interior of the tunnel ... In reality, no one can teach mathematics. Effective teachers are those who can stimulate students to learn mathematics.*
>
> (National Research Council, 1989, 58)

2.1.1.4 Veränderungen der pädagogischen Konzepte von Unterricht

Im Zuge der Forderungen nach der Etablierung eines modifizierten Verständnisses von Mathematik, entsprechender Veränderungen der Unterrichtsinhalte und moderner lerntheoretischer Erkenntnisse hinsichtlich des Mathematiklernens von Kindern ergeben sich auch veränderte pädagogische Ansprüche an den Unterricht. Lehrer werden ausdrücklich dazu ermutigt, ihre Unterrichtsmethoden zu erweitern, um ihren Schülern verbesserte Lernumgebungen zu schaffen (Hollingsworth, 1993; National Research Council, 1989; Lovitt & Clarke, 1988; Ministry of Education, Victoria, 1988; Cockcroft, 1983). Hollingsworth stellt diesbezüglich fest:

> *Some of the specific pedagogical considerations recommended in reform documents include: change from teacher exposition and passive learning to learning as an active engagement, and change from textbook, pen and paper approaches to problem-solving and investigative approaches (Ministry of Education, 1988).*
>
> (Hollingsworth, 1993, 15)

In Australien wurde im Rahmen von Projekten wie "Reality in Mathematics Education" (Ministry of Education, Victoria, 1989) sowie dem unter 1.2.2.1 bereits erwähnten "Mathematics Curriculum and Teaching Program" (Lovitt & D. M. Clarke, 1988; Owen et al., 1988) versucht, die Charakteristika 'guten' (Mathematik-)Unterrichts zu identifizieren. Lovitt und D. M. Clarke (1988) haben eine Übersicht effektiver Unterrichtspraktiken im Mathematikunterricht entwickelt, die allerdings nach Aussage der Autoren keinen Anspruch auf Vollständigkeit erhebt. Diese Zusammenstellung von Kriterien eines 'guten' (Mathematik-)Unterrichts umfaßt folgende Aspekte und Anforderungen:

- Der Schüler soll da abgeholt werden, wo er gerade entwicklungsmäßig steht.
- Der Tatsache, daß alle Schüler auf verschiedenen Wegen und mit unterschiedlichem Tempo lernen, sollte Rechnung getragen werden.
- Den Schülern sollte genug Zeit zur Reflexion ihres eigenen Denkens und Lernens gegeben werden.
- Der Lernprozeß der Schüler sollte handlungsorientierte Komponenten beinhalten.
- Die Schüler sollten dazu ermutigt werden, ihre Kommunikationsfähigkeit in bezug auf Mathematik zu erweitern.
- Der Mathematikunterricht sollte an der Lebenswelt der Kinder, d.h. an ihren Interessen und Sorgen anknüpfen.
- Mathematik sollte als ein zusammenhängendes komplexes Gebilde dargestellt und vermittelt werden und nicht etwa als eine Sammlung untereinander nicht verknüpfter einzelner Themen.
- Die Schüler sollen im Mathematikunterricht zur Zusammenarbeit mit einem Partner oder in kleinen Gruppen angeregt werden.
- Die visuelle Vorstellungskraft der Schüler sollte im Mathematikunterricht trainiert werden.
- Die Bedeutung der Einkleidung von Aufgaben und mathematischen Problemen in Sachkontexte oder fiktive Geschichten sollte berücksichtigt werden.

- Im Mathematikunterricht sollte ein angstfreies Lernklima herrschen, das alle Schüler zur Beteiligung am Unterricht motiviert.
- Die Schüler sollten zur Anwendung verschiedener Strategien bei der Lösung von Aufgaben und Problemen ermutigt und motiviert werden.
- Die zentrale Rolle, die die Eltern im Rahmen der Entwicklung ihrer Kinder spielen, sollte anerkannt werden.
- Im Mathematikunterricht sollten möglichst alle angemessenen und verfügbaren technologischen Hilfsmittel zum Einsatz kommen.
- Den besonderen Bedürfnissen einzelner Schüler sollte Rechnung getragen werden.
- Vielfältige Beurteilungsmethoden und -instrumente, die die o.g. Ansätze zum Lehren und Lernen von Mathematik entsprechend reflektieren, sollten zur Beurteilung der Schülerleistungen im Mathematikunterricht herangezogen werden (vgl. Lovitt & D. M. Clarke, 1988, 4).

Ähnliche Empfehlungen finden sich u.a. auch in dem bereits erwähnten "National Statement on Mathematics for Australian Schools" des *Australian Education Council* (1991) sowie im "Mathematics Framework: P-10" des *Ministry of Education, Victoria* (1988).

> *As we restructure our own mathematical knowledge on the foundations of students' interests and experiences, so will we find that the things we do in classrooms will change. Our teaching methods will change to include things such as groups working cooperatively on a chosen task, research in the library, textbook work in pairs and small groups, discussions, more outdoor mathematics, different approaches, open ended investigations and making and solving problems.*
> (Ministry of Education, Victoria, 1988, 12)

Das *Australian Education Council* hat die Einschränkungen und Anforderungen an einen modernen reformorientierten Mathematikunterricht wie folgt formuliert:

> *There is no definitive approach or style for the teaching of mathematics. The teaching of any particular mathematical concept will be influenced by the nature of the concept itself and by its abilities, attitudes and experiences of students. In general, however, teaching should be informed by a thorough understanding of how learning occurs and of the nature of the mathematical activity.*
> (Australian Education Council, 1991, 18)

Nachdem der theoretische Hintergrund, der die Entwicklung des ARTISM-Programms indirekt bezüglich seines übergeordneten entwicklungstheoretischen Zusammenhangs beeinflußt hat, in einem Überblick dargestellt wurde, soll im folgenden die konkrete Entwicklung "vor Ort" durch die Zusammenarbeit der drei beteiligten Schulen mit der zuständigen Schulverwaltung sowie den Mathematikdidaktikern einer Hochschule betrachtet werden.

2.1.2 Entwicklung des ARTISM-Programms

Das Fortbildungsprogramm ARTISM ("Active and Reflective Teaching in Secondary Mathematics") wurde zu Beginn des Jahres 1992 in Zusammenarbeit folgender Institutionen initiiert: den Mathematik-Koordinatoren von drei privaten katholischen Sekundarschulen für Jungen in Melbourne, einem Vertreter der Schulverwaltung (hier des für diese drei Schulen zuständigen *Catholic Education Office Victoria*) sowie drei Dozenten für Mathematikdidaktik der *Australian Catholic University* in Melbourne. Im folgenden soll zunächst ein Überblick über die Rahmenbedingungen gegeben werden, die schließlich zur Entwicklung von ARTISM geführt haben. Diese lassen sich auf zwei Ebenen ansiedeln: Sie betreffen sowohl strukturelle Voraussetzungen, Einschränkungen und Bedingungen als auch konzeptionelle Vorgaben seitens der Abnehmer und der Veranstalter.

2.1.2.1 Strukturelle Rahmenbedingungen

Die treibende Kraft in dem Prozeß, der schließlich zu der Entwicklung des ARTISM-Programms geführt hat, war ursprünglich die Koordinatorin für das Fach Mathematik an Schule A. Sie war über den ihrer Ansicht nach nur mangelnden und äußerst zögerlichen Transfer aktueller und von der Bundes- und Landesregierung propagierter Unterrichtsmethoden und -inhalte in den Mathematikunterricht an ihrer Schule besorgt. Gespräche mit den betreffenden Fachkollegen hatten ergeben, daß sich viele der in den Klassen 7 bis 10 unterrichtenden Lehrer von den starken Reformbewegungen der letzten Dekade in der Primarstufe und der erst kürzlich angelaufenen Reform der Sekundarstufe II (Klassen 11 und 12) bedroht fühlten. Das Unbehagen der Kollegen hatte zwei Hauptgründe: Zum einen unterrichten sie in Klasse 7 zum großen Teil Schüler, die in der Primarstufe einen Mathematikunterricht kennengelernt hatten, der stark an den unter 2.1.1.4 aufgeführten Kriterien für guten Unterricht orientiert war und die entsprechende Erwartungshaltungen auch auf den Unterricht ab Klasse 7 projizierten. Zum anderen bestand seitens der Lehrer große Unsicherheit darüber, ob sie die Schüler genügend auf die Anforderungen der Klassen 11-12 und vor allem auf die Abschlußprüfungen, das sog. *Victorian Certificate of Education (VCE)*, vorbereiten würden, die von den Schülern in erster Linie die Entwicklung und Anwendung von Problemlösestrategien verlangt.
Sowohl für die Primarstufe als auch für die Sekundarstufe II gab es im Rahmen der Reformbestrebungen spezielle Fortbildungsprogramme, die darauf abzielten, Lehrer beim Transfer neuer reformorientierter Unterrichtsmethoden und -inhalte in ihren eigenen

Unterricht zu unterstützen[39].

Wie eine Nachfrage der Schulleitung von Schule A beim *CEO* ergab, lag ein speziell auf die Bedürfnisse von Lehrern der Klassen 7 bis 10 zugeschnittenes Fortbildungskonzept bis dato nicht vor. Das *CEO* signalisierte jedoch Unterstützung bei der Organisation einer solchen Fortbildungsmaßnahme, und der für Schule A zuständige Berater des *CEO* nahm Kontakt zum *Mathematics Teaching and Learning Centre* (im folgenden *MTLC* abgekürzt) an der *Australian Catholic University* auf. Parallel dazu hatte die Mathematik-Koordinatorin von Schule A auf Anraten des *CEO* Vertreters Kontakt zu den Mathematik-Koordinatoren von zwei weiteren Schulen aufgenommen und sie ebenfalls zur Teilnahme an einer noch zu entwickelnden Fortbildungsmaßnahme für die Mathematiklehrer der Klassen 7 bis 10 gewonnen. Die Beteiligung dieser beiden weiteren Schulen war nötig geworden, da Schule A allein nicht die Kosten für Entwicklung und Implementation eines neuen Fortbildungsprogramms hätte tragen können.

2.1.2.2 Konzeptionelle Rahmenbedingungen

Bei einem ersten Treffen aller an der Planung des neuen Fortbildungsprogramms Beteiligten (den Mathematik-Koordinatoren der beteiligten Schulen, dem Vertreter des *CEO* sowie zwei Vertretern des *MTLC* der *Australian Catholic University*) wurde Einigkeit darüber erzielt, daß folgende Richtlinien für den Programmentwurf gelten sollten:

- Die Programmstruktur sollte in erster Linie auf die Vermittlung von Unterrichts-methoden- und -konzepten für erfolgreiches Mathematiklehren und -lernen ausgerichtet sein. Grundlage dafür seien die aktuellen wissenschaftlichen Erkenntnisse auf diesem Gebiet und speziell die eigenen Forschungsergebnisse der auf dem Gebiet der Mathematikdidaktik in Australien reputierten beteiligten drei Wissenschaftler.
- Das Programm sollte schwerpunktmäßig eine praxisorientierte Komponente beinhalten, die die praktische Erprobung von vorgestellten alternativen Methoden und Konzepten durch die teilnehmenden Lehrer in ihrem eigenen Unterricht sowie Berichte über ihre diesbezüglichen Erfahrungen einschließt.
- Der Austragungsort sollte eine der drei Schulen sein. Man einigte sich auf die am zentralsten gelegene Schule A.

---

[39] Ein aktuelles Beispiel ist neben EMIC das vom *Victorian Ministry of Education* konzipierte und propagierte Fortbildungsprogramm "Continuing Maths" für Lehrer der Klasse 5-8. Dieses Programm, das speziell auf den Übergang von der Primarstufe zur Sekundarstufe ausgerichtet ist, war ursprünglich als Anknüpfung an den EMIC Kurs gedacht (vgl. u.a. Whitford, 1991; Haughton, 1990). "Continuing Maths" wurde in der Praxis jedoch lediglich von Primarstufenlehrern angenommen und nach zwei Jahren aufgrund mangelnder Nachfrage eingestellt.

- Durch Schulbesuche seitens des Vertreters des *CEO* und der Dozenten der *Australian Catholic University* zwischen den einzelnen Veranstaltungen sollten die Lehrer bei dem Transfer der Programminhalte in ihren Unterricht unterstützt werden.
- Die Teilnahme am Fortbildungsprogramm sollte von den drei Schulleitungen zwar unterstützt und gefördert werden, jedoch seitens der Lehrer auf freiwilliger Basis erfolgen.
- Die Fortbildung sollte zunächst fünf Veranstaltungen umfassen, die im Anschluß an den Unterricht einmal wöchentlich von 16.00 bis 19.00 Uhr stattfinden sollten. Falls gewünscht, könnten weitere Sitzungen vereinbart und durchgeführt werden.

Insgesamt 33 Lehrer (das entspricht zwischen 50 und 85 % der Lehrer, die an den drei Schulen das Fach Mathematik unterrichten) erklärten sich nach der Vorlage eines entsprechenden Programmentwurfs (vgl. 2.2.1) zur Teilnahme am ARTISM-Programm bereit.

2.2 Darstellung der Konzeption des ARTISM-Programms

Die folgende Darstellung der Konzeption des ARTISM-Programms gliedert sich in drei Abschnitte. Im ersten Teil soll ein Überblick über den formalen Aufbau und die Struktur des ARTISM-Programms gegeben werden. Im zweiten Teil soll das theoretische Konzept des ARTISM-Programms anhand der einleitenden Ausführungen im ARTISM-Manual (Clarke, Carlin & Peter, 1992a, Vol. 1, 1-14) zur theoretischen Konzeption des Programms sowohl aus mathematikdidaktischer als auch aus fortbildungsdidaktischer Perspektive betrachtet werden. Der dritte Teil befaßt sich abschließend mit dem Evaluationsdesign des ARTISM-Programms.

2.2.1 Aufbau des ARTISM-Programms

In diesem Teil soll es darum gehen, einen Überblick über die Programmstruktur und den Verlauf des ARTISM-Programms zu geben sowie die für das Programm charakteristischen Elemente und Gestaltungsmerkmale aufzuzeigen. Dazu gehören in erster Linie die innere Struktur und der Aufbau der einzelnen Fortbildungsveranstaltungen und die von den Teilnehmern zu leistenden Beiträge.

Programmstruktur und -verlauf

Das ARTISM-Programm umfaßte ursprünglich fünf dreistündige Veranstaltungen ("Sessions"), die jeweils im Anschluß an den Unterricht stattfanden. Die Schwerpunktthemen der einzelnen Veranstaltungen wurden gemeinsam mit den Mathematikkoordinatoren der drei beteiligten Schulen festgelegt. Die Zeiträume zwischen den Veranstaltungen wurden so gewählt, daß die Lehrer Gelegenheit zur praktischen Erprobung vorgestellter Inhalte und Methoden hatten. Der genaue Programmablauf gestaltete sich wie folgt:

Session 1: *"Mathematisches Problemlösen und Modellieren"*
einwöchige Erprobungsphase

Session 2: *"Unterrichtskommunikation und Arbeitsformen im Fach Mathematik"*
vierwöchige Unterrichtserprobung alternativer Methoden und Konzepte
zwei Schulbesuche

Session 3: *"Einsatz neuer Technologien im Mathematikunterricht"*
einwöchige Erprobungsphase

Session 4: *"Alternative Beurteilungspraktiken im Mathematikunterricht"*
fünfwöchige Erprobungsphase, Entwicklung und Planung einer Unterrichtseinheit
ein Schulbesuch

Session 5: *"Reflexion der bisherigen Fortbildungs- und Unterrichtspraxis und Planung des weiteren Vorgehens"*
Überarbeitung, Implementation und Evaluation der eigenen Unterrichtseinheit
zwei Schulbesuche

Zwischen der ersten und zweiten sowie der dritten und vierten Veranstaltung lag jeweils nur eine Woche Pause, um eine gewisse Kontinuität zu schaffen sowie den konzeptionellen Zusammenhang der Veranstaltungen zu betonen. Eine vierwöchige Pause nach der zweiten Veranstaltung sollte den Lehrern Gelegenheit geben, in Ruhe und über einen längeren Zeitraum mit alternativen Unterrichtskonzepten zu experimentieren. Eine offizielle Verbindung zu ARTISM waren die zwei Schulbesuche der Veranstalter an jeder der drei Schulen in diesem Zeitraum. Diese Schulbesuche erfolgten jeweils im Rahmen eines Gesprächs und gemeinsamen Mittagessens mit den beteiligten Lehrern. Sie fanden während des gesamten Ablaufs regelmäßig statt und sollten im wesentlichen folgenden Funktionen dienen:
- Unterstützung der Lehrer bei der Erprobung der in den Veranstaltungen vorgestellten Unterrichtsinhalte und pädagogischen Konzepte;
- Motivation der Lehrer, die Kursmaterialien anzuwenden und zu erproben;

- Bereitstellung eines Forums für Reflexionen und Diskussionen der konkreten Unterrichtserfahrungen der Teilnehmer in den Erprobungsphasen, d.h. ihrer Erfolge, Schwierigkeiten und deren Überwindung bei der Implementation von ARTISM-Elementen in den eigenen Unterricht;
- Sammlung von Evaluationsmaterial im Rahmen der informellen Diskussionen mit den Teilnehmern.

Zu den Themenschwerpunkten der ersten vier Veranstaltungen wurde jeweils ein Reader mit aktueller themenbezogener Fachliteratur zusammengestellt und verteilt, der den Teilnehmern in der Zeit zwischen den einzelnen Veranstaltungen weitere Anregungen und Hintergrundwissen vermitteln sollte.

In der fünfwöchigen Erprobungsphase nach Session 4 stand die Entwicklung und Planung einer Unterrichtseinheit im Mittelpunkt und war auch Thema des in dieser Zeit stattfindenden Schulbesuchs der Veranstalter. Resultat der nach der Planung vorerst letzten Veranstaltung war der gemeinsame Beschluß von Teilnehmern und Veranstaltern, zwei weitere Sitzungen anzuschließen, in denen zum einen der thematische Schwerpunkt von Session 4 (alternative Beurteilungspraktiken) vertieft werden sollte und zum anderen einige der teilnehmenden Lehrer ihre Unterrichtseinheiten oder erfolgreiche eigene bzw. ARTISM-orientierte Unterrichtsvorschläge präsentieren sollten.

Der formale Abschluß des Programms erfolgte im Anschluß an die insgesamt siebte Veranstaltung. Alle Teilnehmer bekamen ein Zertifikat, das ihnen die ARTISM-Teilnahme bescheinigt und als Nachweis ihrer Weiterqualifikation von der zuständigen Schulbehörde (hier *Catholic Education Office*) anerkannt wird. Außerdem wird dieses Zertifikat von der Australian Catholic University als Leistungsnachweis für eine zwei Semesterwochenstunden umfassende Veranstaltung im Rahmen eines weiterführenden Studiums (Graduate Diploma bzw. Masters of Education) anerkannt.

Struktur der einzelnen Veranstaltungen

Die verbindliche innere Strukturierung der einzelnen Veranstaltungen sollte ein verbindendes Element zwischen den verschiedenen inhaltlichen Themenschwerpunkten darstellen und eine gewisse Kontinuität des Programms gewährleisten. Unabhängig von den einzelnen Themen wollten die Veranstalter jeweils reflektive und handlungsorientierte Elemente verbinden, entsprechendes Unterrichtsmaterial und/oder Literaturhinweise bereitstellen sowie parallel zum Verlauf des Programms evaluative Daten erheben. Folgende strukturelle Elemente waren daher charakteristisch für jede der fünf ARTISM-Veranstaltungen:

1. Reflexion der vorangegangenen Sitzung, Austausch von Erfahrungen, Vorbehalten und Wünschen bezüglich der weiteren Programmgestaltung
2. "This works for me": Vorstellung eigener erfolgreicher Unterrichtsansätze durch die beteiligten Lehrer und deren Diskussion im Plenum
3. Einführung in den thematischen Schwerpunkt der betreffenden Veranstaltung
4. Aktivitäten zur Veranschaulichung des jeweiligen inhaltlichen Schwerpunkts
5. Präsentation und Diskussion von alternativen Unterrichtsansätzen bezüglich des jeweiligen Themas
6. Auslage von entsprechendem Unterrichtsmaterial und/oder Literatur
7. Zusammenfassung der Kernaussagen der jeweiligen Sitzung
8. Bearbeitung von Fragebögen zwecks Kursevaluation

Da besonders das Element "This works for me" von den Lehrern als sehr positiv bewertet und der Wunsch nach seiner Expansion bei den Teilnehmern immer größer wurde, einigte man sich auf die ergänzende Durchführung von zwei weiteren ARTISM-Veranstaltungen, bei denen Berichte und Erfahrungsaustausch über sowohl erfolgreiche als auch problematische Unterrichtspraxis der Teilnehmer im Mittelpunkt stehen sollten.

Anforderungen an die Teilnehmer
Neben der Teilnahme an den fünf offiziellen Veranstaltungen verpflichten sich die Teilnehmer ebenfalls auf freiwilliger Basis zu folgenden Beiträgen im Rahmen ihrer Teilnahme am ARTISM-Programm:
- Erprobung der in den fünf einzelnen Veranstaltungen vorgestellten und diskutierten alternativen Unterrichtsmethoden und -konzepte sowie die Rückmeldung und Diskussion diesbezüglicher Erfahrungen im Plenum. Aufgrund dieser Erfahrungen sollen den Lehrern weitere Handlungsentscheidungen, die ihren Unterricht betreffen, erleichtert, Reflexionen über den eigenen Unterricht und mögliche Verbesserungen gefördert werden.
- Führung eines wöchentlichen Journals, in dem die Kernfaktoren und Kriterien des individuellen Mathematikunterrichts zusammengefaßt werden sollen und so als Grundlage zur Reflexion des eigenen Unterrichts und seiner Veränderungen dienen können. Weiterhin sollen die Journaleintragungen den Lehrern als Gedächtnisstütze bei ihren Erfahrungsberichten im Plenum und während der Schulbesuche zur Verfügung stehen und darüber hinaus die Entwicklung ihres Mathematikunterrichts dokumentieren.
- Entwicklung, Durchführung und Evaluation einer Unterrichtseinheit, die inhaltlich an die während der einzelnen Veranstaltungen behandelten Themen anknüpfen und die

in das Mathematikcurriculum der jeweiligen Schule aufgenommen werden soll.
- Lektüre ausgewählter themenbezogener Fachliteratur, die am Ende einer jeden Veranstaltung an die Teilnehmer ausgehändigt wird. Den Teilnehmern soll auf diese Weise ein schneller und zielgerichteter Zugang zu aktuellen Forschungsergebnissen in der Mathematikdidaktik ermöglicht werden, indem eine Vorauswahl inhaltlich relevanter Texte seitens der Veranstalter bereitgestellt wird, die von den Teilnehmern in der Zeit zwischen den Veranstaltungen gelesen werden sollen und bei Bedarf im Plenum diskutiert werden.
- Mitarbeit der Teilnehmer bei der Evaluation durch das Ausfüllen von teilnehmerorientierten Fragebögen u.a. bezüglich ihrer Erwartungen und gewünschten Ergebnisse/Wirkungen des ARTISM-Programms sowie kurzen Beschreibungen erfolgreicher Unterrichtsaktivitäten in Beziehung zu ARTISM-Inhalten.

Nachdem die formale Struktur und der konzeptionelle Aufbau des ARTISM-Programms dargestellt worden sind, soll im folgenden der dem ARTISM-Programm zugrunde liegende theoretische Rahmen untersucht werden.

2.2.2 Theoretischer Rahmen des ARTISM-Konzepts

Bei der Konzeption des ARTISM-Programms wurde versucht, aktuellen Erkenntnissen der Forschung im Bereich Lehrerfortbildung ebenso Rechnung zu tragen wie mathematikdidaktischen Grundlagen eines veränderten modernen Mathematikunterrichts, wie er unter 2.1.1 skizziert wurde. Die theoretischen Überlegungen, auf die sich das ARTISM-Konzept stützt, sind stark von strukturellen Faktoren aus fortbildnerischer Sicht geprägt, d.h. die theoretische Konzeption knüpft an Erkenntnisse über Prinzipien erfolgreicher (hier im Sinne von praxiswirksamer) Lehrerfortbildung an[40]:
Neben der Berücksichtigung von Prinzipien erfolgreicher Lehrerfortbildung wurde versucht, mögliche Hindernisse und Schwierigkeiten bewußt bereits bei der Planung zu berücksichtigen. Faktoren, die die Implementation behindern oder einschränken könnten, lassen sich nach Meinung der Autoren wie folgt zusammenfassen (vgl. D. J. Clarke, Carlin & Peter, 1992a, Vol.1, 1):
- Die Kenntnis über aktuelle wissenschaftliche Entwicklungen und Forschungsergebnisse seitens der Lehrer sei durch mangelndes Studium entsprechender Fachliteratur eingeschränkt, wie die Untersuchungen von Cogan & Anderson (1977) belegen.

---

[40] vgl. die Zusammenfassung nach D. M. Clarke(1991) unter 1.2.3.4

- Das bereits bestehende extensive Arbeitsvolumen von Lehrern (in diesem Zusammenhang wird auf die Arbeit von Doyle (1981) verwiesen, der die Komplexität und die Herausforderungen des Unterrichtsalltages dokumentiert hat) könne sich negativ auf die Bereitschaft zur Teilnahme an Fortbildung auswirken.
- Viele in ihrem Unterricht erfolgreiche und zufriedene Lehrer sähen keinen Grund zur Teilnahme an Lehrerfortbildungsprogrammen.
- Von Lehrern durch Fortbildung angeregte Veränderungen können durch die speziellen Situationen in einzelnen Klassen, Schulen oder auch Kommunen gehemmt werden. Im ARTISM-Manual wird diesbezüglich auf von Desforges und Cockburn (1987) angeführte Faktoren verwiesen, die die Implementation alternativer Unterrichtsformen und -inhalte seitens der Lehrer erschweren.

Ziel des ARTISM-Programms sei es deshalb, realistische Anforderungen an die teilnehmenden Lehrer zu stellen und gleichzeitig angemessene Hilfestellungen bei der praktischen Umsetzung neuer Unterrichtsinhalte und -konzepte zu bieten. Während ein Fortbildungsprogramm kaum das Umfeld der Lehrer in einzelnen Klassen oder Schulen beeinflussen kann oder die Bereitschaft zur Teilnahme, die einen zusätzlichen Zeit- und Arbeitsaufwand bedeutet, bei Lehrern, die sich als erfolgreiche Praktiker sehen, fördern kann, wurde im Rahmen des ARTISM-Programms versucht, auf einige der möglichen Schwierigkeiten einzugehen. Die Entwicklung einer Unterrichtseinheit im Rahmen des ARTISM-Programms soll zum Beispiel die Lehrer bei ihrem Arbeitspensum entlasten, da dies ohnehin zu ihren Aufgaben gehört und sie sich durch die Zusammenarbeit mit Kollegen und die Unterstützung der Veranstalter Arbeitserleichterung schaffen können. Die Bereitstellung ausgewählter Literatur zu den einzelnen Themenschwerpunkten soll den Lehrern systematischen Zugang zu aktuellen Forschungsergebnissen ermöglichen und sie bei ihrer Unterrichtsplanung informieren. Gleichzeitig war dieser Punkt bei der Festlegung der Themenschwerpunkte von Bedeutung, denn die Wünsche der Teilnehmer wurden seitens der Veranstalter durch wissenschaftlich relevante Themen ergänzt.

Die Konzeption des ARTISM-Programms basiert auf der Vorstellung, daß Veränderungen aus den Unterrichtserfahrungen von Lehrern resultieren, die alternative Unterrichtsinhalte und -konzepte in ihrem eigenen Unterricht erprobt haben. Die Übertragung der Kerninhalte von ARTISM in die Unterrichtspraxis ist deshalb ein zentrales Prinzip dieses Programms. Die Bereitschaft der Lehrer, neue Ansätze in ihrem Unterricht zu erproben, ist daher eine grundlegende Voraussetzung für die Teilnahme. Die beiden Kernelemente, auf die das ARTISM-Programm aufbaut, unterrichtliches Handeln ("action") und Reflexion des eigenen Unterrichts ("reflection"), spiegeln sich ferner auch in der Namensgebung.

Das theoretische Modell, das dem ARTISM-Programm unterliegt, ist das zyklische Modell des Veränderungsprozesses von Lehrern nach D. J. Clarke (1988, 188), das in Kapitel 1.2.3.3 (Abb. 5) bereits vorgestellt wurde. Es geht davon aus, daß ein neuer Ansatz oder ein neues Unterrichtskonzept am optimalsten implementiert wird, wenn der Transfer in die Unterrichtspraxis von Lehrern gelingt, sich so auf Einstellungen und Überzeugungen von Lehrern auswirken kann und zu weiterem Engagement bezüglich der persönlichen beruflichen Entwicklung führt. ARTISM geht davon aus, daß jede Phase in dem entstehenden Kreislauf von Faktoren, die die persönliche Situation des Lehrers bestimmen, geprägt und beeinflußt wird. Folglich ist der individuelle Veränderungsprozeß eines jeden Lehrers das Produkt seiner persönlichen Biographie und gegenwärtigen Situation (D.J. Clarke, Carlin & Peter, 1992a, Vol. 1, 1-2). Das Verständnis von Lehrerfortbildung, das dem ARTISM-Programm zugrunde liegt, beinhaltet das Bild vom Lehrer als Lerner, der seine Unterrichtspraxis von Fortbildungsaktivitäten und Unterrichtserfahrungen ableitet, die seine persönliche Situation reflektieren.

Da sich diese Arbeit schwerpunktmäßig mit der Fortbildung von Mathematiklehrern befaßt, soll im folgenden kurz das Gesamtkonzept und seine theoretische Verankerung im Mittelpunkt der Betrachtung stehen, um den Stellenwert des ARTISM-Programms hinsichtlich der angestrebten Reform des Mathematikunterrichts aus anglo-amerikanisch/australischer Sicht zu verdeutlichen(vgl. 2.1.1).

Das ARTISM zugrunde liegende Mathematikverständnis
Die Entwickler des ARTISM-Programms formulieren konkret das dem Programm zugrunde liegende Verständnis von Mathematik. Sie unterscheiden dabei zunächst zwischen "Cultural Mathematics" und "Academic Mathematics". Während "Academic Mathematics" als analytisch und synthetisch attribuiert wird, hat "Cultural Mathematics" stets einen kulturellen Bezug, in dem Kommunikation und Anwendung von Mathematik im Vordergrund stehen.

> *Cultural mathematics can be seen as "marketplace mathematics" in an increasingly sophisticated market. In this sense, engineers, for instance, would frequently engage in cultural mathematics. School mathematics must recognise both perspectives and assist students in moving between them.*
> (D.C. Clarke, Peter & Carlin, 1992a, Vol.1, 5)

Nach Auffassung der Autoren sollen diese beiden Perspektiven im Rahmen der Schulmathematik vermittelt und die Schüler bei ihrem Umgang mit Mathematik im Schnittfeld beider Perspektiven unterstützt werden.
Mathematik ist nach Ansicht der Autoren ein Gebiet des Diskurses, das die Fähigkeit zu argumentieren, zu erklären, zu beschreiben und zu kategorisieren erfordert.

> *Mathematics is a realm of discourse: as such it involves arguing, explaining, describing, categorizing. Classroom communication in mathematics must model all these forms.*
> (D.C. Clarke, Peter & Carlin, 1992a, Vol. 1, 5)

Gemäß dieses Verständnisses wird der Lehrer als Diskurspartner verstanden, der im Mathematikunterricht Situationen schafft, die den Schülern helfen, ihr persönliches mathematisches Verständnis zu konstruieren. Die Schüler sollen befähigt werden, ihre eigenen Fragen zu beantworten, Kontrolle über ihre Lebensumwelt aufzubauen, mit anderen ihr individuelles Mathematikverständnis zu verhandeln und ein neues symbolisches Territorium mit Sinn zu füllen.

> *The student can be observer, user or creator. The student brings to every new experience a vocabulary, a history, and a personal sense of purpose. Each student is an active theoretician.*
> (D.C. Clarke, Peter & Carlin, 1992a, Vol. 1, 5)

Die Inhalte des im ARTISM-Programm propagierten Mathematikunterrichts

Die Orientierung des ARTISM-Programms an den in aktuellen Curriculum-Dokumenten (Australian Education Council, 1991; National Council of Teachers of Mathematics, USA; 1989; Ministry of Education, Victoria, 1988) propagierten Inhalten spiegelt sich bereits in der Themenübersicht. Mathematisches Problemlösen und Modellieren sowie der Einsatz neuer Technologien im Mathematikunterricht der Sekundarstufe I sind zentrale Themen einzelner ARTISM-Veranstaltungen sowie der praktischen Unterrichtserprobungen der Teilnehmer. Schwerpunkte des ARTISM-Programms sind weiterhin Unterrichtskommunikation und Arbeitsformen im Mathematikunterricht (vgl. Session 2 unter 2.2.1). Darüber hinaus bezieht sich das ARTISM-Manual ausdrücklich auf das "National Statement on Mathematics for Australian Schools" (vgl. Australian Education Council, 1991, 11-14) und formuliert in Anlehnung daran folgende Ziele eines modernen Unterrichts, an die ARTISM anknüpfen will:

- *Students should develop confidence and competence in dealing with commonly occurring situations;*
- *Students should develop positive attitudes towards their involvement in mathematics;*
- *Students should develop their capacity to use mathematics in solving problems individually and collaboratively;*
- *Students should learn to communicate mathematically;*
- *Students should learn techniques and tools which reflect modern mathematics;*
- *Students should experience the processes through which mathematics develops.*
(D. J. Clarke, Peter & Carlin, 1992a, Vol. 1, 4)

Nicht alle diese angestrebten Ziele lassen sich so explizit anhand des ARTISM-Manuals festmachen wie die bereits genannten Beispiele. Einige dieser Aspekte durchziehen das

Konzept des ARTISM-Programms eher indirekt. Der Anspruch, Einstellungen und Haltungen gegenüber der Mathematik seitens der Lehrer verändern zu wollen, impliziert beispielsweise eine diesbezügliche Veränderung auch bei ihren Schülern. Durchgängig durch das gesamte ARTISM-Programm setzen die Beispiele alternativer Unterrichtsmethoden und -konzepte exemplarisch bei ausgewählten Inhalten aus den im "Mathematics Framework P-10" und im "National Statement on Mathematics for Australian Schools" formulierten und in der Sekundarstufe I zu behandelnden Inhalten an.

Lerntheoretische Grundlagen des ARTISM-Programms
Die Entwickler des ARTISM-Programms gehen bei ihrer Konzeption von einem konstruktivistisch-orientierten Verständnis von Lernen aus. Es bestehen deutliche Parallelen zwischen den im ARTISM-Manual aufgeführten lerntheoretischen Positionen und den im "National Statement on Mathematics for Australian Schools" propagierten Prinzipien für das Mathematiklernen und den Mathematikunterricht (siehe 2.1.1.3), nach dem sich Lernen in einem sozialen Prozeß in der Auseinandersetzung mit anderen vollzieht und sowohl durch aktiv-handelnde als auch reflektive Elemente gekennzeichnet ist.

Die im ARTISM-Programm propagierten Unterrichtskonzepte und -methoden
Auch hinsichtlich der im ARTISM-Programm vorgestellten Unterrichtskonzepte und -methoden lassen sich deutliche Übereinstimmungen mit den unter 2.1.1.4 dargestellten Charakteristika eines 'guten' Unterrichts aus australischer Sicht feststellen. So gehören z.B. Partner- und Gruppenarbeit zu den im ARTISM-Programm propagierten Arbeitsformen. Auch für die geforderte Einbettung von mathematischen Problemen in Sachkontexte und fiktive Geschichten lassen sich im ARTISM-Material zahlreiche Beispiele finden. Handlungsorientierung steht ebenfalls bei zahlreichen Vorschlägen im Vordergrund. Ferner wird im ARTISM Manual unter Verweis auf Kapitel drei des "Mathematics Framework P-10" ausdrücklich betont, daß grundsätzlich am Kenntnisstand der Kinder anzuknüpfen sei: "Build on what students know not what we know" (D. J. Clarke, Peter & Carlin, 1992a, Vol. 1, 4). Die Bedeutung der Kommunikation im Mathematikunterricht spiegelt sich nicht nur im Themenschwerpunkt von Session 2 (vgl. 2.2.1.), sondern ist als grundlegendes Unterrichtsprinzip auch im ARTISM-Manual verankert: "Students need to talk and write about mathematics" (D. J. Clarke, Peter & Carlin, 1992a, Vol. 1). Wie bereits erwähnt, ist der Einsatz technischer Hilfsmittel ebenfalls einer der Arbeitsschwerpunkte des Programms. Besonders in Session 3 werden Unterrichtsinhalte und -methoden vorgestellt, die den Einsatz von Taschenrechnern, Computern und Video erfordern. Der Anregung der Schüler zur Entwicklung und Anwendung verschiedener Strategien bei der Lösung von Aufgaben und Problemen wird besonders bei der Behand-

lung von "good questions", "open-ended tasks" und "fermi problems" in den ersten beiden Veranstaltungen Rechnung getragen. ARTISM knüpft darüber hinaus in besonderem Maß an die geforderten Charakteristika eines reformierten Mathematikunterrichts in Australien an, indem in Session 4 den veränderten Unterrichtsmethoden und -konzepten angemessene Beurteilungs- und Bewertungsformen und -verfahren vorgestellt, diskutiert und erprobt werden.

Abschließend sei zu erwähnen, daß das ARTISM-Konzept falsch verstanden wird, wenn es als Patentlösung zur Realisierung eines modernen Mathematikunterrichts begriffen wird. Ziel dieses Programms ist es lediglich, mögliche Zugangsweisen zu innovativen Unterrichtsformen, -konzepten und -inhalten im Fach Mathematik aufzuzeigen und Gelegenheit sowie ein Forum für ihre Erprobung und deren Reflexion zu bieten.

Sowohl aus fortbildungstheoretischer als auch aus mathematikdidaktischer Perspektive knüpft ARTISM an die gegenwärtige Diskussion in Australien an, und seine Bedeutung läßt sich neben ARTISM-bezogenen nationalen wie internationalen Konferenzbeiträgen und Publikationen[41] nicht zuletzt an der kontinuierlichen Weiterentwicklung des Programms und seiner wiederholten Durchführung in weiteren Sekundarschulen im Bundesstaat Victoria belegen.

2.2.3 Das Evaluationsdesign des ARTISM-Programms

Evaluation ist ein integraler Bestandteil des ARTISM-Konzepts, und ein entsprechendes Evaluationsdesign sowie die Evaluationsinstrumente sind im ARTISM-Manual (D.J. Clarke, Carlin & Peter, 1992a, Vol. 2) verankert. Die Evaluation wurde bewußt in das Programmdesign integriert, um direkte Einwirkungen auf Planung und Implementation zu ermöglichen. Insgesamt setzt die Evaluation auf drei verschiedenen Ebenen an: Zum einen sollte sie die Bedürfnisse der Teilnehmer erfassen und somit Grundlage für eine entsprechende Programmplanung bilden. Zum anderen sollte sie Informationen bezüglich der Planung und Implementation liefern und so zur Überarbeitung und Verbesserung des Programms beitragen. Darüber hinaus sollte auch die Realisierung der angestrebten Ziele des ARTISM-Programms untersucht werden. Während die Adressaten der in Zusammenhang mit der Entwicklung und Verbesserung des ARTISM-Programms stehenden Evaluation in erster Linie die Veranstalter, d.h. die drei Hochschuldozenten, waren, war das *CEO* als zuständige Schulbehörde in erster Linie an der Effektivität des Programms, d.h. dem Grad des Transfers in die Unterrichtspraxis der Teilnehmer interessiert.

---

[41] siehe D. J. Clarke & Peter (1993a), D. J. Clarke & Peter (1993b), Carlin, Clarke & Peter (1992), Peter, Clarke & Carlin (1992) sowie D. J. Clarke, Carlin & Peter (1992c)

Die Evaluation begann parallel zur Planung und Entwicklung des ARTISM-Programms. Theoretische Grundlage des Evaluationskonzeptes waren die von Guskey und Sparks (1991) entwickelten Richtlinien für die Evaluation von Lehrerfortbildung (vgl. 1.2.4). Die Instrumente und Methoden der Datenerhebung umfassen bezüglich der teilnehmenden Lehrer

- Fragebögen mit qualitativen wie quantitativen Elementen bezüglich (1) der Beurteilung der einzelnen Veranstaltungen und des gesamten Programms, (2) der individuellen Erwartungen an das ARTISM-Programm, (3) Aussagen über erfolgreiche Unterrichtspraxis und -probleme im Fach Mathematik, (4) Aussagen über Stärken und Schwächen des Mathematikcurriculums der eigenen Schule, (5) wiederholte Identifizierung des eigenen Unterrichts anhand vorgegebener "Unterrichtsscenarios";
- Journaleintragungen anhand einer bereitgestellten Matrix;
- punktuelle Aufzeichnungen der Beobachtungen der Veranstalter während der einzelnen Veranstaltungen und Schulbesuche;
- von den Lehrern ausgewählte Schülerarbeiten und Protokollierung der Teilnehmerberichte über von den Lehrern beobachtete Veränderungen bezüglich der Leistungen ihrer Schüler;
- die von den Lehrern im Rahmen des ARTISM-Programms entwickelten und evaluierten Unterrichtseinheiten

sowie die Aussagen der Schulleiter und Mathematik-Koordinatoren bezüglich ihrer Erwartungen an das ARTISM-Programm und ihre Gesamtbeurteilung des ARTISM-Programms.

Im Rahmen des Evaluationsprozesses gewonnene Daten und Informationen sind in die parallel verlaufende Planung und Implementation des ARTISM-Programms eingeflossen. Darüber hinaus sind sie ebenso wie erste Evaluationsergebnisse bezüglich der Realisierung der von Mathematikkoordinatoren und Veranstaltern gemeinsam erarbeiteten Ziele des Programms dokumentiert (vgl. D. J. Clarke, Carlin & Peter, 1992b und 1992c sowie Peter, Clarke & Carlin, 1992). Eine Auswahl dieser Evaluationsergebnisse wird in Zusammenhang mit der Darstellung der Fallstudien im fünften Kapitel präsentiert.

2.3 Die Wahl des ARTISM-Programms als Kontext der empirischen Untersuchung

Abschließend sollen die Anknüpfungspunkte an die deutsche Literatur zur Theorie und Praxis von Lehrerfortbildung herausgestellt werden, um die Bedeutung des Programms sowie seine Verankerung in der Fachliteratur aus deutscher Perspektive zu verdeutlichen.

Die Unterrichtspraxis der Lehrer als Ausgangspunkt und Ziel von Fortbildung
Die Orientierung und Verankerung der Ausgangspunkte und Ziele von Lehrerfortbildung an der Unterrichtspraxis der Lehrer ist eines der auffälligsten und bedeutendsten Charakteristika des ARTISM-Programms (vgl. die Ausführungen zum Aufbau des Programms unter 2.2.1 sowie die Betrachtung des ARTISM-Konzepts aus fortbildungsdidaktischer Perspektive unter 2.2.2). Die Unterrichtspraxis der Lehrer als Ausgangspunkt und Ziel von Fortbildung wird ebenfalls in zahlreichen deutschen Literaturbeiträgen gefordert (vgl. u.a. Fischer, 1990; Edelhoff, 1988a; Kröll, 1980; Baumann & Genger, 1978), ist jedoch längst noch nicht ein gängiges Prinzip der Fortbildungspraxis. Die Eröffnung unmittelbarer Handlungsmöglichkeiten im eigenen Unterricht, wie sie das ARTISM-Konzept vorsieht, macht nach Aussage von Knab (1981, 26) die Wirksamkeit von Lehrerfortbildungsmaßnahmen aus und knüpft an die Empfehlung von Lütgert und Schüler (1978) an, Unterrichtserfahrungen im Fortbildungszusammenhang zu ermöglichen. Auch der Deutsche Bildungsrat (1974, A31-A33) propagiert ausdrücklich die praxisnahe Curriculumentwicklung und die Lehrerfortbildung als sich bedingende Innovationsstrategien für den Bereich Schule. ARTISM schließt direkt an diese Prinzipien an, denn die Erprobung aktueller fachdidaktischer und pädagogischer Unterrichtsformen und -konzepte ist ebenso ein Kernelement des ARTISM-Programms wie die Entwicklung, Implementation und Evaluation einer Unterrichtseinheit für das schulinterne Mathematikcurriculum.

Kooperation und Erfahrungsaustausch mit Kollegen
Die Zusammenarbeit und der Austausch von Erfahrungen mit Kollegen gehören u.a. nach Miller (1990), Schönig (1990) und Edelhoff (1988a) auch zu den Aufgaben und Zielen von Lehrerfortbildung und sind Bestandteile des ARTISM-Konzepts. ARTISM basiert auf der gemeinsamen Teilnahme mehrerer Lehrer einer Schule, die sich gegenseitig bei ihren Unterrichtserprobungen unterstützen und Erfahrungen im Rahmen ihrer beruflichen Fortbildung austauschen können und sollen, denn der kollegiale Bezug macht Fortbildung intersubjektiv mitteilbar und bereichert die Wahrnehmungs- und Deutungsperspektiven (vgl. Fischer, 1990, 46). Gute Zusammenarbeit unter Kollegen als Kennzeichen einer 'guten' Schule im Sinne Nevermanns (1988, 32) ist im ARTISM-Konzept fest verankert. Die Vorstellung eigener erfolgreicher Unterrichtspraxis und somit die Gelegenheit zum Lernen mit und von Kollegen ein integrativer Bestandteil jeder einzelnen ARTISM-Sitzung (vgl. 2.2.1).

Kontinuität von Lehrerfortbildung
ARTISM knüpft ferner an das "Prinzip der Sequentialisierung" nach Nevermann (1988) an. Demnach sollen Lehrerfortbildungsmaßnahmen nicht eine einmalige (mehrtägige)

Veranstaltung umfassen, sondern sich in regelmäßigen Abständen über einen längeren Zeitraum verteilen. Die Reflexion von Unterrichtserfahrungen, d.h. Erfolgen und Problemen bei der Umsetzung alternativer Unterrichtsansätze, ist ein zentrales Element des ARTISM-Programms. Ein derartiger Erfahrungsaustausch ist jedoch nur in einem relativ langfristig und kontinuierlich angelegten Fortbildungsprogramm möglich. Da nach Edelhoff (1988a) viele deutsche Lehrer ihre Fortbildung als sporadisch und kurzfristig erfahren, betont er ebenso wie Schönig (1990) im besonderen die Bedeutung der Kontinuität von Lehrerfortbildung.

Lehrerfortbildung als Erwachsenenbildung
Hinsichtlich der von Faber (1983) dargestellten didaktischen Prinzipien der Lehrerfortbildung als Erwachsenenbildung (Adressaten-, Bedürfnis-, Alltags- und Situationsorientierung) lassen sich einige Parallelen zum ARTISM-Programm feststellen. Das Prinzip der Adressatenorientierung "als praktizierte Anwendung des Satzes von der Mündigkeit des Erwachsenen und praktizierte Lernkultur in der Dimension personaler Gleichrangigkeit " (Faber, 1983, 25-26) spiegelt sich an der Betonung der Lehrer als "Mitglieder in einem wechselseitigen Bildungsprozeß" (ebd.) durch ihre feste Einbindung in die Programmstruktur im Rahmen der Vorstellung eigener erfolgreicher (vom ARTISM-Programm unabhängiger) Unterrichtspraxis (vgl. 2.2.1) sowie durch ihre Beteiligung an der Planung und Themenfestlegung der einzelnen ARTISM-Sessions. Die Erkundung der Fortbildungsinteressen und -wünsche der Teilnehmer gehört nach Ansicht von Knab (1983, 224-225) und Meyer (1985, 91 ff.) in irgendeiner Form zu jeder Fortbildungsveranstaltung. ARTISM ist darüber hinaus am Berufsalltag der Teilnehmer orientiert, da von ihnen zunehmend ein reformorientierter Mathematikunterricht, wie er unter 2.1.1.1 charakterisiert wurde und die Grundlage des ARTISM-Programms bildet, erwartet und verlangt wird.

Die von Faber (1983, 26 ff.) vertretene Orientierung von Lehrerfortbildung an den Grundbedürfnissen erwachsener Lerner (Informationsgewinn, Qualifikation, Kommunikation und Kreativität) läßt sich ebenfalls auf ARTISM beziehen. Die Teilnehmer erfahren einen Informationsgewinn durch die Vorstellung innovativer Unterrichtskonzepte und -methoden seitens der Veranstalter sowie erfolgreicher Unterrichtsansätze seitens der Kollegen. ARTISM bietet ihnen eine Qualifikationsmöglichkeit, die von der Schulbehörde sowie der *Australian Catholic University* anerkannt wird und motiviert die Teilnehmer zur Kommunikation (z.B. durch Reflexion eigener Unterrichtserfahrungen während der Schulbesuche sowie im Plenum) und Kreativität (z.B. durch die Entwicklung und Implementation einer neuen Unterrichtseinheit für das Mathematikcurriculum der eigenen Schule).

Schulnahe Lehrerfortbildung

Die Schule als Veranstaltungsort des ARTISM-Programms war eine der Bedingungen seitens der drei Mathematikkoordinatoren, die wiederum die Meinung ihrer Kollegen vertraten (vgl. 2.12.2). Obwohl es auch Argumente gegen die Schule als Austragungsort von Fortbildung gibt, die sich im wesentlichen darauf stützen, den Lehrern eine Rückzugsmöglichkeit aus einem u.U. problembelasteten Arbeitsumfeld zu geben, betont u.a. Edelhoff (1988a) "schulnahe" Lehrerfortbildung am Ort der beruflichen Tätigkeit. Auch Bönsch (1982, 318) fordert: "Nicht die Lehrer sollten zu den Veranstaltungen fahren, sondern die Veranstalter zu den Lehrern und Schulen."

Ziele der Lehrerfortbildung

Neben Problemorientierung (Ziel des ARTISM-Programms ist es, den Lehrern einen reformorientierten Mathematikunterricht zum Nutzen ihrer Schüler nahezubringen) und Erfahrungsorientierung (ARTISM setzt am individuellen Unterricht der Teilnehmer an) knüpft das ARTISM-Programm auch seitens seiner Orientierung an der Persönlichkeit des Lehrers an die unter 1.1.2.2 formulierten Aufgaben und Ziele von Lehrerfortbildung an. Aufgabe der Lehrerfortbildung im Fach Mathematik ist nach Lindner (1982, 339) u.a. die Vermittlung der "wissenschaftlichen Grundlagen der Pädagogik, Psychologie, Didaktik und Methodik, so daß er [der Mathematiklehrer; Anmerk. der Verf.] in der Lage ist, aktiv an der Entwicklung von neuen Unterrichtsanwendungen und nach Möglichkeit auch an der Forschung teilzunehmen, damit er die richtige Grundlage für die Auswahl der pädagogischen Mittel in verschiedenen Unterrichtssituationen besitzt". Der Lehrer soll den ästhetischen Wert der Mathematik herausstellen können, wie z.B. die Freude am Umgang mit mathematischen Problemen, am Auffinden von Strukturen oder am Entwurf von Lösungsgedanken (a.a.O., 337). Grundlage dafür ist die eigene Sicherheit in fachlichen, fachdidaktischen sowie pädagogischen Fragen, Freude und Begeisterung an der eigenen Tätigkeit und berufliche Zufriedenheit, wie sie erklärte Ziele des ARTISM-Programms in bezug auf die Lehrer sind. Diese affektiven Ziele des ARTISM-Programms spiegeln auch die Anspruchshaltung an die Lehrerfortbildung aus deutscher Sicht wider (Edelhoff, 1988a). Die Qualität der Fortbildner ist eine wichtige Voraussetzung bei der Realisierung dieser Aufgaben.

Qualität der Lehrerfortbildner

Faber (1983, 25) weist darauf hin, daß die Adressatenorientierung von Lehrerfortbildung auch Konsequenzen für die Fortbildner als Leiter entsprechender Bildungsarbeit hat.
Der Frage nach der Qualität der Fortbildner wurde beim ARTISM-Programm implizit bei der Auswahl von Dozenten des *Mathematics Teaching and Learning Centre* an der *Australian Catholic University* Rechnung getragen. Zwei der drei beteiligten Wissen-

schaftler haben über Melbourne hinaus in Australien und zum Teil auch in Nordamerika einen ausgezeichneten Ruf als Fortbildner und eine entsprechend umfangreiche Fortbildungspraxis. Besonders die Mathematik-Koordinatorin von Schule A und der Mathematik-Koordinator von Schule B sowie der zuständige Mitarbeiter des *CEO* waren daher an einer Zusammenarbeit mit dem *MTLC* interessiert. Die von Radtke (1980) formulierte Bedeutung der Hochschule als wissenschaftliche und an der Forschung orientierte Einrichtung mit der Möglichkeit, aktuelle Forschungsergebnisse miteinzubeziehen, war somit auch für die Initiatoren der Fortbildungsmaßnahme, die sich später zum ARTISM-Programm entwickelt hat, maßgebend.

Rolle des Schulleiters
Im Rahmen der Diskussion um die Qualiät von Schule verweist Miller (1990, 58 ff.) auf die "Schlüsselstellung Schulleitung", und auch Nevermann (1988, 33) betont, "daß die Funktion und Person des Schulleiters von zentraler Bedeutung für die Güte einer Schule ist" und deshalb auch in bezug auf die Fortbildung der Lehrer seiner Schule eine wichtige Rolle spielt. Die Schulleiter der drei an ARTISM beteiligten Schulen waren bei seiner Implementation unterschiedlich engagiert, was die Unterstützung der Lehrer z.B. durch Stundenfreistellung bzw. persönliche Motivation betraf. Dieses unterschiedliche Engagement und Interesse der Schulleiter ließ sich an der Wirkung und Wirksamkeit des ARTISM-Programms innerhalb ihrer Schule ablesen, wie im Rahmen der im fünften Kapitel dargestellten Fallstudien noch deutlich werden wird.

Evaluation von Lehrerfortbildung
Das Evaluationskonzept des ARTISM-Programms ist aus deutscher Sicht interessant, da es ein integraler Bestandteil des Gesamtkonzepts ist (Wulf, 1972) und eine umfassende Evaluation nach Petri (1981) beinhaltet, die sich über alle Phasen der Fortbildungsmaßnahme erstreckt. Die ARTISM-Evaluation ist sowohl entwicklungsorientiert, d.h. auf die Verbesserung des Programms ausgerichtet, als auch praxisorientiert, d.h. an der Wirkung des Programms auf die Unterrichtspraxis der Teilnehmer interessiert. Das zugrunde liegende Evaluationsdesign ist individuell entwickelt worden und umfaßt eine Vielfalt und Vielzahl von Methoden und Evaluationsintrumenten (vgl. 2.2.3), wie u.a. von Meyer (1985) und Haensich (1982) gefordert. Erwähnenswert ist außerdem, daß im Zusammenhang mit der Auswertung der im Rahmen der Evaluation des ARTISM-Programms gewonnenen Daten das in Abb. 5 (1.2.3.3) dargestellte Clarke/Peter-Modell des beruflichen Entwicklungsprozesses von Lehrern entwickelt wurde. Somit kam der Evaluation auch eine wissenschaftsorientierte Komponente zu. ARTISM knüpft somit an alle drei in der deutschen Fachliteratur genannten Dimensionen der Evaluation von Lehrerfortbildung (1.1.4) an.

Kapitel 3
Methodologischer Rahmen und methodisches Vorgehen

Die folgende Darstellung der Entwicklung und Implementation des Forschungsdesigns umfaßt acht inhaltliche Schwerpunkte. Am Anfang dieses Kapitels steht eine "Standortbestimmung", in der die methodologischen Grundlagen dieser Arbeit erläutert werden und an die sich die Entwicklung der dieser Studie zugrunde liegenden Forschungsfragen und -ziele anschließt. Nachdem daran anknüpfend der konzeptionelle Rahmen der Einzelfallstudien im Detail entfaltet sowie die Auswahl der Lehrer für die Einzelfallstudien begründet worden ist, werden die verschiedenen Forschungsinstrumente und -verfahren und ihr Einsatz innerhalb des zeitlichen Rahmens der Untersuchung vorgestellt. Abschließend werden die bei der Datenanalyse angewandten Verfahren erläutert und begründet sowie die Grenzen der Untersuchung einschließlich der ergriffenen kompensatorischen Maßnahmen aufgezeigt.

3.1 Methodologische Grundlagen

Die vorliegende Studie, in der individuelle Entwicklungsprozesse von Lehrern in Zusammenhang mit intentionaler Lehrerfortbildung anhand von Fallstudien untersucht werden, ist als ein Beitrag zur *theorieorientierten Evaluationsforschung* (Wulf, 1975, Haenisch, 1982) zu sehen. Theorieorientierte Evaluation geht gemäß Wulfs Definition (1975, 593) über ein weit über den Kontext einer einzelnen Evaluationsstudie hinausreichendes Anliegen hinaus, dessen spezielle Untersuchung die Evaluationsforschung in theoretischer und methodischer Hinsicht wesentlich weiterbringen könnte. In diesem konkreten Zusammenhang ist die vorliegende Untersuchung ein Beitrag zur grundlegenden Information aller summativ bzw. extrinsisch orientierten Evaluationen in der Lehrerfortbildung, die darauf abzielen, die Ergebnisse und Auswirkungen einer Fortbildungsmaßnahme auf das Wissen, die Einstellungen und die Unterrichtspraxis der teilnehmenden Lehrer zu untersuchen und so letztendlich den Erfolg bzw. Mißerfolg einer Fortbildungsmaßnahme überprüfen.

Anders als praxisorientierte und entwicklungsorientierte Evaluationsvorhaben ist die theorieorientierte Evaluation in erster Linie auf wissenschaftliche und weniger auf handlungsleitende Erkenntnisgewinnung ausgerichtet. Auf die vorliegende Studie bezogen heißt das, daß die Untersuchung der individuellen Entwicklungsprozesse von Lehrern aus qualitativer Sicht einen Beitrag zur Entwicklung eines theoretischen Modells leisten und so in erster Linie der Generierung von wissenschaftlichen Hypothesen und Theorien dienen soll.

Ein erweitertes Verständnis und eine verbesserte Erkenntnisgrundlage hinsichtlich der zugrunde liegenden Lern- und Entwicklungsprozesse seitens der Lehrer sowie der Faktoren und Bedingungen, die diesen Prozeß beeinflussen, erleichtert wiederum die explizit auf handlungsleitende Erkenntnisgewinnnung ausgerichtete Evaluation von konkreten Lehrerfortbildungsmaßnahmen. Zahlreiche der in Zusammenhang mit der theorieorientierten Evaluation thematisierten Probleme gehen über die Evaluation hinaus und greifen z.B. in den Bereich der allgemeinen Lernforschung und Bildungstheorie (Wulf, 1975). Die vorliegende Studie ist in diesem Grenzbereich der theoretischen Evaluation zur erziehungswissenschaftlichen Forschung angesiedelt.

Das Untersuchungsdesign der in dieser Arbeit dargestellten Einzelfallstudien wurde in Anlehnung an einen ethnographisch orientierten Forschungsansatz entwickelt, um der Einbettung der Studie in ein natürliches und kontextspezifisches Umfeld Rechnung zu tragen. Wiersma (1991, 218) charakterisiert den ethnographischen Forschungsansatz in der Pädagogik als einen Prozeß der wissenschaftlichen Beschreibung von Erziehungssystemen, Prozessen und Phänomenen innerhalb ihres spezifischen Kontexts, wobei das Ziel nicht die Verallgemeinerbarkeit von Erkenntnissen und Ergebnissen sondern die genaue und adäquate Beschreibung eines Prozesses oder Phänomens ist.

Die Untersuchung der individuellen Entwicklungsprozesse von Lehrern in Zusammenhang mit konkreten und intentional veranstalteten Lehrerfortbildungsmaßnahmen liegt in dem beschriebenen ethnographischen Forschungsfeld, das in Verbindung mit dem gewählten Fallstudienansatz die methodologische Grundlage der Studie bildet. Folgende Merkmale, die zugleich charakteristisch für ethnographische Forschungsansätze sind (vgl. Wolcott, 1992; Wiersma, 1991; Erickson, 1986; Wilson, 1977), kennzeichnen den äußeren Rahmen und die spezifischen Bedingungen der in dieser Arbeit dargestellten Studie:

- Die Studie wird in einem natürlichen Umfeld unter natürlichen Bedingungen durchgeführt (die Lehrer werden während der Teilnahme an den einzelnen Fortbildungsveranstaltungen und während ihres Unterrichts beobachtet und interviewt) und ist in hohem Maße kontextspezifisch (durch die Teilnahme der an der Studie beteiligten Lehrer am ARTISM-Programm).

- Die Studie verlangt den Einsatz vielfältiger Techniken und Verfahren der Datenerhebung (vgl. 3.5), wobei ein Schwerpunkt auf der Beobachtung im natürlichen Umfeld der Teilnehmer liegt.
- Ein Großteil der erhobenen Daten ist qualitativer Art, doch die Untersuchung ist nicht auf qualitatives Datenmaterial limitiert, sondern bezieht auch quantitative Daten ein.
- Die Studie zielt auf eine holistische Beschreibung der individuellen Entwicklungsprozesse von Lehrern und konzentriert sich nicht auf die Erforschung einzelner Aspekte dieser Prozesse.
- Wissenschaftliche Hypothesen ergeben sich erst anhand der Daten und sind nicht von vornherein forschungsleitend.

Während der Kontext der vorliegenden Untersuchung, das Lehrerfortbildungsprogramm ARTISM, bereits im zweiten Kapitel dargestellt, erläutert und begründet worden ist, sollen im folgenden zunächst die Entwicklung der der Studie zugrunde liegenden Forschungsfragen und -ziele entfaltet werden.

3.2 Entwicklung der Forschungsfragen und -ziele

In der internationalen Diskussion um Lehrerfortbildung lassen sich folgende zwei miteinander verknüpfte Kernfragen herausstellen, die in der Literatur mehr oder weniger explizit formuliert und thematisiert werden und die den Ausgangspunkt für die Entwicklung der dieser Arbeit zugrunde liegenden Forschungsfragen bilden:
1. Welcher (Lern)Prozeß liegt der beruflichen Entwicklung von Lehrern im Rahmen von (intentionaler) Lehrerfortbildung zugrunde?
2. Durch welche Bedingungen und Faktoren werden wirkungsvolle, d.h. handlungswirksame, Lehrerfortbildungsprogramme und -ansätze charakterisiert?

Der berufliche Entwicklungsprozeß, durch den Lehrer ihre Unterrichtspraxis, ihr Wissen und ihre Einstellungen über ihre Fächer sowie ihre Rolle und Aufgaben als Lehrer verändern, läßt sich als Lernprozeß kennzeichnen (Clarke & Peter 1993a; Hollingsworth, 1993). Die berufliche Entwicklung von Lehrern ist zudem ein sehr individueller Prozeß, der im wesentlichen durch die individuelle Persönlichkeit, Entwicklung und gegenwärtige Situation des Lehrers bestimmt wird.

In der jüngeren Vergangenheit ist bei Curriculumsreformen und der Entwicklung und Konzeption von didaktischen Materialien auf internationaler Ebene der Schülerzentrierung im (Mathematik)Unterricht große Bedeutung beigemessen worden.

All students engage in a great deal of invention as they learn mathematics; they impose their own interpretation on what is presented to create a theory that makes sense to them. Students do not learn a subset of what they have been shown. Instead, they use new information to modify their prior beliefs. As a consequence, each student's knowledge of mathematics is uniquely personal.
(National Council of Teachers of Mathematics, 1991, 2)

Der Mathematikunterricht muß den unterschiedlichen Lernvoraussetzungen und Lernmöglichkeiten der einzelnen Kinder durch vielfältige Maßnahmen der Differenzierung gerecht werden, damit alle Kinder tragfähige Grundlagen für das Weiterlernen erwerben können.
(Kultusminister des Landes Nordrhein-Westfalen, 1985, 29)

Im Gegensatz dazu ist, obwohl unter anderen[42] besonders Joyce & McKibbin (1982) auf die großen Unterschiede, wie Lehrer mit persönlichen und beruflichen Aktivitäten umgehen, hingewiesen haben, der Individualität des Lernprozesses von Lehrern bei der professionellen Weiterbildung oft nicht entsprechende Bedeutung zugemessen worden. Dies hat häufig zu einem Verlust an Wirksamkeit, d.h. Umsetzung in die Praxis geführt.

While inservice education cannot, and should not, attempt to provide a separate program for each teacher, a program should be provided which takes into account the general requirements of the group, attempting to cater for the different starting points in teacher knowledge, skills and attitudes, and should be flexible enough to allow for different outcomes for different teachers.
(Owen et al., 1988, 12)

Das theoretische Wissen über den beruflichen Lernprozeß von Lehrern selbst, über die beteiligten Faktoren, ihre Beziehungen untereinander und gegenseitige Einflüsse, ist nach wie vor lückenhaft. Als Grundlage für die im Rahmen dieser Arbeit dargestellten Einzelfallstudien ergaben sich daraufhin folgende Fragen:

- Welche individuellen Prozesse liegen der Entwicklung von Lehrern in Zusammenhang mit der Teilnahme an einem fachspezifischen Fortbildungsprogramm zugrunde?
- Inwieweit wird dieser Veränderungsprozeß durch verschiedene interne (auf die Person des Lehrers bezogene) und externe (auf sein schulisches Umfeld bezogene) Faktoren und Bedingungen beeinflußt?
- Welche Elemente bzw. Prinzipien intentionaler Lehrerfortbildung sind für den einzelnen Lehrer von Bedeutung, wenn sich die Fortbildungsinhalte auf seine Unterrichtspraxis auswirken sollen?

Die meisten Untersuchungen zur Evaluation von Fort- und Weiterbildungsprogrammen verlassen sich auf rückblickende Aussagen von Lehrern über Eindrücke und Wahrnehmungen ihres eigenen Veränderungsprozesses (Loucks & Melle, 1982).

---

[42] z.B. D. M. Clarke (1993), Fullan (1985), Huberman & Miles (1984) sowie Hall & Loucks (1978)

Unklar ist jedoch bislang die Validität dieser Selbstmitteilungen. Die Lehrerperspektive in bezug auf Auswirkungen von Weiterbildungsaktivitäten auf ihre berufliche Praxis ist meiner Ansicht nach nur eine von mehreren in diesem Zusammenhang nötigen Perspektiven. Für ein umfassenderes Porträt des individuellen Veränderungsprozesses sind der Zugang und die Berücksichtigung der Perspektiven aller an diesem Prozeß Beteiligten notwendig.

Die Datengrundlage der Fallstudien konzentriert sich neben der Lehrerperspektive, die den Schwerpunkt der Untersuchung bildet, auch auf die Perspektiven von Schülern, Mathematik-Koordinatoren, Schulleitern, Vertretern der Schulverwaltung sowie Autoren/ Entwicklern des ARTISM-Programms und die eigene Perspektive als Wissenschaftlerin. Die im vierten Kapitel vorgestellten vier Einzelfallstudien der individuellen beruflichen Entwicklung von Lehrern im Zusammenhang mit ihrer Teilnahme an einem fachspezifischen Fortbildungsprogramm unter der Berücksichtigung multipler Perspektiven bei der Datenerhebung zielen darauf ab, einen Beitrag zur Schließung der eingangs beschriebenen Forschungslücken zu leisten. Die Wahl des ARTISM-Programms als Kontext dieser Studie basiert u.a. auf der Priorität, die dieses Fortbildungsprogramm den Bedürfnissen, Ansprüchen und Fähigkeiten einzelner Lehrer zumißt.

3.3 Multiple Perspektiven als konzeptioneller Rahmen

Um eine detailliertere Einsicht in den individuellen Veränderungsprozeß von Lehrern zu gewinnen, ist unter Rückgriff auf die von Brügelmann (1982, 75) geforderte "Vielfalt konkurrierender Perspektiven" eine methodische Vorgehensweise entwickelt worden, die unterschiedliche Perspektiven zu diesem Veränderungsprozeß berücksichtigt.

Die an dem Veränderungsprozeß von Lehrern beteiligten Personen lassen sich bezüglich ihrer Rollen bei diesem Prozeß, der Perspektive, die sie vertreten und der Bedeutung dieser Perspektive für den individuellen Veränderungsprozeß charakterisieren (vgl. Abb. 8). Die Kombination dieser unterschiedlichen Perspektiven ermöglicht detaillierte Einsichten in den individuellen Veränderungsprozeß und seiner ganz speziellen Bedingungen und Umstände. Jede einzelne Perspektive könnte aber ebenso (in der Zukunft) Gegenstand eines eigenen, detaillierteren Forschungsprojektes sein. Da die professionelle Fortbildung und Entwicklung von Lehrern im Mittelpunkt der Untersuchung steht, sind auch die meisten Daten aus der Lehrerperspektive erhoben worden, und die Daten bezüglich der weiteren Perspektiven dienen der Vervollständigung des Bildes.

Abb. 8

Multiple Perspektiven in bezug auf die professionelle Entwicklung von Lehrern im Rahmen von Lehrerfortbildung

Rolle im Veränderungsprozeß	Von den Informanten vertretene Perspektive	Bedeutung der vertretenen Perspektiven
Lehrer	aktiv handelnder Teilnehmer am Veränderungsprozeß	Lernprozeß der Lehrer ist der Forschungsgegenstand
Schüler	Objekte der Veränderung	Aktivitäten und Lernfortschritte der Schüler sind u.a. Ziele der im Rahmen der Fortbildung angestrebten Veränderungen
Fachkoordinator	Vertreter von Curriculumsinteressen	Person, die innerhalb des betreffenden Fachs Veränderungen initiiert und fördert
Schulleiter	Vertreter der Interessen der Schuladministration	Person, die den Kollegiumsmitgliedern die Teilnahme an Fortbildungsveranstaltungen ermöglicht und die professionelle Entwicklung anerkennt
Vertreter der Schulverwaltung (Lehrerfortbildner)	Vermittler der Inhalte der Lehrerfortbildungsmaßnahme	Person, die für die Umsetzung der Programminhalte in die Fortbildungspraxis verantwortlich ist
Programmentwickler	Urheber von Lehrerfortbildungsprogrammen, -inhalten und -zielen	Quelle des externen Stimulus von Veränderungen
Wissenschaftler	Vertreter von wissenschaftlichen Interessen	Person, die den Veränderungsprozeß beobachtet, beschreibt und analysiert

Im Rahmen dieses Forschungsansatzes ist die Rolle des Wissenschaftlers insofern von besonderer Bedeutung, da dies die einzige Person ist, die Zugang zu sämtlichen Perspektiven und den darin erhobenen Daten hat und somit anscheinende Widersprüche oder Unstimmigkeiten aufklären kann.

Der den im Rahmen dieser Arbeit dargestellten Fallstudien zugrunde liegende Forschungsansatz der Datenerhebung aus multiplen Perspektiven stellt den Versuch dar, eine mehrdimensionale Sichtweise des Prozesses der beruflichen Fortbildung zu erschließen, die genauere Einsichten in seine unterschiedlichen Faktoren und Bedingungen und deren wechselseitige Verknüpfungen liefert. Dies scheint umso bedeutender, da bislang noch keine wissenschaftlich gesicherte Theorie der Lehrerfortbildung vorliegt. Die gegenwärtigen Handlungsgrundlagen sind vielfach lediglich Beschreibungen der eigenen Praxis und das Wissen derjenigen, die Lehrerfortbildung betreiben. Distanzierte Beobachtungen und Analyseversuche von Außenstehenden sind bislang eine Ausnahme. Ohne genauere Kenntnisse dieser Prozesse scheint die Entwicklung und Implementation von erfolgreichen, d.h. praxiswirksamen Fortbildungsmaßnahmen jedoch eher unwahrscheinlich.

3.4 Auswahl der Lehrer für die Einzelfallstudien

Für die Auswahl der Lehrer der Einzelfallstudien dieser Arbeit wurde im Rahmen des *purposeful sampling* die Methode des *maximum variation sampling*[43] zugrunde gelegt. Wiersma (1991) definiert dieses Verfahren als einen Auswahlprozeß, der eine Maximierung an Unterschieden bezüglich forschungsrelevanter Charakteristika der einzelnen Forschungseinheiten ("units") anstrebt. Speziell für diese Untersuchung bedeutet das eine Verteilung der an den Einzelfallstudien beteiligten Lehrer auf die drei verschiedenen am ARTISM-Programm beteiligten Schulen sowie die Berücksichtigung der Variablen Alter, Geschlecht, Umfang der bisherigen Lehrtätigkeit sowie Ausbildung, d.h. der Frage, ob für das Fach Mathematik eine Fakultas vorliegt oder nicht. Die Bereitschaft einzelner Lehrer zu einer verbindlichen Zusage ihrer Teilnahme an einer sich über einen Zeitraum von 18 Monaten erstreckenden Untersuchung war jedoch rein pragmatisch ein entscheidendes Kriterium, das ein strenges und umfassendes *maximum variation sampling* nicht durchgängig zuließ. Eine Übersicht über die insgesamt acht Lehrerinnen und Lehrer, die sich zur Teilnahme an den Einzelfallstudien bereit erklärt haben, liefert Abb. 9.
Im Rahmen der vorliegenden Arbeit soll der individuelle Entwicklungsprozeß der ersten vier in Abb. 9 aufgeführten Lehrer, d.h. Ted, Kim, Jeff und Neil, anhand von vier Einzelfallstudien dargestellt werden. Folgende Gründe haben die Auswahl dieser vier Lehrer beeinflußt: Grundlage dieser Arbeit sollte die differenzierte und detaillierte Darstellung von *vier* Einzelfallstudien der professionellen Entwicklung von Lehrern im Rahmen ihrer Teilnahme an intentionaler Lehrerfortbildung sein. Da ein sich über achtzehn Monate erstreckender Untersuchungszeitraum jedoch erhebliche Risiken bezüglich evtl. auftretender Krankheiten, Schulwechsel oder der Genehmigung von Sonderurlaub birgt, wurden zunächst insgesamt acht Lehrer für die Datenerhebung ausgewählt, um zu gewährleisten, daß wenigstens für die Hälfte der Teilnehmer am Ende

---

[43] z.T. in der einschlägigen Literatur auch als "quota sampling" bezeichnet

der Untersuchung ein möglichst kompletter Datensatz vorliegt. Dies war bei Ted, Jeff und Neil der Fall. Kim und Max erklärten erst nach Beendigung des ARTISM-Programms ihre Bereitschaft zur Teilnahme an den Einzelfallstudien. Aus diesem Grund liegen keine Feldnotizen von Unterrichtshospitationen bzw. Schüler- und Lehrerfragebogen während dieser Phase vor. Ihr Datensatz ist jedoch abgesehen von diesen fehlenden Daten vollständig. Da Kim und Max beide an Schule C unterrichten, wurde Kim aufgrund ihres weiblichen Geschlechts für die Darstellung im Rahmen der Einzelfallstudien ausgewählt.

Abb. 9
Übersicht der an den Einzelfallstudien beteiligten Lehrer

Name	Schule	Alter	Jahre der Lehrtätigkeit		Fakultas für das Fach Mathematik	unterrichtete Stufe während der Datenerhebung
			allgemein	Mathematik		
Ted	A	54	17	17	ja	10
Kim	C	42	20	20	ja	9
Jeff	A	25	1,5	1,5	ja	7
Neil	B	49	11	11	ja*	8
Amy	B	33	10	10	ja	8
Steve	B	59	25	21	nein	9
Max	C	39	17	17	ja	7
Jack	A	62	38	38	ja	10

*für die Primarstufe

Das Geschlechterverhältnis der vier Fallstudien (eine Lehrerin und drei Lehrer) entspricht in etwa dem Geschlechterverhältnis seitens der ARTISM-Teilnehmer. Von den verbleibenden drei Teilnehmern war Amy während des Untersuchungszeitraums mehrere Monate erkrankt, Jack hat nach zehn Monaten einen halbjährigen Sonderurlaub angetreten, und Steve wurde schulintern befördert, nimmt nun vorwiegend administrative Aufgaben wahr und unterrichtet während der verbleibenden Unterrichtsstunden nicht mehr das Fach Mathematik.

Bis auf die genauen Fragestellungen während der Interviews waren die verschiedenen Untersuchungsinstrumente (vgl. 3.5) allen acht Fallstudienteilnehmern bekannt, bevor sie ihre Teilnahme an der Untersuchung zugesagt haben. Alle entsprechenden Schulleiter, Mathematik-Koordinatoren sowie die ARTISM-Autoren und der an der Durchführung beteiligte Vertreter der Schulverwaltung erkärten darüber hinaus vor Beginn der Untersuchung ihre Bereitschaft zur Teilnahme an Interviews und Fragebogenerhebungen.

Auch wenn das angestrebte "maximum variation sampling" aufgrund der geschilderten Gründe nicht umfassend erfolgen konnte, so bildet die Auswahl von Ted, Kim, Jeff und Neil zumindest die von Brügelmann (1982) geforderte Streuung von Fällen, da sie aufgrund der Zugehörigkeit zu den verschiedenen Schulen, ihres unterschiedlichen Lebensalters sowie ihrer unterschiedlichen Ausbildung, des Umfangs ihrer Unterrichtserfahrung und der während der Datenerhebung unterrichteten Jahrgangsstufe "eine Bandbreite der Unterschiede dokumentieren" (Brügelmann, 1982, 76).

3.5 Verfahren, Instrumente und zeitlicher Rahmen der Studie

Um das Informationspotential, das die genannten Perspektiven bieten, ausschöpfen zu können, sind Untersuchungsmethoden nötig, die Zugang zu den Beobachtungen, Erfahrungen, Eindrücken und Verständnis der Beteiligten liefern. Ziel der Untersuchung war es, Informationen über den Veränderungsprozeß der beteiligten Lehrer auf den drei Ebenen zu gewinnen, die in Zusammenhang mit der Konzeption von theoretischen Modellen der professionellen Entwicklung von Lehrern im Rahmen von Lehrerfortbildung identifiziert worden sind:

- Veränderungen von Wissen, Einstellungen und Haltungen seitens der Lehrer hinsichtlich ihres persönlichen Verständnisses von Mathematik als Disziplin, des Lehrens und Lernens von Mathematik, ihrer Rolle und Aufgaben als Mathematiklehrer (vgl. Siemon, 1989, 266).
- Veränderungen hinsichtlich der von den Lehrern in Verbindung mit ihrem Mathematikunterricht assoziierten Werte und Ziele, d.h. affektive oder kognitive Auswirkungen seitens der Schüler und/oder Lehrer sowie Auswirkungen, die die Planung und Organisation des Unterrichts sowie Techniken der Klassenführung betreffen.

- Veränderungen ihrer Unterrichtspraxis in bezug auf den Einsatz alternativer Methoden, Arbeits- und Sozialformen, Materialien und Beurteilungsansätze.

Da die vorliegende Arbeit auch Rückschlüsse auf Elemente und Faktoren praxiswirksamer Lehrerfortbildung thematisieren will, wurden die individuellen Erwartungshaltungen und persönlichen Vorstellungen von effektiver Lehrerfortbildung bei der Datenerhebung ebenfalls berücksichtigt.
Die Durchführung von Fallstudien erfordert kommunikative Erhebungstechniken wie Interviews, Beobachtungen und die Erhebung von Dokumenten unterschiedlichster Art (Lamnek, 1993; Yin, 1991; Hopf & Weingarten, 1984; Stenhouse, 1982) und ein multimethodisches Vorgehen bei der Erhebung der Daten (Brügelmann, 1982; Fischer, 1982), das eine Triangulation, d.h. die wechselseitige Überprüfung der Gültigkeit von Merkmalszuschreibungen durch den simultanen Einsatz verschiedener Verfahren, ermöglicht (Lamnek, 1993, Lehmann, 1983), wobei eine Kombination von qualitativen und quantitativen Verfahren durchaus möglich ist (Yin, 1991; Stenhouse, 1982)[44].
Folgende Forschungsmethoden und -instrumente lagen bei der Erhebung der Daten für die in dieser Arbeit dargestellten Einzelfallstudien zugrunde.

Problemzentrierte Interviews
bildeten einen Schwerpunkt bei der Datenerhebung und waren in die bereits erwähnte Methodenkombination eingebettet. Die Vorgehensweise war zielorientiert fragend, wobei ein Konzept in Form eines Interviewleitfadens zugrunde lag (Lamnek, 1993, 91). Trotz dieses Leitfadens ist die Flexibilität relativ hoch und eine gewisse Offenheit gewährleistet, denn der "Forscher geht zwar *mit einem theoretischen Konzept* ins Feld, wobei aber *die Dominanz der Konzeptgenerierung durch den Befragten* erhalten bleibt" (a.a.O., 78).

Passiv-teilnehmende Beobachtung
war darüber hinaus ein weiterer Untersuchungsschwerpunkt. Die den Fallstudien zugrunde liegenden Beobachtungen waren zum Teil unstrukturiert, d.h. basierten auf unsystematischen, während der einzelnen ARTISM-Sessions und im Rahmen der Schulbesuche der Veranstalter aufgezeichneten, Feldnotizen (vgl. Schmidt, 1980).
Die in regelmäßigen Abständen über einen Zeitraum von fünfzehn Monaten erfolgten Unterrichtshospitationen bei den an den Einzelfallstudien beteiligten Lehrern waren durch die Festlegung der Beobachtungseinheiten, der Beobachtungskategorien, der Zeitinter-

---

[44] Wie u.a. Wiersma (1991, 219) und Wolcott (1988, 191) feststellen, gibt es im Rahmen ethnographischer Forschungsansätze keine verbindlichen spezifischen Forschungstechniken.

valle, in denen beobachtet werden sollte, sowie die Festlegung der Hilfsmittel bzw. der Verfahren zur Aufzeichnung der Beobachtungen (Hagmüller, 1979) strukturiert. Alle im Rahmen der Datenerhebung erfolgten Beobachtungen waren *offene Beobachtungen*, bei denen die Beobachterin ausdrücklich als Forscherin aufgetreten ist, d.h. die beobachteten Personen kannten den Zweck der Anwesenheit der Forscherin, ohne daß sie jedoch im Detail wußten, welche Ziele mit der Beobachtung verfolgt wurden.

Vergleichende Fragebogenerhebungen
bildeten eine weitere Datengrundlage der Fallstudien. Dieser Ansatz wurde gewählt, um zum einen den Vergleich von Lehreraussagen von denselben Personen zu verschiedenen Zeitpunkten und zum anderen den Vergleich von Aussagen von Personen aus den verschiedenen Perspektiven zu ein und derselben Fragestellung zu ermöglichen. Dies hätte zwar auch anhand von Interviews geschehen können, da jedoch eine Methodenvielfalt gewährleistet sein sollte, schien der wiederholte Einsatz von Fragebögen hier angemessen. Darüber hinaus wurde durch ihren Einsatz die Erhebung der Daten organisatorisch erleichtert, da die Befragten bei der Beantwortung nicht zeitlich gebunden waren, weil kein spezieller Interviewtermin ausgemacht und eingehalten werden mußte. Ein weiterer Grund, der zur Entscheidung für den Einsatz von Fragebögen geführt hat, war die angestrebte Datenerhebung aus der Schülerperspektive. Hier schien eine quantitative Erhebungsform sinnvoll, da die kollektiven Wahrnehmungen einer Klasse als Gesamtgruppe wichtige Einsichten hinsichtlich der Veränderungen der Unterrichtspraxis ihres Lehrers durch den wiederholten Einsatz von Fragebögen liefern.

Der wiederholte Einsatz gleicher Instrumente (Wiersma, 1991; Tuckman, 1978) ermöglichte den Vergleich von Wissen, Einstellungen und Haltungen, Unterrichtspraxis sowie Fortbildungsidealen in verschiedenen Stadien des Untersuchungszeitraums und lieferte so eine wesentliche Grundlage zur Feststellung und Dokumentation der individuellen Entwicklungsprozesse.

Die meisten der eingesetzten Schülerfragebögen (und der parallel gestalteten Lehrerfragebögen) basieren auf der Kombination von Lickert- und Thurstone-Skalen (Wiersma, 1991; Hagmüller, 1979; Tuckman, 1978) sowie Elementen, in denen die Befragten ein Ranking nach persönlicher Einschätzung bezüglich der Wichtigkeit und Bedeutung verschiedener vorgegebener Aussagen vornehmen sollen (Schmidt, 1980, 153 spricht diesbezüglich von Einschätzungsskalen).

Die Entwicklung eines weiteren Schülerfragebogens (und der entsprechenden Lehrerversion) geht auf ein Instrument zurück, das 1991 von Kevin Olssen (*University of South Australia*, Adelaide) für eine vom *Australian Educational Council* in Auftrag gegebene Untersuchung mit dem Titel "Assessment and reporting practices in mathematics" entwickelt und bereits im Rahmen der Datenerhebung zur Evaluation des ARTISM-Programms eingesetzt wurde. Grundlage sind Beschreibungen verschiedener Unterrichtsscenarios, anhand derer die Lehrer ihre eigene Unterrichtspraxis identifizieren. Dieses von Olssen entwickelte Instrument wurde für die vorliegenden Fallstudien sprachlich vereinfacht, so daß es parallel zum Einsatz bei den Lehrern auch für einen Einsatz bei Schülern der Jahrgangsstufen 7 bis 10 geeignet war und somit zeitgleiche Aussagen von Schülern über ihren Mathematikunterricht mit denen ihrer Lehrer verglichen werden konnten.

Wöchentliche Journaleintragungen der beteiligten Lehrer
waren bereits Grundlage der Beteiligung der Lehrer am ARTISM-Programm (vgl. 2.2.1). Während sie, bezogen auf die ARTISM-Konzeption, lediglich für die Hand des Lehrers gedacht waren und vor allem als individuelle Grundlage für die Diskussionen bei den Schulbesuchen der Veranstalter dienen sollten, wurden sie im Rahmen der Fallstudien eingesetzt, um mögliche Veränderungen bei der Planung und Durchführung des Mathematikunterrichts der beteiligten Lehrer festzuhalten und so zur Dokumentation ihres individuellen Entwicklungsprozesses beizutragen. Neben den bereits genannten Forschungsinstrumenten wurden auch die direkt auf die Fallstudienteilnehmer in Zusammenhang mit der ARTISM-Evaluation bezogenen Antworten auf die entsprechenden Evaluationsinstrumente als Datengrundlage bei den Einzelfallstudien berücksichtigt.

Im Zentrum der Untersuchung steht der professionelle Entwicklungsprozeß von Lehrern, daher ist auch die Mehrzahl der Forschungsinstrumente auf die Lehrerperspektive bezogen. Die aus den Perspektiven der Schüler, Schulleiter, Mathematik-Koordinatoren und ARTISM-Fortbildner erhobenen Daten dienen im wesentlichen der Triangulation von Merkmalszuschreibungen (Lehmann, 1983), indem sie den individuellen Veränderungsprozeß der einzelnen Lehrer jeweils aus ihrer Sicht und ihrem Erfahrungsbereich dokumentieren. Besondere Parallelen bestehen bei der Datenerhebung aus der Lehrer- und Schülerperspektive. Die o.g. Schülerfragebogen beziehen sich inhaltlich auf die Lehrerfragebögen, um einen optimalen Vergleich beider Perspektiven hinsichtlich ihrer Wahrnehmungen der Unterrichtsgestaltung sowie des den Mathematikunterricht im wesentlichen bestimmenden Unterrichtsstils zu ermöglichen.

Die Datenerhebung hat sich insgesamt über vier Phasen mit unterschiedlichen Untersuchungsschwerpunkten erstreckt. Im folgenden ist anhand einer Übersicht dargestellt, welche Instrumente und Verfahren zu welchen Untersuchungsschwerpunkten in jeder der vier Phasen eingesetzt wurden und aus welchen Perspektiven die Daten jeweils erhoben wurden.

Phase I: Planung und Entwicklung des ARTISM-Programms
(Dezember 1991 bis März 1992)

Im Rahmen der Planung und Entwicklung des ARTISM-Programms wurden während der Diskussionen der ARTISM-Entwickler, d.h. der drei Dozenten der *Australian Catholic University* und des Vertreters des *Catholic Education Office*, Aufzeichnungen über die von den einzelnen Planungsmitgliedern vertretenen Positionen bezüglich effektiver Lehrerfortbildung und diesbezüglicher Konsequenzen für die Praxis von Lehrerfortbildung und die Entwicklung entsprechender Fortbildungsprogramme gemacht. Diese Aufzeichnungen dienen einem Vergleich mit den späteren Aussagen der vier Programmentwickler während der Interviews in Phase IV.

Phase II: Durchführung der ARTISM-Sessions 1 bis 4 einschließlich der regelmäßigen Besuche der Veranstalter in den drei Schulen
(März bis Juli 1992)

Die Datenbasis dieser Phase bilden im wesentlichen anekdotische Feldnotizen, die während der einzelnen ARTISM-Sessions und im Rahmen der Schulbesuche der Veranstalter entstanden sind. Fokus waren die verbalen Äußerungen teilnehmender Lehrer bezüglich ihrer Unterrichtspraxis und deren Beeinflussung durch ihre Teilnahme am ARTISM-Programm. Während dieser Phase wurden die Teilnehmer der Einzelfallstudien ausgewählt. Darüber hinaus wurden folgende Fragebögen eingesetzt:

Lehrerperspektive
Fragebogen   Fokus: Individuelle Erwartungen an ARTISM
Journaleintragungen Fokus: Planung, Durchführung und Evaluation ihres
                    Mathematikunterrichts (wöchentliche Eintragungen)
Fragebogen   Fokus: Erfolgreiche Unterrichtspraxis und Probleme im Fach
                    Mathematik
Fragebogen   Fokus: Stärken und Schwächen des Mathematikcurriculums
                    der eigenen Schule

Perspektive der Schulleiter und Mathematikkoordinatoren
Fragebogen   Fokus: Erwartungen an das ARTISM-Programm aus der Sicht
                    der Schulleitung und der Curriculumvertreter

Phase III: Durchführung der ARTISM-Sessions 5 bis 7 einschließlich der Besuche der Veranstalter in den drei Schulen und Unterrichtshospitationen, Interviews und Fragebogenerhebungen (August bis November 1992)

Lehrerperspektive
Interview	Fokus: Bewertung des ARTISM- Programms seitens der Lehrer sowie Übertragung von Fortbildungsinhalten in die eigene Unterrichtspraxis (Durchführung im August und Oktober)
Fragebogen	Fokus: Lehrerwahrnehmungen und -einstellungen in bezug auf Mathematik und das Lehren und Lernen von Mathematik (Einsatz im August und im Oktober)
Fragebogen	Fokus: Individuell bevorzugte Unterrichtsstile anhand vorgegebener Scenarios (Einsatz im August und im Oktober)
Journaleintragungen	Fokus: Planung, Durchführung und Evaluation ihres Mathematikunterrichts (wöchentliche Eintragungen)
Fragebogen	Fokus: Individuelles Ranking der einzelnen Elemente und Bedingungen des ARTISM-Programms (Einsatz im Oktober)
Fragebogen	Fokus: individuelle Beurteilung der einzelnen ARTISM-Sessions und ihrer Relevanz für die Unterrichtspraxis der Beteiligten
Fragebogen	Fokus: Evaluation des ARTISM-Konzepts

Schülerperspektive
Fragebogen	Fokus: Schülerwahrnehmungen hinsichtlich ihrer Aktivitäten im Mathematikunterricht (Einsatz vierzehntägig)
Fragebogen	Fokus: Schülerwahrnehmungen bezüglich des für ihren Mathematikunterricht charakteristischen Unterrichtsstils anhand vorgegebener Scenarios (Einsatz vierzehntägig)

Forschungsperspektive
Unterrichtshospitationen	Fokus: Veränderungen der Unterrichtspraxis (14-tägig in jeweils einer Klasse pro Lehrer)
anekdotische Feldnotizen	Fokus: Veränderungen der Unterrichtspraxis sowie Veränderungen von Wissen, Überzeugungen, Zielen und Werten bei den beteiligten Lehrern (während der ARTISM-Sessions und der Schulbesuche der Veranstalter)

Phase IV: Unterrichtshospitationen, Interviews und Fragebogenerhebungen nach der Beendigung des ARTISM-Programms
(Februar - Juli 1993)

Lehrerperspektive

Interview	Fokus: Bewertung des ARTISM-Programms seitens der Lehrer sowie Übertragung von Fortbildungsinhalten in die eigene Unterrichtspraxis (Durchführung im März und im Juni)
Fragebogen	Fokus: Lehrerwahrnehmungen und -einstellungen in bezug auf Mathematik und das Lehren und Lernen von Mathematik (Einsatz im April und im Juli)
Fragebogen	Fokus: Individuell bevorzugte Unterrichtsstile anhand vorgegebener Scenarios (Einsatz im März und im Juni)
Journaleintragungen	Fokus: Planung, Durchführung und Evaluation ihres Mathematikunterrichts (wöchentliche Eintragungen)
Fragebogen	Fokus: Individuelles Ranking der einzelnen Elemente und Bedingungen des ARTISM-Programms (Einsatz im Juni)
Interview	Fokus: Veränderungen bezüglich des Wissens, der Einstellungen und Haltungen der Lehrer sowie ihrer Ziele und Werte in bezug auf ihren Unterricht (Durchführung im Juli)

Schülerperspektive

Fragebogen	Fokus: Schülerwahrnehmungen hinsichtlich ihrer Aktivitäten im Mathematikunterricht (Einsatz vierzehntägig)
Fragebogen	Fokus: Schülerwahrnehmungen bezüglich des für ihren Mathematikunterricht charakteristischen Unterrichtsstils anhand vorgegebener Scenarios (Einsatz vierzehntägig)

Perspektive der Schulleiter/Mathematik-Koordinatoren

Interview	Fokus: Wahrnehmung der eigenen Rolle und Verantwortung hinsichtlich der Fortbildung des Kollegiums
Fragebogen	Fokus: Wissen über ARTISM und seinen Einfluß auf das Kollegium

Perspektive der Programmentwickler

Interview	Fokus: Wissen und Einstellungen zur Theorie und Praxis der Lehrerfortbildung sowie Planung, Implementation und Evaluation von ARTISM

| Fragebogen | Fokus: Individuelles Ranking der einzelnen Elemente und Bedingungen des ARTISM-Programms |

Forschungsperspektive
| Unterrichtshospitationen | Fokus: Veränderungen der Unterrichtspraxis (14-tägig in jeweils einer Klasse pro Lehrer) |

Die genauen Vorgehensweisen bei der Auswertung und Interpretation des so erhobenen (sehr umfangreichen und komplexen) Datenmaterials der Einzelfallstudien und deren theoretische Grundlagen sind Gegenstand der Ausführungen des folgenden Abschnitts.

3.6 Datenanalyse

Die Auswertung des sehr umfangreichen Datenmaterials der vier Einzelfallstudien verlangt sicherlich eine selektive und zusammenfassende Darstellungsweise. MacDonald (1985) betont in diesem Zusammenhang besonders die Verantwortung des Forschers, die theoretischen Kriterien, welche die Identifikation, Sammlung und Selektion von relevanten Daten bestimmen, herauszustellen und zu erklären.

Die Datenauswertung der Einzelfallstudien basiert zum großen Teil auf Korrelationsanalysen. Aussagen von Lehrern, Schülern, Mathematik-Koordinatoren zu bestimmten Zeitpunkten des Veränderungsprozesses und während der einzelnen ARTISM-Sessions, Schulbesuche und Unterrichtshospitationen aufgezeichnete Feldnotizen werden miteinander verglichen. Somit kann deren jeweilige Verkürzung durch eine systematische Verknüpfung von Daten aus den verschiedenen Perspektiven überprüft bzw. ausgeglichen werden (Fischer 1982, 235). Ziel dieser Vorgehensweise ist die Dokumentation und Interpretation der jeweiligen individuell geprägten Veränderungsprozesse und ihrer individuellen Charakteristika, Bedingungen und Voraussetzungen.

Die Auswertungskategorien beziehen sich auf die in Zusammenhang mit der Generierung von theoretischen Modellen der professionellen Entwicklung von Lehrern durch Lehrerfortbildung identifizierten Dimensionen (vgl. 1.2.3.3 und 3.5). Sie werden ferner jeweils bezogen auf die Untersuchung jedes Falls in seiner zeitlichen Entwicklung[45] und in seiner Einbettung in die jeweilige Umwelt (Fischer 1982, 235), um die Erklärungskraft und Verläßlichkeit der Deutungen zu steigern.

---

[45] Grundlage ist hier neben den während der Beobachtungsphasen aufgezeichneten Feldnotizen auch der Vergleich von Aussagen, die beim wiederholten Einsatz identischer Instrumente in verschiedenen Stadien des Erhebungsprozesses von Lehrern und Schülern gemacht wurden.

Die in bezug auf die Schülerperspektive erhobenen quantitativen Daten werden dazu anhand von computergestützten Häufigkeitsanalysen ("frequency distribution") der Schüleraussagen bezüglich der vorgegebenen Items zu den verschiedenen Erhebungszeitpunkten mit Hilfe des Statistikprogramms STATVIEW ausgewertet. Die Auswertung des qualitativen Datenmaterials hingegen erfolgt manuell.

Während allen beteiligten Lehrern, Koordinatoren, Schulleitern und ARTISM-Autoren die der Untersuchung zugrunde liegenden Forschungsfragen bekannt waren, wußten die Schüler lediglich, daß das Lehren und Lernen von Mathematik in Australien Gegenstand meiner Untersuchung ist. Die Schüler sollten nicht durch das Wissen, daß ihr Lehrer bzw. ihre Lehrerin der eigentliche Gegenstand der Untersuchung ist, in ihren Antworten positiv oder negativ beeinflußt werden. Die aus der Perspektive der Schulleiter und der Fortbildner erhobenen Daten dienen der Untersuchung der Einbettung der jeweiligen Veränderungsprozesse in die jeweilige Umwelt. Während die Bedingungen der Lehrerfortbildung in bezug auf das ARTISM-Programm selbst für alle Teilnehmer gleich waren, waren die Bedingungen für die Veränderungsprozesse der Lehrer seitens ihres schulischen Umfeldes sehr unterschiedlich.

Ich möchte an dieser Stelle noch erwähnen, daß alle Fallstudienlehrer jederzeit Zugang zu den sie selbst betreffenden erhobenen Daten hatten und ihnen jeweils die Auswertung der Ergebnisse der Fragebogenuntersuchungen ihrer Schüler zur Verfügung gestellt wurde. Ferner wurden die Namen aller an der Studie beteiligten Personen und Schulen kodiert, so daß auch Kennern der Schulszene in Melbourne eine Zuordnung zu bestimmten Personen kaum möglich ist.

Anknüpfend an die von Binneberg (1985) formulierten Funktionen und Erkenntnischancen der pädagogischen Kasuistik, wonach Fallstudien neben der Generierung von theoretischen Konzepten auch zur Erklärung, Verfeinerung und Expansion bzw. zur Korrektur und Revision bereits vorhandener Hypothesen und Theorien beitragen können, werden die vier Fallstudien jeweils dem in Abb. 5 dargestellten Clarke/Peter-Modell des professionellen Veränderungsprozesses gegenübergestellt, um zu überprüfen, inwieweit sie sich in dieses theoretische Modell, das den aktuellen internationalen Erkenntnisstand zur Theorie der Lehrerfortbildung reflektiert, integrieren lassen.

3.7 Grenzen und Einschränkungen der Studie

Die vorliegende Untersuchung unterliegt trotz sorgfältiger Planung im Vorfeld einigen Einschränkungen, auf die ich an dieser Stelle explizit eingehen will. Wie bereits erwähnt, ergaben sich bei der Auswahl der Lehrer bzw. ihrer Gewinnung zur Teilnahme an den geplanten Einzelfallstudien einige Schwierigkeiten (siehe 3.4). Eine grundlegende Einschränkung der Studie liegt daher in der Tatsache begründet, daß für die Zeit vor Beginn des ARTISM-Programms keine Erhebungsdaten bezüglich der Lehrer vorliegen.

Es wäre sicherlich wünschenswert gewesen, mit den Unterrichtshospitationen bereits vor Beginn der ARTISM-Veranstaltungen zu beginnen, um den Mathematikunterricht der Teilnehmer vor, während und nach ARTISM direkt vergleichen zu können. Eine endgültige Teilnehmerliste lag jedoch erst unmittelbar vor der ersten ARTISM-Session vor. Obwohl bereits im Anschluß an die erste ARTISM-Veranstaltung eine erste Kontaktaufnahme mit Auswahlkandidaten für die Einzelfallstudien stattfand, lagen erst im Juni 1992, d.h. zur vierten ARTISM-Session, verbindliche Zusagen zur Teilnahme an den Einzelfallstudien von sechs Lehrerinnen und Lehrern vor[46]. Um diese logistisch bedingte Einschränkung so weit wie möglich zu kompensieren, beziehen sich einige Interviewfragen an die Lehrer explizit auf die Beschreibung ihrer Unterrichtspraxis vor Beginn des ARTISM-Programms bzw. die Charakterisierung ihres durch ARTISM beeinflußten Unterrichts. Auch der entsprechende Schülerfragebogen bezieht sich auf die Wahrnehmung der Schüler in bezug auf ihren Mathematikunterricht vor der Teilnahme ihrer Lehrer am ARTISM-Programm. Sie sollen anhand der vorgegebenen sieben Unterrichtsscenarios das Scenario bestimmen, das ihrer Ansicht nach charakteristisch für ihren Mathematikunterricht vor drei Jahren, im vergangenen Jahr, im letzten Term und zum gegenwärtigen Zeitpunkt ist[47]. Während die Daten, die sich auf den Unterricht "vor drei Jahren" bzw. "vor einem Jahr" beziehen, im Rahmen der Einzelfallstudien irrelevant sind, da die Schüler zu der Zeit andere Lehrer hatten, vermitteln die für den Zeitraum "im vergangenen Term" gewählten Scenarios ein Bild über den Unterricht des betreffenden Lehrers vor Beginn des ARTISM-Programms. Ergänzend dazu wurden diesbezügliche Aussagen aus informellen Gesprächen mit den drei Mathematik-Koordinatoren, die durch wiederholte Unterrichtshospitationen einen Eindruck von der bisherigen Unterrichts-

---

[46] Kim und Max erklärten ihre Zusage zur Teilnahme an den Fallstudien, wie bereits erwähnt, erst nach der letzten offiziellen ARTISM-Veranstaltung im Oktober 1992.

[47] Die beiden ersten Kategorien dienten lediglich zur Verschleierung des konkret auf die Person des Lehrers bezogenen Untersuchungsfokus mit dem Ziel, eine Beeinflussung der Schüler dahingehend zu verhindern, bewußt begünstigende oder nachteilige Aussagen in bezug auf ihren Mathematiklehrer bzw. seinen Unterricht zu machen.

praxis ihrer Kollegen hatten, aufgezeichnet, um ein möglichst exaktes Bild des Mathematikunterrichts der beteiligten Lehrer vor ihrer Teilnahme am ARTISM-Programm zu bekommen.

Neben diesem, durch einen langfristigen Auswahlprozeß bedingten, verzögerten Beginn der Datenerhebung in bezug auf Unterrichtshospitationen war auch der Prozeß der Datenerhebung generell nicht immer störungsfrei. Kurzfristige Krankheiten seitens der Lehrer sowie schulische Prioritäten wie Wandertage, Klassenfahrten und Elternsprechtage sowie Zeiten besonderer Streßsituationen bei den Lehrern verzögerten oder verhinderten zum Teil die Datenerhebung zu verschiedenen Zeitpunkten. Diese Faktoren lagen jedoch außerhalb des Einflusses und der Kontrolle der Untersuchungsleiterin. Lincoln und Guba (1985, 287) haben u.a. explizit darauf hingewiesen, daß Forscher in nicht klinischen Untersuchungssituationen häufig mit unvermeidlichen Schwierigkeiten dieser Art konfrontiert werden.

Es besteht die Gefahr, daß die Auswertung des umfangreichen qualitativen Datenmaterials dieser Studie einer gewissen Subjektivität seitens der Forscherin unterliegt. Um diese Gefahr der individuell-subjektiv geprägten Deutung und Interpretation der erhobenen Daten[48] so gering wie möglich zu halten, wurden die Entwürfe der Einzelfallauswertungen im Vorfeld mit den am ARTISM- Programm beteiligten Wissenschaftlern der *Australian Catholic University* diskutiert.

Die Verallgemeinerbarkeit der Untersuchungsergebnisse ist, bedingt durch die Kontextspezifität des gewählten qualitativen Forschungsansatzes (Erickson, 1986; Guba & Lincoln, 1981), ebenfalls gewissen Einschränkungen unterworfen. Die Ergebnisse der im Rahmen dieser Arbeit vorgestellten Einzelfallstudien sind sicherlich zu einem gewissen Grad idiographisch (vgl. Fetterman, 1989), sie bieten jedoch die Möglichkeit einer Übertragbarkeit auf neue Situationen und Beispiele durch analoges Denken (Fischer, 1983).

Ferner sollen, ausgehend von den Ergebnissen dieser Studie bezüglich der individuellen Entwicklungsprozesse von Lehrern in Zusammenhang mit ihrer Teilnahme an intentionaler Lehrerfortbildung, weiterführende Forschungsfragen als mögliche Grundlage zukünftiger Untersuchungen zu diesem Forschungsschwerpunkt identifiziert werden.

---

[48] die darüber hinaus durch ein multimethodisches Vorgehen (vgl. 3.5) weitestgehend eingeschränkt wurden

Kapitel 4

Einzelfallstudien

In diesem Kapitel werden die Einzelfallstudien des individuellen beruflichen Veränderungsprozesses von vier am ARTISM-Programm beteiligten Lehrern dargestellt. Um eine Vergleichbarkeit der vier individuell sehr unterschiedlichen Prozesse zu erleichtern, folgen die vier Fallstudien weitgehend folgendem einheitlichen strukturellen Aufbau: In einem ersten Schritt werden die jeweiligen Lehrkräfte kurz anhand ihrer biographischen Voraussetzungen und Rahmenbedingungen dem Leser vorgestellt. In einem zweiten Schritt wird aufgrund der Aussagen und Angaben der drei Lehrer und der Lehrerin sowie der betreffenden Mathematik-Koordinatoren ihrer Schule jeweils ein Bild ihres (Mathematik-)Unterrichtsverständnisses und ihrer Unterrichtspraxis im Fach Mathematik vor Beginn des ARTISM-Programms entworfen. Herausgehoben werden diesbezüglich im wesentlichen Elemente, die eine grundlegende Veränderung oder eine Modifikation erfahren haben. Ausgehend davon werden dann in einem dritten Schritt die individuellen Veränderungsprozesse auf affektiver, kognitiver und unterrichtspraktischer Ebene herausgearbeitet. Grundlage dafür sind die Transkripte der Audioaufzeichnungen der geführten Interviews, die anhand von verschiedenen Fragebögen aus Schüler- und Lehrerperspektive erhobenen Daten, die wöchentlichen Journaleintragungen der Lehrer sowie die während der Unterrichtshospitationen, ARTISM-Veranstaltungen und Schulbesuche der Veranstalter aufgezeichneten Feldnotizen, die im Rahmen der Einzelfallstudien qualitativ wie quantitativ ausgewertet werden, wobei jeweils die aus den verschiedenen Perpektiven und mit unterschiedlichen Instrumenten erhobenen Daten zueinander in Beziehung gesetzt werden. In einem Rückgriff auf das in Abb. 5 unter Punkt 1.2.3.3 dargestellte Clarke/Peter-Modell des beruflichen Veränderungsprozesses von Lehrern, das den aktuellen Erkenntnisstand zur Theorie der Lehrerfortbildung reflektiert, werden die individuellen Veränderungsprozesse bzw. die einzelnen Phasen dieser Veränderungsprozesse aus modelltheoretischer Perspektive erfaßt.

Abschließend folgt jeweils eine kurze Zusammenfassung der Kernelemente und Charakteristika der einzelnen Veränderungsprozesse und ihrer Erklärungs- und Begründungsversuche.

4.1 Ted - Unterrichtserprobungen als Stimulus für Veränderung

4.1.1 Biographische Voraussetzungen

Ted ist zu Beginn des ARTISM-Programms Mitte fünfzig und seit siebzehn Jahren Lehrer für die Sekundarstufe (Jahrgangsstufe 7-12). Er unterrichtet vorwiegend Mathematik und Physik. Ted ist bereits seit zehn Jahren an Schule A angestellt, davon seit gut fünf Jahren als sog. AST Lehrer[49]. Vor seiner Tätigkeit als Lehrer war er fünfzehn Jahre in der Industrie beschäftigt, zunächst als Metallurgist, später als Verkaufs- und Marketingleiter. Er betont, daß ihm Physik und Mathematik (die beiden Fächer, die er gegenwärtig vorwiegend unterrichtet) schon immer gelegen und Spaß gemacht hätten, er jedoch nie vorgehabt habe, Lehrer zu werden. Aufgrund der langen Arbeitszeiten in seinem Job in der Industrie habe ihm seine Frau vorgeschlagen, sich als Lehrer zu bewerben, damit er regelmäßige Arbeitszeiten habe. Auf eine Stellenausschreibung als Mathematiklehrer an der Schule, an der er nach wie vor angestellt ist, hat er sich seinerzeit beworben und ist aufgrund seiner Qualifikation (*Bachelor of Science*) eingestellt worden, obwohl er zu diesem Zeitpunkt noch keinen akademischen Abschluß in Erziehungswissenschaft hatte. Unterstützt von der Schulleitung hat er, nachdem er ein halbes Jahr als Mathematiklehrer gearbeitet hatte, ein *Diploma of Education* und später ein *Bachelor of Education* Degree in Abendkursen erworben.

Ted hat sowohl bei den Schülern als auch bei seinen Kollegen den Ruf, ein strenger, aber verständnisvoller und gerechter Lehrer zu sein, der gut erklären kann. Zusammen mit einem etwas älteren Kollegen, Jack, unterrichtet er schon seit Jahren vorwiegend in den Klassen 9 und 10. Zusammen genießen sie das Vertrauen des Schulleiters, der ebenfalls Fakultas für das Fach Mathematik hat, und sind im wesentlichen verantwortlich für die Inhalte des Mathematikcurriculums der Jahrgangsstufe 10 und seine Implementation.

Ted unterrichtet während seiner Teilnahme am ARTISM-Programm und im darauffolgenden Schuljahr zwei von drei Parallelklassen der Jahrgangsstufe 10 im Fach Mathematik. Die von mir durchgeführten Unterrichtshospitationen und Schüler-Fragebogenerhebungen) fanden durchgängig in derselben Klasse statt.

---

[49] siehe Glossar im Anhang

4.1.2 Charakteristika von Teds Mathematikunterricht vor ARTISM und seine diesbezügliche Erwartungshaltung

Ted selbst charakterisiert seinen Unterricht vor ARTISM als "mainly chalk and talk"[50]. Er wählt dementsprechend folgendes Scenario zur Beschreibung und Charakterisierung seiner Unterrichtspraxis:

> *Most of the time the class is taught as a whole and most work is done by the individual students on their own. The work mainly comes from text books and worksheets and is supposed to be done using 'pencil and paper'. The teacher helps every student individually. The homework mainly consists of practising the content which is taught during the lessons.*

Diese Einschätzung deckt sich mit den Aussagen der Mathematik-Koordinatorin, die gerade eine solche Unterrichtspraxis als fragwürdig und reformbedürftig ansieht. Der Aussage, daß Mathematik am besten durch Drill und Übung gelernt werden kann, stimmt Ted uneingeschränkt zu. Als bedeutendste Elemente des Mathematikunterrichts bezeichnet er darüber hinaus (1) die Erklärung des Stoffs durch den Lehrer, (2) die Hilfen, die der Lehrer dem einzelnen Schüler gibt und (3) das Üben der Schüler.

Partnerarbeit gibt es in seinem Unterricht manchmal, Gruppenarbeit nur selten. Die Arbeit mit dem Schulbuch, das Abschreiben von der Tafel, Erklärungen durch den Lehrer sowie Einzelarbeit sind hingegen Elemente, die in Teds Mathematikunterricht nach eigener Aussage häufig vorkommen. Zu seinen Hauptaufgaben als Lehrer gehört es nach Teds Verständnis, die Kontrolle über die Schüler zu sichern, den Stoff zu erklären sowie Fragen und Aufgabenstellungen zu formulieren und auszuwählen, die das Denken der Schüler stimulieren und herausfordern.

Stärken des Mathematikunterrichts seiner Schule sind nach Teds Ansicht der einheitliche und flexible Aufbau der Mathematikcurricula der verschiedenen Jahrgangsstufen ("it [the maths curriculum] can be adapted/changed easily if some part does not work") und regelmäßige fachspezifische Lehrerfortbildung. Den Mangel an Unterrichtsmaterial sieht er als Hauptdefizit des Mathematikunterrichts an seiner Schule. Ein weiterer Nachteil sei seine persönliche Tendenz, zu viel Stoff in zu kurzer Zeit vermitteln zu wollen.

Generell sieht Ted ursprünglich keinen zwingenden Grund zur drastischen Veränderung seines Unterrichtskonzepts und seiner Unterrichtspraxis, da sein Unterricht vor ARTISM seiner Meinung nach "gut funktioniert" hat: "The students were learning what they were supposed to learn and there were hardly any behavioural problems".

---

[50] Der Ausdruck "chalk and talk" wird in Australien als gängiges Synonym für Frontalunterricht verwendet.

Auf meine Aufforderung hin, seine Erwartungen an das ARTISM-Programm zu formulieren, notiert er jedoch folgende Aspekte:

> *- to become more comfortable with the core of activity based teaching and to be sure that they [the students] "learned" more than in the traditional way of teaching*
> *- information and ability to apply with <u>care</u> different practical teaching strategies.*

Die Integration handlungsorientierter Unterrichtselemente in seinen Unterricht ist für Ted offenbar von Bedeutung, zugleich aber auch an Bedingungen geknüpft: Er selbst will in der Lage sein, diese Unterrichtsmethode in ihrer Vielschichtigkeit sorgfältig einsetzen zu können, und darüber hinaus sicher sein, daß die Schüler auf diese Weise besser lernen. Während Teds Erwartungen an ARTISM sehr eng auf den Aspekt der Handlungsorientierung fixiert sind, erhofft sich die Mathematik-Koordinatorin Veränderungen auf breiterer Basis:

> *1. They [the staff] will focus their maths programs on the students' real world experiences and interests.*
> *2. They [the staff] recognize the need to provide their students with the time and opportunity to explore, reflect on and discuss mathematical issues.*
> *3. They [the staff] can evaluate effectively to facilitate informed program planning.*
> (Mathematik-Koordinatorin Schule A)

Ihre Erwartungen und Ansprüche decken sich mit den im *Mathematics Framework*[51] formulierten Zielen und Anforderungen an einen reformorientierten Mathematikunterricht in Australien.

4.1.3 Teds Veränderungsprozeß

Teds beruflicher Veränderungsprozeß deckt sich mit dem Konzept professionellen Lernens, das dem ARTISM-Programm zugrunde liegt, und steht deshalb am Anfang der Darstellung der vier Falltudien. Teds Fall ist darüber hinaus bedeutsam, da er von allen ARTISM-Teilnehmern die drastischsten Veränderungen hinsichtlich seiner Unterrichtspraxis, der von ihm mit seinem Mathematikunterricht assoziierten Werte und Ziele sowie seines Wissens und seiner Überzeugungen gezeigt hat.
Das ARTISM-Programm basiert auf der von Guskey (1985) und Clarke (1988) vertretenen Vorstellung, daß sich Lehrerfortbildungskonzepte in erster Linie direkt auf die Unterrichtspraxis der Teilnehmer beziehen sollen (vgl. 1.2.3.3). Während der einzelnen Veranstaltungen werden abhängig vom jeweiligen Schwerpunktthema zahlreiche alternative Unterrichtsmethoden und -konzepte vorgestellt und z.T. mit den Teilnehmern

---

[51] Ministry of Education, Victoria (1988)

erprobt. Darüber hinaus werden die Teilnehmer aufgefordert, diese Alternativen in ihrem Unterricht zu erproben und den Veranstaltern und Peers Rückmeldungen über diesbezügliche Erfahrungen zu geben.
Teds Veränderungsprozeß vollzieht sich in drei Phasen, die im folgenden herausgearbeitet und analysiert werden sollen.

4.1.3.1 Explorationsphase
(Februar bis Juni 1992, Phase II der Datenerhebung)

Ted hat seinen Veränderungsprozeß selbst anhand seiner Journaleintragungen[52] dokumentiert. Setzt man seine Journaleintragungen zeitlich in Beziehung zum Verlauf des ARTISM-Programms, ist eine deutliche Beziehung zwischen seinem Unterrichtshandeln und den propagierten ARTISM-Inhalten zu erkennen, wie die folgenden Ausführungen belegen. Entscheidend für den Verlauf seines Veränderungsprozesses waren die ersten Wochen nach Beginn des ARTISM-Programms, d.h. der Zeitraum zwischen der ersten und dritten Veranstaltung, der im folgenden beleuchtet wird.

In der Woche nach der ersten ARTISM-Session
mit dem inhaltlichen Schwerpunkt "Modelling and Problem Solving" läßt sich noch keine Anknüpfung an ARTISM-Inhalte erkennen. Bei der Vermittlung des Stoffs verfährt Ted wie gewohnt, d.h. seine Aufzeichnungen hinsichtlich der Unterrichtsplanung beinhalten unter der Rubrik "teaching strategies" die Stichworte "blackboard instruction", "explanation to the whole class" und "individual seatwork". Nachdem das rechnerische Verfahren zur Bestimmung des Schnittpunkts zweier Geraden exemplarisch an der Tafel erarbeitet und demonstriert worden ist, lösen die Schüler entsprechend ähnliche Aufgaben aus ihrem Mathematikbuch, während Ted individuelle Hilfestellungen gibt. Anhand eines kurzen schriftlichen Tests zur Leistungsmessung und Beurteilung wird der behandelte Themenschwerpunkt "Berechnung des Schnittpunkts zweier Geraden" wie gewöhnlich abgeschlossen. Mit dem Eintrag "It [conventional instruction] works although some students were not very motivated" manifestiert Ted den Wert seiner traditionellen methodischen Vorgehensweise, die sich mit dem Schlagwort 'Frontalunterricht' charakterisieren läßt. Er ist mit den Ergebnissen und Schülerleistungen durchaus zufrieden, bemerkt jedoch die mangelnde Motivation einiger Schüler.

---

[52] Die Führung eines Journals anhand einer vorgegebenen Matrix war Bestandteil der Anforderungen an die ARTISM-Teilnehmer (vgl. 2.2.1).

In den beiden Wochen nach der zweiten ARTISM-Session
(Themenschwerpunkt der Sitzung war "Communication and Classroom Structures") läßt sich eine deutliche Abweichung von seinem traditionellen methodischen Vorgehen feststellen. Eine Übungssequenz zum Thema "Umgang mit Maßstäben" plant und organisiert er wie folgt: Die Schüler bekommen auf einem Arbeitsblatt drei Probleme in Form von Textaufgaben zur Bearbeitung, die mathematisch gelöst werden sollen. Die traditionelle Arbeitsform Einzelarbeit wird reduziert, indem die Schüler zunächst in Partnerarbeit Lösungsansätze erarbeiten und diskutieren sollen, die dann individuell berechnet werden. Diese Vorgehensweise ist als eine erste Anlehnung an den im ARTISM-Programm vertretenen "problem solving approach" zu interpretieren, denn Ted antwortet rückblickend auf die Frage, warum er diesmal anders vorgegangen ist, daß er schon viel über Problem Solving gehört und gelesen habe und durch diesbezügliche Ausführungen des ARTISM-Fortbildners zur eigenen Erprobung dieses Ansatzes angeregt wurde. Ted verzichtet in dieser Sequenz völlig auf die gewöhnlich am Ende eines thematischen Abschnitts erfolgende Leistungsmessung anhand eines schriftlichen Tests, der eingesammelt und benotet wird. Seine positiven Erfahrungen mit dieser Vorgehensweise faßt er in einem abschließenden Kommentar zusammen:

> *Students were relaxed as the pressure of testing was removed. ... No behavioural problems, the students seemed to be focussed on their work. Wrong answers were not penalised which lead to the fact that student experimentation was encouraged.*
> (Journaleintragung vom 28.2.1992)

Während der folgenden Wochen greift er einige Male auf die während der ersten ARTISM-Veranstaltung als ideale Strategie zur Einführung in die Gruppenarbeit vorgestellte und propagierte methodische Vorgehensweise "Think-Pair-Share"[53] zurück und hält sich an den ausdrücklichen Rat des Fortbildners, die Schüler zunächst an die Zusammenarbeit in kleinen Gruppen mit sehr detaillierten Arbeitsaufträgen zu gewöhnen. Insgesamt überwiegt in seinem Mathematikunterricht jedoch noch die individuelle Bearbeitung von Aufgaben aus dem Mathematikbuch anhand eines an der Tafel vorgegebenen Musters. Dennoch scheint er von den Vorteilen der erprobten alternativen Vorgehensweise überzeugt. Während des ersten Schulbesuchs der Veranstalter äußert er sich diesbezüglich wie folgt:

---

[53] "Think-Pair-Share" wurde während der ersten ARTISM-Session als methodischer Vorschlag zur Einführung von Gruppenarbeit vorgestellt. "Think-Pair-Share" ist dabei eine Abkürzung des Arbeitsauftrags an die Schüler:
"Firstly, THINK about the problem alone for 2 minutes, then PAIR up with a partner and try to work out a solution together. Finally, form a group of four, SHARE your ideas, justify the strategies that you have developed, try to make consensus regarding a solution among the four of you."

I would characterize myself as old-fashioned, but the "Think-Pair-Share" strategy was very successful. I don't feel that I lose control, but I enjoy my teaching.

Seine persönliche Interpretation des Erfolges oder Mißerfolges bezüglich der Implementationen eines alternativen Unterrichtskonzepts oder einer alternativen methodischen Vorgehensweise hängt offensichtlich eng mit dem Kriterium der Kontrolle über das Tun der Schüler zusammen, wie auch noch in ähnlichen späteren Äußerungen deutlich wird. Er sagt während eines informellen Gesprächs auf dem Schulhof, daß ihn in erster Linie die Befürchtung, die Kontrolle über das Handeln der Schüler und somit die Kontrolle über den gesamten Unterricht zu verlieren, vor der ARTISM-Teilnahme vom Einsatz der Gruppenarbeit abgehalten habe.

Nach dem ersten Schulbesuch der Veranstalter
nimmt die Gruppenarbeit bei seiner weiteren Unterrichtsplanung einen immer größeren Stellenwert ein, und er greift darüber hinaus auf ein weiteres ARTISM-Element zurück, das während der zweiten Sitzung im Rahmen der Kommunikationsformen im Mathematikunterricht diskutiert worden ist: Unter dem Stichwort "How good is your answer?" betonten die ARTISM-Fortbildner die Notwendigkeit, Schüler dazu zu ermutigen, ihre Lösungsansätze vorzustellen, zu diskutieren und dabei mathematisch zu argumentieren. In einer Unterrichtssequenz zum Thema "ähnliche und kongruente Dreiecke" zeigen Teds Aufzeichnungen zur Unterrichtsplanung, daß er als Sozial- und Arbeitsform vorwiegend Partner- und Gruppenarbeit (Sechsergruppen) vorgesehen hat. Er erweitert somit den "Think-Pair-Share" Ansatz, indem er die Gruppengröße variiert und die Diskussionsphase weiter strukturiert, denn die einzelnen Sechsergruppen sollen am Ende ihre Ergebnisse im Plenum vorstellen und dabei versuchen, ihre Lösungsstrategien mathematisch zu begründen und zu verteidigen. Er betont darüber hinaus, daß die Gruppen die Arbeitsverteilung sowie ihre Vorgehensweisen selbst bestimmen und untereinander regeln sollen. Den veränderten Arbeits- und Sozialformen paßt er auch die Kriterien für die Leistungsbeurteilung der Schüler an, wie seine Journaleintragungen zeigen:

> *Assessment is based on the following criteria:*
> *- ability to relate mathematics to the real world*
> *- recognition of major concepts*
> *- reporting (identifying strategies and mistakes, arguing mathematically)*
> *- state, solve and check a problem*
> (Journaleintragung vom 3.3.1992)

Die Schüler werden auf diese veränderten Bewertungskriterien aufmerksam gemacht, indem Ted sie an die Tafel schreibt und erläutert. Während der gesamten Unterrichtssequenz bleiben die Beurteilungskriterien für die Gruppenarbeit für alle sichtbar an der

Tafel stehen. Wie anhand seiner folgenden Eintragung deutlich wird, ist er mit dem Ergebnis der Unterrichtssequenz sehr zufrieden, sowohl was das Schülerlernen als auch was ihre Motivation betrifft:

> *Excellent involvement by the students, they were keen to succeed, new ideas were brought forward, no one fell asleep. There were no control problems as work had to be correct before moving on.*
> (Journaleintragung vom 3.3.1992)

Wieder wird erkennbar, wie wichtig das Kriterium 'Kontrolle' für Ted ist. Er hat die Aufgaben für die Gruppenarbeit bewußt so gewählt, daß sie eine interne Kontrolle beinhalten, d.h. die Ergebnisse müssen korrekt sein, bevor weitergearbeitet werden kann. Seine Zufriedenheit mit der Implementation der alternativen Unterrichtsmethoden und -konzepte spiegelt sich in der Kongruenz der Ergebnisse mit seiner persönlichen "comfort zone" (Stephens et al., 1989). Seine positiven Erfahrungen ermutigen ihn ganz offensichtlich zur Erprobung weiterer ARTISM-Inhalte bezüglich alternativer Unterrichtsansätze und Veränderungen seiner traditionellen und nach seinem (früheren) Verständnis erfolgreichen und bewährten Unterrichtspraxis.

Während des zweiten Schulbesuchs der ARTISM-Fortbildner
berichtet er über eine Unterrichtsstunde zum Thema Proportionalität, zu der er ein Fahrrad mit Gangschaltung mit in den Unterricht gebracht habe. Ted betont besonders die auffällige Steigerung hinsichtlich der Aufmerksamkeit der Schüler im Vergleich zum Frontalunterricht. Nicht nur die Motivation der Schüler war seiner Meinung nach verbessert, vielmehr habe die Erkenntnis mathematischer Inhalte (hier Übersetzungsverhältnisse bei der Gangschaltung) am Fahrrad besonders bei den schwächeren Schülern zu einem besseren Verständnis geführt und die Arbeitsergebnisse der Gruppen positiv beeinflußt, da sie mathematische Überlegungen anschaulich nachvollziehen konnten. Ted unterstreicht, daß sowohl die Schüler als auch er mehr Spaß und Freude am Unterricht gehabt hätten.

Während dieses Schulbesuchs berichtete Jack, ein Kollege von Ted, ebenfalls über seine Erfahrungen mit dem Einsatz von "Think-Pair-Share". Seiner Erfahrung nach war dabei die Partnerarbeit durchaus erfolgreich, während in den Vierergruppen die Arbeit oft stockte und der Geräuschpegel drastisch stieg. Einer der beiden anwesenden Fortbildner bezog sich direkt auf dieses Problem und erläuterte Techniken, wie die Fähigkeit der Schüler zu effektiver Gruppenarbeit systematisch trainiert werden könne, wenn folgende Aspekte berücksichtigt würden:

- Die Arbeitsaufträge für die Gruppen verständlich zu formulieren und zu erläutern;
- für den Fall, daß die Gruppenarbeit zwischenzeitlich in eine Sackgasse führt, Hilfen und Strategien aufzuzeigen, diese Situation aufzulösen;
- jedem Gruppenmitglied eine konkrete Aufgabe zuzuweisen (z.B. Materialbeschaffung, Aufzeichnung bzw. Vortrag der Arbeitsergebnisse), um Engagement und Verantwortungsbewußtsein eines jeden Einzelnen zu fördern und ein "Verstecken" in der Gruppe zu verhindern.

Obwohl Ted mit dem Einsatz von Gruppenarbeit auch bei größeren Guppen (vgl. Sechsergruppen beim Thema "ähnliche und kongruente Dreiecke") offensichtlich keine nennenswerten Schwierigkeiten hatte, greift er auf diese Ratschläge zurück.

In den Mathematikstunden nach diesem zweiten Schulbesuch
(Unterrichtsthema ist die Berechnung von Geschwindigkeiten und Distanzen in Zusammenhang mit dem Einsatz verschiedener Gänge beim Fahrrad) läßt er die Schüler in Vierergruppen arbeiten, verteilt aber diesmal konkrete Rollen an die einzelnen Mitglieder jeder Gruppe, wobei diese Rollen von Stunde zu Stunde rotieren, so daß alle Schüler mindestens einmal alle Rollen durchlaufen. Jede Gruppe kann bei Bedarf auf den Schulhof gehen und ein Fahrrad zur Anschauung benutzen, nachdem er damit in vorangegangenen Stunden positive Erfahrungen in bezug auf verbessertes Verständnis der Schüler gemacht hatte. Auch das bewährte Element des Vortragens der einzelnen Gruppenergebnisse im Plenum, bei dem die Schüler versuchen sollen, mathematisch zu argumentieren, wird wieder aufgenommen. Auffällig ist, daß Ted die traditionellen Verfahren der Leistungsbeurteilung (Schüler demonstrieren entweder die Lösung einer Aufgabe an der Tafel bzw. schreiben einen Test zur Überprüfung des neu erlernten Stoffs) zunehmend weniger angemessen und reformbedürftig erscheinen, je mehr er mit dem Einsatz von Gruppenarbeit experimentiert und sein diesbezügliches Vorgehen elaboriert. Er bemüht sich mehr und mehr darum, seine Evaluationsmethoden der veränderten Unterrichtspraxis anzupassen, den Schülern seine veränderten Bewertungskriterien mitzuteilen und sie transparent und nachvollziehbar zu machen. Zu diesem Zweck verteilt er zu Beginn der Unterrichtssequenz ein "assessment sheet" (Abb. 10) an die Schüler, damit sie von vornherein wissen, welche Kriterien bezüglich ihrer Arbeit bewertet werden.

Offensichtlich spielten seine Beobachtungen hinsichtlich der Vorgehensweisen der Schüler bei der Gruppenarbeit für Ted eine wichtige Rolle. Der Wechsel von einem stark lehrerzentrierten zu einem weitgehend schülerzentrierten Mathematikunterricht wird von ihm bewußt wahrgenommen und im Rahmen seiner Journaleintragungen schriftlich artikuliert. Er stellt fest, daß die Schüler selbst die Verantwortung für ihr Lernen übernehmen:

> *The start was difficult and students needed some prompting and repetition of what would be evaluated. But from the second day onwards the group dynamics were unstoppable. New ideas kept rolling in. Students asked for appropriate formulas, but also developed their own ideas of working out distances and speed. All students participated and came up with investigations according to their abilities and interests. ... It seems that the class is taking over responsibility for their own learning!*
>
> (Journaleintragung vom 18.3.1992)

Abb. 10

Teds Kriterien zur Leistungsbeurteilung:*"Year 10 Mathematics Assessment Criteria: Unit Geometry - Practical Activity"*

UNIT GEOMETRY   NAME

REPORT- BIKE PRACTICAL ACTIVITY	1 to 3	COMMENT IF APPLICABLE
1. Submitted the report on time		
2. Has used tables, graphs, diagrams to illustrate information.		
3. Accuracy of graphs, tables.		
4. Number of geometric concepts involved.		
5. Related concepts to a bike.		
6. Statement of difficulties encountered and how these were overcome		
7. Method of collecting data - scientific and accurate		
8. Related conclusions drawn to reality.		
9. Originality.		
10. Presentation.		

Indicators: 1- Low   Overall Achievement   ☐
              2- Medium
              3- High

Ein weiterer Kommentar bezüglich seiner Beobachtung der Gruppenarbeit zwei Tage später verdeutlicht, daß er erkennt, daß das Eingreifen des Lehrers in Form von Disziplinierung derjenigen Schüler, die sich nicht am Unterrichtsgeschehen beteiligen bzw. den Unterricht stören, nicht unbedingt nötig ist, da die Schüler derartige Situationen unter bestimmten Bedingungen selbständig auflösen.

There was a high level of student motivation, and an intense group discussion. Students moved away from those not participating. Shortly, the non-participators rejoined the group and became major contributors.
(Journaleintragung vom 20.3.1992)

Für Ted wird ein Zusammenhang zwischen Spaß und Interesse am Unterricht seitens der Schüler und der Reduzierung von Fehlverhalten deutlich. Doch auch wenn er eine Verlagerung der Unterrichtsdominanz vom Lehrer auf die Schüler positiv bewertet, versucht er, den Unterricht indirekt zu steuern, indem er z.B. ausführlich seine Beurteilungskriterien erläutert und indirekte Kontrollen der Lernergebnisse in den Unterrichtsverlauf einbaut[54]. Nach wie vor ist Kontrolle für ihn ein bedeutendes Unterrichtskriterium, das er nicht vernachlässigt, auch wenn er nach alternativen Kontrollformen sucht.

Students were clear on the assessment criteria, this minimised frustration. No control problems; students had to meet timelines.
(Journaleintragung vom 20.3.1992)

Zusätzlich läßt er abschließend pro Gruppe einen Selbstevaluationsbogen ausfüllen. Damit verfolgt er nach eigener Aussage folgende Ziele: Zum einen sollen die Gruppen zur Reflexion über ihre Zusammenarbeit angeregt werden; zum anderen ist er an den Erfahrungen mit der neuen Arbeitsform aus der Sicht der Schüler interessiert. Wiederum läßt sich ein deutlicher Zusammenhang zu ARTISM herstellen, denn einer seiner Kollegen hatte während des zweiten Schulbesuchs der Veranstalter über seine Erfahrungen mit dem Einsatz von Schüler-Selbstevaluation im Jahrgang neun berichtet. Ted übernimmt die Evaluations-Matrix des betreffenden Kollegen. Nachdem er die Verantwortungsbereitschaft der Schüler für ihr Lernen erfahren hat, nimmt er die Schüler und ihr Feedback zu ihren Erfahrungen im Mathematikunterricht ernster als bisher, indem er im Rahmen seiner Aufgabenstellungen ausdrücklich persönliche Stellungnahmen der Schüler zu affektiven Unterrichtsergebnissen erfragt.

Comments in student assignments often included how they were pleased with their own results and how they had mastered an assignment that was more complex than they had originally envisaged.
(Journaleintragung vom 27.3.1992)

---

[54] Nach eigener Aussage hat Ted vorher regelmäßig die Arbeitshefte der Schüler zur Korrektur mit nach Hause genommen, bzw. während der Einzelarbeitsphasen korrigiert.

Für Teds weiteren Veränderungsprozeß waren seine Erfahrungen während der ersten sechs Wochen seit Beginn des ARTISM-Programms von großer Bedeutung. Die Kernelemente dieses einsetzenden Veränderungsprozesses sollen deshalb noch einmal explizit benannt und zusammengefaßt werden.

Zwischenresümee

Mit zunehmendem Verlauf des ARTISM-Programms greift Ted bei der Planung, Implementation und Evaluation seines Mathematikunterrichts vermehrt auf Kurselemente wie Gruppenarbeit, Problem Solving, Handlungsorientierung und Betonung der Anwendungszusammenhänge von Mathematik zurück. Er adaptiert im ARTISM-Programm propagierte alternative Unterrichtsmethoden und -konzepte sehr sorgfältig, indem er sie genau auf seinen Unterricht und dessen konkrete Inhalte bezieht und ggfs. entsprechend verändert. Der Umgang der Schüler mit der Gangschaltung am Fahrrad in Zusammenhang mit dem Erlernen des Prinzips der Proportionalität ist ein Beispiel für Teds sorgfältig adaptierten Einsatz alternativer Methoden, der bestimmten Bedingungen (d.h. ein verbessertes Verständnis besonders bei schwachen Schülern) unterliegen muß. Sorgfältige Adaption scheint ein wichtiges Kriterium für Erfolg und Zufriedenheit mit neuen Ansätzen zu sein, denn während der Diskussionen im Rahmen der Schulbesuche wurde vielfach deutlich, daß Kollegen, die neue Konzepte und Methoden unkritisch adoptierten, weniger individuelle Erfolgserlebnisse hatten und von daher weniger motiviert waren, weitere Explorationen in ihren Unterricht zu integrieren. Die Sorgfalt, die Ted in bezug auf seine Unterrichtsadaptionen zeigt, spiegelt sich auch in seinem Bemühen, der veränderten Unterrichtspraxis veränderte Formen und Instrumente der Leistungsmessung und Beurteilung anzupassen.

Weitere für Ted bedeutsame Faktoren seines Unterrichts sind darüber hinaus offensichtlich Kontrolle der Schülerergebnisse und Schülermotivation, da er sich auf beide Elemente häufig in seinen Journalkommentaren bezieht. Wie oben bereits erwähnt, hat er diese Faktoren bei der Aufgabenstellung und -formulierung sowie bei der Wahl der Arbeitsformen besonders berücksichtigt.

Eine unterstützende Funktion bei seinem Veränderungsprozeß hatten für Ted sicherlich die Schulbesuche der Veranstalter. Als er einige Wochen später mit einer Liste der Kernelemente des ARTISM-Programms konfrontiert wird, bezeichnet er die Schulbesuche spontan als wichtigstes Element:

> *Regular lunchtime school-visits ... because it puts the pressure on the teachers that are taking part in it [ARTISM] to evaluate and look at their teaching rather than to sit back and wait and actually do nothing.*

Während der Gespräche und Diskussionen mit den Kollegen seiner Schule sowie den Fortbildnern bekam er positives Feedback bezüglich seiner Erfahrungsberichte im Umgang mit neuen Techniken und Methoden. Ted erweist sich als äußerst gesprächsbereit und interessiert. Dies zeigt sich nicht nur in seinen eigenen Beiträgen, sondern läßt sich auch an der Tatsache festmachen, daß er Anregungen von Kollegen, wie z.B. Schülerselbstevaluation, direkt auf seinen eigenen Unterricht überträgt. Auffallend ist zu diesem Zeitpunkt weiterhin eine signifikante Übereinstimmung von Teds persönlichen Erfahrungen mit dem Einsatz alternativer Methoden und Konzepte mit den formulierten Zielen des ARTISM-Programms wie z.B. Steigerung des beruflichen Selbstvertrauens, Enthusiasmus und Freude am Unterricht sowie Zufriedenheit im Beruf. Teds Bereitschaft zur Exploration weiterer alternativer Konzepte und Methoden steigt parallel zu seinen Erfolgserlebnissen mit neuen Ansätzen sowohl auf affektiver Ebene als auch hinsichtlich verbesserter Lernergebnisse und Schülerleistungen, wie auch anhand der folgenden Aussagen deutlich wird.

4.1.3.2 Konsolidierungsphase
(Juli bis September 1992; erste Hälfte Phase III)

In einem ersten formalen Interview zu Beginn von Phase III antwortet Ted auf die Frage nach dem Haupteffekt von ARTISM auf seinen Unterricht:

ARTISM reduced the amount of "chalk and talk" and text book work that I tend to do, because "chalk and talk" is an easy way out of it and you can occupy and keep the boys quiet. But I think it [ARTISM] brought it back to me once again that the learning process is actually a doing situation.

Die Veränderung von einem lehrer- und frontalunterrichtdominierten hin zu einem eher schüler- und handlungsorientierten Unterricht spiegelt sich auch bei der Planung, Organisation und Durchführung einer Trigonometrie-Unterrichtseinheit[55] in Zusammenarbeit mit seinem Kollegen Jack in der ersten Hälfte von Phase III. Ted wählt zur Beschreibung seines Unterrichts in dieser Zeit (Phase III, Woche 4) Scenario vier[56].

---

[55] Die Entwicklung bzw. Überarbeitung einer Unterrichtseinheit ist ein integraler Bestandteil des ARTISM-Konzepts und gehört zu den Anforderungen an die Teilnehmer (vgl. 2.2.1).

[56] Mathematics Classroom 4:
The students work in groups for most of the time on different tasks and activities. Quite often these activities are supposed to be done within a certain period of time before the whole group moves to another activity. Sometimes the whole class is working on the same activity at the same time either individually or in groups. In both cases there is a lot of material and equipment in the classroom for the students. They use text books and worksheets to reinforce ideas. Homework is used in a similar way.

Während bei einer Parallelbefragung der Schüler 27 Prozent ebenfalls dieses Scenario zur Beschreibung ihres Mathematikunterrichts zu diesem Zeitpunkt wählen, entscheiden sich 41 Prozent für Scenario Nummer zwei[57] (vgl. Abb. 16 in 4.1.3.3).
Diese beiden Scenarios sind einander sehr ähnlich, Scenario Nummer zwei betont jedoch noch stärker die Aspekte Gruppenarbeit und Materialvielfalt. Die Wahrnehmung vieler Schüler wird nach ihren bisherigen Erfahrungen bezüglich der Arbeits- und Sozialformen im Mathematikunterricht erstmalig eindeutig von der Zusammenarbeit mit anderen Schülern in Partner- oder Gruppenarbeit und dem Umgang mit verschiedenen Materialien und Instrumenten (die Schüler nennen zu diesem Zeitpunkt diesbezüglich in erster Linie Theodoliten, Meßräder, Maßbänder und Neigungsmesser) dominiert und geprägt, wobei bei ihnen durchaus auch soziale Aspekte der Gruppenarbeit, d.h. die Möglichkeit, sich mit Mitschülern über Mathematik (oder auch kurz über private Themen) zu unterhalten, im Vordergrund stehen und so die Wahl von Scenario Nummer zwei begünstigen. Für Ted hingegen hat Disziplin und Fokussierung auf den Unterrichtsinhalt Priorität, die mit der Gruppenarbeit für die Schüler verbundenen geselligen Aspekte sieht er daher nicht unmittelbar.
Bei der Planung und Durchführung der Trigonometrie-Einheit greift Ted auf bewährte ARTISM-orientierte Unterrichtselemente aus Phase II (d.h. seiner Explorationsphase, vgl. 4.1.3.1) zurück. Ted sieht eine Mischung aus Einzel-, Partner- und Gruppenarbeit vor. Er bemüht sich wiederum, die Gruppenarbeit durch gezielte Arbeitsanweisungen zu strukturieren, und baut darüber hinaus Gruppenkonferenzphasen mit dem Lehrer ein. Handlungsorientierte Aufgabenstellungen, die den Einsatz verschiedener schuleigener bzw. von zu Hause mitgebrachter Meßinstrumente erfordern bzw. die Aufforderung der Schüler, selbst Meßinstrumente zu bauen, sind ebenso Bestandteil wie Übungsphasen (sog. "skills practice") in Einzelarbeit. Neben der Einübung relevanter trigonometrischer Techniken und Verfahrensweisen beinhalten praktische Bearbeitungsphasen ("practical activities") in erster Linie Problem Solving orientierte Aufgabenstellungen. Hinsichtlich der Bewertungspraxis sieht er neben den üblichen Pre- und Posttests zur Leistungsmessung wieder die Selbstevaluation, eine Selbstevaluation der Gruppenarbeit sowie Lehrer-Schüler Gespräche vor. Für die Bewertung der Ergebnisse der praktischen Bearbeitungsphase entwickelt er in Anlehnung an die vierte ARTISM-Session einen Bewertungskatalog, der u.a. mögliche Anwendungszusammenhänge des betreffenden

---

[57] Mathematics Classroom 2:
The classroom is a very social place. Lots of equipment is available. The students often work in groups sharing their experiences through discussion. Different groups do different tasks, use different equipment and make many choices about how their work is displayed and how it progresses. The students decide with whom they would like to work in a group. The teacher helps individual students as well as the whole groups. Students help each other as well. A lot of the students' work is related to their daily life.

Stoffs einbezieht und der den Schülern bei der Bearbeitung als Orientierungshilfe dienen soll. In einem Journaleintrag vermerkt er die positive affektive Reaktion der Schüler auf seinen verstärkt anwendungsorientierten Unterricht, der ihnen darüber hinaus auch verbesserte Lernchancen eröffnet:

> *Students are happy, can apply trigonometry to real life situations. Can now see if their measurements are way off therefore repeat experiment.*
> (Journaleintragung vom 14.8.1992)

Ted und seine Schüler haben in dieser Phase sehr ähnliche Wahrnehmungen und Einschätzungen bezüglich ihrer Aktivitäten und Sozialformen im Mathematikunterricht. Während die Mehrheit der Schüler (62 Prozent) bei einer ersten Befragung in Woche 2 bezüglich des Items "Working with a Group" die Kategorie "manchmal" und 29 Prozent der Schüler die Kategorie "oft" ankreuzt, sind die Mehrheitsverhältnisse diesbezüglich vier Wochen später bereits umgekehrt: Über die Hälfte der Schüler ist der Meinung, daß sie immer bzw. oft mit anderen Schülern in einer Gruppe zusammenarbeiten, und nur noch 43 Prozent kreuzt die Kategorie "manchmal" an. Diese Tendenz wird in Phase IV noch gesteigert bzw. stabilisiert (siehe Abb. 11).

Abb. 11
Schülerergebnisse zu Item "Working with a Group" in Teds Klasse (in Prozent)

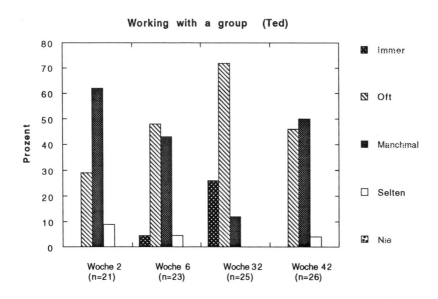

Ted gibt im entsprechenden Fragebogen an, daß Gruppenarbeit in seinem Unterricht vor der Teilnahme an ARTISM nur "selten" stattfand. In Woche 2 (Phase III) kreuzt er die

Kategorie "manchmal" an, d.h. seine Einschätzung deckt sich mit dem Empfinden der Mehrheit seiner Schüler. Bei den beiden weiteren Durchläufen dieses Fragebogens markiert er (ebenfalls weitgehend parallel zu seinen Schülern) die Kategorie "oft".
Ähnliche Übereinstimmungen lassen sich auch bezüglich des Items "Talking" feststellen, wie Abb. 12 zeigt.

Abb. 12
Schülerergebnisse zu Item "Talking" in Teds Klasse (in Prozent)

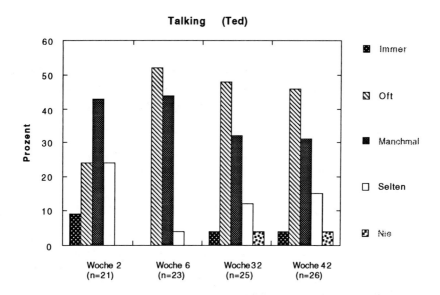

Wiederum decken sich Teds Aussagen mit der Mehrheit der Schülerantworten, und ab Woche 6 läßt sich ein Wandel bezüglich der Häufigkeiten feststellen. Auch hier erfolgt ein Wechsel der Mehrheiten von zunächst "manchmal/selten" auf "oft" bzw. "immer/ oft". Diese Entsprechung ist bedeutend, weil die Schüler mit steigender Partizipation an Gruppenarbeitsphasen in zunehmendem Maß eigene Lösungsvorschläge und Ansichten artikulieren und vor der Gruppe rechtfertigen bzw. vertreten sowie später ihre Gruppenergebnisse im Plenum präsentieren und diskutieren müssen.

Die verbale Auseinandersetzung über Mathematik mit anderen Schülern ist für Ted ein wichtiges Ziel seines Unterrichts. "Justify and discuss your ideas/solutions" ist ein Element, das sowohl in verbalen wie schriftlichen Arbeitsaufträgen (an der Tafel bzw. auf einem Arbeitsblatt) an die einzelnen Gruppen durchgängig auftaucht.

Während der Trigonometrie-Einheit greift Ted im wesentlichen auf bewährte ARTISM-Elemente zurück, die er z.T. noch verstärkt und forciert. So hat z.B. die Gruppenarbeit einen größeren Anteil an seinem Unterricht als in der Explorationsphase, in der noch

Partnerarbeit dominierte, und auch der Anteil an handlungsorientierten Unterrichtssequenzen wird erweitert. Während des Schulbesuchs der Veranstalter in Woche 4 (Phase III) berichtet er, daß die Hälfte seiner mit Jack überarbeiteten Trigonometrie-Einheit aus "practical work" besteht, was von ihm sehr positiv bewertet wird: "You can get a lot of value out of that."

Teds Veränderungsprozeß bis zu diesem Zeitpunkt deckt sich völlig mit dem Verständnis der Programm-Entwickler von effektiver (im Sinne von praxiswirksamer) Lehrerfortbildung, wie der folgende Exkurs belegt.

Exkurs:
Alle vier Programm-Entwickler (Ken, Phil, Tony, Mark) verstehen die individuelle Erprobung der Fortbildungsinhalte und -themen als Kernelemente effektiver Lehrerfortbildung und greifen bei ihrer Planung des ARTISM-Programms auf die von Guskey (siehe 1.2.3.3 Abb. 3) bzw. Clarke (Abb. 4) entworfenen Modelle des Fortbildungsprozesses von Lehrern zurück.

I think the key to effectiveness would be the classroom, that there is change in the classroom, that something different starts happening. ...
(Tony)

I think first and foremost it must be related to the knowledge and practice of the teachers for whom they are intended. That is the teacher must be able to see some connections between the professional development that is being offered and their work in the classroom. I think it must be practical in so far as the teacher must be able to see that some of it at least includes strategies that they can say 'Look, yes, I think I can do that, it is worth giving it a try and I think I will have some benefit for student learning'.
(Phil)

Für Phil und Tony steht vorwiegend die Veränderung der Unterrichtspraxis, bedingt durch die Praktikabilität und Übertragbarkeit der Programminhalte in den Unterricht der Lehrer, im Vordergrund. Mark und Ken hingegen erweitern die Idee der Exploration alternativer Konzepte und Methoden um die Ebene der Reflexion der diesbezüglichen Erfahrungen sowohl individuell als auch im Rahmen der Gruppe:

I think it always comes back to experimentation and reflection. If the program has got teachers to try new things - simple as that - to try new things and to think about them, to think about their responses, to think about the implications for their teaching, to think about the implications for their kids' learning. If those two things have occurred, experimentation and reflection, then I think you could call the program a success.
(Ken)

> *I think programs are best where they are an opportunity for people to go away, try a new idea and then to simply come back and reflect on that together, so they can share those experiences together. ...*
>
> (Mark)

Alle vier Programm-Entwickler sehen als direkt Begünstigte eines Lehrerfortbildungsprogramms zunächst die Lehrer, d.h. ihren fachlichen, fachdidaktischen und affektiven Gewinn, wie besonders Phil und Ken zum Ausdruck bringen:

> *... It [the professional development program] will enable them to operate with more confidence and to operate at higher skill levels, it will provide them with a wider range of strategies that they can call on in order to adjust the teaching and learning process to particular classes that they have. ...*
>
> (Phil)

> *... The focus of the program developer should be on the teacher and on the teacher's needs. ...*
>
> (Ken)

Letztlich jedoch seien die Schüler und ihre fachlichen wie affektiven Lernziele das Endziel von Lehrerfortbildung:

> *Well, the ultimate beneficiaries will be the students. In that the students will have mathematics presented to them in a way which is more productive, more realistic and more likely to encourage them to continue on within mathematics thinking through their lives.*
>
> (Mark)

> *... a very important success criterion would be that it resolved in more effective, more efficient and more enjoyable and successful learning for all students and more confident and effective teaching for all teachers.*
>
> (Phil)

Teds Entwicklungsprozeß stimmt mit den von den Programm-Entwicklern artikulierten Vorstellungen deutlich überein: Ted fand sich durch die Inhalte der Fortbildungsveranstaltungen angesprochen und hat einzelne Elemente in seinen Unterricht integriert. Die Reflexion seiner Erfahrungen hat zu positiven Ergebnissen sowohl auf affektiver Ebene als auch auf Schülerebene geführt[58].

Aufgrund seiner positiven Erfahrungen mit Unterrichtselementen aus dem ARTISM-Programm wird Ted als Vertreter seiner Schule eingeladen, seinen veränderten Mathematikunterricht im Rahmen einer Kurzpräsentation während der sechsten ARTISM-Session im September 1992 (d.h. Phase III Woche 6) vorzustellen. Der Titel dieser Veranstaltung ist "Sharing", d.h. im Mittelpunkt stehen Diskussionen und Reflexionen

---

[58] vgl. dazu die Ausführungen zur "Explorationsphase" unter 4.1.3.1

über individuelle und kollektive Erfahrungen der Lehrer in Verbindung mit dem ARTISM-Programm. Ted eröffnet seinen Vortrag mit dem Eingeständnis, daß die Teilnahme am ARTISM- Programm seinen Unterricht drastisch verändert habe: "A sharp change, that 's what actually happened". Am Beispiel der zusammen mit Jack neu konzipierten Trigonometrie-Einheit stellt er die Veränderungen zu seinem traditionellen Mathematikunterricht heraus und faßt die wichtigsten Ergebnisse aus seiner Sicht, die vor allem das Lernen, das Verhalten und die Motivation der Schüler betreffen, wie folgt zusammen:

> *... the errors went down, the students were motivated and felt ownership and pride for their pieces of work and they did better work than before, when there was hardly any learning happening at all. ... The guys don't feel they are being examined.*
> (Kurzpräsentation in ARTISM-Session 6 am 8.9.1992)

Neben dem veränderten Verfahren zur Leistungsbeurteilung weist er besonders auf sein Bemühen hin, den Schülern die Anwendungszusammenhänge des im Fach Mathematik erlernten Unterrichtsstoffs zu erschließen. "The answer 'architects use it' is no longer good enough." Als sicheres Zeichen für die Veränderung seines Unterrichts und die Wahrnehmung dieser Veränderung seitens der Schüler deutet er Versuche der Schüler, die bei der sog. "Practical Activity" anzufertigenden und zu verwendenden Meßinstrumente nach eigenen Vorstellungen und Entwürfen zu verbessern "to me it was obvious that innovation was happening". Ein weiteres unmißverständliches Zeichen für Veränderung ist für Ted die Tatsache, daß ihn ein Schüler, nachdem er einige Wochen aufgrund einer Erkrankung nicht zur Schule kommen konnte, fragt, was er in dieser Zeit in Mathe verpaßt habe: "Now they actually feel that they miss out on something interesting." In einem Interview in der zweiten Hälfte der Datenerhebungsphase III äußert er sein Verständnis von gutem Unterricht wie folgt:

> *A good maths lesson is I suppose what most of us - where there is a minimum of misbehaviour a problem right through it, and that comes with the way you structure your lesson. A good maths lesson is when the students are involved as a group in discovering a point, ... but you also have to be available to move around and assist in that situation. I believe a good maths lesson is where the teacher is just there for guidance and running the structure. And the students take responsibility for their learning and where very close supervision is done by the teacher but is not obvious.*

Es wird deutlich, daß sich seine Vorstellungen und Werte bezüglich der Aspekte Kontrolle und Disziplin nicht verändert haben. Erfolgreicher Unterricht ist für ihn nach wie vor ein Unterricht mit einem Minimum an Disziplinschwierigkeiten (vgl. 4.1.2). Drastisch verändert hat sich jedoch sein Verständnis der Lehrerrolle. Während die Hauptaufgaben eines Lehrers für Ted vor der Teilnahme an ARTISM in der Erklärung des Stoffs und den individuellen Hilfen, die der Lehrer einzelnen Schülern gibt, bestanden (vgl. 4.1.2.), versteht er sich in seiner Rolle als Lehrer nun als Organisator von Lernprozessen, der den Unterricht strukturiert und koordiniert und die Schüler bei ihrem selbstverantwortlich gestalteten Lernprozeß unterstützt. Der Wechsel von Lehrer- zur Schülerzentrierung spiegelt sich auch in der Sozialform. Während Ted früher Üben in Einzelarbeitsphasen als wesentlich für das Schülerlernen ansah, bietet nach seinem gegenwärtigen Verständnis die Arbeit in Gruppen eine wichtige Grundlage des Lernprozesses. Ihm selbst ist der Wandel bezüglich seines Verständnisses von gutem Unterricht und seiner Unterrichtspraxis ebenfalls gegenwärtig, und er sieht für sich persönlich für die Zukunft sogar noch weiteres Veränderungspotential:

> *... I think in my case I have come a long way and still personally feel that I can take a much greater distance. I really don't think that I am at my peak in this ARTISM program.*

Die Richtigkeit dieser Selbsteinschätzung wird in den folgenden Ausführungen deutlich und bestätigt.

4.1.3.3 Verselbständigungsphase
(Oktober 1992 bis Juli 1993; Phase III bis IV)

Durch sein Engagement im Unterricht und seine rege Beteiligung an Diskussionen und Reflexionen über ARTISM-bezogene Unterrichtserfahrungen während der Schulbesuche der Fortbildner sowie im Rahmen der Reflexionsphasen der einzelnen ARTISM-Sessions gewinnt Ted zunehmend die Anerkennung und Wertschätzung seiner Kollegen und der ARTISM-Fortbildner und nimmt spätestens seit seinem Vortrag während der sechsten ARTISM-Session eine Art Vorreiterrolle in der Lehrerschaft ein. Lediglich punktuelle Veränderungen seines Unterrichts sind für Ted zu diesem Zeitpunkt nicht mehr ausreichend:

> *It shook me out of complacency and get back to what teaching is all about that I used to do. I'm back in that again. I have a new lease of life. I'm learning - relearning or having enthusiasm now for attacking new stuff continuously. Before, I was happy and didn't have the worries of looking for new material. But I think you need to try - to try and get used to dealing with new material. You won't get it by just sitting and watching.*

Die einzig logische Konsequenz aus seinen bisherigen Erfahrungen scheint ihm die komplette Reform des Mathematikcurriculums für die Jahrgangsstufe 10 in Zusammenarbeit mit seinem Kollegen Jack, wobei alle Einheiten nach dem Vorbild der

Trigonometrie-Einheit neu konzipiert werden sollen. Dieses Vorhaben wird von der Mathematik-Koordinatorin begrüßt und unterstützt. Zunehmend wird auch die Schulleitung auf sein Reformpotential aufmerksam und honoriert Teds und Jacks Reformbestrebungen durch die Aufforderung, ihr neues Curriculumkonzept im Rahmen eines schulinternen Lehrerfortbildungstages dem gesamten Kollegium vorzustellen. Ergebnis dieses Fortbildungstages ist eine sehr positive Resonanz der Kollegen bezüglich des reformierten Beurteilungsverfahrens in Mathematik, das schließlich zu einer Revision der *school assessment policy* für alle Fächer und Jahrgangsstufen führt. Charakteristika dieser reformierten Beurteilungspraxis sind, daß die Schüler nun nach jeder Einheit Rückmeldung über ihren Leistungsstand bekommen, daß die Beurteilung insgesamt durchsichtiger geworden ist, da den Schülern und Eltern die einzelnen Kriterien, nach denen bewertet wird, bekannt sind, daß auch die einzelnen Arbeitsbeiträge der Schüler während der Gruppenarbeitsphasen berücksichtigt werden und daß die Bewertung von Schülerarbeiten im Klassenverband diskutiert wird. Auch von der Elternschaft wird diese Reform begrüßt:

> *The parent response to the new assessment policy has been overwhelming. By educating the student you are educating the parent community as well. ... The kids and their parents start talking about maths.*
> (Mathematik-Koordinatorin Schule A in einem informellen Gespräch)

Inhaltlich führt Ted erstmals in einer Statistik-Einheit die Führung von sog. *Journals* ein, deren Einsatz im Mathematikunterricht in der zweiten ARTISM-Session mit dem inhaltlichen Schwerpunkt "Communication and Classroom Structure" demonstriert und diskutiert wurde. Die diesbezügliche Arbeitsanweisung an die Schüler lautet: "Write down what you have learned, what you had difficulties with, why you couldn't learn something and if it was the teacher's fault that you could not learn it." Die Schüler sollen dazu täglich eine Viertelseite als kontinuierlichen Bestandteil ihrer Hausaufgaben schreiben. Ted versteht diese Journaleintragungen als eine persönliche Korrespondenz zwischen ihm und dem einzelnen Schüler und zeigt den Schülern dadurch, daß er die Journalhefte zweimal wöchentlich einsammelt, daß er ihre Eintragungen ernst nimmt, was er auch in folgender Bemerkung zum Ausdruck bringt:

> *I also want you to write down when it was your fault that you didn't learn, for example because you were chatting and mucking around with your neighbour. That can happen, but I wanna know if that's the case. Otherwise I will assist you further.*
> (Mathematikstunde am 6.10.1992)

Seine bereits angesprochene Sorge darüber, ob seine Beurteilungsmethoden den Schülern gerecht werden, spiegelt sich in weiteren Experimenten hinsichtlich seiner Beurteilungspraxis. So kündigt Ted seinen Schülern zu Beginn der Statistik-Einheit an, daß es am Ende der Einheit keinen formalen Leistungstest geben werde: "That means nobody who submitted his work can fail." Kriterien für die Leistungsbeurteilung sind vielmehr

- die während der Übungsphasen individuell gelösten Aufgaben (bei der Bearbeitung konnte allerdings ggfs. der Nachbar oder der Lehrer um Rat gefragt werden),
- die komplette Sammlung der während der Einheit bearbeiteten Aufgaben,
- die Journaleintragungen und
- ein Report über die Bearbeitung und Lösung einer praktischen Aufgabe. der sog. "outdoor track activity"

Abb. 13
Tafelanschrieb bezüglich der Aufgabenstellung und der Bewertung der ersten Aufgabe für die sog. "Maths File"

Maths File Assignment - 1:

1. When you go home today choose a street where traffic flows.
2. Set up a frequency table.
3. Count the number of cars that pass and group them RED, BLUE, WHITE, YELLOW.
4. Plot a bar graph.
5. Complete assessment criteria for "File" (see below).
6. Count for one hour. Suggestion: Work in pairs (one recorder, one caller).

File Assessment Criteria

1. Three pieces of work altogether
2. All pieces completed
3. Errors are identified and corrected
4. A written statement about your difficulties
5. A written statement on how the difficulties were overcome
6. Identification of major concepts
7. Relation to the real world
8. Presentation of graphs, drawings, and tables

Nach wie vor teilt er den Schülern zu Beginn einer neuen Einheit seine Bewertungskriterien mit. Wie auch schon bei der Trigonometrie-Einheit legt er Wert auf das Erkennen der Anwendungszusammenhänge des erlernten Stoffs. Er erweitert die Bewertungskriterien jedoch dahingehend, daß die Schüler aufgefordert werden, ihre Schwierigkeiten bei der Bearbeitung und deren Überwindung zu reflektieren und darzustellen. Fehler und Schwierigkeiten sieht Ted zunehmend als Lernchancen und erkennt ihre Bedeutung im Lernprozeß auch hinsichtlich der Leistungsbeurteilung an. Schreiben über Mathematik wird zunehmend ein wesentlicher Bestandteil von Teds verändertem Mathematikunterricht, der auch von den Schülern wahrgenommen wird (siehe Abb. 14).

Abb. 14
Schülerergebnisse zu Item "Writing Words" in Teds Klasse (in Prozent)

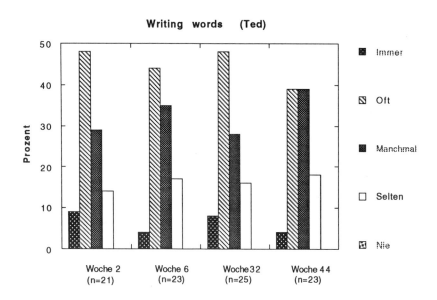

In Phase III und IV kreuzt ca. die Hälfte der Schüler kontinuierlich die Kategorien "immer" und "oft" an. Obwohl objektiv gesehen die Textproduktion im Mathematikunterricht mit den veränderten Beurteilungsverfahren und der Journalführung zugenommen hat, geben die Schülerzahlen ein konstantes bzw. gegen Ende von Phase IV (Woche 44) ein eher rückläufiges Bild wider. Dies läßt sich dadurch erklären, daß die Produktion von Texten im Mathematikunterricht zunächst neu und ungewohnt war und deshalb intensiver empfunden wurde. In Woche 44 haben die Schüler in Vierergruppen aufgrund eigener Messungen die Parabel des der Schule gegenüberliegenden *Football Ovals* berechnet. Je nach Stand dieser Gruppenarbeit, der vom Zugang zu entsprechenden Meßinstrumenten wie Meßrädern und 100 m-Maßbändern abhängig war, waren die Schüler bereits in der Report-, Berechnungs- oder Ausmessungsphase, was sich deutlich an ihren Antworten ablesen läßt.

Ein weiteres neues Element in Teds Unterricht, das zu Beginn der sog. Verselbständigungsphase etabliert wird, ist der Einsatz von "Open-ended Questions"[59]. Er bemüht sich bei der Formulierung von Aufgabenstellungen zusehends darum, Fragestellungen zu

---

[59] Gemeint sind Fragestellungen, die mehr als einen Lösungsweg zulassen bzw. für die es verschiedene richtige Antworten und Lösungen gibt. "Open-ended Questions" (hier auch "Good Questions" genannt) waren Bestandteil der ersten ARTISM-Veranstaltung zum Thema Problem Solving.

entwickeln, die die Schüler zu Diskussionen und zum Finden von verschiedenen Lösungswegen anregen (vgl. die Aufgabenstellung zu *Maths File Assignment -1* in Abb. 13). In einem Interview am Ende von Phase III wird seine positive Einschätzung bezüglich dieser Lehrstrategie deutlich:

> *I tried to go for the open-ended questions. I tried to discuss, to involve more of it, a discussion, a discovering in our relationship with the students, that's from ARTISM for me. I found that in the end by doing that, after I got back into what I believed I had to cover - a certain content, that content was being covered quicker.*

Auf die abschließende Frage nach den seinen Mathematikunterricht betreffenden Zielen greift er dieses Element erneut auf:

> *My present goals or aims at the moment would be - I have to find more time to free myself to spend more time on developing open-ended questions. I wanna have time to do that. I mean I do it, it goes well, but I'd like to have more time.*

In den folgenden Wochen und Monaten hat Ted "Open-ended Questions" zunehmend bei der Entwicklung neuer Unterrichtseinheiten berücksichtigt. Problem Solving Aktivitäten und "Open-ended Questions" sind dabei häufig mit dem Einsatz vielfältiger Arbeitsmaterialien und Geräte verbunden. Bei der Einheit zum Thema *Variation*[60] erweitert er die bislang vorwiegend handwerklich orientierten Arbeitsmittel auf Zeitschriften und Nachschlagewerke.

Teds Unterricht zeichnet sich nicht nur durch den Einsatz vielfältiger und für den Mathematikunterricht relativ ungewöhnlicher Arbeitsmittel aus, die von den Schülern zum Teil sogar selbst entwickelt und hergestellt werden (vgl. auch 4.1.3.1 und 4.1.3.2), sondern darüber hinaus auch durch den relativ häufigen Einsatz dieser Arbeitsmittel. Der Einsatz von Neuen Technologien in Teds Mathematikunterricht ist mangels eines schuleigenen Computerraums auf den Einsatz von Taschenrechnern beschränkt. Taschenrechner werden in Teds Unterricht nicht nur sehr kontinuierlich und häufig eingesetzt, wie die Befragung der Schüler ergeben hat (vgl. Abb. 15), die Teilnahme am ARTISM-Programm hat laut Teds eigener Aussage auch zu einer Veränderung bezüglich der Einsatz- und Anwendungsbedingungen von Taschenrechnern bei ihm und seinen Kollegen geführt:

> *... we found that doing the course [ARTISM] that we use our calculators in a more effective way to find various numbers, continuous numbers, repeating numbers, and it created a lot of interest among the staff.*

---

[60] Funktionale Abbildungen

Abb. 15

Schülerergebnisse zu Item "Using Calculators" in Teds Klasse (in Prozent)

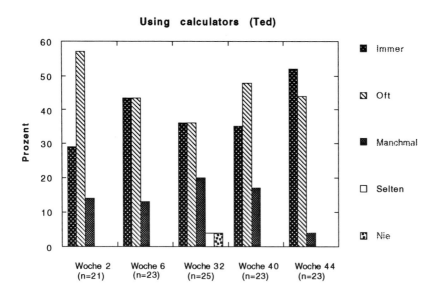

Der häufige Einsatz von Taschenrechnern und vielfältigen Arbeitsmaterialien und Geräten spiegelt sich auch in der Wahl der ihrem Mathematikunterricht entsprechenden Unterrichtsscenarien seitens der Schüler und auch aus Teds Perspektive wider. Wie Abb. 16 zeigt, wählen in Woche 28 (Phase IV) 38 Prozent der Schüler Scenario Nummer vier[61] und 33 Prozent der Schüler Scenario Nummer fünf[62]. Ted entscheidet sich zu diesem Zeitpunkt wie die Mehrzahl der Schüler für Scenario Nummer vier. In Woche 48 ist die Übereinstimmung zwischen Lehrer- und Schülerwahrnehmung noch größer.

---

[61] Mathematics Classroom 4:
The students work in groups for most of the time on different tasks and activities. Quite often these activities are supposed to be done within a certain period of time before the whole group moves to another activity. Sometimes the whole class is working on the same activity at the same time either individually or in groups. In both cases there is a lot of material and equipment in the classroom for the students. They use text books and worksheets to reinforce ideas. Homework is used in a similar way.

[62] Mathematics Classroom 5:
The teacher raises problems from the 'real world' and the students try to work out what mathematics they need to solve these problems. They work on each of these problems for a longer period of time (eg. 3 or 4 lessons). To find the appropriate way to solve a problem is as important as to do the necessary mathematical operations. Quite often the students use computers and calculators or go to libraries and other institutions to gather information. The teacher invites the students to work in groups.

Abb. 16

Schülerwahrnehmungen bezüglich der Teds Mathematikunterricht entsprechenden Unterrichtsscenarios (in Prozent)

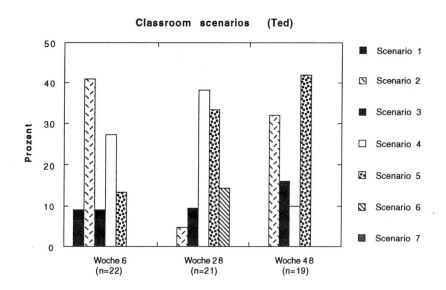

42 Prozent der Schüler wählen wie Ted Scenario Nummer fünf zur Beschreibung ihres gegenwärtigen Mathematikunterrichts, während sich 32 Prozent für Scenario Nummer zwei[63] entscheiden. Charakteristisch für alle drei mehrheitlich genannten Scenarien zwei, vier und fünf ist die Betonung der Aspekte Schülerzentrierung, Gruppenarbeit und vielfältiger Material- bzw. Geräteeinsatz. In den Szenarien zwei und fünf wird außerdem der Bezug des erlernten Stoffs zur Lebenswirklichkeit der Schüler herausgehoben. Dieser Aspekt zieht sich deutlich durch Teds Mathematikunterricht seit der Explorations-phase (vgl. 4.1.3.1) und ist offensichtlich für die Schüler ein herausragendes Element im Vergleich zu dem traditionellen Mathematikunterricht, den sie vorher gewohnt waren.

Am Ende von Phase IV hat Ted die ARTISM-Elemente Gruppenarbeit, Problem Solving, Handlungsorientierung, Betonung der Anwendungszusammenhänge von Mathematik in der Alltagswelt der Schüler, "Open-ended Questions", Führung eines Journals und alternativen Einsatz des Taschenrechners dauerhaft in seinem Unterricht implementiert und

---

[63] Mathematics Classroom 2:
The classroom is a very social place. Lots of equipment is available. The students often work in groups sharing their experiences through discussion. Different groups do different tasks, use different equipment and make many choices about how their work is displayed and how it progresses. The students decide with whom they would like to work in a group. The teacher helps individual students as well as the whole groups. Students help each other as well. A lot of the students' work is related to their daily life.

verankert. Die vermehrte Berücksichtigung von "Open-ended Questions", Problem Solving und handlungsorientierten Aufgabenstellungen hat darüber hinaus auch zum Einsatz vielfältiger Arbeitsmaterialien, Geräte und Medien geführt.

Ted selbst empfindet, daß die beiden wichtigsten Dinge, die er durch ARTISM erworben hat, die Berücksichtigung von "Open-ended Questions" und die Verknüpfung von Theorie und handlungsorientiertem Lernen sind, wie er im Rahmen der ARTISM-Evaluation notiert:

> *Open-ended questioning and the practical meshing of theory with hands-on practical learning in the field.*

In einem abschließenden Interview am Ende von Phase IV äußert er sich sehr zufrieden über seinen gegenwärtigen Mathematikunterricht und die Erreichung seiner selbstgesetzten Ziele:

> *I think it's very positive. I feel that I am chasing and trying to keep up with the targets that I set for myself.*

Er versteht seinen Mathematikunterricht jedoch als kontinuierlich veränderungsbedürftig und setzt sich weiterhin diesbezügliche Ziele, z.B. die Verbesserung seines Frontalunterrichts, wie seine Antwort auf die Frage nach Verbesserungswünschen und -bestrebungen seines Unterrichts deutlich macht:

> *Yes, that area would be new ways of making "chalk and talk" more interesting. "Chalk and talk" has a function in teaching and one method is useless. Two methods of explaining it is good, three methods, four methods - whatever number. I've been looking for that myself, because the students want it. They want to learn. If it [the content] doesn't go across it's usually my fault. And if I put it across okay, I have no problems with the kids at all. I can feel it and see it. And it's an on-going thing. I'd just like to do that all the time.*

Eine zentrale Erkenntnis, die mit der Teilnahme am ARTISM-Programm und seiner Erprobung von alternativen Unterrichtsmethoden und -konzepten in engem Zusammenhang steht, betrifft die Notwendigkeit der Kombination verschiedener Unterrichtsmethoden, Arbeits- und Sozialformen, um den Lernbedürfnissen der Schüler Rechnung zu tragen. Nach wie vor sieht er sich als hauptverantwortlich für seinen Mathematikunterricht (vgl. 4.1.2), die Inhalte und Bereiche seiner Verantwortlichkeit haben sich jedoch verschoben. Er sieht seine Rolle nicht länger als die eines Vermittlers, dessen Hauptaufgabe in der Erläuterung und Erklärung des zu erlernenden Stoffs besteht, sondern er versteht seine Lehrerrolle vielmehr als die eines Organisators, der den Unterricht strukturiert und schülergerechte Lernumgebungen und Lernsituationen bereitstellt. Auch an Teds Antworten in den entsprechenden Fragebögen in Phase III und IV läßt sich ein deutlich verändertes Verständnis von Mathematikunterricht ablesen.

Als Hauptaufgaben des Lehrers im Mathematikunterricht wählt er in beiden Phasen übereinstimmend, (1) Fragen und Aufgabenstellungen zu formulieren und auszuwählen, die das Denken der Schüler stimulieren und herausfordern, (2) abzuwägen, wieviel Hilfestellung und Anleitung er den Schülern geben sollte, (3) zu entscheiden, welchen Anregungen und Ideen der Schüler, die im Rahmen von Diskussionen und Gesprächen im Mathematikunterricht genannt werden, im Unterricht nachgegangen werden soll.

Während Ted der Aussage, daß Mathematik am besten durch Drill und Übung gelernt werden könne, vor seiner ARTISM-Teilnahme uneingeschränkt zustimmt (vgl. 4.1.2), verneint er sie in Phase III und lehnt sie in Phase IV sogar entschieden ab. Als die seiner Meinung nach bedeutendsten Elemente einer Mathematikstunde nennt Ted in Phase III und IV:

> *Students developing concepts by practical work in groups and arguing; student practical involvement, i.e. experiments explaining races and cricket or layout of shops and relating this to maths as a natural part of the conversation; a combination of students working with others, help by the teacher, practising and practical research.*

Während Teds diesbezügliche Angaben vor ARTISM deutlich am Lehrer orientiert waren, sind seine Antworten in Phase III und IV bezogen auf das Lernen der Schüler.

4.1.3.4 Teds Veränderungsprozeß aus modelltheoretischer Sicht

Die drei Phasen von Teds Veränderungsprozeß lassen sich anhand des von Clarke & Peter (1993a) entworfenen aktuellen Modells bezüglich der beruflichen Veränderungsprozesse von Lehrern (vgl. 1.2.3.3, Abb. 5) darstellen.

Wie die Ausführungen zur Explorationsphase (vgl. 4.1.3.1) gezeigt haben, stellen Teds eigene spontane Unterrichtserprobungen der im Rahmen des ARTISM-Programms propagierten Unterrichtsstrategien, -elemente und Sozialformen den zentralen Ausgangspunkt seines Veränderungsprozesses dar. Diesbezügliche Ergebnisse auf unterschiedlichen Ebenen (wie zum Beispiel in bezug auf die von ihm für seinen Mathematikunterricht als fundamental bewerteten Aspekte Kontrolle und Disziplin) führen zunächst zur Wiederholung (z.B. "Think-Pair-Share") bzw. zu weiteren Erprobungen (Gruppenarbeit mit festgelegten Rollen) und letztlich zur Veränderung und Modifikation seines Wissens und seiner Überzeugungen (Abb. 17). Veränderungen bezüglich seines Wissen und seiner Überzeugungen wirken sich wiederum auch auf seine weitere Unterrichtspraxis aus und führen zur Expansion der Unterrichtserprobungen.

Abb. 17
Übertragung der Explorationsphase auf das Clarke/Peter-Modell

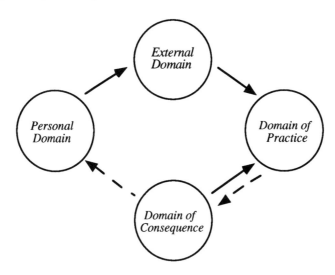

(solid line = *enactive* mediating process; broken line = *reflective* mediating process)

> *Yes, there were occasions [when the kids misbehaved], but then I adapted myself with that new situation and it worked alright. The balance of my style had to be readjusted. But I personally believe, as soon as the kids saw this was all planed, it's going, it's been designed, they are getting value out of it, they adapted to the new style and I didn't have to be as authoritarian to have the same sort of control.*

Grundlegende Voraussetzung für den Transfer in die eigene Unterrichtspraxis ist nach Teds Verständnis die Bereitschaft, Risiken einzugehen ("It [ARTISM] made me - forced me to take risks"), die Überwindung der ursprünglichen Skepsis gegenüber innovativen Strategien und Ideen sowie die Einhaltung einer gewissen Kontinuität und Beständigkeit während der Erprobungsphasen:

> *Well, I have got to come back and tell you once again, Andrea, that the gut feeling originally, initially says that it will not work. So you gotta get rid of this gut feeling, and you gotta continue right through instead of stopping half way and say, "Oh, it didn't work". You gotta go right through, you have done it and then you try it out with the kids and then you find it has been much more positive.*

In bezug auf das Clarke/Peter-Modell läßt sich die Explorationsphase seines Veränderungsprozesses, wie Abb. 17 zeigt, darstellen. Ausgangspunkt ist dabei die Verbindung von der *External Domain* zur *Domain of Practice*.

Ausgangspunkt der Konsolidierungsphase (vgl. 4.1.3.2) hingegen ist für Ted die Erkenntnis, daß Lernen ein handlungsorientierter Prozeß ist:

The session on the bike actually, yes the [ARTISM] course actually inspired me to go much further than I would have normally on the bicycle. The bicycle normally would have come in, been shown, and taken out after a period ["period" meint hier Unterrichtsstunde]. Instead, we continued through finding all the different forms of mathematical properties of the bike. And I think, it was, it was due to the [ARTISM] course. ... But I think it [ARTISM] brought it back to me once again that the learning process is actually a doing situation.

Diese Erkenntnis führt zur wiederholten Implementation bewährter ARTISM-Elemente (Problem Solving, Handlungs- und Anwendungsorientierung, Variation der Sozialformen, Rollenverteilung bei der Gruppenarbeit) bzw. zu deren Expansion (wie z.B. zu weiterem Experimentieren mit alternativen Beurteilungsformen). Während die diesbezüglichen Unterrichtserfahrungen Teds Einstellungen zu den Aspekten Kontrolle und Disziplin nicht verändert und er die Erfahrung macht, daß die Integration o.g. ARTISM-Elemente seinen Anspruch auf Disziplin und Kontrolle nicht beeinträchtigt, ihm vielmehr sogar entgegenkommt, verändert sich sein Verständnis der Lehrerrolle. Die Integration der von Ted demonstrierten Konsolidierungsphase in das Clarke/Peter-Modell führt im Vergleich zur Explorationsphase zur Einführung eines weiteren Pfeils zwischen der *Personal Domain* und der *Domain of Practice*, wie Abb. 18 zeigt.

Abb. 18
Übertragung der Konsolidierungsphase auf das Clarke/Peter-Modell

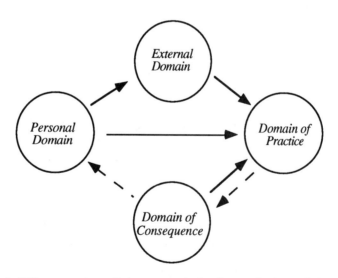

(solid line = *enactive* mediating process; broken line = *reflective* mediating process)

Während eine Veränderung seines Wissens den Ausgangspunkt der Konsolidierungsphase bildete, liegen die Grundlagen für die Verselbständigungsphase (vgl. 4.1.3.3) vielmehr in der *Domain of Consequence* und der *External Domain*. Die von Ted als zwingend notwendig angesehene Reform des Mathematikcurriculums für den Jahrgang 10 signalisiert eine deutliche Veränderung hinsichtlich der seinen Mathematikunterricht betimmenden Werte und Ziele. Parallel dazu erfährt er durch die Einladung zur Mitwirkung an der sechsten ARTISM-Veranstaltung professionelle Anerkennung seiner Leistungen und Verdienste, was sich in einer zusätzlichen Motivationssteigerung widerspiegelt. In den folgenden Monaten integriert er weitere, bislang noch unberücksichtigte ARTISM-Elemente in seine Unterrichtspraxis ("Open-ended Questions", Journals, alternativer Einsatz des Taschenrechners, weitere Experimente zu Beurteilungsverfahren und Leistungsmessung) und kombiniert diese mit den bereits erprobten Strategien und Sozialformen. Wie schon in den vorangegangenen Phasen evaluiert er weiterhin die Erfahrungen seiner Unterrichtserprobungen anhand seines bestehenden Wertesystems. Die kritische Reflexion diesbezüglicher Ergebnisse bedingt dann daraufhin eine Veränderung seines Wissens oder seiner Überzeugungen.

Auf das Clarke/Peter-Modell übertragen, ergibt sich für die Verselbständigungsphase in Teds beruflichem Veränderungsprozeß das in Abb. 19 dargestellte Bild.

Abb. 19
Übertragung der Verselbständigungsphase auf das Clarke/Peter-Modell

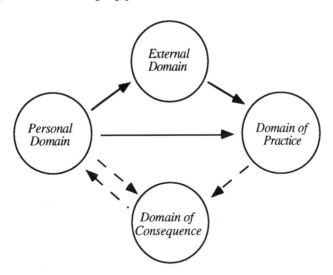

(solid line = *enactive* mediating process; broken line = *reflective* mediating process)

Während eine Veränderung seines Wissens den Ausgangspunkt der Konsolidierungsphase bildete, liegen die Grundlagen für die Verselbständigungsphase vielmehr in der *Domain of Consequence* und der *External Domain*: Die von Ted als zwingend notwendig angesehene Reform des Mathematikcurriculums für den Jahrgang 10 signalisiert eine deutliche Veränderung hinsichtlich der seinen Unterricht bestimmenden Werte und Ziele.

Zusammenfassung

Die Explorationsphase ist für den gesamten Veränderungsprozeß, den Ted durchlaufen hat, von entscheidender Bedeutung, denn die in dieser Phase gemachten Erfahrungen werden von Ted in einem zweiten Durchlauf der Unterrichtsexploration von ARTISM-Inhalten konsolidiert und erweitert (Konsolidierungsphase), bevor er sein Unterrichtsverständnis und seine Unterrichts- und Beurteilungspraxis dauerhaft radikal verändert und diese Veränderungen über seinen eigenen Unterricht hinaus auf Schulebene manifestiert (Verselbständigungsphase).

Teds Veränderungsprozeß ist durchaus nicht durchgehend zyklischer oder gradueller Natur, wie theoretische Modelle bezüglich des beruflichen Veränderungsprozesses von Lehrern der Vergangenheit (vgl. 1.2.3.3, Abb. 2-5) suggerieren. Auch wenn sich der von Ted demonstrierte Veränderungsprozeß anhand des Clarke/Peter-Modells darstellen läßt, soll darauf verwiesen werden, daß nicht alle diesem Modell zugrunde liegenden Pfade in den Abb. 17-19 vorkommen. So läßt sich zum Beispiel anhand des erhobenen Datenmaterials kein Hinweis auf einen direkten Transfer der ARTISM-Inhalte (*External Domain*) auf Veränderungen seiner Überzeugungen und seines Wissens (*Personal Domain*) finden. Ferner läßt sich aufgrund der zugrunde liegenden Daten kein direkter Zusammenhang zwischen Unterrichtserprobungen (*Domain of Practice*) und Veränderungen seines Wissens und seiner Überzeugungen (*Personal Domain*) erkennen.

Erfahrungen anhand von Unterrichtserprobungen werden von Ted sehr sorgfältig auf der Grundlage seiner bestehenden Werte und Ziele evaluiert. Erst wenn sich diesbezügliche Ergebnisse mit seinen Wertvorstellungen decken, bzw. nicht im Widerspruch dazu stehen, resultieren daraus Veränderungen seiner Überzeugungen.

Die von Ted gezeigten Veränderungen lassen sich, wie die obigen Ausführungen belegen, unmittelbar auf seine Teilnahme am ARTISM-Programm zurückführen und stehen somit in direktem Zusammenhang mit Fragen bezüglich der Planung, Entwicklung und Implementation intentionaler Lehrerfortbildung.

Die Erprobung von neuen Strategien und Ideen seitens der Fortbildungsteilnehmer, den praktischen Einfluß auf das Mathematikcurriculum seiner Schule durch die Entwicklung bzw. Überarbeitung, Durchführung und Evaluation einer Unterrichtseinheit und die regelmäßigen Schulbesuche der Veranstalter zwischen den einzelnen ARTISM-Sessions wertet er selbst rückblickend als die drei wichtigsten Charakteristika des ARTISM-Programms (vgl. Abb. 50 unter 5.3.2), da sie seiner Meinung nach Veränderungen forcieren und unterstützen.

Wie die Analyse seines Veränderungsprozesses gezeigt hat, haben eben diese Charakteristika des ARTISM-Konzepts und Teds Bereitschaft, sich darauf einzulassen, seinen professionellen Entwicklungsprozeß entscheidend geprägt.

4.2 Kim - Strukturelle Faktoren seitens der Schule sowie das eigene professionelle Selbstverständnis scheinen nicht kompatibel zu den ARTISM-Inhalten

4.2.1 Biographische Voraussetzungen

Kim ist zu Beginn des ARTISM-Programms Anfang vierzig und arbeitet seit zwanzig Jahren, d.h. seit dem Abschluß ihres Studiums, als Lehrerin für die Sekundarstufe. Nach einem dreijährigen Studium der Naturwissenschaften mit dem Schwerpunkt Physik, das mit dem *Bachelor of Science Degree* abgeschlossen wurde, hat sie nach einem einjährigen erziehungswissenschaftlich ausgerichteten Aufbaukurs das *Diploma of Education* und somit die Lehrbefähigung für die Fächer Mathematik und Physik erhalten. Kim arbeitet zur Zeit des ARTISM-Programms bereits seit über zehn Jahren an Schule C und unterrichtet dort vorwiegend Mathematik und Science in den Klassen 7 bis 10. Im Schuljahr nach Beendigung des ARTISM-Programms unterrichtet sie allerdings nach einigen Jahren erstmals wieder in der Jahrgangsstufe 12.

Die Unterrichtshospitationen für diese Studie fanden allesamt in einer Klasse der Jahrgangsstufe 9 statt. Kim hatte diese Klasse für die Unterrichtsbesuche vorgeschlagen.

Im Gegensatz zu zahlreichen anderen Kollegen ihrer Schule hat sie alle sieben ARTISM-Veranstaltungen besucht und war auch während der meisten Schulbesuche anwesend. Das Wort Zurückhaltung beschreibt die Art und Weise ihrer Beteiligung am ARTISM-Programm am ehesten. Ihre Bereitschaft zur Teilnahme an dieser Fallstudie hat sie erst nach langer Bedenkzeit und Rücksprache mit dem Schulleiter, der sie zur Teilnahme motiviert hat, da ihn die Wirkung des ARTISM-Programms in seinem Kollegium interessierte, erklärt. Aus diesem Grund waren die Aufnahme der Interviews, Schülerbefragungen und Schulbesuche erst am Ende von Phase III möglich. Trotz des somit reduzierten Datenmaterials hat Kims Fallstudie in bezug auf die Untersuchung von möglichen Veränderungsprozessen von Lehrern in Zusammenhang mit ihrer Teilnahme an intentional veranstalteter Lehrerfortbildung einen erheblichen informationstheoretischen Wert, da ihre Reaktionen auf und ihr Umgang mit dem ARTISM-Programm drastisch von den anderen drei in dieser Arbeit dargestellten Fallstudien abweichen und diesbezügliche Divergenzen im Ansatz bereits in Phase II erkennbar waren.

4.2.2 Charakteristika von Kims Mathematikunterricht vor ARTISM und ihre diesbezügliche Erwartungshaltung

Ebenso wie Ted wählt auch Kim zur Beschreibung und Charakterisierung ihres Unterrichts Scenario Nummer eins[64]. Mit der Wahl dieses Scenarios decken sich auch ihre Eintragungen bezüglich der Elemente, die in ihrem Mathematikunterricht häufig bzw. manchmal oder selten vorkommen: Einzelarbeit, d.h. individuelles Lösen von Aufgaben aus dem Mathebuch oder anhand von Arbeitsblättern und unter Zuhilfenahme des Taschenrechners, Abschreiben von der Tafel und den Erklärungen des Lehrers zuhören sind Elemente, die nach Kims Aussage in ihrem Unterricht oft vorkommen, während Gruppenarbeit, Arbeit mit dem Computer ebenso wie ihrer Einschätzung nach Denken seitens der Schüler nur selten vorkommen. Die drei wichtigsten Bestandteile eines 'guten' Mathematikunterrichts sind ihrer Meinung nach: (1) die Erklärung des Stoffs durch den Lehrer[65], (2) das dem Mathematikunterricht zugrunde liegende Schulbuch, (3) die individuellen Hilfen, die der Lehrer den einzelnen Schülern gibt. Zu ihren Hauptaufgaben als Lehrerin gehört es demnach, den Unterrichtsstoff zu erklären, für Disziplin und Kontrolle zu sorgen sowie die Schüler dazu aufzufordern, ihre Ideen und Lösungsstrategien zu erläutern und zu begründen.

Das Kims Mathematikunterricht zugrunde liegende Mathematikverständnis beruht auf der Überzeugung, daß Mathematik hauptsächlich in der Schule und weniger im täglichen Leben vorkommt und im wesentlichen durch den Umgang mit Zahlen und Aufgaben, die in erster Linie im Kopf bzw. (halb-)schriftlich gelöst werden, bestimmt wird. Bezüglich der Aussage, daß Mathematik am besten durch Drill und Übung erlernt werden kann, macht Kim ein Fragezeichen. Diese Unentschlossenheit kann als Unsicherheit interpretiert werden, sich zu einer solchen Auffassung zu bekennen, die sicherlich im Widerspruch zum Tenor der aktuellen pädagogischen und mathematikdidaktischen Diskussion in Australien steht. Den Aussagen, daß Schreiben über Mathematik ein wichtiges Element im Mathematikunterricht ist, das den Schülern hilft, ihre Ideen zu klären, und daß Diskussionen über Mathematik mit anderen Schülern ihr mathematisches Verstehen

---

[64] Mathematics Classroom 1:
Most of the time the class is taught as a whole and most work is done by the individual students on their own. The work mainly comes from text books and worksheets and is supposed to be done using 'pencil and paper'. The teacher helps every student individually. The homework mainly consists of practising the content which is taught during the lessons.

[65] Diese Einschätzung spiegelt sich zum einen ebenfalls in ihrem Mathematikverständnis, wonach die Erklärung und Erläuterung mathematischer Konzepte und Ideen einen wichtigen Bestandteil von Mathematik darstellt, wider; zum anderen stimmt sie der Aussage, daß Mathematik nicht den Gebrauch vieler Worte erfordert, nicht zu.

fördern, stimmt sie hingegen eindeutig zu. Stärken des Mathematikunterrichts an ihrer Schule sind Kims Meinung nach das Vorhandensein und der Einsatz des *Kent Curriculum Package*[66], die Einteilung der Schüler der Jahrgangsstufen 11 und 12 in verschiedene Kurse auf der Grundlage ihres Leistungsniveaus sowie die gute Koordination des gesamten Mathematikcurriculums über alle Jahrgangsstufen. Schwachpunkte seien hingegen die Klassengröße sowie das Fehlen eines speziell mit Arbeitsmitteln und Geräten ausgestatteten "Mathematiklabors", die mangelnde Kenntnis vieler Lehrer, die nur in den Klassen 7 bis 10 unterrichten, hinsichtlich des Stoffs der Jahrgangsstufen 11 und 12 und die Tatsache, daß viele Lehrer, die an ihrer Schule das Fach Mathematik unterrichten, keine Ausbildung als Mathematiklehrer haben. Während der Mathematik-Koordinator von Schule C explizite Erwartungen an das ARTISM-Programm formuliert, die im wesentlichen an den von ihm wahrgenommenen Defiziten und Schwächen hinsichtlich des Mathematikunterrichts an seiner Schule ansetzen, wird das im Rahmen der ersten ARTISM-Veranstaltung auszufüllende Erwartungsstatement von Kim nicht zurückgegeben.

1. A clearer picture of what is "Problem Solving and Modelling"
2. Confidence to try new tasks in the classroom
3. Assist teachers in developing strategies to teach mathematics under the new guidelines set down by the Frameworks
4. Ideas that can be applied to the classroom NOW
(Mathematik-Koordinator Schule C)

Dies läßt sich dahingehend deuten, daß Kim keine besonderen persönlichen Erwartungen an ihre ARTISM-Teilnahme knüpft und sie lediglich dem Wunsch der Schulleitung in bezug auf die Teilnahme aller Mathelehrer entspricht. Diese Interpretation deckt sich auch mit ihrem Verhalten und ihren verbalen wie schriftlichen Äußerungen, wie die folgenden Ausführungen belegen.

4.2.3 Kims Umgang mit den ARTISM-Inhalten

Wie bereits die Kapitelüberschrift andeutet, scheint es zumindest auf den ersten Blick nicht angemessen, in bezug auf Kim von einem Veränderungsprozeß als Resultat ihrer Teilnahme am ARTISM-Programm zu sprechen. Anders als bei Ted sind bei Kim keine langfristigen Veränderungen bezüglich ihrer Unterrichtspraxis in Zusammenhang mit

---

[66] Das sog. KENT Programm ist ein Anfang der siebziger Jahre entwickeltes Curriculum-Paket, das sich im wesentlichen aus Aufgabensammlungen zu verschiedenen mathematischen Themengebieten zusammensetzt. Die Aufgaben bestehen zum großen Teil aus zu lösenden Gleichungen, Ungleichungen oder Termumformungen und sind in erster Linie auf ein richtiges Ergebnis und weniger auf den Lösungsweg oder gar das Finden alternativer Lösungsstrategien ausgerichtet. Textaufgaben bzw. Problem Solving kommen nur bedingt bzw. überhaupt nicht vor.

ARTISM zu erkennen. Die Beantwortung der Frage, ob ARTISM ihr Wissen oder ihre Überzeugungen in bezug auf Mathematik und das Lehren und Lernen von Mathematik beeinflußt oder gar verändert hat, wird durch ihre ausweichenden und zum Teil widersprüchlichen Angaben und Aussagen erschwert. Es scheint, als habe Kim von Anfang an Schwierigkeiten, sich auf das ARTISM-Programm und evtl. damit in Zusammenhang stehende Veränderungen einzulassen, denn sie wiegelt einen möglichen individuellen Einfluß in einem ersten Interview in Phase III deutlich ab.

> *The "Think-Pair-Share" - and we've always done a little bit of group work anyway, when it cropped up. So that didn't really change. The work on computers, but that hasn't changed a lot, because you can't get into the computer room. And I think the best thing was that the people from our school that teach junior levels and senior levels mix, because you don't normally. I think that was the best that came out of it for our school. ... I've done the work with post grad [a post graduate course towards a masters degree] at Melbourne Uni, so I have done a lot of that stuff. That's probably why I found it a little bit boring, because I've already seen those things and - I sort of like the MCTP stuff which you used a lot in the lectures which we already knew about, too.*

Auch wenn Kim ausdrücklich betont, daß ihr das ARTISM-Programm keine neuen Anregungen bieten konnte, lassen sich in ihrer Unterrichtspraxis keine Hinweise auf die Integration von ARTISM-Programminhalten feststellen, wie im folgenden deutlich werden wird.

4.2.3.1 Kims Unterrichtspraxis nach der Teilnahme an ARTISM

Da das ARTISM-Programm im Hinblick auf seine Zielsetzung direkt an die Unterrichtspraxis der Lehrer anknüpfen will (vgl. 2.2.2) in der Hoffnung, daß positive Erfahrungen mit ARTISM-Elementen im Rahmen von Unterrichtserprobungen sozusagen als "Eisbrecher" wirken, die letztlich zu einer Veränderung von Wissen und Überzeugungen führen und somit weitere Veränderungen in der Praxis nach sich ziehen, soll zunächst Kims Unterrichtspraxis nach Abschluß des ARTISM-Programms im Mittelpunkt der Betrachtungen stehen.

Sowohl sie selbst als auch die Schüler ordnen Kims Mathematikunterricht eindeutig und kontinuierlich Scenario Nummer eins[67] zu (vgl. Abb. 20). Dies Scenario hatte Kim ebenfalls zur Beschreibung ihres Unterrichts vor der Teilnahme an ARTISM gewählt.

---

[67] Mathematics Classroom 1:
Most of the time the class is taught as a whole and most work is done by the individual students on their own. The work mainly comes from text books and worksheets and is supposed to be done using 'pencil and paper'. The teacher helps every student individually. The homework mainly consists of practising the content which is taught during the lessons.

Abb. 20
Schülerwahrnehmungen bezüglich der Kims Mathematikunterricht entsprechenden
Unterrichtsscenarios (in Prozent)

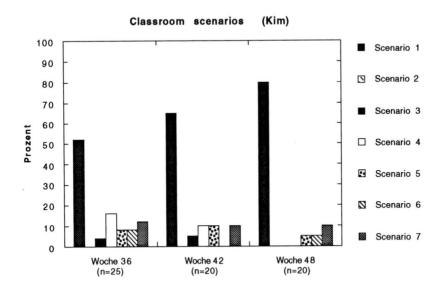

Populäre ARTISM-Programminhalte wie Gruppenarbeit, Führung von Journals, Handlungsorientierung, Problem Solving sowie die Erprobung alternativer Formen der Leistungsbeurteilung finden sich in ihrem Unterricht höchstens ansatzweise, sind jedoch keinesfalls fest in der täglichen Unterrichtspraxis verankert, wie sowohl die Auswertungen der Unterrichtshospitationen als auch der wiederholten Schülerbefragungen verdeutlichen:
Alle acht Unterrichtshospitationen in Phase IV sind von Frontalunterricht und Disziplinproblemen geprägt. Bereits die Sitzordnung, d.h. fünf Reihen mit jeweils sechs hintereinander stehenden Einzeltischen, die in Richtung Tafel ausgerichtet sind, spiegelt die am häufigsten vorkommende Sozialform "Einzelarbeit" wider, was durch die Auswertung der Schülerantworten zu Item "Working on my own" (vgl. Abb. 21) bestätigt wird. Kim selbst ordnet diesem Item durchgängig die Kategorie "oft" zu.
Die absolute Mehrheit der Schüler wählt grundsätzlich die Kategorien "immer" oder "oft", wobei auffällig ist, daß sich kontinuierlich eine steigende Anzahl der Schüler für die Kategorie "immer" entscheidet. Waren es in Woche 16 noch 17 %, die diese Kategorie ankreuzten, so waren es in Woche 46 mehr als die Hälfte aller Schüler, während Kim bei allen drei Befragungen in Phase IV die Kategorie "oft" wählt.

Abb. 21

Schülerergebnisse zu Item "Working on my own" in Kims Klasse (in Prozent)

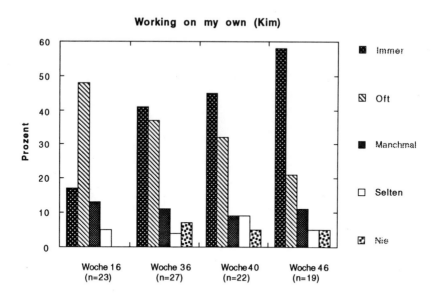

Parallel zu diesen Aussagen verhalten sich die Schülerantworten bezüglich der Items "Working with a partner" (siehe Abb. 23) und "Working with a group" (siehe Abb. 22). Eine steigende absolute Mehrheit hat in bezug auf die Gruppenarbeit die Kategorien "selten" und "nie" gewählt, wobei hier die Zahl der Schüler, die die Kategorie "nie" ankreuzt, kontinuierlich ansteigt, von anfänglich 39 Prozent während der ersten Befragung bis auf 70 Prozent während der letzten Befragung. Die verhältnismäßig wenigen Schüler, die sich für die Kategorien "manchmal", "oft" oder "immer" entschieden haben, mögen dabei durchaus ein "falsches" Verständnis von Gruppenarbeit zugrunde gelegt haben. In meiner ersten Hospitationsstunde in Kims Klasse hatte sie die Stunde mit der Erläuterung "today we will work in groups" begonnen, wobei sich allerdings herausstellte, daß die Klasse lediglich in eine leistungsstarke und eine leistungsschwache Gruppe geteilt wurde, die in Einzelarbeit verschiedene Arbeitsblätter mit Aufgabenpäckchen bearbeiten sollten. Dies Verständnis von Gruppenarbeit kann einige Schüler bei ihrer Auswahl der Kategorien durchaus beeinflußt haben. Kims Einschätzung deckt sich nur bedingt mit der Wahrnehmung ihrer Schüler, denn sie wählt in bezug auf den Einsatz von Gruppenarbeit in ihrem Mathematikunterricht durchgängig die Kategorie "selten".

Abb. 22
Schülerergebnisse zu Item "Working with a group" in Kims Klasse (in Prozent)

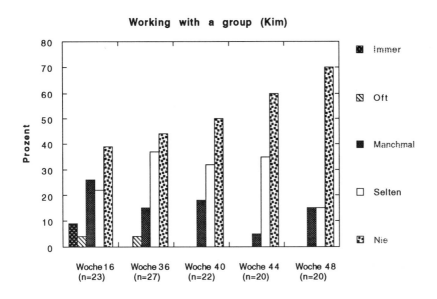

Abb. 23
Schülerergebnisse zu Item "Working with a partner" in Kims Klasse (in Prozent)

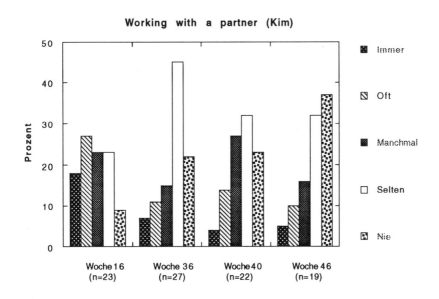

Hinsichtlich des Items Partnerarbeit ist das Mehrheitsverhältnis bezüglich der Kategorien "selten" und "nie" nicht ganz so groß und darüber hinaus leicht schwankend. Jedoch entscheidet sich zwischen Woche 36 und 46 insgesamt jeweils weniger als ein Fünftel der Schüler für die Kategorien "immer" und "oft". Eine persönliche Rückfrage bei denjenigen Schülern, die die Kategorien "immer", "oft" bzw. "manchmal" angekreuzt hatten, ergab, daß diese Schüler auch ohne Aufforderung der Lehrerin bei der Lösung der zu bearbeitenden Aufgaben zusammenarbeiten, d.h. leise mit dem Nachbarn ihre Anworten bzw. Lösungsansätze vergleichen. Diese Schüler beziehen ihre Angaben demnach nicht auf intentionale und seitens der Lehrerin geplante Formen der Gruppenarbeit.

Auch in bezug auf Partnerarbeit ist Kims Einschätzung optimistischer als die Wahrnehmung ihrer Schüler, denn sie entscheidet sich diesbezüglich kontinuierlich für die Kategorie "manchmal". Im wesentlichen laufen die Stunden, in denen ich in Kims Klasse hospitiert habe, alle nach dem gleichen Muster ab: Nach der Kontrolle der Hausaufgaben wird neuer Stoff anhand von Erklärungen der Lehrerin und dem Lösen von Beispielaufgaben an der Tafel mit oder ohne Beteiligung der Schüler eingeführt bzw. bereits bekannter Stoff wiederholt.

Abb. 24

Schülerergebnisse zu Item "Listening to the teacher" in Kims Klasse (in Prozent)

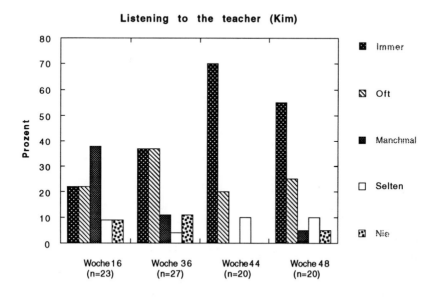

Auch diesbezüglich decken sich meine Beobachtungen mit den Einschätzungen und Wahrnehmungen der Schüler, die ihre Antworten jeweils auf den Mathematikunterricht in den vergangenen zwei Wochen beziehen sollen. Abgesehen von Woche 16 gibt auch hier die absolute Mehrheit der Schüler an, in ihrem Mathematikunterricht "oft" bzw. "immer" den Erklärungen der Lehrerin zuzuhören (vgl. Abb. 24). Diese Ergebnisse, die gegen Ende von Phase IV ziemlich eindeutig sind, belegen Kims Aussage bezüglich ihres Unterrichts vor der Teilnahme am ARTISM-Programm, wonach ihre Hauptaufgabe als Lehrerin in der Erklärung des Unterrichtsstoffs besteht (vgl. 4.2.2). Die diesbezüglichen Antworten der Schüler sind ein Hinweis darauf, daß ihr Verhalten ihr Verständnis von Unterricht widerspiegelt und daß ihre Überzeugungen durch das ARTISM-Programm zumindest nicht nachhaltig und langfristig modifiziert worden sind. An die Erklärungen der Lehrerin knüpfen meist individuelle Übungsphasen der Schüler an, in denen sie häufig in Einzelarbeit, manchmal in Partnerarbeit (vgl. Abb. 23), Übungsaufgaben in Form von "Päckchenrechnen" lösen müssen. Diese "Päckchen enthalten meist Gleichungen oder Terme, die nach einem bestimmten Verfahren ausgerechnet bzw. umgeformt werden sollen. Komplexere Aufgaben in Richtung Problem Solving, die evtl. Recherchen, den Einsatz vielfältiger Geräte bzw. Materialien oder den Entwurf und die (schriftliche) Darstellung einer Lösungsstrategie erfordern, kommen in Kims Unterricht, wenn überhaupt, nur selten vor. Auch hier spiegeln die Schülerergebnisse ein ähnliches Bild.

Abb. 25
Schülerergebnisse zu Item "Writing numbers" in Kims Klasse (in Prozent)

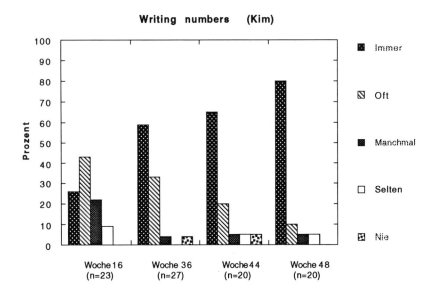

In Phase IV kreuzt wiederum die absolute Mehrheit der Schüler bezüglich des Items "Writing numbers" die Kategorie "immer" an, und auch hier sind die Prozentzahlen gegen Ende von Phase IV steigend, d.h. in Woche 48 entscheiden sich 80 Prozent der Schüler für diese Kategorie (siehe Abb. 25). Kims Wahrnehmung bezüglich des Anteils dieses Aspektes an ihrem Unterricht ist allerdings etwas gemäßigter. Im Gegensatz zu ihren Schülern wählt sie durchgängig die Kategorie "oft". Auffällig ist, daß sie generell bei ihren Antworten nicht auf die Extremwerte "nie" oder "immer" zurückgreift, sondern sich bei über 80 Prozent aller Items für die Kategorien "manchmal" oder "oft" entscheidet. Das Lösen von Aufgabenpäckchen, das in erster Linie das Schreiben von Zahlen bedingt und erfordert, wird von den Schülern demnach offensichtlich als eine ihrer Hauptaktivitäten im Mathematikunterricht wahrgenommen und steht in direktem Zusammenhang mit ihren Angaben bezüglich der Arbeit mit dem Mathematikbuch.

Abb. 26
Schülerergebnisse zu Item "Working from a textbook" in Kims Klasse (in Prozent)

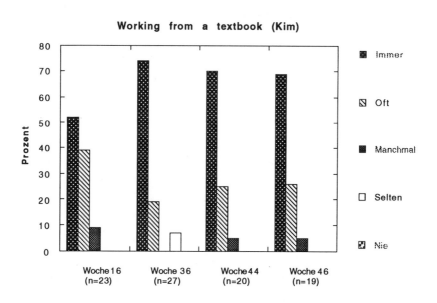

In Phase IV geben um die 70 Prozent aller Schüler an, "immer" Aufgaben aus dem Mathematikbuch zu lösen. Auch hier fällt Kims Einschätzung mit der Wahl der Kategorie "oft" gemäßigter aus. Der große Stellenwert des Schulbuchs in Kims Mathematikunterricht wird jedoch nicht nur von mir und den Schülern explizit wahrgenommen. Wie unter 4.2.2 erwähnt, gehört das dem Mathematikunterricht zugrunde liegende Schulbuch nach Kims Auffassung zu den wichtigsten Bestandteilen des Mathematikunterrichts. Ihre Überzeugungen diesbezüglich haben sich auch nach der Teilnahme an ARTISM offensichtlich nicht verändert, was sowohl meine Beobachtungen und die Angaben der Schüler als auch Kim selbst im Rahmen eines Interviews am Ende von Phase III zum Ausdruck bringen:

> *I think we use a fairly good textbook that's got activities in it when they are available anyway. If we were using Lynch & Parr[68] it would be different. The "Mathematics Today" textbook incorporates a lot of stuff from MCTP anyway. When it can fit in, they put it in.*

Auch wenn Anwendungsbezüge von Mathematik in dem betreffenden Schulbuch an verschiedenen Stellen aufgenommen werden, so lassen sich in bezug auf Kims Unterricht nur wenige Hinweise auf die Einbeziehung dieser Anwendungsbezüge feststellen. In allen Situationen bezüglich des Einsatzes des Schulbuches, bei denen ich anwesend war, griff Kim auf die sog. Päckchenaufgaben im Buch zurück. Auch die von ihr ausgegebenen Arbeitsblätter erwiesen sich in den Stunden, in denen ich hospitiert habe, bis auf eine Ausnahme als Zusammenstellungen solcher Päckchenaufgaben anhand von Fotokopien aus Schulbüchern. Auffällig ist diesbezüglich, daß diese Arbeitsblätter nicht besonders ansprechend gestaltet waren und die Schüler anscheinend nur wenig zur Bearbeitung motiviert haben. Der relativ häufige Einsatz solcher Päckchenaufgaben in Phase IV läßt den Schluß zu, daß Kim zumindest in dieser Phase intensives Üben hinsichtlich der Anwendung von Algorithmen im Sinne von "drill and practice" (vgl. 4.2.2) durchaus angemessen und wichtig erscheint.

Für die Annahme, daß Kim zumindest in Phase IV kaum oder nur wenige Aufgaben mit Problem-Solving-Charakter zum Unterrichtsgegenstand gemacht hat, spricht auch der wenig variationsreiche Einsatz von verschiedenen Unterrichtsmaterialien und Geräten. Bezüglich des Items "Using other equipment" kreuzt die Mehrzahl der Schüler jeweils die Kategorien "manchmal", "selten" und "nie" an, wie Abb. 27 zeigt. Kims Einschätzung ist hier deutlich positiver, denn sie wählt kontinuierlich die Kategorie "manchmal".

Während die Schüler die oben beschriebenen Aufgabentypen bearbeiten, geht Kim durch die Klasse, zeichnet Hausaufgaben ab, gibt individuelle Hilfestellungen und Ermutigungen oder demonstriert für kleine Gruppen von Schülern, die den Stoff noch nicht verstanden haben, exemplarisch Lösungswege an der Tafel. Durchgängig durch den gesamten Stundenverlauf ziehen sich zahlreiche Ermahnungen und Disziplinierungen, die sich in den meisten Fällen auf allgemeine Unruhe bzw. individuelle Unterrichtsstörungen in Form von Unterhaltungen mit dem Nachbarn beziehen. Insgesamt dreimal muß die gesamte Klasse im Anschluß an die Stunde (es handelt sich jeweils um die letzte Stunde) zwei Minuten nachsitzen, zweimal wird ein störender Schüler nach wiederholter

---

[68] Herausgeber eines australischen Schulbuches für den Mathematikunterricht in der Sekundarstufe

Ermahnung für einige Minuten vor die Tür geschickt. Wie bereits unter 4.2.1 erwähnt, trägt die Tatsache, daß die meisten Mathematikstunden in dieser Klasse nach dem Mittagessen stattfinden, sicherlich zu Ermüdungserscheinungen, Konzentrations- und Motivationsproblemen seitens der Schüler bei.

Abb. 27

Schülerergebnisse zu Item "Using other equipment" in Kims Klasse (in Prozent)

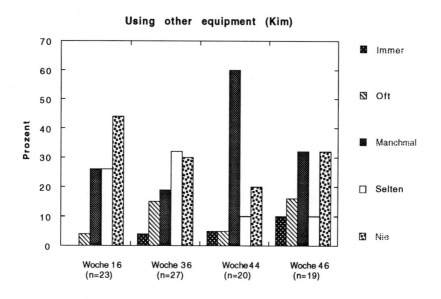

Die beiden vorletzten Stunden meiner Unterrichtshospitation weichen von diesem oben geschilderten Schema zumindest teilweise ab. In der einen Stunde will Kim die Schüler mit häufig vorkommenden Prozentangaben und dem Schätzen von Prozentangaben vertraut machen. Sie greift zu diesem Zweck auf ein MCTP-Arbeitsblatt[69] zurück und läßt in drei Durchgängen die Füllung eines Glaszylinders mit gefärbtem Wasser von den Schülern abschätzen und die entsprechenden Schätzwerte auf dem Arbeitsblatt eintragen, die dann in einem nächsten Schritt mit den exakten Werten verglichen werden. Anstatt die Schüler in Kleingruppen oder Partnerarbeit mit der Füllung des Glaszylinders und dem Abschätzen der jeweiligen Füllungsmenge experimentieren zu lassen, zieht sie jedoch wiederum einen lehrerorientierten Unterrichtsstil vor. Nach anfänglichem Interesse beginnen sich die Schüler bald zu langweilen und unruhig zu werden, d.h. Gespräche mit Nachbarn und laute Zwischenrufe in die Klasse nehmen zu. Ein Schüler fragt, wo dieses

---

[69] Lovitt & Clarke (1988, vol. 2, 130)

Schätzen in der Alltagswelt vorkomme, worauf Kim jedoch nicht direkt eingeht. Nachdem die Schüler die Fehlerquotienten bezüglich ihrer Schätzungen berechnet haben, fordert Kim sie auf, Beispiele für Prozentangaben, wie sie im täglichen Leben auftreten, zu nennen, und notiert die Schülerbeiträge an der Tafel. Sie reagiert somit indirekt auf die vorangegangene Frage des Schülers bezüglich einer Übertragung des Stoffes auf die Alltagswelt. An dieser Sequenz beteiligen sich die Schüler rege, einige Vorschläge werden lebhaft diskutiert und erläutert. Nach insgesamt sechzehn Beispielen bricht Kim diese Sequenz ab und verdeutlicht an der Tafel die Umformung von Prozentwerten in Dezimalbrüche. In den verbleibenden fünfzehn Minuten dieser Stunde sollen die Schüler wiederum eine Art "Aufgabenpäckchen" in ihrem Mathebuch bearbeiten. In dieser Phase arbeiten nur noch wenige Schüler intensiv mit. Ein Drittel hat am Ende der Stunde noch nicht einmal mit der Bearbeitung der Aufgabe begonnen. Als Kim das feststellt, läßt sie alle zwei Minuten nachsitzen und gibt jeweils die noch nicht bearbeiteten Aufgabenteile als Hausaufgabe auf.

Kim sagt nach dieser Stunde im Rahmen eines informellen Gesprächs, daß sie sich durch meine regelmäßigen Hospitationen etwas unter Zugzwang fühle, ARTISM-Elemente in ihren Unterricht zu integrieren und habe deshalb auf einen MCTP-Unterrichtsvorschlag zurückgegriffen. Sie glaubt, ich habe diesbezüglich eine entsprechende Erwartungshaltung und scheint erleichtert, als ich ihr nochmals versichere, daß mich nicht die Implementation des ARTISM-Programms als solches interessiert sondern vielmehr die Prozesse, die Lehrer im Umgang mit diesem Programm (stellvertretend für ein Lehrerfortbildungsprogramm im allgemeinen) zeigen.

Während der nächsten Hospitationsstunde gut eine Woche später greift Kim das Schätzen von Prozentwerten noch eimal auf. Zunächst jedoch bemüht sie sich darum, den Schülern zu veranschaulichen, daß die Zuhilfenahme eines Taschenrechners nicht immer zu einer schnelleren Lösung führen muß, wenn man sog. "einfache" Prozentwerte wie 10%, die lediglich eine Kommaverschiebung bedeuten, im Kopf bzw. halbschriftlich ausgerechnet. Zu diesem Zweck arbeiten die Schüler mit einem Partner. Während der eine die fünf Aufgaben[70] an der Tafel mit dem Taschenrechner löst, stoppt der andere die Zeit, die dieser Schüler dafür benötigt, und umgekehrt. In einem zweiten Durchgang rechnen beide Schüler ähnliche Aufgaben mit Zehnerprozenten, die Kim an die Tafel schreibt, ohne Taschenrechner und messen wiederum wechselseitig ihre Bearbeitungszeiten. Der Vergleich der gemessenen Zeiten zeigt, daß von allen 28 Schülern nur vier Schüler unter Zuhilfenahme des Taschenrechers schneller waren.

---

[70] Folgende Aufgaben stehen an der Tafel: 1) 10 % of 47   2) 10 % of 14,50
3) 10 % of 65   4) 10 % of 212,65
5) 10 % of 23,15

Nachdem Kim an der Tafel demonstriert hat, wie man 20 Prozent eines beliebigen Wertes schnell im Kopf ausrechnen kann, indem man erst 10 Prozent ausrechnet und das Ergebnis dann verdoppelt, folgen weitere Schätzübungen zu Prozentwerten. Die Schüler sollen jeweils das Ergebnis der Aufgaben, die Kim an die Tafel schreibt[71], schätzen. Je nach Abweichung bekommen die Schüler Punkte für die Ergebnisse (d.h. je geringer die Abweichung, desto mehr Punkte), und der Schüler mit den meisten Punkten wird als Sieger gekürt. In dieser Stunde herrscht zum ersten Mal während meiner Hospitationen eine entspannte Stimmung zwischen Kim und ihren Schülern. Die Schüler haben sichtlich Spaß an den Aufgaben, die jeweils eine spielerische Komponente beinhalten. Es gibt nur wenige Unterrichtsstörungen, und auch Disziplinierungen und Ermahnungen zur Ruhe kommen kaum vor. Die nächste Hospitationsstunde in ihrer Klasse läuft jedoch nach dem oben geschilderten Muster ab und ist wiederum durch große Disziplinschwierigkeiten und zahlreiche Störungen des Unterrichts durch einige Schüler gekennzeichnet. Man kann nun argumentieren, daß ich nur Zugang zu einem kleinen Ausschnitt aller Stunden hatte, die darüber hinaus alle in Phase IV lagen, und der von mir geschilderte Eindruck nicht repräsentativ für die Mehrzahl ihrer Stunden sei. Hospitationen und Schülerbefragungen zu den Mathematikstunden, die zeitlich gesehen enger an die einzelnen Veranstaltungen des ARTISM-Programm angebunden waren, d.h. im wesentlichen Kims Mathestunden in Phase II und Phase III, hätten möglicherweise ein anderes Bild ihres Mathematikunterrichts gegeben. Für diese Hypothese sprechen die etwas abweichenden Schülerergebnisse der oben anhand der Abbildungen 21 bis 27 dargestellten Items am Ende von Phase III. Allerdings belegen meine Ausführungen bezüglich Kims Unterrichtspraxis in Phase IV, daß sich selbst, wenn einzelne ARTISM-Inhalte Bestandteile ihres Unterrichts in Phase II und III gewesen sein mögen, keine langfristigen und kontinuierlichen Veränderungen ihrer Unterrichtspraxis im Mathematikunterricht der von mir evaluierten Klasse 9 ergeben haben, wenn man ihren Unterricht zum einen hinsichtlich der Repräsentation einzelner ARTISM-Elemente untersucht und zum anderen mit ihrem von ihr selbst dargestellten Mathematikunterricht vor der Teilnahme an ARTISM vor bzw. zu Beginn des ARTISM-Programms (vgl. 4.2.2) vergleicht. Inwieweit sich möglicherweise ihre Überzeugungen unabhängig von einer entsprechenden Umsetzung und Verankerung in der Unterrichtspraxis verändert haben, soll im folgenden Abschnitt untersucht werden.

---

[71] Diese Aufgaben lauten wie folgt: 1) 48 % of $ 27.16   2) 32 % of $ 46.38
3) 68 % of $ 31.90   4) 17 % of $ 5.98
5) 83 % of $ 55.00

4.2.3.2 ARTISM-Einflüsse auf affektiver und kognitiver Ebene

Wie bereits eingangs erwähnt (vgl. 4.2.2), hat Kim offenbar keine expliziten Erwartungen an das ARTISM-Programm, was auch als eine mangelnde oder geringe Veränderungsbereitschaft interpretiert werden kann. Für diesen Deutungsansatz sprechen auch ihre Aussagen im Rahmen der verschiedenen Interviews. Ihre spontane Reaktion auf die Frage nach ihren persönlichen Zielen bezüglich ihres Mathematikunterrichts in einem Interview am Ende von Phase III signalisiert, daß sie zumindest keine Ziele hat, deren Umsetzungen sie konkret gedanklich oder praktisch beschäftigen:

> *I don't think I've got any. You don't have time to think where you are heading. I like all my kids to like maths. I like them all to be able to do it. I don't want kids to have any thought that they can't do it. And I don't like kids saying it's no use, of course. Yeah, that's it.*

Ihre Konkretisierungsversuche nach der ersten sehr spontanen Äußerung beziehen sich auf affektive Unterrichtsergebnisse in bezug auf ihre Schüler. Wie sie persönlich diese affektiv orientierten Ziele beeinflußt oder diese fördern könnte, läßt sie jedoch offen. Ihre Unterrichtsziele und damit verbunden auch ihren Erfolg definiert Kim offensichtlich über affektive und, wenn auch mit geringerem Stellenwert, kognitive Auswirkungen ihres Unterrichts auf die Schüler, wie ihre Antwort auf eine diesbezügliche Frage in einem Interview zu Beginn von Phase IV verdeutlicht.

> *I think when the kids are fairly happy and when they chat to you. And when all their test marks are good, but usually when the kids are happy.*

Wiederum macht sie allerdings keine Angaben hinsichtlich ihrer eigenen Rolle und der von ihr geforderten Leistungen und Beiträge zur Erreichung dieser Ziele aus ihrer Sicht. In einem weiteren Interview am Ende von Phase IV äußert sie sich etwas konkreter in bezug auf mit der eigenen Person verbundene Verbesserungswünsche:

> *I'd like to be able to mark quicker, so that I can give things back. I'd like to be able to give things back and have enough time to sit with the kid that you have given it to and show them what they were doing wrong. Or sit beside them and let them tell you what they are doing, so that you know how they think. And you just can't do it with that many kids in the time given*[72].

Bei genauerer Betrachtung fällt jedoch auf, daß die von ihr genannten Faktoren in hohem Maß von äußeren Bedingungen wie dem Mangel an Zeit und der Klassengröße beeinflußt

---

[72] In ihrer neunten Klasse sind zu diesem Zeitpunkt 30 Schüler.

werden und sich somit ihren persönlichen Einflußmöglichkeiten entziehen. Darüber hinaus äußert sich Kim an keiner Stelle in dem mir vorliegenden Datenmaterial von sich aus zu affektiven Auswirkungen oder Zielen ihres Unterrichts in bezug auf die eigene Person. Direkt auf ihre persönlichen Empfindungen und Gefühle bezüglich ihres Mathematikunterrichts angesprochen, reagiert sie überrascht und signalisiert auf eine leicht zurückhaltende Art Zufriedenheit:

> How do you feel about your maths teaching at the moment?
> *Oh, I think it's okay.*

Kims Haltung ist weitgehend konstant und emotionslos. Sie äußert (abgesehen von strukturell-organisatorischen Voraussetzungen und Bedingungen, wie im folgenden Zitat deutlich wird) keine Unzufriedenheit hinsichtlich ihres Unterrichts, geht aber auch nicht auf positive Auswirkungen, wie z.B. Freude an ihrer Arbeit und berufliche Zufriedenheit, ein. Daß Kim Veränderungen ihres Mathematikunterrichts offensichtlich nicht mit ihrer eigenen Person und entsprechenden Konsequenzen für ihr Unterrichtshandeln verbindet, spiegelt sich ebenfalls in ihren diesbezüglichen Antworten auf folgendes Fragebogenitem wider:

> Please complete the following sentence. Try to find at least three features. My mathematics teaching could be improved by ...
> Kims Antwort in Phase III: - *having more maths lessons*
> Kims Antwort in Phase IV: - *having smaller classes*
>   - *having students that are more interested*

Hinsichtlich ihrer den Mathematikunterricht betreffenden Ziele und Wertvorstellungen orientiert sie sich nach eigener Aussage in erster Linie am Lehrplan. Individuelle Ziele und Werte auf affektiver Ebene bleiben anscheinend unberücksichtigt.

> Which things are most important for you to do well with respect to your maths teaching?
> *I don't know. Like what?*
> Do you have certain goals or certain things that you definitely want to get across? Certain priorities in terms of your maths teaching?
> *Stuff that's in the syllabus. I probably do have a bit of a goal without thinking about it. I want them [the students] to think, to be able to read the question and think, not just to rely on formulas.*

Kim scheint ursprünglich keine Veranlassung zur Veränderung ihres Mathematikunterrichts zu sehen und ändert diese Haltung im Gegensatz zu Ted offenbar auch nicht, nachdem sie mit den Inhalten des ARTISM-Programms konfrontiert worden ist. Obwohl sie zumindest einige der im Rahmen des ARTISM-Programms propagierten Unterrichtsstrategien in ihrem Unterricht einsetzt, führen diese seitens der ARTISM-Programmentwickler intendierten Unterrichtserprobungen anscheinend, anders als bei Ted, nicht zu

Veränderungen hinsichtlich ihrer Wertvorstellungen oder ihres Wissens und ihrer Überzeugungen und somit letztendlich zu einer langfristigen Veränderung ihrer Unterrichtspraxis. Sie wehrt vielmehr mögliche Einflüsse des ARTISM-Programms auf ihren Unterricht bewußt oder unbewußt ab, wie u.a. die beiden folgenden Interviewausschnitte belegen:

> How do you feel about your maths teaching at the moment?
> *I think it's okay.*
>
> Did ARTISM have any influence on this feeling at all?
> *Not really. But I think that's because I did the postgraduate course. I haven't finished it yet, but because I did that - I'm doing that at Melbourne Uni. I think it changed when I first started in 1990. And things still stay in my mind from then. Collecting work was something that cropped up again. Do you know ... Kaye Stacey? Well, she gave a thing about looking at kids - the mistakes kids make, whether they are random errors or whether there are things that they have totally misunderstood. And when you are marking tests or marking books, look for that thing. I used to do that, but of course it has gone out of your head over all these years. ... And listen to kids, that was the main thing. Listen to how they explain what they are doing. And then you can pick up what they can't understand. ... You do that, well, you do that anyway. I think everybody does that. Because our textbook lends itself to that and the RIME units do. So there are still skills that need picking up on, too.*
>
> Kim, can you think of something that you tried successfully which changed the way you think about maths teaching?
> *Looking at kids' work and getting them to explain it to you. And getting them to work through it and even taking up ordinary class work and marking it. See where their mistakes come and then you can work out what they are doing wrong. So focussing on kids' mistakes. And where did you get that idea from?*
> *From postgraduate work we've done at Melbourne Uni with - I think Kaye Stacey was running it. It had to do with developing an effective maths curriculum. I think it has been the best thing that I learned. "Think-Pair-Share" wasn't bad either.*

Direkt auf mögliche Einflüsse des ARTISM-Programms auf ihren Unterricht und/oder ihr Wissen bzw. ihre Überzeugungen angesprochen, nimmt Kim eine abwehrende Haltung an. Diese Reaktion steht sicherlich in Zusammenhang mit ihrem Bestreben, als qualifizierte Mathematiklehrerin anerkannt zu werden. Ein Fortbildungsbedarf der Lehrer, die an Schule C unterrichten, wird in erster Linie vom Mathematikkoordinator wahrgenommen (vgl. 4.2.2) und mit Hilfe und Unterstützung des Schulleiters im Rahmen der, wenn auch freiwilligen, aber durchaus erwünschten und seitens der Schulleitung befürworteten Teilnahme am ARTISM-Programm umgesetzt. Die Kompetenz des Mathematik-Koordinators wird jedoch von zahlreichen Kollegen angezweifelt, wie dieser in einem informellen Gespräch selbst zugibt, was, wie er sagt, in der Praxis dazu führt, daß von ihm initiierte Maßnahmen oder Vorschläge von zahlreichen Kollegen offen oder indirekt boykottiert werden.

Vor diesem Hintergrund lassen sich Kims Verweise auf die im Rahmen eines Aufbaustudiums an der *University of Melbourne* erworbenen und für ihren Mathematikunterricht bedeutsamen Erkenntnisse als Versuche interpretieren, die eigene Kompetenz zu betonen und somit ihre persönliche Bedürftigkeit in bezug auf (weitere) mathematikspezifische Lehrerfortbildung zu verwerfen. In ihren Augen kommt sie dem in Australien vielfach beschworenen Fortbildungsethos (Rice, 1992a) bereits durch ihr Engagement zur Erlangung eines *Masters Degree* nach.

Einflüsse des ARTISM-Programms macht sie hingegen u.a. an einem verstärkten Einsatz von, ihr allerdings bereits bekannten und positiv bewerteten, Unterrichtsmaterialien fest, die wiederum mit dem von ihr favorisierten Schulbuch korrespondieren:

> What do you think was the main effect of ARTISM on your teaching?
> *Mainly to look at MCTP[73] and RIME[74]. To make you aware that there are other things around. But our textbook is reasonably good, I think.*

In einem späteren Interview verweist sie auf die Einbeziehung der im ARTISM-Programm propagierten Aspekte 'Handlungsorientierung' und "outdoor activities". Hierzu sei allerdings erwähnt, daß sich der von ihr geschilderte Unterrichtsvorschlag zu diesem Thema auch in dem von ihr benutzten Mathematikbuch befindet. Unklar bleibt deshalb, inwieweit sie bei ihrem Vorgehen wirklich von ARTISM beeinflußt wird.

> Does ARTISM impact on the planning and teaching of your lessons?
> *Depending on the topic it has. Well, during Pythagoras I have used going outside using a ruler which we did last lesson. Not just 'this is the hypthenuse and this is the rule' but doing things like guess work as well before we started. In the Pythagoras one we put a ruler up against the wall in an angle and then you drop it down and then you take the bottom up 10 cm and then you let them guess how high this is and how long that will be. And they think, if it goes up ten it will come down ten. But when they actually go out and do it - and then they find the squares. We did cut and paste - to cut and paste things out of the year 9 book and showed the two squares on the short sides make the large one. You can't do it for everything, though. That's the trouble. You can only do it for some.*
> Why is that?
> *Because a lot of the work is skills practice. They need to practice otherwise they forget.*

Ihre Äußerung gibt jedoch einen weiteren Hinweis auf ihre Einstellung in bezug auf den Stellenwert von Drill und Übung in ihrem Mathematikunterricht (vgl. 4.2.2). In ihrer abschließenden Bemerkung räumt Kim hinsichtlich der beschränkten Zeit, die ihr zur Verfügung steht, dem Üben (von Algorithmen) gegenüber der Handlungsorientierung einen höheren Stellenwert ein, obwohl ihr die Vorteile eines handlungsorientierten

---

[73] Lovitt & Clarke (1988)

[74] Lowe & Lovitt (1984)

Vorgehens für das Lernen zumindest einiger Schüler durchaus bewußt zu sein scheinen, wie auch an anderer Stelle zum Ausdruck kommt:

> *I think some of the boys understand things better if they can see it in a concrete thing. And it breaks the monotony, too, when you cut and paste for example. And some of the kids that weren't very good at number work, like Steven King, can cut out these squares or shapes and then stick them onto one square quite easily. So it gives him - he's able to do that without too much bother. Whereas in the algebra section he's got no idea, because he doesn't really know what's going on.*

Für den Deutungsansatz, daß Kim keine spezielle Veränderungsbedürftigkeit in bezug auf ihren Mathematikunterricht sieht, spricht auch ihre Reaktion hinsichtlich der Aufforderung, eine 'gute' Mathematikstunde zu beschreiben.

> *My idea - this is assuming that they don't know a lot when you come in. So you explain what you are going to do or what you want them to do. If it were an activity like we did with eh, say, take the Pythagoras. When we did cut and paste things. I gave them a sheet that had a right angle triangle on it. Didn't say anything about what we were going to do. It was a right angle triangle with squares on the shorter sides. They had to cut that out and then stick them on to the larger square and do that - try and arrange it. If they finished that quickly they had to try and find another arrangement, where the sum of the two smaller ones made the larger one. And that was good, because it reinforced squares. They don't know, why they were doing it, so they did it without thinking 'oh, I've done this before' or 'it's boring'. And then at the end you've got to say why you are doing it or wrap it all up, not just leave it as cutting and pasting - 'here are your squares, see if they match or not, okay open your book'. You gotta review what you are doing. Half the time you don't have time. You should, but you don't have enough time. So that was a good introductory one and if it - then when we were doing Pythagoras we continued with using a ruler. And they ruled up a table. I put the ruler just against the wall, and it was measurable. So if I'd moved it up one - 10 cm, how far down - what would the height be? And they did that per table. And then we went outside and measured it and that was done in groups, just in twos. And then they saw that their measurements were totally different from what they had guessed. Because they were trying to think eighteen or twenty makes you a hundred centimetres. Then you can say, well we did - remember when we did the squares, we completed the table $x^2 + y^2$ and it always comes to the length of the ruler squared - 10000. And then that tied in with the actual square, so it reinforced that an x with a little 2 at the top is the same as an actual square. And that was good. Then every time we went - then we went back to the textbook and we used it in right angle triangles and that's the only time we used it. And make sure that they can recognise the hypotenuse and remember that's the ruler. So they got something to think back on. And instead of writing Pythagoras as $c^2 = a^2 + b^2$, I made them write it 'h' for hypotenuse so that it twigs again. So you got - I think you need a few things to make them think about what they are really doing. Not just this is the rule, you do this, cause then they forget.*

Kim stellt in diesem Zusammenhang detailliert eine von ihr gehaltene Stunde dar und impliziert damit eine Beziehung zwischen ihrer eigenen Unterrichtspraxis und sog. 'gutem' Unterricht. Anders als Ted, der ein Idealbild von 'gutem' Unterricht entwirft, das durchaus durch seine Teilnahme an ARTISM beeinflußt worden ist und dessen Umsetzung er anstrebt, (vgl. 4.1.3.2), enthält die Stunde, auf die sich Kim bezieht, ARTISM-Elemente, von denen sie sagt, daß sie diese schon vor der Teilnahme an ARTISM in ihrem Unterricht berücksichtigt hat, wie die folgenden Ausführungen belegen. Unklar bleibt der Einfluß von ARTISM in bezug auf den Einsatz von Computern im Mathematikunterricht zumindest auf kognitiver Ebene. Bezüglich der Aufforderung, zwei der wichtigsten Dinge, die sie durch ARTISM gelernt hat, zu benennen, trägt Kim das Stichwort "Computer" ein. Und im Rahmen des ersten Interviews bezieht sie sich bezüglich der Frage nach dem Haupteffekt von ARTISM auf ihren Unterricht ebenfalls auf Computer. Wie die Auswertung der Schülerbefragung (siehe Abb. 28) zeigt, ist der Einsatz von Computern zumindest in Phase IV nicht fest in ihrem Mathematikunterricht verankert[75].

Abb. 28
Schülerergebnisse zu Item "Using computers" in Kims Klasse (in Prozent)

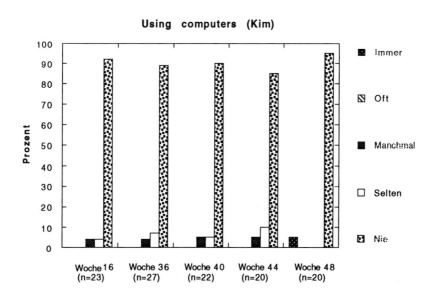

Kim schränkt den möglichen Einsatz von Computern in ihrem Unterricht mit dem Hinweis auf mangelnden Zugang zum schuleigenen Computerraum bereits selbst ein,

---

[75] Persönliche Rückfragen bei einzelnen Schülern haben ergeben, daß sich diejenigen Schüler, die nicht die Kategorie "nie" angekreuzt haben, auf ihre private Nutzung von Computern bei der Bearbeitung der Hausaufgaben beziehen.

signalisiert jedoch, daß sie die Benutzung von Computern gemäß des von den ARTISM-Fortbildnern vertretenen Verständnisses durchaus befürwortet.

Die meisten von Kim selbst aufgezeigten Bezüge ihres Mathematikunterrichts zum ARTISM-Programm scheinen ihr Wissen und ihre Überzeugungen grundsätzlich genauso wenig verändert zu haben wie ihre Unterrichtspraxis. Auch ein Wandel bezüglich der ihren Mathematikunterricht betreffenden Wertvorstellungen und Ziele läßt sich anhand des erhobenen Datenmaterials nicht erkennen. Selbst wenn das ARTISM-Programm ihren Unterricht in Phase II und/oder Phase III seitens seiner Durchführung und/oder seiner Planung zeitweilig stärker beeinflußt hat, was sich aufgrund fehlender Daten in diesem Zeitraum nicht feststellen läßt, so hat Kims Teilnahme an ARTISM zumindest keine dauerhaften Verankerungen auf kognitiver oder unterrichtspraktischer Ebene bewirkt. Kims Bewertung der drei ihrer Meinung nach wichtigsten ARTISM-Charakteristika spiegelt deutlich ihren unpersönlichen, d.h. nicht auf ihre eigene Person bezogenen, Umgang mit diesem Fortbildungsprogramm, denn keines der von ihr genannten und im folgenden aufgeführten Kriterien läßt sich zu ihrem eigenen Verhalten in Beziehung setzen (vgl. auch Abb. 50 unter 5.3.2):

1) ARTISM wendet sich an eine Gruppe von Lehrern einer Schule und nicht an Einzelpersonen (Item D);
2) Die Ergänzung und Vertiefung der einzelnen Veranstaltungen mit Literaturbeiträgen durch die Aushändigung von Readern zu den jeweils behandelten Themenschwerpunkten (Item H);
3) ARTISM bietet Gelegenheit zum Austausch und zur Diskussion mit Kollegen über erfolgreiche eigene Unterrichtspraktiken und Ideen sowie persönliche Schwierigkeiten und Probleme im Mathematikunterricht (Item J).

Kims Beurteilung unterstreicht noch einmal ihre eingangs zitierte Äußerung, daß sie den Hauptverdienst des ARTISM-Programms in dem Kontakt zwischen Lehrern ihrer Schule, die entweder vorwiegend in der Sekundarstufe I oder der Sekundarstufe II unterrichten, sieht. Inwieweit sie dieser Kontakt allerdings beeinflußt hat, kann anhand des vorliegenden Datenmaterials nicht beurteilt werden. Ähnlich verhält es sich mit der bereitgestellten Literatur zu den einzelnen ARTISM-Veranstaltungen, denn Kim bezieht sich weder in den Interviews noch in ihrer Unterrichtspraxis auf Inhalte dieser Literaturbeiträge bzw. den möglichen Einfluß der Teilnehmer auf die inhaltliche Gestaltung des ARTISM-Programms, den sie selbst offenbar nicht wahrgenommen hat, da sie sich während der ARTISM-Veranstaltungen diesbezüglich nicht äußert.

4.2.3.3 Kims Reaktion auf ARTISM aus modelltheoretischer Sicht

Anders als bei Ted haben die vereinzelten Unterrichtserprobungen von ARTISM-Inhalten, die bezüglich der Übertragung auf das Clarke/Peter-Modell durch einen durchgezogenen Pfeil symbolisiert werden, für Kim anscheinend, wie die Ausführungen oben belegen, keine erkennbaren Auswirkungen hinsichtlich einer Veränderung ihrer Werte und Ziele (*Domain of Consequence*) oder einer Veränderung ihrer Überzeugungen und ihres Wissens (*Personal Domain*). In bezug auf Kims Wissen und ihre Überzeugungen wirkt sich das ARTISM-Programm auf zwei verschiedenen Ebenen aus. Zum einen empfindet Kim die ARTISM-Inhalte zum größten Teil bestenfalls als eine Art Auffrischung bereits vorhandenen Wissens, wobei ein entsprechender Transfer dieses Wissens in ihre Unterrichtspraxis offensichtlich vor der Teilnahme an ARTISM nicht gegeben war und sich auch nach der Teilnahme an ARTISM zumindest keine dauerhaften Verankerungen in Kims Mathematikunterricht feststellen lassen (vgl. 4.2.3.1). Zum anderen verändern sich durch den Erwerb neuer Kenntnisse, z.B. in bezug auf den Einsatz von Computern, und eine entsprechende Veränderung ihrer diesbezüglichen Überzeugungen zwar unter Umständen ihre Wertvorstellungen und Ziele, aber erwiesenermaßen nicht ihre Unterrichtspraxis (vgl. 4.2.3.2). Übertragen auf das Clarke/Peter-Modell stellen sich demnach Kims Reaktion auf das ARTISM-Programm und ihr Umgang mit den Fortbildungsinhalten aus modell-theoretischer Sicht, wie Abb. 29 zeigt, dar.

Abb. 29
Kims Reaktion auf ARTISM in Beziehung zum Clarke/Peter-Modell

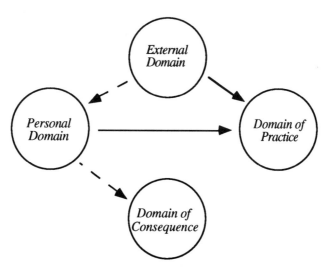

(solid line = *enactive* mediating process; broken line = *reflective* mediating process)

Zusammenfassung

Auswirkungen des ARTISM-Programms (*External Domain*) lassen sich sowohl auf Kims Unterrichtspraxis (*Domain of Action*) durch den Einsatz von (wenn auch z.T. bereits bekannten) Programminhalten als auch auf reflektiver Ebene in bezug auf ihr Wissen und ihre Überzeugungen (*Personal Domain*) feststellen. Zwischen der *Personal Domain* und der *Domain of Practice* besteht jedoch, wie in Abb. 29 verdeutlicht, keine wechselseitige Beziehung, sei es auf direktem Weg oder über die *Domain of Consequence*. Die Verbindungen zwischen den vier Ebenen sind nur linearer Natur. Im Vergleich dazu läßt sich in allen drei Phasen von Teds Veränderungsprozeß jeweils eine zyklische Verbindung aller vier beteiligten Ebenen erkennen, auch wenn diese Verbindungslinien in den verschiedenen Phasen durchaus unterschiedlich angeordnet sind. Der mangelnde wechselseitige Einfluß zwischen Kims Wissen und Überzeugungen und ihrer Unterrichtspraxis behindert demnach die erfolgreiche (im Sinne des ARTISM-Konzepts) professionelle Entwicklung.

Die Gründe, die eine derartige Entwicklung beeinflussen, liegen anscheinend, wie bereits unter 4.2.3.2 angedeutet, zum einen auf rein persönlicher Ebene und sind verbunden mit Kims eigenem professionellem Verständnis und Selbstbild. Zum anderen wird Kims Umgang mit dem ARTISM-Programm wahrscheinlich auch durch ihre Beziehung zum Mathematik-Koordinator, d.h. ihrem direkten Vorgesetzten, beeinflußt.

4.3 Neil - Versuch der Anpassung seines Unterrichts an bestehende Werte

4.3.1 Biographische Voraussetzungen

Neil ist zu Beginn des ARTISM-Programms Ende vierzig und arbeitet zu dem Zeitpunkt erst acht Jahre als Lehrer. Ähnlich wie Ted hat er vor seiner Lehrertätigkeit fast zwanzig Jahre in verschiedenen anderen Berufen gearbeitet, u.a. als Verkäufer in einem Möbelgroßhandel, als Speditionskaufmann und als Marketingleiter bei einer Firma, die Verpackungsmaterial herstellt. Nach seiner eigenen Aussage war die Teilnahme an einem Eheberatungswochenende eine Art Katalysator für seine Entscheidung, Lehrer zu werden.

> *I always wanted to do that, I always loved working with kids, being with kids. This marriage encounter weekend that my wife and I attended brought that back to me and was sort of a catalyst for me to make changes in terms of my career.*

Neil hat daraufhin ein dreijähriges Vollzeit-Studium mit dem *Bachelor of Education Degree* an der *Australian Catholic University* absolviert, wobei er sich diesbezüglich für den Ausbildungszweig zum Grundschullehrer mit den Hauptfächern Mathematik und Katholische Religion entschieden hat. Parallel zu seinem Studium hat er sich in Abendkursen zum Tennis-Schiedsrichter mit internationaler Qualifikation ausbilden lassen. Nach Abschluß des Studiums hat er zunächst für drei Jahre an einer Grundschule gearbeitet, bevor ihn die Aussicht auf vielfältigere und höherqualifizierte Arbeit im Schulsport zu einer Bewerbung an Schule B motivierte. Aufgrund seiner ursprünglichen Qualifikation als Grundschullehrer unterrichtet er dort allerdings nur in den Jahrgangsstufen 7 bis 9 die Fächer Mathematik, Sport und Katholische Religion. Darüber hinaus engagiert er sich beim Training und der Turniervorbereitung der Tennismannschaft von Schule B.

Neil hat ein gutes Verhältnis zu seinen Schülern und Kollegen und ist allgemein beliebt. In seinem Unterricht wirft er oft spontan Sprüche und Witze zur Auflockerung ein. Die Pausen verbringt er häufig mit seinen Schülern beim Tischtennisspielen. Bedingt durch sein intensives sportliches Engagement als Schiedsrichter und Trainer der Schul-Tennismannschaft hat er ein ermäßigtes Stundendeputat. Trotzdem müssen während seiner sportbezogenen Abwesenheit immer wieder Unterrichtsstunden ausfallen bzw. von seinen Kollegen vertreten werden, ein Umstand, der stellenweise auch die Datenerhebung für diese Studie erschwert und beeinträchtigt hat.

4.3.2 Charakteristika von Neils Mathematikunterricht vor ARTISM und seine diesbezügliche Erwartungshaltung

Wie auch Ted und Kim wählt Neil zur Beschreibung seiner Unterrichtspraxis vor der Teilnahme an ARTISM das Scenario Nummer eins[76]. Kongruent zu dieser Einschätzung sind auch seine Wahrnehmungen hinsichtlich der Elemente, die in seinem Unterricht häufig vorkommen, nämlich die individuelle Bearbeitung von Aufgaben aus dem Mathebuch, die im wesentlichen mit dem Schreiben von Zahlen und dem Zeichnen von Diagrammen verbunden ist, den Erklärungen des Lehrers zuhören sowie selbständiges Denken. Der Einsatz von Computern, Arbeitsblättern und Gruppenarbeit komme hingegen nur selten vor. Die wichtigsten Aufgaben des Lehrers sind nach Neils Verständnis (1) durch geschickte Fragestellungen das Denken der Schüler zu provozieren, (2) die Schüler zur Erläuterung und Rechtfertigung ihrer Ideen und Lösungsstrategie anzuregen und (3) zu entscheiden, wieviel Hilfe und Anleitung er den Schülern gibt. Das Bild vom eigenen Mathematikunterricht, das Neil vermittelt, ist sehr lehrerorientiert und steht im Widerspruch zu den Inhalten und Zielen der Primarstufenlehrerausbildung, die er durchlaufen hat[77]. Enger an den Inhalten seines Studiums orientiert sind seine Vorstellungen in bezug auf die wichtigsten Bestandteile eines (guten) Mathematikunterrichts, denn er nennt (1) Entdeckendes Lernen[78], (2) Gruppen- oder Partnerarbeit), (3) Erklärungen durch den Lehrer. Im Gegensatz zu Kim beruht Neils Mathematikverständnis auf der Überzeugung, daß Mathematik ein fester Bestandteil des täglichen Lebens und nicht nur in der Schule als Unterrichtsfach von Bedeutung ist. Ähnlich wie Kim beurteilt er jedoch den Umgang mit Mathematik, der seiner Meinung nach in erster Linie im Umgang mit Zahlen und Aufgaben, die im wesentlichen schriftlich gelöst werden, besteht. Stärken des Mathematikunterrichts an seiner Schule sind laut Neil die geringe Klassengröße[79]

---

[76] Mathematics Classroom 1:
Most of the time the class is taught as a whole and most work is done by the individual students on their own. The work mainly comes from text books and worksheets and is supposed to be done using 'pencil and paper'. The teacher helps every student individually. The homework mainly consists of practising the content which is taught during the lessons.

[77] Seit Mitte der achtziger Jahre ist eine deutliche Veränderung des Verständnisses von erstrebenswertem Mathematikunterricht in Australien zu beobachten. Kernelemente dieses reformierten Mathematikunterrichts sind u.a. Schüler-, Handlungs- und Anwendungsorientierung, Problem Solving sowie die Förderung der Kommunikation über Mathematik durch die Einbeziehung vielfältiger Kommunikationsformen (vgl. hierzu auch 2.1.1).

[78] Neil notiert unter der Rubrik eigene Ergänzungen bzgl. der Bestandteile guten Mathematikunterrichts "students discovering".

[79] In der generell dreizügigen Schule B werden die einzelnen Klassen in den Fächern Englisch und Mathematik geteilt, so daß sich jeweils vier Gruppen mit nur ca. 24-26 Schülern ergeben.

sowie das gute kollegiale Verhältnis der Lehrer untereinander.

Die drei Aspekte, die ihm diesbezüglich am meisten Sorgen machen, betreffen erstens Fragen nach der Relevanz der zu vermittelnden Inhalte in der Alltagswelt der Schüler, zweitens die Leistungsheterogenität der Gruppen und drittens die Frage, ob die an Schule B vertretenen Unterrichtsmethoden angemessen sind.

Im Einklang zu Neils Zweifeln bezüglich der Wahl und des Einsatzes der Unterrichtsmethoden stehen auch seine Erwartungen an das ARTISM-Programm. Neil erhofft sich diesbezüglich zum einen Begründungen und Rechtfertigungen für alternative Unterrichtsmethoden und zum anderen Anstöße zur kontinuierlichen Reflexion seines Unterrichts.

Parallel zu Neils Wahrnehmungen und Erwartungen nimmt offensichtlich auch der Mathematik-Koordinator von Schule B eine Veränderungsbedürftigkeit der Unterrichtspraxis vieler Kollegen wahr:

> *- engender enthusiasm in the maths staff to try new strategies and ideas,*
> *- increase the expertise of maths staff*
> *- to write and trial a unit/units which use the new ideas in a coherent way*
>   (Mathematik-Koordinator Schule B)

Neil scheint das Spannungsverhältnis zwischen seiner Unterrichtspraxis und seinen Vorstellungen von gutem (Mathematik-)Unterricht, das durch seine erst relativ kurz zurückliegende Grundschullehrerausbildung geprägt ist, bewußt zu sein. Seine Erwartungen an das ARTISM-Programm sind mit der Auflösung des von ihm empfundenen Theorie-Praxis-Konflikts verknüpft.

4.3.3 Neils Veränderungsbestrebungen

In einem ersten Interview zu Beginn von Phase III faßt Neil den Einfluß des ARTISM-Programms auf seine eigene Person und seinen Unterricht aus seiner Sicht wie folgt zusammen:

> *Probably it made me think about more what I was doing. I am primary trained and a lot of primary work and training and the ARTISM emphasis was much the same. In primary a lot of our work was "hands on". And I think in secondary it tends to be, because of the structure, it tends to be very much more "chalk and talk" and work from the book, exercise so and so. Probably it made me think a lot more about it, about actually doing things where the kids have the opportunity to produce work and not just from a theoretical base, but much more practical things. And that is probably the big change that it made. It made me think more about it than anything else.*

Im folgenden soll untersucht werden, inwieweit Neils Einschätzung der Wirkung des ARTISM-Programms zutreffend ist, d.h. inwieweit die in ARTISM propagierten alternativen Unterrichtsmethoden und -konzepte Neils Wissen und Überzeugungen, seine Wertvorstellungen von 'gutem' Mathematikunterricht und ggfs. seine Unterrichtspraxis beeinflußt haben.

4.3.3.1 Neils Versuche zur Überwindung des Theorie-Praxis-Konflikts

Auch wenn ihm die im Rahmen von ARTISM vorgestellten alternativen Unterrichtsansätze bereits bekannt waren, waren sie jedoch, wie die Ausführungen zu 4.3.2 und auch das folgende Zitat belegen, offensichtlich nicht fest in seiner Unterrichtspraxis in der Sekundarstufe verankert, obwohl er deren Wert und Bedeutung für das Mathematiklernen seiner Schüler durchaus anerkennt:

> *Probably not so much it provided me with things that were new other than realerted me to some that I had not used or some that I had forgotten to use. Some of the approaches were quite different, eh, in terms of "open-ended questions" and things like that. But I probably should have been using them sometimes. It's very easy to fall into a pattern of 'we are going through this amount of work and this is the best way to go back doing it'. So I think that the kids who are really bright can cope with let's say doing a whole series of exercises and actually learn something through doing it, and a lot of other kids won't - especially among the slow maths students. And you probably also even with your very bright kids really need another way of doing it.*

ARTISM-Strategien, die Neil in seinem Unterricht eingesetzt hat, und diesbezügliche Erfahrungen, auf die er sich im Rahmen der mit ihm geführten Interviews konkret bezieht, betreffen in erster Linie "Think-Pair-Share", "Open-ended Questions", Problem Solving und handlungsorientiertes Lernen im Mathematikunterricht. Diesen Elementen soll anhand des vorliegenden Datenmaterials im folgenden in bezug auf Neils Unterrichtspraxis, sein Wissen und seine Überzeugungen sowie seine den Mathematikunterricht betreffenden Ziele und Wertvorstellungen unter anderem nachgegangen werden.

> *Pair and share I have used a lot. I think I have used that a lot. I think that worked very well with those kids. And it's interesting, too. They, I mean, they are free - and it's only a class of 24, which is a lovely number to work with - they are free to move, to sit somewhere where they are comfortable. And they tend not to gravitate into groups of similar abilities which I find interesting. I find kids who are not terribly good in maths will move in with boys who are good and do lean on them a lot. It's a lot of interaction and I think it has worked very well. So I'm very happy with that.*

Trotz seiner positiven Erfahrungen mit "Think-Pair-Share" integriert Neil Partner- und Gruppenarbeit offenbar nicht verstärkt in seinen Unterricht, wie die Auswertung der

Schülerfragebögen ergibt. Der Einsatz der Sozialformen in Neils Mathematikunterricht wird in Phase III und IV eindeutig von der Einzelarbeit dominiert (vgl. Abb. 30).

Abb. 30

Schülerergebnisse zu Item "Working on my own" in Neils Klasse (in Prozent)

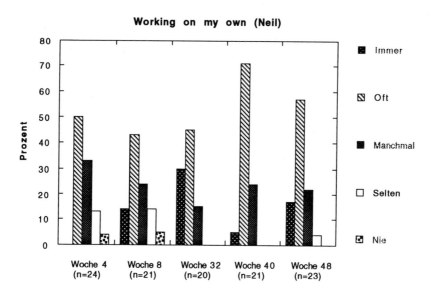

Abb. 31

Schülerergebnisse zu Item "Working with a partner" in Neils Klasse (in Prozent)

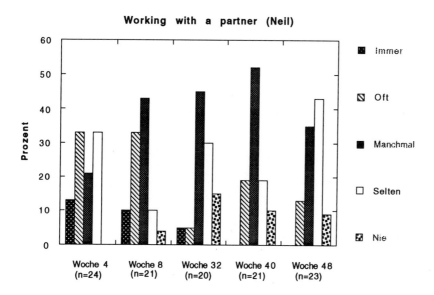

Die individuelle Bearbeitung von Aufgaben nimmt nach Wahrnehmung der Schüler in Phase IV sogar noch zu, d.h. 75 bis 82 Prozent der Schüler vertreten in Woche 32, 40 und 48 die Auffassung, daß sie "immer" bzw. "oft" allein arbeiten. Genau umgekehrt zu diesen Angaben verhalten sich ihre Einschätzungen bezüglich des Items Partnerarbeit (siehe Abb. 31). Während in der ersten Hälfte von Phase III noch über 40 Prozent der Schüler die Kategorien "immer" bzw. "oft" ankreuzen, sinken die diesbezüglichen Werte in Phase IV unter 20 Prozent. Die Zahl der Schüler hingegen, die die Kategorien "selten" bzw. "nie" wählen, schwankt über den gesamten Zeitraum. Vergleiche mit den Aufzeichnungen der Unterrichtshospitationen in dem betreffenden Zeitraum ergeben, daß Neil den Schülern häufig die Wahl läßt, entweder allein oder mit einem Partner (in den meisten Fällen einem der Sitznachbarn) zu arbeiten. Die jeweiligen Antworten der Schüler sind abhängig von den Arbeitsformen, für die sie sich selbst entschieden haben. Ein Vergleich der Arbeitsanweisungen, die Neil konkret gegeben hat, ergibt jedoch, daß er in Phase IV nur noch selten direkt zur Partnerarbeit auffordert bzw. den Schülern die Wahl läßt. In keiner der von mir beobachteten Stunden hat er allerdings Schülern, die untereinander Lösungswege diskutierten bzw. Ergebnisse verglichen, die Zusammenarbeit ausdrücklich untersagt. Eindeutiger sind die Schülerergebnisse zum Item Gruppenarbeit (Abb. 32).

Abb. 32
Schülerergebnisse zu Item "Working with a group" in Neils Klasse (in Prozent)

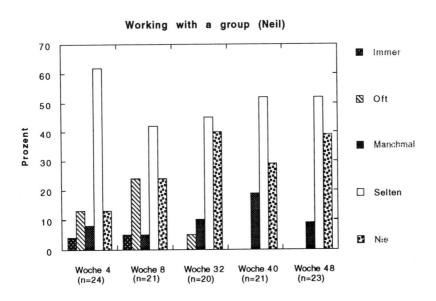

Auch hier nimmt die Zahl der Schüler, die die Kategorien "selten" bzw. "nie" wählen, in Phase IV deutlich zu, d.h. 81-91 Prozent der Schüler vertreten in Woche 32, 40 und 48 die Auffassung, sie arbeiten selten oder nie mit einer Gruppe zusammen. Während in Phase III zwischen 17 und 29 Prozent der befragten Schüler noch der Meinung waren, sie arbeiteten "immer" bzw. "oft" in Gruppen, geht dieser Wert in Phase IV gegen null. Da in den von mir in Phase III besuchten Stunden keine Gruppenarbeit stattfand,[80] können diese Ergebnisse nicht relativiert werden.

Ein ähnliches Bild einer weitgehend unveränderten Unterrichtspraxis ergibt auch die Auswertung der Lehrer- und Schülerangaben bezüglich der Neils Mathematikunterricht am ehesten repräsentierenden Unterrichtsscenarios. Neil wählt zu allen drei Befragungszeitpunkten das Scenario Nummer eins, für das er sich auch bereits zur Beschreibung seiner Unterrichtspraxis vor der Teilnahme an ARTISM entschieden hatte (vgl. 4.3.2). Auch hier deckt sich Neils Wahrnehmung mit der Mehrheit der Schülerangaben, wie anhand von Abb. 33 deutlich wird.

Abb. 33
Schülerwahrnehmungen bezüglich der Neils Mathematikunterricht entsprechenden Unterrichtsscenarios (in Prozent)

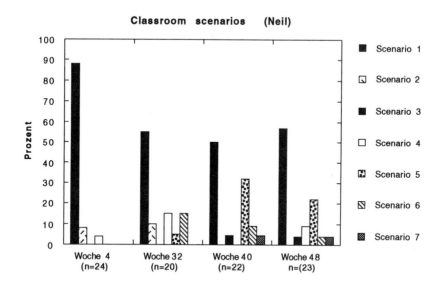

---

[80] Ich habe, wie bereits erwähnt, nur eine von insgesamt acht Stunden, die in Neils Klasse alle zwei Wochen stattfanden, besucht.

Mindestens die Hälfte der Schüler entscheidet sich jeweils zu allen vier Befragungszeitpunkten, übereinstimmend mit Neils Einschätzung, für das Scenario Nummer eins. Auffällig ist darüber hinaus besonders der relativ hohe Anteil der Schüler, insgesamt 32 Prozent, die in Woche 40 und 48 das Scenario Nummer fünf wählen[81]. Wie aus den Aufzeichnungen zu den Unterrichtshospitationen hervorgeht, führt Neil in den betreffenden Wochen die negativen Zahlen am Beispiel des Bankwesens ein. Zu diesem Zweck spricht er mit den Schülern ausführlich darüber, wie man einen Kontoauszug liest sowie über Kontoüberziehungen und die Aufnahme von Krediten. Es wird deutlich, daß den meisten Schülern dieses Thema durch die Erzählungen und Kommentare ihrer Eltern besonders in bezug auf die Finanzierung von Eigenheimen bzw. aus der TV-Werbung von Kreditinstituten bekannt ist. Die Schüler besorgen sich darüber hinaus Informationen über Kreditkonditionen von verschiedenen Banken. Außerdem wird verstärkt auf den Einsatz des Taschenrechners zurückgegriffen und damit das Rechnen mit negativen Zahlen geübt. Eindrücke aus dem Mathematikunterricht in diesem Zeitraum haben zumindest einen Teil der Schüler offensichtlich zu der Wahl von Scenario Nummer fünf bewogen.

Obwohl, zumindest was die entprechenden Lehrer- und Schüleraussagen bezüglich der Unterrichtsscenarios bzw. zum Einsatz von Einzel-, Partner- und Gruppenarbeit betrifft, der Eindruck vermittelt wird, daß Neils Mathematikunterricht große Ähnlichkeit mit Kims Unterrichtspraxis aufweist, ergibt ein Vergleich der Unterrichtshospitationen in beiden Klassen durchaus kontrastierende Bilder. In Neils Mathematikunterricht herrscht eine viel entspanntere und freundlichere Atmosphäre. Im Gegensatz zu Kim, die sehr viel Zeit mit Zurechtweisungen und Disziplinierungen verbringt (vgl. 4.2.3.1), greift Neil bei leisen Privatunterhaltungen der Schüler während der Bearbeitung von Aufgaben meist nicht ein. Daraufhin angesprochen erklärt er, daß er es wichtig fände, daß die Schüler zwischendurch mal eine kleine Pause machen und etwas Spaß haben. Das wirke sich insgesamt positiv auf ihre Arbeit aus. Tatsächlich ist der Geräuschpegel in Neils Klasse wesentlich niedriger und die Beteiligung am Unterricht größer als bei Kim. Durch die Auflockerung des Unterrichts durch Späße und Witze, kurze Diskussionen über Sportereignisse am Anfang oder Ende einer Stunde und kleine Gesten, wie in den letzten fünf Minuten einer Stunde, in der die Schüler gut mitgearbeitet haben, zu sagen "Pack up and get ready for basketball", gewinnt er offenbar die Sympathien und auch den Respekt seiner Schüler,

---

[81] Mathematics Classroom 5:
The teacher raises problems from the 'real world' and the students try to work out what mathematics they need to solve these problems. They work on each of these problems for a longer period of time (eg. 3 or 4 lessons). To find the appropriate way to solve a problem is as important as to do the necessary mathematical operations. Quite often the students use computers and calculators or go to libraries and other institutions to gather information. The teacher invites the students to work in groups.

denn Ermahnungen, falls sie wirklich nötig sind und vorkommen, werden sofort und nachhaltig ernstgenommen.

Kim und Neil haben offensichtlich unterschiedliche Wertvorstellungen und Ziele bezüglich ihres Mathematikunterrichts. Für Neil ist das seelische Wohlbefinden der Schüler die Grundvoraussetzung für Lernerfolge, wie neben seinem Verhalten den Schülern gegenüber auch das folgende Zitat zum Ausdruck bringt:

> Which things are most important for you to do well in terms of your maths teaching?
> *In terms of my teaching - the first one is to develop strong relationships with the kids. And then I would think to create an environment in which they can learn that is to make them feel safe, happy and to create a stimulating learning environment.*

Freude ("enjoyment") am Unterricht ist für Neil ein entscheidendes Kriterium für guten Unterricht, sowohl für ihn selbst als auch auf seine Schüler bezogen. Seine Ausführungen bezüglich der Darstellung einer "guten" Mathematikstunde spiegeln darüber hinaus wiederum das Spannungsverhältnis zwischen Neils theoretischem Wissen und Überzeugungen und deren praktischer Umsetzung im Unterricht.

> *I think where the boys are actively involved for a start. Something that they actually enjoy doing. Probably somewhere where they don't even recognise it is doing maths, because the moment you put a tag on it, I think they tend to sort of categorise it, you know, like we do English from 9.30 to 10.15 and that's all English we do all day without realising we do English in everything. So I think a maths lesson, preferably the ones I enjoy most and I think that they enjoy most, and I think that's an element of it, if they don't enjoy it, I think it's hard to say it has been a good lesson. And there are obviously a lot of lessons that they don't enjoy. I think [good maths lessons are] those where they can actually see some progress themselves. I get a real buzz when a kid that has been struggling with maths says 'oh yeah'. So even the boy who said this morning 'I went to the back of the book and got the answer' and worked backwards, you know, and I think that's terrific. To me that's intelligent. This boy didn't give up and try to find a way to work it out.*

Einerseits hat Neil offensichtlich eine konkrete Vorstellung hinsichtlich der Kriterien für guten Unterricht, andererseits gibt er zu, daß seine eigene Praxis seinen Idealen nicht immer entspricht ("And there are obviously a lot of lessons that they don't enjoy"). Wie in dem obigen Zitat außerdem ebenfalls angedeutet, ist Neil von der Bedeutung des Prinzips der Handlungsorientierung für das Lernen der Schüler überzeugt. Im Rahmen der letzten ARTISM-Session war er eingeladen, im Plenum kurz über ein ARTISM-Element zu referieren, dessen Einsatz sich in seinem Unterricht bewährt habe. Neil berichtet in diesem Zusammenhang von der Herstellung verschiedener Polygone im Geometrieunterricht seiner achten Klasse:

> *I found it especially of great value for the weaker students because it gave them a better chance to experience success. They produced something that they felt ownership for, that they could be proud of. ... Although I was already familiar with 'hands-on activities' prior to my involvement with ARTISM through my primary training, it made me again aware of their importance for the students' learning.*
>
> (Kurzpräsentation in ARTISM-Session 7 am 20.10.1992)

Die verstärkte Umsetzung seiner diesbezüglichen Überzeugungen in die Unterrichtspraxis formuliert er am Ende von Phase III als Ziel für das kommende Schuljahr:

> *I think my own personal goals are to maintain - to increase my own enthusiasm for it. For next year I really want to do a lot more hands on maths, having the kids actually doing more hands on things. It doesn't have to be outside the classroom, but instead of relying on the text so much, getting them to actually produce something, whether it's in form of a worksheet or whatever that they actually have to commit themselves to. The models that we had, which are all over my desk up there at the moment, a lot of the boys who are not very good at doing theoretical maths did quite well on that. And I think that came out down at ... [School A] as well where they did that. It was obvious that some of the work they had done was just terrific. And if those kids, who I don't think were necessarily good at maths in the academic sense, so to do more work with them that requires them to actively do something rather than to be passive receivers.*

Zumindest in der ersten Hälfte dieses Schuljahres hat sich Neil um die Realisierung dieses Anspruchs auf die Integration handlungsorientierter Elemente in seinen Mathematikunterricht bemüht. In zwei von insgesamt sechs Stunden, in denen ich in Phase IV hospitiert habe, stand das aktive Handeln der Schüler im Mittelpunkt. Allerdings wurden beide Stunden mit dem konkreten Hinwies auf die zu behandelnden mathematischen Inhalte eingeleitet, so daß den Schülern sehr wohl bewußt war, daß ihr konkretes Handeln in enger Beziehung zum Lernen von Mathematik stand.Thema der einen Stunde war die Ermittlung des Kreisumfangs. Neil hatte zu dieser Stunde Tupperdeckel und Bindfäden mitgebracht. In Partnerarbeit maßen die Schüler den Umfang aller zwölf numerierten Deckel mit Hilfe der Bindfäden, maßen die jeweiligen Fadenlängen mit dem Lineal nach und berechneten anhand dieser Werte jeweils den entsprechenden Durchmesser und Radius. Alle Werte wurden in eine Tabelle eingetragen und am Ende der Stunde verglichen. Die Schüler hatten sichtlich Spaß an dieser Aktivität. Alle zwölf Teams stellten sicher, daß sie alle Deckel vermessen hatten. Der Austausch der Deckel erfolgte nach einer Weile durch Zuwurf, was von Neil mit sportlichen Kommentaren begleitet wurde. Nach der Stunde betonte er mir gegenüber, daß er mit Absicht Tupperdeckel wegen ihrer Ungefährlichkeit und Ähnlichkeit zu Frisbee-Scheiben gewählt habe:

> *I thought that was really good fun. Nobody can get hurt. ... They were very good with throwing the lids. See, they work pretty well, so they deserve a break and some fun.*
>
> (Mathematikstunde am 28.5.1993)

Auch in dieser Stunde wird deutlich, daß Neil die Freude seiner Schüler am Unterricht am Herzen liegt und er diesen Aspekt sowohl bei der Planung als auch spontan, wie hier durch Zurufe und Kommentierung besonders gelungener Würfe, berücksichtigt. Die Schüler sind an eine lockere Unterrichtsatmosphäre gewöhnt und lassen sich dadurch nicht groß von ihrer Arbeit ablenken.

In der anderen Stunde geht es um die Herstellung von Polygonen. Durch entsprechendes Falten eines Stücks DIN-A4 Papier werden Puzzleteile, sog. "Tans" hergestellt, die dann zur Konstruktion verschiedener Polygone verwendet werden sollen. Die Schüler erhalten dazu ein Arbeitsblatt, aus dem die genaue Vorgehensweise beim Falten und die im Anschluß zu bearbeitende Aufgabe hervorgehen. Neil geht durch die Klasse und gibt Hilfestellungen und Denkanstöße. Zu dem Vorschlag eines Schülers (S1) für ein Quadrat (Abb. 34) bemerkt er:

> Neil: *How can you prove it's a square?*
> S1: *It looks like it.*
> S2: [mischt sich ein] *Measure it.*
> Neil: *How can you prove it <u>without</u> measuring?*
> [In der Zwischenzeit beteiligen sich drei weitere Schüler an der Diskussion und machen einige falsche Vorschläge, die während des Gesprächs entweder von Neil oder den Schülern selbst als unzulänglich erkannt werden. Ein weiterer Schüler (S3), der auf die Diskusssion aufmerksam geworden ist, mischt sich ein.]
> S3: *Put them on top of each other. A, A and B on top of E.*
> Neil: *You got it. Very good.*
>
> (Mathematikstunde am 18.6.1993)

Abb. 34
Schülervorschlag zur Herstellung eines Quadrats mit Hilfe der selbstgebastelten "Tans"

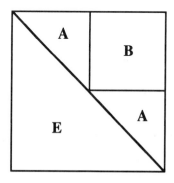

Unterrichtssequenzen wie diese sind typisch für Neils Mathematikunterricht in Phase IV, die oft nach folgendem Muster ablaufen: Neil führt anhand einer frontal ausgerichteten

Eingangssequenz in das Thema der Stunde ein bzw. erklärt eine Aufgabenstellung. Dann arbeiten die Schüler allein oder wahlweise mit einem Partner, während Neil durch die Klasse geht und die Schüler durch Nachfragen oder Kommentare in bezug auf ihre Arbeit in Gespräche über Mathematik verwickelt. Mit den Ergebnissen dieser Unterrichtsstunden ist Neil offensichtlich auch in Hinblick auf die Lernerfolge der Schüler zufrieden:

> *Well, I think the "hands on" obviously where the kids are actually constructing things that has made a difference. Particularly with the bottom of the class. They are a lot more confident when they are doing something with their hands than they are when they have to read it and then decide what it actually means. That's probably been the biggest change I have noticed, when they have to actually do something rather than think about it, they have done a lot better than if they had to describe it.*

Während die Stunden, in denen er sich besonders um die Realisierung des Kriteriums 'Handlungsorientierung' bemüht, durchaus wohlüberlegt geplant zu sein scheinen und auch hinsichtlich der praktischen Umsetzung gelungen sind, ergeben sich beim Einsatz anderer ARTISM-Elemente allerdings einige Schwierigkeiten. Anders als z.B. Ted, der neue Elemente sorgfältig in seinem Unterricht adaptiert und zunehmend ausbaut, führt Neil "Open-ended Questions" anhand eines mit Kollegen aus der Jahrgangsstufe 8 entworfenen Leistungstests ein, was offensichtlich zur Verwirrung der Schüler führt.

> What do you think was the main effect of ARTISM on your teaching?
> *Probably just making me aware of that, I think. And also opening up - like "open-ended questions" which I hadn't considered before. And we actually used that on our mid year exam. Some of the boys were terribly confused by them. In fact some of the comments that came back on the papers said 'there is not enough information' - such as working out the age of five people living in a house whose total age is 100 and how old are they? And they couldn't cope with that. It required them not to follow the structure.*

Offenbar hat Neil "Open-ended Questions" nach diesem Test nicht weiter berücksichtigt, denn er greift darauf weder während der insgesamt zwölf Stunden, in denen ich hospitiert habe, zurück, noch bezieht er sich auf diesbezügliche Erfahrungen im Rahmen der mit ihm geführten Interviews, in denen ich ihn mehrfach aufgefordert habe, über Erfahrungen mit der Erprobung von ARTISM-Inhalten zu berichten. Ähnlich wie der Umgang mit "Open-ended Questions" ist auch der Einsatz von Aufgabenstellungen aus dem Bereich Problem Solving. Anders als Ted, der in der Einführungsphase von Problem-Solving-Aktivitäten zahlreiche Hilfestellungen gibt und die Schüler langsam an den Umgang mit derartigen Aufgabenstellungen gewöhnt und ihnen verdeutlicht, worauf es ihm bei seiner Bewertung ankommt (vgl. 4.1.3.3), konfrontiert Neil seine Schüler am Ende von Phase IV ohne große Einleitung und Erklärungen mit einem Projekt zum

Thema "Problem Solving"[82]. Er verteilt zwei Arbeitsblätter mit Aufgaben, die von den Schülern im Lauf der Mathematikstunden der kommenden Woche individuell bearbeitet werden sollen und dann zwecks Benotung abgegeben werden müssen. Neil ist mit dem Ergebnis der Bearbeitung nicht zufrieden und widmet den größten Teil der nächsten Stunde der Erläuterung seiner Erwartungen bezüglich der Bearbeitung von Problem Solving Aufgaben, u.a. wird besprochen, welche Schritte generell nötig sind, wenn man ein Problem lösen will. Nach dieser Stunde kommentiert er diesbezüglich:

> *You need to show them how to do it. You have to give them a model. They still think primary: Find the right answer and get a nice tick. You gotta help them to overcome this.*
>
> (Mathematikstunde vom 14.5.1993)

Im Rahmen des ersten Interviews zu Beginn von Phase III hatte Neil bereits auf die Schwierigkeiten der Schüler im Umgang mit Problem Solving Tasks und seine eigenen Probleme in bezug auf deren Einsatz im Mathematikunterricht hingewiesen:

> What about the problem solving activities? Do you think that worked successfully in your class?
> *Well, I've been doing this - it's still the hardest thing the kids find to do. Good mathematicians love it. Eh, I think one thing it does do is, highlight the gaps in the understanding, that the very bright kids can see, when you ask them "what does the question really ask you to do", they can actually give you an answer. The bulk of the kids answers exactly what is written on the paper "well, it wants me to ...", whereas the brighter kid will answer that it's asking a particular mathematical concept. Well, I personally love doing problem solving with the kids, but also they find it very hard, you know. They find it hard to understand the tasks. I think it's all tied up in our English that we are using rather than the mathematical procedures.*

ARTISM mag zwar die Bedeutung von Problem Solving Kompetenzen für die Schüler in bezug auf Neils Wissen und seine Überzeugungen bestätigt und dessen erstrebenswerte Verankerung im Mathematikunterricht noch einmal betont haben, dennoch bleibt der Transfer in die Unterrichtspraxis für Neil offensichtlich schwierig.

Mit der Integration von Unterrichtselementen, die das konkrete Handeln der Schüler verlangen, hatte Neil bereits durch seine Ausbildung und Tätigkeit als Grundschullehrer Erfahrung. "Open-ended-Questions" und Problem Solving sind hingegen Elemente, von deren Wert er zwar offensichtlich überzeugt ist, deren Integration in die Unterrichtspraxis aufgrund des, so scheint es, relativ spontanen und unreflektierten Einsatzes nicht zu den gewünschten Lernerfolgen seitens der Schüler führt. Die Teilnahme an ARTISM hat Neil

---

[82] Dieses Problem Solving Projekt ist im Schuljahr nach der ARTISM-Teilnahme von den drei Lehrern, die in der Jahrgangsstufe 8 unterrichten, erstmals in das Mathematikcurriculum dieser Jahrgangsstufe aufgenommen worden.

daher anscheinend nicht bei dem Transfer und der Verankerung erstrebenswerter Unterrichtselemente und -strategien geholfen.

Auswirkungen des ARTISM-Programms lassen sich dagegen eindeutig in bezug auf die Kenntnis und den Einsatz von bis dahin unbekannten Unterrichtsmaterialien nachweisen und betreffen im wesentlichen den verstärkten Einsatz vorgefertigter Arbeitsblätter. Auch wenn das Mathematikbuch als Arbeitsgrundlage in Neils Unterricht nach wie vor eine große Rolle spielt, wie auch aus Abb. 35 hervorgeht, nimmt der Einsatz von Arbeitsblättern deutlich zu.

Abb. 35
Schülerergebnisse zu Item "Working from a textbook" in Neils Klasse (in Prozent)

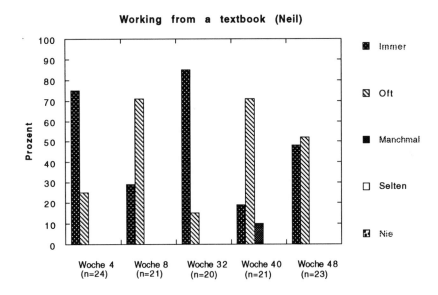

Neil selbst ist der Ansicht, daß er durch die Teilnahme an ARTISM Kenntnis über Existenz und Inhalt alternativer Unterrichtsmaterialien erworben hat und dazu angeregt wurde, das an seiner Schule vorhandene Material zu sichten und einzusetzen:

> Did your participation in ARTISM provide you with new resources?
> *Yes. Yes, it did, because I wasn't really aware of what we have got here. I think that is a big mistake, but - and it's all on time limitations, but - what is it - the MCTP equipment. I had seen it in bits and pieces, but I had never seen it collectively and did not know what was in there. I suppose you tend to give it to a pattern of teaching in a particular way and whilst you look at various changes 'this would be good' unless you can actually fit it in and have time to do it, it doesn't happen. It tends to be that you fall back on your routine all the time. But yes, that was good. Just seeing that there is so much more we really don't get to see enough all the time. We don't get exposed to resources enough and see what other teachers and what other schools are doing.*

Der verstärkte Einsatz von Arbeitsblättern ist nicht allein Neils subjektives Empfinden. In vier von sechs Stunden meiner Unterrichtshospitationen in Phase IV hat Neil auf Arbeitsblätter als Unterrichtsgrundlage zurückgegriffen, und auch die Auswertung der Schülerantworten bezüglich des Items "Working from a worksheet" belegt eine deutliche Steigerung, wie aus Abb. 36 hervorgeht. In Phase IV, d.h. Woche 32 bis 48 vertreten 65 bis 90 Prozent der Schüler die Auffassung, daß sie in ihrem Mathematikunterricht "oft" bzw. "manchmal" auf der Grundlage von Arbeitsblättern arbeiten. Während Neil selbst in Phase III diesbezüglich noch die Kategorie "selten" wählte, änderte sich auch seine Einschätzung in Phase IV parallel zu den Wahrnehmungen seiner Schüler.

Abb. 36

Schülerergebnisse zu Item "Working from a worksheet" in Neils Klasse (in Prozent)

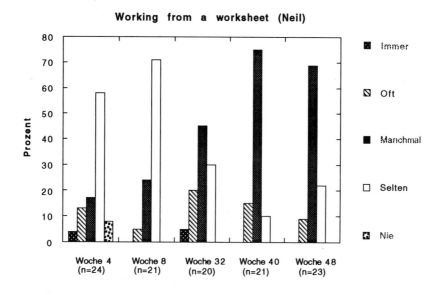

Ein weiteres Ergebnis seiner Teilnahme an ARTISM ist nach Neils Ansicht der Umstand, daß er sich in Phase III mehr um die direkte Auseinandersetzung mit den einzelnen Schülern und ihrem Mathematiklernen bemüht hat:

> Looking back at the past ten weeks until the beginning of term three, to what extent did ARTISM influence your teaching in this period?
> *I think it's probably made me react more with the boys, spend more actual time going through their work with them while they are doing it. I think I'm probably teaching better than I was. It's very easy to get into a pattern of 'exercise 3c - do it in your books'. I think you can sort of - you can be a passive teacher in a way, or I think you can be actively involved with them. I think that's probably the biggest effect. As I said last time, I don't think that there is anything in ARTISM I had not already heard. It's a matter of regenerating the knowledge and bringing it to the surface, and that's you know, that's been worthwhile from that point of view.*

Die oben dargestellte Unterrichtssequenz aus der Geometriestunde zum Thema Polygone ist neben anderen Stunden, in denen ich hospitiert habe, ein Beleg dafür, daß Neil diesen Aspekt auch in Phase IV verstärkt berücksichtigt hat.

Neil betont wiederholt, daß die Teilnahme an ARTISM größtenteils bereits bestehende Überzeugungen und vorhandenes Wissen bestärkt und vertieft hat[83], Wissensgrundlagen und Überzeugungen, die an die Oberfäche geholt werden müssen. Somit verweist er indirekt auf den Theorie-Praxis-Konflikt, in dem er sich befindet. Neil sieht durchaus seine eigene Bedürftigkeit in bezug auf Lehrerfortbildung in Form von Auffrischung, denn er betont auch an anderer Stelle, wie leicht es sei, die Inhalte des ARTISM-Programms, von deren Wert er überzeugt ist, zu verdrängen und traditionellen Unterricht anhand des Mathebuchs zu machen; ein Unterrichtsstil, in den er entgegen allen Überzeugungen nach eigener Aussage immer wieder zurückfällt, weil dieser Weg eines "Unterrichts entlang des Mathebuchs" von ihm selbst am wenigsten Engagement und Vorbereitung verlangt, quasi ein Weg des geringsten Widerstandes ist. Angesichts Neils vielfältiger Verpflichtungen auf sportlicher Ebene ist seine Zeit, sich auf den Unterricht vorzubereiten, meist sehr knapp, wie er mir gegenüber in einem informellen Gespräch nach einem offiziellen Interview äußert.

Anders als Kim sieht Neil auch mit seiner eigenen Person verbundene wünschenswerte Veränderungen in bezug auf seinen Mathematikunterricht, wie seine Antworten auf das folgende Fragebogenitem belegen:

> Please complete the following sentence. Try to find at least three features. My mathematics teaching could be improved by ...
> Neils Antwort in Phase IV:
>   - *having access to more equipment*
>   - *having a course not designed around a textbook*
>   - *developing different approaches to maths teaching*
>   - *being able to spend more time in teaching maths*

Neben mehr Material und mehr Zeit sieht Neil eindeutig auch Verbesserungen, die mit seiner Person verknüpft sind, denn das Mathematikcurriculum[84], an dem sein Unterricht

---

[83] Neils Wissen und Überzeugungen in bezug auf Mathematik und das Lehren und Lernen von Mathematik haben sich offenbar nicht verändert, denn seine diesbezüglichen Antworten bleiben auch in Phase III und IV gegenüber den von ihm vor seiner Teilnahme am ARTISM-Programm geäußerten Überzeugungen konstant.

[84] Neil bezieht sich auf die seiner Ansicht nach fragwürdige Orientierung des Mathematikcurriculums am Schulbuch. Dies entspricht jedoch, wie die Ausführungen in diesem Kapitel gezeigt haben, häufig seiner eigenen Unterrichtspraxis, obwohl er dem Schulbuch den geringsten Stellenwert unter den im Fragebogen aufgeführten Faktoren des Mathematikunterrichts einräumt.

orientiert ist, kann von ihm selbst entscheidend mitgeprägt und ggfs. verändert werden, und auch die Entwicklung verschiedener Unterrichtsmethoden ist ein personenbezogenes Ziel. Ein weiterer Hinweis auf den Theorie-Praxis-Konflikt, dem Neils Mathematikunterricht unterliegt, steckt auch in seiner Äußerung bezüglich seiner schwankenden Gefühle in bezug auf seinen Mathematikunterricht:

> How do you feel about your maths teaching at the moment?
> *Oh, up and down. At times I feel as I'm almost going through the motions, other times I feel really good about it.*

Der eigentliche Wert des ARTISM-Programms für Neil liegt darin, daß es ihm Anstöße und Anregungen zur Überwindung des ihm bewußten Theorie-Praxis-Konflikts liefert, wie anhand des folgenden Zitats deutlich wird:

> Can you name a particular topic that you now teach differently after the participation in ARTISM?
> *No, I think it was more general. I don't think I learned to teach anything, any particular topic that jumped off the paste 'hey you are not doing this, you should be doing that'. I think it was more that in everything that we did there, there were things that really should be applied in my maths teaching. I think it was more that.*
>
> And you tried to apply that?
> *Yeah, I did at various times, and then sometimes you don't even think about it, it goes right out of your mind. ... I think the theme of ARTISM requires you to come back and put effort into it and then apply it where you see gaps. And it is much easier to put it to one side and then forget it and not follow it through.*

Anstöße und Motivation dahingehend, seine Unterrichtspraxis seinen Wertvorstellungen im Hinblick auf guten Unterricht, seinen Überzeugungen und seinem fachdidaktischen bzw. pädagogischen Wissen anzupassen, erfährt Neil im besonderen dadurch, daß ARTISM ihm Gelegenheit zum Austausch mit Kollegen bietet, die mit ähnlichen Schwierigkeiten kämpfen und deren konkrete Erfahrungen für ihn anscheinend überzeugender sind als die Empfehlungen seitens der Fortbildner:

> *... I'm quite sure that I need to review everything that we did in ARTISM and just remind myself that in fact this does work. I think the input we got from the last time down there [the last ARTISM session] - just listening to other people saying what they have done - I think that's the most valuable part of all to see what works for other people, and not experts so-called, but teachers who are struggling. And I think teachers tend to think that you know 'other people are better than I am at doing this'. I think we all do that. And when you see someone else who says 'yeah, I'm really struggling with this, but this is what we have done', I think it gives you a boost. It's like that 'it worked for them, it might work for me'. It's worth a go.*

Parallel dazu bewertet Neil die Konzeption des ARTISM-Programms (Abb. 50 in 5.3.2). Die drei wichtigsten Charakteristika des ARTISM-Programms sind aus seiner Sicht

1) die Gelegenheit zum Austausch und zur Diskussion mit Kollegen, sowohl was erfolgreiche eigene Unterrichtspraktiken und neue Ideen für den Mathematikunterricht als auch persönliche Schwierigkeiten und Probleme betrifft (Item J)
2) die langfristig angelegte Struktur des ARTISM-Programms (Item C)
3) der praktische Einfluß auf das Mathematikcurriculum der eigenen Schule durch die Entwicklung, Durchführung und Evaluation einer Unterrichtseinheit (Item G).

Alle drei genannten Aspekte scheinen für Neils Veränderungsprozeß in der Tat bedeutsam: Neil sieht die Notwendigkeit zur Veränderung seiner Unterrichtspraxis, um seinen Theorie-Praxis-Konflikt zu überwinden. Neue bzw. überarbeitete Unterrichtseinheiten nach dem ARTISM-Vorbild erleichtern ihm offensichtlich seiner Meinung nach den Transfer seiner Überzeugungen in die Unterrichtspraxis[85]. Neil hat darüber hinaus mehrfach betont, wie leicht es sei, aus Bequemlichkeit in seine alten Routinen zurückzufallen bzw. an diesen festzuhalten. Die langfristig angelegte Struktur des ARTISM-Programms, durch die kontinuierlich Veränderungsimpulse gesetzt werden, ist anscheinend nach Neils Verständnis hilfreich und nötig. Außerdem überzeugt ihn das Gespräch mit Kollegen bezüglich gemeinsamer Erfahrungen und Schwierigkeiten offenbar mehr als Vorträge seitens der Fortbildner und wirkt motivierend für die eigene Erprobung neuer Unterrichtsstrategien, -methoden und -konzepte. Diesbezüglich zeigt er sich im Rahmen eines Interviews besonders beeindruckt von den Veränderungen an Schule A durch Ted und seine Kollegen.

4.3.3.2 Neils Veränderungsprozeß aus modelltheoretischer Sicht

Bei der Übertragung von Neils Veränderungsbestrebungen auf eine modelltheoretische Ebene ergeben sich zwei Phasen. In der ersten Phase (vgl. Abb. 37) werden die Inhalte des ARTISM-Programms (*External Domain*) von Neil reflektiert. Diese Reflexion führt offensichtlich, wie unter 4.3.3.1 deutlich geworden ist, im wesentlichen zu einer Bestätigung und Wiederauffrischung seines Wissens und seiner Überzeugungen (*Personal Domain*). Damit verbunden erfährt er ebenfalls eine Bestätigung seiner bestehenden Wertvorstellungen und Ziele in bezug auf 'guten' Mathematikunterrricht (*Domain of Consequence*). Die Deckung der ARTISM-Inhalte mit bestehenden Überzeugungen scheint eine wichtige Voraussetzung für Neils Unterrichtserprobungen (*Domain of Practice*) zu sein. Dies läßt sich an der Tatsache festmachen, daß er sich am inten-

---

[85] Hierzu ist allerdings anzumerken, daß Neil selbst in Zusammenhang mit seiner Teilnahme am ARTISM-Programm keine Unterrichtseinheit entwickelt bzw. überarbeitet hat - aus Zeitmangel, wie er sagt.

sivsten der Einbeziehung handlungsorientierter Unterrichtselemente in seinen Mathematikunterricht widmet, einer Unterrichtsstrategie, von der er seit langem überzeugt ist.

Abb. 37

Erste Phase der Übertragung von Neils Veränderungsbestrebungen auf das Clarke/ Peter-Modell

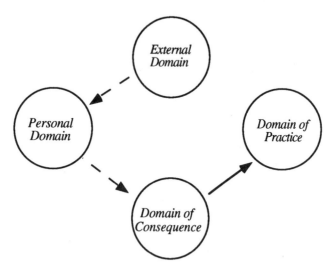

(solid line = *enactive* mediating process; broken line = *reflective* mediating process)

In der zweiten Phase (siehe Abb. 38) reflektiert Neil die Erfahrungen seiner Unterrichtserprobungen (*Domain of Practice*). Während Neils Erfahrungen in Zusammenhang mit der Integration handlungsorientierter Unterrichtselemente zum einen seine Wertvorstellungen hinsichtlich der Freude und Begeisterung der Schüler am Mathematikunterricht unterstreichen, zum anderen darüber hinaus auch verbesserte Lernergebnisse erkennen lassen (vgl. 4.3.3.1) und somit sein Wissen und seine Überzeugungen bestätigen (*Domain of Consequence* bzw. *Personal Domain*), sind seine Schüler in bezug auf den Einsatz von Problem Solving und "Open-ended Questions" eher verwirrt und hilflos (vgl. 4.3.3.1). Neil erkennt durchaus die Notwendigkeit der eigenen Veränderung, die auch des externen Inputs in Form von Wiederholungen der ARTISM-Inhalte und des Austausches mit Kollegen bedarf (*External Domain*), wie die beiden folgenden Zitatausschnitte belegen:

> *It tends to be that you fall back on your routine all the time. ... Just seeing that there is so much more we really don't get to see enough all the time. We don't get exposed to resources enough and see what other teachers and other schools are doing.*

> *I'm quite sure that I need to review everything that we did in ARTISM and just remind myself that in fact this does work.*

Abb. 38
Zweite Phase der Übertragung von Neils Veränderungsbestrebungen auf das Clarke/ Peter-Modell

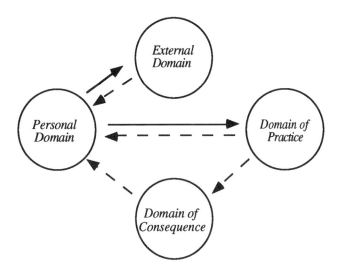

(solid line = *enactive* mediating process; broken line = *reflective* mediating process)

Ergebnisse dieser Wiederholungen oder des Austausches mit Kollegen führen so nach der Klärung der Übereinstimmung mit Neils Überzeugungen und Wissen zu weiteren Unterrichtserprobungen (*Domain of Practice*), die dann wiederum von ihm auf der Grundlage seiner bestehenden Wertvorstellungen ausgewertet werden (*Domain of Consequence*). Diese zweite Phase kann sich abhängig von den Erfolgen (nach Neils Verständnis) in der Unterrichtspraxis beliebig oft wiederholen. Aufgrund des von ihm gezeigten Verhaltens ist jedoch meiner Ansicht nach deutlich geworden, daß Neil offensichtlich weiterhin externe Impulse, die z.B. auch vom Mathematik-Koordinator an Schule B kommen könnten, zur Veränderung seiner Unterrichtspraxis auf langfristiger Basis benötigt und die Teilnahme an ARTISM allein zu keiner Verselbständigung seiner Veränderungsbestrebungen wie bei Ted führt.

Im Vergleich zum ursprünglichen Clarke/ Peter-Modell (vgl. Abb. 5 unter 1.2.3.3) fällt auf, daß sich in bezug auf Neils Veränderungsbestrebungen keine direkte Verbindung zwischen der *External Domain* und seiner Unterrichtspraxis (*Domain of Practice*) erkennen läßt. Neil muß offenbar vom Wert alternativer Unterrichtskonzepte überzeugt sein, bevor er einen Transfer in die eigene Unterrichtspraxis unternimmt.

Zusammenfassung
Wie die Ausführungen in diesem Kapitel gezeigt haben, hat ARTISM Neil in erster Linie auf kognitiver Ebene und weniger in bezug auf praktische Veränderungen seines Unterrichts beeinflußt. Die Inhalte des ARTISM-Programms waren, anders als zum Beispiel bei Ted, keinesfalls neu für Neil, sondern wirkten im wesentlichen als Bestätigung und Wiederauffrischung bereits aus seinem Studium bekannter und akzeptierter reformorientierter Unterrichtsmethoden und -konzepte. Neil integriert verstärkt ARTISM-Inhalte, die ihm schon bekannt sind und von deren Wert er bereits überzeugt war, in seinen Mathematikunterricht. Sein Vorgehen hebt sich deutlich von Teds Veränderungsprozeß ab, denn während sich Ted um eine Verbindung und Verknüpfung der verschiedenen Unterrichtsstrategien zu einem methodischen Gesamtkonzept bemüht, bei dem alle Komponenten seines Unterrichts aufeinander abgestimmt sind (am deutlichsten wird das durch die Orientierung der Bewertungsmaßstäbe und -formen an der reformierten Unterrichtspraxis), geht Neil weniger systematisch vor und beschränkt sich im wesentlichen auf verschiedene voneinander isolierte Unterrichtselemente. Neils Unterricht wird dadurch zwar insgesamt abwechslungsreicher, aber nicht dahingehend strukturell-umfassend reorganisiert, daß ein zugrunde liegendes in sich stimmiges Konzept wie bei Ted erkennbar wird. Er greift vielmehr punktuell auf einzelne Elemente zurück, entwickelt jedoch (noch) keine Kontinuität in bezug auf deren Einsatz.

4.4 Jeff - Fortbildung als schwerpunktmäßig kognitives Lernen mit nur bedingter Praxiswirksamkeit

4.4.1 Biographische Voraussetzungen

Teds jüngerer Kollege Jeff ist zu Beginn des ARTISM-Programms Mitte zwanzig und erst seit gut einem Jahr als Lehrer an Schule A beschäftigt. Es ist Jeffs erste feste Anstellung nach der Beendigung des *Bachelor of Education*, mit dem er die Lehrbefähigung für die Sekundarstufe erworben hat, wobei er zwischenzeitlich einige Monate Vertretungsunterricht an drei verschiedenen Sekundarschulen gegeben hat. Jeff hat Fakultas für die Fächer Mathematik und Geographie und unterrichtet u.a. Mathematik in den drei Parallelklassen der Jahrgangsstufe 7 an Schule A. An seiner Schule genießt er bei seinen Kollegen und der Schulleitung den Ruf, ein ausgezeichneter Mathematiker zu sein. Die Mathematikkoordinatorin betont jedoch, daß es ihm häufig schwerfällt, sich auf die Ebene der Schüler zu versetzen. Jeff wird bewußt im Jahrgang 7 eingesetzt, um Erfahrung in bezug auf das Mathematiklernen jüngerer Schüler zu erwerben.

Jeff hat durchgängig an allen ARTISM-Veranstaltungen und den Diskussionen im Rahmen der Schulbesuche der Veranstalter teilgenommen und zu Beginn des ARTISM-Programms spontan seine Teilnahme an dieser Studie zugesagt. In einem späteren Gespräch erklärte er, daß er sich von der Mitarbeit an der Fallstudie zum einen eine Intensivierung seiner ARTISM-Teilnahme durch die langfristige Auseinandersetzung mit den Programm-Inhalten und zum anderen Erkenntnisse über seinen eigenen Unterricht und dessen Wahrnehmung durch seine Schüler erhofft habe. Jeff hat als einziger Fallstudien-Teilnehmer die Anworten der Schüler zu den beiden Fragebögen nach jeder Befragung für eigene Zwecke individuell ausgewertet und sich von mir abschließend Kopien der Gesamtauswertung aller Daten geben lassen.

Alle dieser Fallstudie zugrunde liegenden Daten wurden durchgängig in einem der drei siebten Schuljahre, die Jeff zu dem Zeitpunkt unterrichtete, erhoben.

4.4.2 Charakteristika von Jeffs Mathematikunterricht vor ARTISM und seine diesbezügliche Erwartungshaltung

Wie bereits Ted, Kim und Neil wählt auch Jeff zur Charakterisierung seines Mathematikunterrichts vor der Teilnahme am ARTISM-Programm das Scenario Nummer eins[86]. Seine Wahrnehmungen in bezug auf die Elemente, die in seinem Unterricht oft vorkommen, wie individuelles Lösen von Aufgaben aus dem Mathematikbuch, dem Lehrer und den Mitschülern zuhören sowie selbständiges Denken jedes einzelnen Schülers sind ebenfalls Hinweise auf einen am Frontalunterricht orientierten, traditionellen Unterrichtsstil. Klassische Elemente eines reformorientierten Mathematikunterrichts wie Partner- oder Gruppenarbeit, der Einsatz von Taschenrechnern und vielfältigen Materialien und Geräten sowie das Schreiben über Mathematik kommen hingegen seiner Einschätzung nach in seinem Unterricht nur manchmal vor.

Jeffs Unterrichtspraxis entspricht offenbar seinem Verständnis der eigenen Lehrerrolle, denn zu seinen Hauptaufgaben als Lehrer gehört seiner Meinung nach, (1) den Stoff zu erklären, (2) Disziplin und Lernerfolge der Schüler zu sichern, (3) durch entsprechende Fragestellung das Denken der Schüler zu stimulieren.

Jeffs Verständnis seiner eigenen Aufgaben als Lehrer deckt sich auch mit seiner Auffassung der wichtigsten Elemente einer Mathematikstunde, denn er nennt diesbezüglich (1) die Erklärungen des Lehrers, (2) die individuellen Hilfen, die der Lehrer jedem einzelnen Schüler gibt, (3) das dem Unterricht zugrunde liegende Schulbuch.

Der Aussage, daß Mathematik am besten durch Drill und Übung gelernt werden kann, stimmt er ebenso uneingeschränkt zu wie der Aussage, daß der Umgang mit Mathematik nicht unbedingt vieler Worte bedarf.

Jeffs Mathematikverständnis beruht auf der Überzeugung, daß mathematische Gesetzmäßigkeiten von Mathematikern entdeckt und in Verbindung zu den jeweiligen Bedürfnissen der Menschen mit der Zeit entwickelt worden sind, daß mathematische Inhalte sowohl mit Hilfe von Zahlen als auch umgangssprachlich klar und deutlich ausgedrückt werden können und daß eine direkte Verbindung von Mathematik zur realen Welt besteht. Sein großes fachwissenschaftliches Interesse und seine Freude an Mathematik kommen durch seine individuelle Vollendung des Satzes "Mathematics is something I do ..." durch die Ergänzung "for fun" zum Ausdruck. Nach Einschätzung der Koordinatorin, die in mehreren Unterrichtsstunden bei ihm hospitiert hat, überwiegt sein sehr fundiertes fachwissenschaftliches Wissen, während hingegen sein fachdidaktisches Wissen noch des Ausbaus und der Konsolidierung bedarf. Offensichtlich sieht Jeff selbst ebenfalls diesbezügliche Lücken und Unsicherheiten, denn hinsichtlich seiner Erwartungen an ARTISM formuliert er nur didaktisch- bzw. pädagogisch-orientierte Aspekte:

---

[86] Mathematics Classroom 1:
Most of the time the class is taught as a whole and most work is done by the individual students on their own. The work mainly comes from text books and worksheets and is supposed to be done using 'pencil and paper'. The teacher helps every student individually. The homework mainly consists of practising the content which is taught during the lessons.

- Catering for mixed abilities
- Using a pre-test (What do you do if student A knows everything and student B knows nothing?)
- Assessing in maths class (improvement or achievement?)
- What is a 'good' homework task?
- Difficulties in running an 'active' class (noise, non-cooperative students, etc.)

Auch Jeffs Einschätzung der Stärken des Mathematikunterrichts an Schule A läßt Rückschlüsse auf didaktisch/pädagogische Unsicherheiten zu, denn er begrüßt ausdrücklich, daß das Mathematikcurriculum für jede Jahrgangsstufe durch fertige (und verbindliche) Unterrichtseinheiten zu den zu behandelnden Themen ergänzt ist. Ein weiterer Pluspunkt aus Jeffs Sicht ist die Ausstattung der Schule mit Materialien, die von Ted und Jack hingegen kritisiert wird (vgl. 4.1.2). Außerdem betont er in diesem Zusammenhang den Enthusiasmus der Mathematiklehrer an seiner Schule - eine Äußerung, die durchaus in Verbindung zu seiner eigenen Freude am Umgang mit Mathematik zu sehen ist. Hauptschwäche des Mathematikunterrichts an Schule A ist Jeffs Meinung nach hingegen der Einsatz von Lehrern, die zwar Enthusiasmus, jedoch keine Fakultas für das Fach Mathematik haben - eine Äußerung, die in Zusammenhang zu seinen eigenen fachwissenschaftlichen Ansprüchen zu verstehen ist.

4.4.3 Jeffs schwerpunktmäßig extern gesteuerter Veränderungsprozeß

Jeffs Erwartungen und Wünsche an das ARTISM-Programm (vgl. 4.4.2) stehen in direktem Zusammenhang zu fachdidaktischen und pädagogischen Aspekten seiner Unterrichtspraxis. Der Frage, ob und ggfs. inwieweit die Teilnahme am ARTISM-Programm in der Tat Auswirkungen auf Jeffs Unterrichtshandeln bzw. auf sein Wissen und/oder seine Überzeugungen gehabt hat, soll daher im folgenden nachgegangen werden.

4.4.3.1 Direkte und indirekte Einflüsse des ARTISM-Programms auf Jeffs Unterricht

In einem ersten Interview zu Beginn von Phase III resümiert Jeff die bisherigen Auswirkungen des ARTISM-Programms auf ihn persönlich wie folgt:

> *It was very thought provoking. It gets you thinking about how you are actually running your classes, I suppose that was the main thing for me, different approaches to teaching, different things I can use. I found it - there are a lot of new ideas that you can try. I mean, I have been only teaching for a year now and so sort of - it's interesting actually comparing it to being at college. And at least with this, you know, I can sort of go and do whatever it is that is being said. But I*

> *think with all those things to some extent you sort of - you listen to it and when you are there you think 'it's a great idea and I'll do it'. And then when you leave you sort of forget most things. But there is always one or two things that stay with you, like I'm still - every now and then I do a "Think-Pair-Share", you know, something like that.*

Jeffs Äußerungen nach zu urteilen bestand der Einfluß des ARTISM-Programms für ihn persönlich in erster Linie aus einem Informationsgewinn, der jedoch nur bedingt zu praxisorientierten Auswirkungen geführt hat. Formulierungen wie "there are a lot of new ideas that you *can* try" unterstreichen, daß Jeff die ARTISM-Inhalte offenbar als ein wertvolles Angebot an Ideen versteht, die ihn zur Reflexion über seinen Unterrichtsstil anregen ("It gets you thinking about how you are actually running your classes"). Praxiskonsequenz haben diese Ideen jedoch nur bedingt:

> *... There are lots of different ideas. I can't say that I have used an awful lot of them, but I have used some of them. And the good thing, I think, was that it was backed up by literature. So, because you don't write everything down and you don't remember everything, but it's all there anyway and you can go back and have a look at it. I haven't looked through much at this stage, but it's on my desk and it's a good variety. It was a bit of a pain at the time, because it was a lot of reading to do, but even if you didn't do all the reading at the same time - I didn't get a chance to read through it in detail. I at least flicked through it, so I knew what was in it.*

Auch die Literaturbeiträge zu jeder Sitzung nutzt Jeff nicht direkt sondern eher archivarisch als Material- und Ideengrundlage für die Zukunft. Anders als Ted braucht Jeff anscheinend nicht unbedingt Beweise für die Praxistauglichkeit der ARTISM-Inhalte durch ihre Eprobung in seinem Unterricht, denn wie am Ende des folgenden Zitats deutlich wird, hält er die im ARTISM-Programm propagierten Ideen offenbar für hilfreich und praxiswirksam.

> *Actually I think sometimes you sort of walk out of an ARTISM session, and I think feeling relaxed is probably not the right way to describe it. You feel a lot more like - sometimes you feel like 'that's better, I got some ideas that I am going to try' and particularly in those earlier sessions. Well, I really enjoyed the technology one, because sort of I really understood that. And those earlier ones where just ideas were presented. That was good and I sort of got lots of ideas. But in some of the other ones I thought 'oh, gee, I've got a lot to do', lots to sort of work on. Well, sometimes I got worried. Sometimes you sort of left feeling a little bit tense about the whole thing, and perhaps the assessment was a, was a critical one. And I thought 'well, you got all this stuff and perhaps I am not really doing what I should be doing'. And then you felt a bit of pressure. But on the other hand, a lot of ideas were presented. And at least it's not a - it wasn't a sort of thing where it's like 'you're not doing what you should be doing' but you are not given any alternatives, what you could do. At least ARTISM offered something to try, even if you decide not to be comfortable with that, it's something to try. And well, if it doesn't work, then maybe that's a problem. But if it does - you don't sort of leave thinking 'God, I am doing all this wrong, what am I supposed to do about it?'. You do have some idea where to go.*

ARTISM beeinflußt Jeff in Phase III anscheinend in erster Linie auf affektiver und kognitiver Ebene. Zum einen fühlt er sich durch die Vielzahl der präsentierten Ideen stimuliert, zum anderen sieht er sich durch den Vergleich mit der eigenen Unterrichtspraxis auch beunruhigt und unter Druck gesetzt. Die Bewertung der Schülerarbeiten ist ein solcher für Jeff kritischer Bereich, der ihn bereits vor der ARTISM-Teilnahme beschäftigt hat (vgl. 4.4.2). Alternative Beurteilungsformen sind zumindest in Phase III die Kernelemente von Jeffs Unterrichtserprobungen in Zusammenhang mit ARTISM, wie in einem zweiten Interview zehn Wochen später zum Ausdruck kommt:

> Looking back at the past ten weeks, to what extent did ARTISM influence your teaching?
> *Not a lot. You know in general, it would have only been in a general sense. In a sense that - just being a little more creative, I suppose, in general in my teaching. So I wouldn't say over the last ten weeks anything specifically has changed.*
>
> So there were no specific ARTISM strategies or activities that you tried or implemented?
> *Well, I suppose with assessment, you know, I'm certainly concentrating more on different forms of assessment, different methods and I think I said that last time, try to make the work tasks be a little bit more relevant to the students, more part of the work, a teaching tool rather than just an assessment tool.*

Die Beobachtungen im Rahmen meiner Unterrichtshospitationen in Phase III decken sich mit Jeffs Interviewstatements bezüglich der nur punktuellen Erprobung und Integration von ARTISM-Inhalten. Bis auf eine Ausnahme basierten alle sechs Mathematikstunden, in denen ich in Jeffs Jahrgang 7 in Phase III hospitiert habe, auf dem Schulbuch. Meist gab Jeff eingangs frontal für die gesamte Klasse eine Einführung in das Thema der Stunde, und dann arbeiteten die Schüler individuell an der Bearbeitung der gestellten Aufgaben, die allerdings variierten. Während es in Kims Stunden im wesentlichen um 'Päckchenrechnen' ging, bemühte sich Jeff sichtlich um abwechslungsreiche Aufgabenstellungen, die neben Termumformungen und dem Lösen von Gleichungen auch Kopfrechnen und Textaufgaben, die Erstellungen von Diagrammen sowie Zeichnungen und Konstruktionen (z.B. Dreiecke und Polygone) umfaßten. Diese individuellen Arbeitsphasen wurden regelmäßig unterbrochen, um im Plenum bisherige Lösungsansätze zu diskutieren bzw. Lösungen zu vergleichen. Offizielle Aufforderungen zur Partner- oder Gruppenarbeit kamen in den Stunden in Phase III, in denen ich anwesend war, nicht vor. Allerdings arbeiteten einige Schüler bei der Lösung von Aufgaben zusammen bzw. verglichen ihre Ergebnisse oder Lösungsschritte, wogegen Jeff nichts einzuwenden hatte, solange der Geräuschpegel niedrig blieb.

Ähnlich wie bei Neil herrscht eine freundliche und entspannte Unterrichtsatmosphäre. Die Schüler akzeptieren Jeff als eine Autoritätsperson, sind aber zugleich sehr anhänglich und erzählen ihm sowohl von privaten Erlebnissen als auch von ihren Erfolgen bzw.

Schwierigkeiten bei der Lösung von Aufgaben. In den Stunden, in denen ich anwesend war, meldeten sich sehr oft Schüler, um etwas nachzufragen oder sich bestimmte Schritte eines Lösungsweges nochmal erläutern zu lassen. Jeff ging in allen Fällen auf diese Fragen detailliert ein, entweder sofort unter Einbeziehung der gesamten Klasse, wenn er den Eindruck hatte, daß andere Kinder ähnliche Probleme haben, oder anhand eines individuellen Gesprächs. Bei umfassenderen Schwierigkeiten bat er den betreffenden Schüler am Ende der Stunde oder in der Pause zu sich, um ggfs. Inhalte noch einmal zu erklären oder Aufgaben gemeinsam mit dem Schüler zu lösen. Erkennbar sind ARTISM-Ansätze im Rahmen von Jeffs Bemühungen um alternative Beurteilungsformen. Am Ende einer Geometrie-Einheit läßt er von jedem Schüler eine Mappe mit seinen Konstruktionen von Polygonen zusammenstellen. Bewertet werden die Sauberkeit und Genauigkeit der Zeichnungen sowie deren künstlerische Ausgestaltung. Jeff betont in einem kurzen Gespräch im Anschluß an eine Hospitationsstunde, daß er auf diese Weise auch den sogenannten rechenschwachen Schülern die Chance geben will, eine gute Note zu bekommen, und äußert sich begeistert über die Vielfalt und Kreativität der Arbeiten. Weiterhin gehörte es bei der vorangegangenen Statistik-Einheit zu den Aufgaben der Schüler, in Vierergruppen den Gebrauch von Durchschnittswerten in Zeitungen, Zeitschriften, Büchern und im Fernsehen zu untersuchen sowie diesbezügliche Beispiele zu sammeln und zu erläutern. Abschließend mußten die einzelnen Gruppen ihre Arbeitsergebnisse schriftlich zusammenfassen und im Plenum präsentieren. Ferner mußte jede Gruppe aufführen, welche Beiträge jedes Gruppenmitglied geleistet hatte, und diese Leistungen gingen mit in die abschließende Gesamtnote zu dieser Einheit ein. In diesem Zusammenhang greift Jeff ebenfalls auf die im ARTISM-Programm vorgestellten 'Checklisten' zurück, in denen er neben jedem Schülernamen Eintragungen zum Verhalten sowie den Leistungen und Unterrichtsbeiträgen des betreffenden Schülers macht. Diese Notizen gehen dann später in die Gesamtnote ein.

> *... what I am using more now is checklists, and I'm finding, yeah I suppose actually that was the one that I discussed during the visits, well particularly in group work. What I have done is, no I haven't got it here, I have got a classlist set up and I have six or seven columns of different things that I would like to see in group work, and then I just put a green date if they have done it and a red date if they have particularly not done it, like haven't cooperated in a group - then I put a red date, so I can say the date when they didn't cooperate and that contributes to their marks. And there's, I'd like to do something like that with knowledge, skills and so on. ...*

Im Rahmen der Statistik-Einheit hat Jeff außerdem wöchentliche Journaleintragungen eingeführt, die ebenfalls mit in die Bewertung einbezogen werden. Obwohl Jeff Journals bereits vor ARTISM eingesetzt hat, hat ihn die Teilnahme an ARTISM zu deren weiterem Einsatz in seinen siebten Klassen angeregt und ermutigt:

I've used the journals. I used them last year in the year 9 class. I started using them this year. Yeah, in the last ten weeks I've started using journals. But, as far as relating that to ARTISM - only in a sense that I'm more happy to try different things, because it is something that I had intended to do. Yeah, certainly ARTISM encourages that sort of thing, so you get more comfortable with the idea. But you know it's also part of our policy, really in the school, that we should do more writing in maths. I mean in that sense really ARTISM is effecting the school policy. And certainly [the mathematics-coordinator] is pushing that sort of thing. At maths/science meetings we spend quite a bit of time on writing in maths and science. And that at least to a certain degree comes from the program that we are doing.

Jeff weist in Zusammenhang mit den Journals erstmals auf den bedeutenden Einfluß des ARTISM-Programms auf die innerschulischen Entscheidungen über Curriculumsinhalte und Bewertungspraktiken (die sog. "school policy") hin. Dies ist besonders in bezug auf seine Unterrichtspraxis von Bedeutung, da Jeff anscheinend, im Gegensatz zu Ted, weniger konkret mit der Implementation der verschiedenen ARTISM-Inhalte experimentiert, diese Inhalte jedoch durch ihre Integration in die Mathematikcurricula und entsprechenden Unterrichtseinheiten in seinen Unterricht transportiert werden. Dieser indirekte Einfluß von ARTISM-Inhalten auf Jeffs Unterrichtspraxis wird in Phase IV noch deutlicher, wie die folgenden Ausführungen belegen werden.

Die Auswertung der Schülerangaben zu den von ihnen jeweils wahrgenommenen Unterrichtsscenarios ergibt einen deutlichen Unterschied zwischen Jeffs Mathematikunterricht in Phase III und Phase IV, wie Abb. 39 zeigt. Genau die Hälfte der Schüler entscheidet sich in Phase III, übereinstimmend mit Jeffs eigener Wahrnehmung, für das Scenario Nummer eins. Während anfangs in Woche 4 noch 18 bzw. 21 Prozent die Scenarios Nummer vier[87] und fünf[88] wählen, fällt die Zahl der Schüler, die sich für diese beiden Scenarios aussprechen, in Woche 10 auf 10 bzw. 7 Prozent zurück.

---

[87] Mathematics Classroom 4:
The students work in groups for most of the time on different tasks and activities. Quite often these activities are supposed to be done within a certain period of time before the whole group moves to another activity. Sometimes the whole class is working on the same activity at the same time either individually or in groups. In both cases there is a lot of material and equipment in the classroom for the students. They use text books and worksheets to reinforce ideas. Homework is used in a similar way.

[88] Mathematics Classroom 5:
The teacher raises problems from the 'real world' and the students try to work out what mathematics they need to solve these problems. They work on each of these problems for a longer period of time (eg. 3 or 4 lessons). To find the appropriate way to solve a problem is as important as to do the necessary mathematical operations. Quite often the students use computers and calculators or go to libraries and other institutions to gather information. The teacher invites the students to work in groups.

Abb. 39
Schülerwahrnehmungen bezüglich der Neils Mathematikunterricht entsprechenden Unterrichtsscenarios (in Prozent)

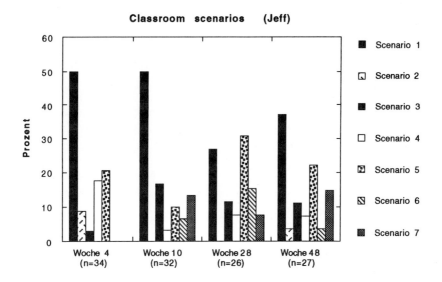

Dafür nennt eine steigende Schülerzahl die Scenarios Nummer drei[89] und Nummer sieben[90]. Jeff selbst kommentiert dieses Ergebnis dahingehend, daß einzelne seiner Unterrichtsstunden in den beiden Wochen vor der jeweiligen Befragung Ähnlichkeiten mit diesen zur Auswahl stehenden Scenarios gehabt und diesbezügliche Eindrücke wohl bei den Schülern überwogen hätten. Er selbst spricht sich jedoch noch einmal ausdrücklich für Scenario Nummer eins als zutreffendste Darstellung der meisten seiner Unterrichtsstunden aus.

In Phase IV wird ein Versuch der Abkehr vom Frontalunterricht deutlich. Erstmals gibt es Nennungen für alle sieben vorgestellten Unterrichtsscenarios, wobei ein Anstieg der

---

[89] Mathematics Classroom 3:
The teacher sets a starting point for learning situations/ poses a problem and the students develop further problems from that. They can decide whether they want to work on their own or in groups. Many of the tasks set by the teacher have similar starting points but the students can develop them depending on their interests. A lot of equipment is used and the students talk about their learning with other students.

[90] Mathematics Classroom 7:
Students work independently of each other and individual progress is emphasized. The teacher seldom teaches the class as a whole. Much of the work comes from worksheets or sets of work cards, supplemented by text book materials. Students progress individually as they master each section of the work.

Nennungen von Scenario Nummer sechs[91] in Woche 28 auffällt. Obwohl nach wie vor eine relativ hohe Zahl von Schülern Scenario Nummer eins wählt, nimmt besonders die Zahl der Nennungen von Scenario Nummer fünf zu. Jeff selbst entscheidet sich zu beiden Befragungszeitpunkten für Scenario Nummer vier. Während bei Ted, Neil und Kim überwiegend Übereinstimmungen zwischen den Wahrnehmungen der Schüler und ihren Lehrern bzw. ihrer Lehrerin bestanden und auch die Wahrnehmungen der Schüler oft eindeutige Mehrheiten für ein und zwei Scenarios ergaben, zeigt die Auswertung der Daten zu Jeffs Unterrichtspraxis ein durchaus kontroverses und auf den ersten Blick widersprüchliches Bild, das es aufzuklären gilt.

Kernelemente des von Jeff gewählten Scenarios Nummer vier sind zum einen die Vielfalt an Aufgabenstellungen, Schüleraktivitäten und Material und zum anderen der schwerpunktmäßige Einsatz von Gruppenarbeit (vgl. Abb. 40).

Abb. 40
Schülerergebnisse zu Item "Working with a group" in Jeffs Klasse (in Prozent)

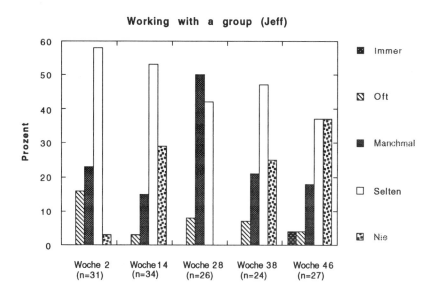

Vergleicht man die Wahrnehmungen der Schüler bezüglich der Häufigkeit ihrer verschiedenen Aktivitäten im Mathematikunterricht, so stehen ihre Angaben zu den

---

[91] Mathematics Classroom 6:
Much the same as classroom 5 except that the students contribute problems which they are interested in. It is not only the teacher who poses the problems. It is a matter of negotiation within the class what problems should be tackled.

Sozialformen im Widerspruch zu Scenario vier. Bezüglich des Items 'Gruppenarbeit' entscheidet sich mit Ausnahme von Woche 28 die überwiegende Mehrheit der Schüler aus Jeffs Klasse für die Kategorien "selten" bzw. "nie". Mit Ausnahme von Woche 2 liegt der Prozentsatz der Schüler, die sich bezüglich der Häufigkeit des Einsatzes von Gruppenarbeit in ihrem Mathematikunterricht für die Kategorie "oft" entscheiden, unter zehn Prozent. Zieht man parallel zum Kriterium 'Gruppenarbeit' die Angaben der Schüler zur Häufigkeit von Einzelarbeit im Mathematikunterricht hinzu, bestätigt sich dieser Eindruck; denn über 50 Prozent der Schüler vertreten in beiden Phasen die Meinung, daß sie "immer" bzw. "oft" individuell arbeiten, wobei die Zahlen am Ende von Phase IV sogar noch ansteigen, wie anhand von Abb. 41 zu ersehen ist.

Abb. 41
Schülerergebnisse zu Item "Working on my own" in Jeffs Klasse (in Prozent)

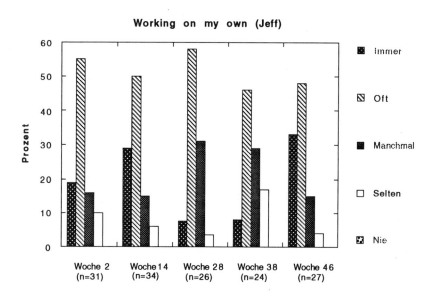

Jeff wählt in Phase III die Kategorie "oft", in Phase IV jedoch die Kategorie "manchmal" - ein klarer Widerspruch zu den Wahrnehmungen der Mehrheit der Schüler. Entschärfen läßt sich dieser Widerspruch, wenn man die Schüler- und Lehrerangaben zum Kriterium 'Partnerarbeit' einbezieht. In Phase IV ist eine Zunahme dieser Sozialform in Jeffs Unterricht festzustellen, wie Abb. 42 zeigt. Die Prozentzahl der Schüler, die sich bezüglich des Items "Working with a partner" für die Kategorie "oft" entscheidet, nimmt deutlich zu. Die Kategorie "nie" wird in Phase IV von keinem Schüler angekreuzt, und die Prozentwerte zur Kategorie "selten" sinken von über 40 Prozent in Phase III auf unter 20 Prozent in Phase IV. Die absolute Mehrheit der Schüler wählt die Kategorie "manchmal", wobei auch hier ein deutlicher Anstieg im Vergleich zu Phase III festzustellen ist. Dennoch deckt sich die Wahrnehmung der Mehrzahl der Schüler nicht mit Jeffs Einschätzung. In Phase III entscheidet er sich für die Kategorie "manchmal", die Mehrheit der Schüler jedoch für die Kategorie "selten", während die Einschätzungen in Phase IV genau umgekehrt sind. Jeff wählt hier die Kategorie "oft", die Mehrzahl der Schüler entscheidet sich jedoch, wie bereits erwähnt, für die Kategorie "manchmal".

Abb. 42
Schülerergebnisse zu Item "Working with a partner" in Jeffs Klasse (in Prozent)

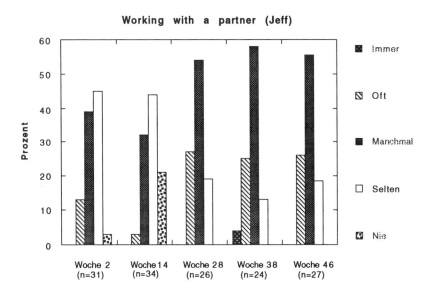

Auch wenn Jeffs Einschätzung insgesamt etwas positiver ausfällt als die seiner Schüler, nimmt Partnerarbeit in seinem Unterricht in Phase IV einen höheren Stellenwert ein als zuvor. Dies belegen übrigens auch meine Aufzeichnungen zu den Unterrichtshospitationen. In vier von acht Unterrichtsstunden, die ich in Phase IV besucht habe, umfaßte der Arbeitsauftrag an die Schüler ausdrücklich die Zusammenarbeit mit einem Partner ihrer Wahl oder dem jeweiligen Sitznachbarn. Die Wahrnehmungen der Schüler in bezug auf den vielfältigen Einsatz von Unterrichtsmaterial und Geräten, der kennzeichnend für das von Jeff zur Beschreibung seines Unterrichts in Phase IV gewählte Unterrichtsscenario Nummer vier ist, stehen jedoch im Widerspruch zu Jeffs Einschätzung, wie aus Abb. 43 hervorgeht.

Abb. 43
Schülerergebnisse zu Item "Using other equipment" in Jeffs Klasse (in Prozent)

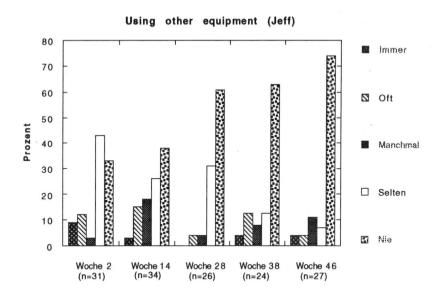

Die absolute Mehrheit der Schüler entscheidet sich sowohl in Phase III als auch in Phase IV bezüglich des Einsatzes verschiedener Unterrichtsmaterialien und Geräte für die Kategorien "selten" bzw. "nie", wobei die Zahl der Nennungen der Kategorie "nie" in Phase IV sogar noch deutlich zunimmt und zwischen 61 und 74 Prozent liegt. Jeffs eigene Wahrnehmung, konkret in bezug auf dieses Item, deckt sich darüber hinaus ebenfalls nicht mit Scenario Nummer vier, denn in Phase III entscheidet er sich bezüglich des Einsatzes vielfältiger Unterrichtsmaterialien und Geräte für die Kategorie "manchmal" und in Phase IV für die Kategorie "selten". In beiden Phasen deckt sich seine Einschätzung nicht mit der Wahrnehmung der Mehrheit der Schüler.

Die Materialien und Instrumente, die Jeffs Schüler schwerpunktmäßig nennen, gehören zu den traditionellen Konstruktionswerkzeugen im Mathematikunterricht wie Zirkel, Lineal und Winkelmesser. Während Würfel noch in ca. einem Drittel der Fragebögen genannt werden, erfolgt der Einsatz ebenfalls von den Schülern genannter Materialien wie Perlen und Plättchen, Stoppuhren, Maßbänder sowie Enzyklopädien, Zeitschriften und Bücher nur sporadisch.

Die Auswertung der Unterrichtshospitationen ergibt jedoch einen deutlichen Unterschied hinsichtlich der Qualität der Aufgabenstellungen zwischen Phase III und IV. Während sich Jeff bereits in Phase III, wie oben erwähnt, um eine Variation seiner Aufgabenstellungen bemüht, um somit den unterschiedlichen Begabungen der Schüler Rechnung zu tragen, so baut er diesen Aspekt in Phase IV weiter aus. Handlungsorientierung und der Bezug zur Alltagswelt der Schüler sind Aspekte, die für Jeff in bezug auf seinen Mathematikunterricht anscheinend immer wichtiger werden. In gut einem Drittel der von mir besuchten Unterrichtsstunden in Phase IV werden Rechenfertigkeiten handlungsorientiert anhand mathematischer Spiele in Partner- oder Gruppenarbeit geübt. Jeff ist mit dem Erfolg dieser Maßnahmen offensichlich zufrieden, denn sie kommen seiner Meinung nach dem Handlungs- und Bewegungsdrang von Schülern dieser Altersstufe entgegen und haben darüber hinaus auch positive Auswirkungen auf die Bereitschaft der Schüler, in frontalen Unterrichtssituationen oder Einzelarbeitsphasen mitzuarbeiten:

> *... I'm using a lot more games this year than I did last year. And I'm finding that is good for the kids. And also I can do like a maths game or a maths activity where, you know, they can be noisy and do their own thing and hopefully learn some maths at the same time. And I think apart from the benefit that they get from that, it also means that if the next day I wanna do some pretty dry stuff, you know, let's learn a few skills and do some bookwork. And I find that they accept that more easily, too. And they don't get bored with that, because it's also different. And there's a lot more variety. And I'm finding that really helpful. Even the difficult class that I have, after I'd done the game, the next day I did some really quiet work, and I didn't have to really get them to be quiet. They were quite happy to do it.*

Jeff bemüht sich ganz offensichtlich, seinen Mathematikunterricht für die Schüler interessant und abwechslungsreich zu gestalten, und knüpft somit an seine am Ende von Phase III formulierten Ziele für seinen Mathematikunterricht an.

> What are your present goals with respect to your maths teaching?
> *Well, I guess what I'm trying to achieve is that I want my maths classes to be fairly relevant to the kids and to be interesting for the kids.*

Sein Bemühen um einen möglichst abwechslungsreichen und für die Schüler relevanten Mathematikunterricht, das sich auch in seiner Wahl des Scenarios Nummer vier zur Beschreibung seines Unterrichts spiegelt, umfaßt ferner die verstärkte Berücksichtigung von Alltagsbezügen. So bildet beispielsweise die Kopie einer Seite aus dem amtlichen Telefonbuch für Melbourne mit den Telefongebühren für Orts- und Ferngespräche zu den verschiedenen Tages- und Nachtzeiten die Grundlage einer Übungsstunde zur Addition und Multiplikation von Dezimalzahlen. Die Schüler sind in dieser Stunde sehr interessiert, da die meisten gern telefonieren und, wie in den Gesprächen zum Ausdruck kommt, oft Diskussionen mit ihren Eltern über die Kosten ihrer Gespräche haben.

Jeffs verstärktes Bemühen um Zugänge zu mathematischen Inhalten, die an der Alltagswelt der Schüler anknüpfen, spiegelt sich neben meinen Beobachtungen im Rahmen der Hospitationen auch an der steigenden Zahl der Schüler, die in Phase IV die Scenarios

Nummer fünf und Nummer sechs wählen[92] (vgl. Abb. 39).

Die Veränderung von Jeffs Ansprüchen an seinen Unterricht und damit zusammenhängend teilweise auch seiner Unterrichtspraxis wird in Phase IV darüber hinaus auch durch auf ARTISM basierende innerschulische Veränderungen der Mathematikcurricula und Beurteilungspraktiken von Schule A beeinflußt. Die Jeffs Mathematikunterricht in Phase IV zugrunde liegenden Unterrichtseinheiten zu den einzelnen mathematischen Themengebieten für die Jahrgangsstufe 7 sind im Anschluß an das ARTISM-Programm von der Mathematik-Koordinatorin nach dem Vorbild der von Ted und Jack entwickelten Unterrichtseinheiten für die Jahrgangsstufe 10 überarbeitet worden. Handlungsorientierung und Lebensweltbezüge mathematischer Inhalte für die Schüler sind ebenso Kernelemente dieser teils neu entwickelten, teils überarbeiteten Einheiten wie das Schreiben und Kommunizieren über Mathematik und die Berücksichtigung alternativer Beurteilungsformen. Jeff orientiert sich offensichtlich bewußt an diesem schulinternen Trend, der im wesentlichen auf das Engagement von Ted und der Mathematik-Koordinatorin zurückgeht:

> *Well, at present we are changing the courses a lot, we are rewriting - not so much rewriting but changing it and also our assessment and reporting procedure is changing, and I think that leads to a lot of change. Also we are working particularly on the maths units at the moment, just trying to sort of liven them up a bit. And I think that's been generated in part at least from the ARTISM program. ... [the mathematics coordinator] is in year seven, teaching the class that I don't teach, and she's putting in a lot of work in reorganising the units. So that's helping a lot from my point of view in maths. And also she's got a whole lot of activities that, that I you know just select from and that helps a lot. There is one particular that I can show you on decimals that I did yesterday, which is something I hadn't done before. And that worked really well.*

Besonders deutlich wird der indirekte und durch die Mathematik-Koordinatorin vermittelte Einfluß des ARTISM-Programms auf Jeffs Beurteilungspraxis in einer meiner Hospitationsstunden am Anfang von Phase IV. Im Rahmen einer Einheit zu Rechenfertigkeiten ("unit number skills") läßt Jeff die Unterrichtsinhalte in Form eines Tests wiederholen und teilt diesbezüglich ein Blatt mit den Bewertungskriterien aus, die er den Schülern eingangs erläutert. Während die Schüler mit der Lösung der Aufgaben beschäftigt sind, erklärt er diesbezüglich mir gegenüber:

> *This* [assessment sheet] *is supposed to be an effective way of doing it. ...*[the mathematics coordinator] *tells me so, so I'm giving it a try.*
> (Mathematikstunde am 9.3.1993)

---

[92] An der Alltagswelt orientierte Problemstellungen und deren mathematische Lösung bilden den Schwerpunkt dieser beiden Scenarios.

Großen Stellenwert hat in Jeffs Unterricht in Phase IV in Zusammenhang mit der Leistungsbeurteilung auch das Schreiben über Mathematik. Die Führung von Journals ist ein fester Bestandteil seines Unterrichts geworden, und ein wichtiges Kriterium hinsichtlich der Leistungsbeurteilung ist die Entwicklung und schriftliche Darstellung des Lösungsweges und evtl. Schwierigkeiten sowie deren Überwindung und weniger die Angabe eines richtigen Ergebnisses. Ein diesbezügliches Beispiel liefert die Arbeitsanweisung zu einem Test der erlernten algebraischen Fertigkeiten, zu dessen Bearbeitung den Schülern mehrere Mathematikstunden zur Verfügung stehen, die lautet:

> *A summary is to be written at the end of these problems. The summary is to outline the ways you attempted to solve the problems, identifying any difficulties you experienced and a comment on the task itself.*

Nachdem Jeff die Aufgaben und Arbeitsanweisungen gemeinsam mit den Schülern durchgegangen ist und Verständnisschwierigkeiten seitens der Schüler aufgeklärt worden sind, resümiert er:

> *It's not a matter of right or wrong, it's the quality of your work that counts.*
> (Mathematikstunde am 7.6.1993)

Abb. 44
Schülerergebnisse zu Item "Writing words" in Jeffs Klasse (in Prozent)

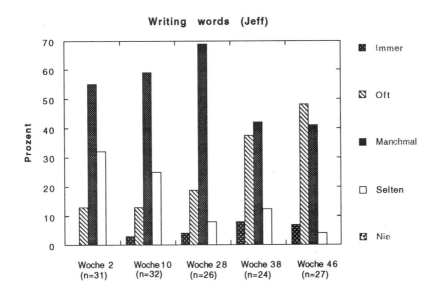

Mit dem Arbeitsblatt bekommen die Schüler auch eine Aufstellung der Kriterien, nach denen ihre Arbeit bewertet werden soll und an der sie sich bei der Bearbeitung orientieren können und sollen. Teds Vorbild und Einfluß bei der Erstellung der neuen Unterrichtseinheiten für den Jahrgang 7 ist dabei unübersehbar. Die zunehmende Bedeutung des Schreibens über Mathematik wird offenbar auch von Jeffs Schülern wahrgenommen, wie aus Abb. 44 hervorgeht. Der Prozentsatz der Schüler, die sich bezüglich des Item "Writing words" für die Kategorie "oft" entscheidet, nimmt besonders in der zweiten Hälfte von Phase IV deutlich zu, während die Zahl der Nennungen der Kategorie "selten" parallel dazu sinkt. Jeffs eigene Wahrnehmung deckt sich in beiden Phasen mit der Mehrzahl der Schüler, d.h. in Phase III entscheidet er sich noch für die Kategorie "manchmal", während er in Phase IV die Kategorie "oft" wählt.

Eine weitere Veränderung hinsichtlich der Wahrnehmung der Schüler betrifft den Einsatz von Arbeitsblättern im Mathematikunterricht, wie anhand von Abb. 45 deutlich wird.

Abb. 45
Schülerergebnisse zu Item "Working from a worksheet" in Jeffs Klasse (in Prozent)

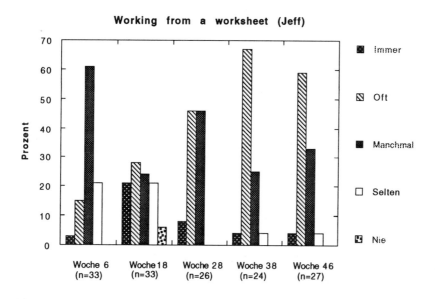

Während der Prozentsatz der Schüler, die sich für die Kategorie "oft" entscheiden, in Phase III zwischen 15 und 28 Prozent liegt, liegen diesbezügliche Nennungen in Phase IV zwischen 46 und 67 Prozent. Zugleich fällt die Zahl der Schüler, die die Kategorie "selten" wählt, von 21 Prozent in Phase III auf null bis vier Prozent in Phase IV. Jeffs Einschätzung deckt sich auch hier wieder mit den Wahrnehmungen der Mehrheit der Schüler. Ohne nennenswerte Schwankungen verhalten sich hingegen die Wahrnehmungen der Schüler in bezug auf die Häufigkeit ihrer Arbeit auf der Grundlage des Mathematikbuches (vgl. Abb. 46). Mit Ausnahme von Woche 18, am Ende von Phase

III, kreuzt die absolute Mehrheit der Schüler durchgängig die Kategorie "oft" an. Auch die Prozentsätze der übrigen Kategorien bleiben weitgehend konstant, wobei Jeffs Einschätzung, ähnlich wie bezüglich der Sozialformen, positiver ausfällt. Er entscheidet sich in Phase III parallel zur Mehrheit der Schüler für die Kategorie "oft" und in Phase IV für die Kategorie "manchmal". Diese Einschätzung wird jedoch nur von einem Viertel der Schüler geteilt.

Abb. 46
Schülerergebnisse zu Item "Working from a textbook" in Jeffs Klasse (in Prozent)

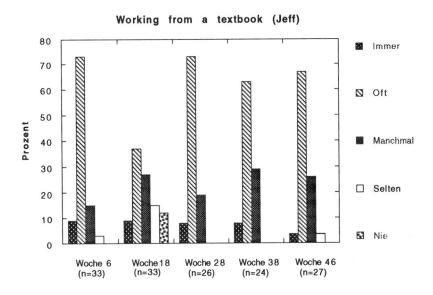

Anders als bei Kim umfaßt der Einsatz des Mathematikbuchs in Jeffs Unterricht auch in Phase IV nicht nur 'Päckchenrechnen' und das Abarbeiten von Algorithmen. Dennoch lassen sich im Vergleich zu Phase III einige Unterschiede feststellen. Jeff wählt neben dem entsprechenden Einsatz von Arbeitsblättern auch bei der Arbeit mit dem Mathematikbuch anscheinend bewußte Aufgabenstellungen, von denen er glaubt, daß sie die Schüler interessieren und ihnen Spaß machen, wie in dem ersten Interview in Phase IV zum Ausdruck kommt:

> *I think my strength is, if I'm trying to explain something, I think I can explain it clearly and accurately and try to make it interesting at the same time. And I do that with trying to use humour. I'm using humour a lot more this year, which I guess is because I'm much more comfortable this year. And I think they appreciate that. It does keep them engaged. And also trying to get the kids who are fading out back into the discussion. Yeah, I think keeping the kids' interest. I think that's important to me, whether that means they are doing something by themselves or in groups or that they are listening and you know interacting with me at the board.*

Ein Beispiel für die Verwirklichung seines Ziels, den Unterricht interessant und abwechslungsreich zu gestalten, ist in Phase IV die im Mathematikbuch vorgeschlagene Einführung in die Algebra anhand eines 'Zahlenknacker-Monsters', durch das die Schüler spielerisch an den Umgang mit Platzhaltern herangeführt werden. Jeff läßt die Schüler in Partnerarbeit mit dem Monster 'spielen', wobei sie sich jeweils im Wechsel Aufgaben ausdenken müssen, die der Partner mit Hilfe des Zahlenknackers lösen muß, eine Aktivität, an der die Schüler großen Spaß haben, denn sie erbetteln sich zweimal eine Verlängerung dieses 'Spiels'.

'Partnerarbeit', 'Einsatz von Arbeitsblättern' und 'Schreiben im Mathematikunterricht' sind die einzigen Items des entsprechenden Fragebogens, zu denen sich eindeutige Veränderungen in Jeffs Unterrichtspraxis in Anlehnung an die im Rahmen des ARTISM-Programms propagierten Inhalte und erstrebenswerten Veränderungen festmachen lassen. Bezüglich der anderen Items sind die Wahrnehmungen der Schüler entweder relativ konstant und stimmen mit der eingangs beschriebenen Unterrichtspraxis vor Jeffs Teilnahme an ARTISM weitgehend überein oder schwanken, wobei sich allerdings nicht unbedingt ein Entwicklungstrend feststellen läßt. Ein diesbezügliches Beispiel betrifft den Einsatz von Taschenrechnern in Jeffs Unterricht.

Abb. 47

Schülerergebnisse zu Item "Using calculators" in Jeffs Klasse (in Prozent)

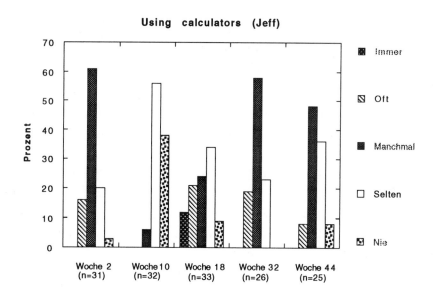

Wie Abb. 47 zeigt, läßt sich zum Einsatz des Taschenrechners in Jeffs Mathematikunterricht aus quantitativer Hinsicht lediglich feststellen, daß sich Phasen, in denen die Schüler häufig einen Taschenrechner benutzen, und Phasen, in denen er eher selten eingesetzt wird, abwechseln. Hinsichtlich des qualitativen Umgangs mit dem Taschenrechner lassen sich hingegen schon Anlehnungen an die Inhalte der dritten ARTISM-Session mit dem Schwerpunktthema 'Umgang mit Neuen Technologien' feststellen. So setzt Jeff den Taschenrechner im Rahmen der Unterrichtseinheit zum Thema Dezimalzahlen nicht nur wie bisher zum schnellen und sicheren Ausrechnen von Aufgaben mit großen Zahlen sondern als Hilfsmittel beim Erlernen der Multiplikation von Dezimalzahlen und deren Zusammenhang mit dem Stellenwertsystem ein.

Eine weitere Erfahrung in Zusammenhang mit dem Einsatz von Taschenrechnern, die Jeff seinen Schülern ermöglicht, ist die Erkenntnis, daß die Benutzung eines Taschenrechners nicht immer der einfachste, schnellste Weg mit dem geringsten Fehlerquotienten ist. Bei dem bereits erwähnten Mathespiel zum Üben der Addition von Dezimalzahlen, läßt Jeff in einem Durchgang ausdrücklich die eine Hälfte der Klasse mit Taschenrechnern arbeiten und die andere (halb-)schriftlich rechnen. Die Schüler erkennen schnell, daß diejenigen, die mit Taschenrechnern arbeiten, benachteiligt sind, weil der Taschenrechner nicht genügend Stellen für die z.T. zehnstelligen Zahlen hat und das Eintippen selbst bei den Zahlen, die der Taschenrechner noch erfassen kann, sehr langwierig und umständlich ist. Wie die bisherigen Ausführungen zu Jeffs Unterrichtspraxis nach seiner Teilnahme am ARTISM-Programm belegen, lassen sich im Vergleich zu seinem Unterricht vor der ARTISM-Teilnahme zumindest in Phase IV durchaus Veränderungen in Anlehnung an die propagierten ARTISM-Inhalte feststellen.

Es ist jedoch deutlich geworden, daß diese Veränderungen zum großen Teil extern gesteuert, d.h. durch den Einsatz der von der Mathematik-Koordinatorin überarbeiteten Unterrichtseinheiten forciert werden. Jeff kann das weitgehend von der Mathematik-Koordinatorin ausgewählte und vorgegebene Unterrichtsmaterial, d.h. die Arbeitsblätter mit mathematischen Spielen, wie z.B. zum oben beschriebenen Einsatz des Taschenrechners, sinnvoll nutzen, entwickelt jedoch wenig Initiativen und Kreativität bei der eigenen Auswahl und Entwicklung von Unterrichtsmaterial. Er ist mit den Ergebnissen und Erfolgen seines veränderten Unterrichts zufrieden, doch resultieren daraus nur bedingt eigene Beiträge in dieser Richtung und selbstgesteuerte gezielte Unterrichtserprobungen einzelner ARTISM-Inhalte wie bei Ted.

Die Mathematik-Koordinatorin kommt in einem Interview in Phase IV zu einer ähnlichen Einschätzung in bezug auf Jeffs bisherigen professionellen Veränderungsprozeß:

> *Jeff is a brilliant mathematician. He is a hell of a lot better in maths than I am. But he has trouble taking it from up here* [makes a measuring gesture with her hand] *and getting it down into the classroom. So he is one that benefits a lot from modelling. That's - at this stage he doesn't take on the initiative to try something new himself. Though he picked up that LETTERS FOR DOLLARS activity. He took it and used it and it was very successful, but he wouldn't see - to actually to get him to sit down and to work on writing up another unit. I find that it's very traditional. He's not taking what he is learning in professional development and putting it into the classroom. He is taking it, accepting it and agreeing with it, but he has trouble implementing it.*
>
> (Mathematik-Koordinatorin Schule A)

Ein Grund für Jeffs Verhalten mag auf den seinem Mathematikunterricht zugrunde liegenden Wertvorstellungen und Zielen beruhen, die anscheinend, zumindest teilweise, noch am gewohnten Frontalunterrichtsstil orientiert sind, wie in einem Interview in Phase IV zum Ausdruck kommt:

> *Well I think, if in a class discussion - if there are a lot of hands up and kids are interacting with me on the board, I think that's a sign of success. ...*

Die Erfolgsdefinition seines Unterrichts anhand zahlreicher Schülermeldungen und Lehrer-Schüler-Interaktionen bei der Tafelarbeit ist ein eindeutiger Indikator dafür, daß frontal ausgerichtete Unterrichtssituationen sein Verständnis von 'gutem' Unterricht immer noch entscheidend prägen. Ein weiterer Grund hängt offenbar mit Jeffs Mangel an Unterrichtspraxis zusammen, denn zu Beginn des ARTISM-Programms unterrichtet er erst seit ca. einem Jahr. Dies scheint umso bedeutsamer, da es in Australien keine zweite Phase der Lehrerausbildung gibt. Wie der folgende Interviewausschnitt beschreibt, hat er sich in diesem ersten Jahr oft überfordert und unsicher gefühlt, weil er vor Übernahme einer eigenen Klasse nur wenig Gelegenheit hatte, Unterrichtserfahrungen zu sammeln:

> *I have never taught any unit twice because I just finished my first year. But the unit I'm teaching now, it's the second time I've taught it. And I'm finding now - I can't remember exactly last year - but I'm sure last year it took me a lot longer to get through the stuff that I was doing. I remember towards the end of the third term, because that term was my first term, eh, I was really struggling with a - you know, there is 30 questions in the book, and there are some boys who have finished question 30 before they even leave the room, and others just managed to finish question 2. And I was really insisting that everybody had to be at the same stage. And that was a real struggle, because I had some boys who got heaps of work done and nothing to do for homework and other boys who had an unrealistic amount of homework to do. Whereas now I'm teaching the skill and saying to them - eh and checking that they are working properly and fast and all getting something done, and then it's more usual for me to say 'right, the next question has to be done for homework' or 'do this question because it's a bit different from homework'. I'm not worrying about getting every single question done. And I am finding I'm spending little time or much less on bookwork and worrying how I get all this done and a lot more time on work tasks that are a little bit more meaningful.*

Wie in dem Zitat deutlich wird, ist Jeffs Unterrichtsverständnis entweder aufgrund seiner eigenen Erfahrungen aus Schülersicht und/oder durch sein Studium stark am Schulbuch und offensichtlich an frontal ausgerichteten Lehr-/Lernsituationen orientiert. Die Überwindung dieser Vorstellung von Mathematikunterricht in der Praxis ist für Jeff offenbar nicht einfach, wie auch seine Ausführungen hinsichtlich der von ihm im Rahmen des ARTISM-Programms konzipierten Algebra-Einheit belegen:

> *Well, I developed the algebra unit as part of the ARTISM program and to some extent, you know, I did try to put the ARTISM ideas in there. And, it was an interesting exercise actually, because trying to sort of organise it lesson by lesson beforehand was okay, and then having taught it, it sort of said what you have done beforehand didn't really close smoothly or some of it didn't sort of mean very much, whereas others I could have spent a lot more time on.*

Nach Auffassung der Mathematik-Koordinatorin war diese Einheit zumindest noch zu sehr an traditionellen Unterrichtskonzepten orientiert. Es ist meiner Ansicht nach anzunehmen, daß Jeff die selbstgesteuerte Implementation alternativer Unterrichtsmethoden und -konzepte und selbständige Entwicklung bzw. Selektion von Unterrichtsmaterial leichter gefallen wäre, wenn er mehr Erfahrung in Unterrichtssituationen gehabt hätte. Die Gründe für diese Vermutung liegen in seiner generellen Bereitschaft, neue Dinge zu erproben, und in seiner Anerkennung der Werte und Bedeutung der im Rahmen von ARTISM vorgeschlagenen alternativen Konzepte und Methoden für das Lernen, die Motivation und die Freude seiner Schüler am Unterricht.

4.4.3.2 ARTISM-bezogene Veränderungen auf kognitiver Ebene

Auch wenn Jeff, wie oben beschrieben, bewußt oder unbewußt in Phase IV bei der Erfolgsdefinition seines Unterrichtshandelns noch an traditionellen Vorstellungen von Mathematikunterricht festhält, hat ARTISM, wie bereits unter 4.4.3.1 angeklungen ist, eindeutige Veränderungen auf kognitiver Ebene bewirkt. Während ARTISM sein eingangs beschriebenes Mathematikverständnis nicht verändert hat (vgl. 4.4.2), lassen sich am Ende von Phase IV jedoch eindeutige Veränderungen auf fachdidaktisch-pädagogischer Ebene festmachen. Die Aussage, daß Mathematik am besten durch Drill und Übung gelernt werden kann, lehnt er in Phase IV entschieden ab, während er vor seiner Teilnahme am ARTISM-Programm uneingeschränkt zugestimmt hatte. Verändert haben sich auch seine Prioritäten in bezug auf die wichtigsten Elemente einer Mathematikstunde, die er in folgender Reihenfolge benennt: (1) die Zusammenarbeit der Schüler untereinander, (2) Aufgabenstellungen, die an der Lebenswelt der Schüler anknüpfen, (3) die Erarbeitung von Fertigkeiten, die die Schüler im Alltag benötigen.

Das Schulbuch und die Erklärungen des Lehrers, die vor seiner ARTISM-Teilnahme Jeffs Meinung nach die bedeutendsten Elemente darstellten, werden am Ende von Phase IV von Jeff als die beiden unwichtigsten Elemente eingestuft.

Vor ARTISM sah Jeff in der Sicherung von Disziplin und Lernerfolgen der Schüler seine wichtigste Aufgabe. Seine zentrale Aufgabe und Funktion als Lehrer liegt nach Jeffs Verständnis nach Beendigung des ARTISM-Programms darin zu entscheiden, wieviel Hilfe und Anleitung die Schüler bei ihrem Lernprozeß, für den sie weitgehend selbst verantwortlich sein sollen, benötigen. In einem letzten Interview am Ende von Phase IV äußert er sich ähnlich in bezug auf die Frage nach dem Haupteinfluß des ARTISM-Programms auf seine Unterrichtsplanung und -praxis:

> *I try to make the kids a little bit more responsible for their learning, I guess. I try to provide more activities than just the standard sort of activity. ...*

Veränderungen seines Mathematikunterrichts verbindet Jeff fast ausschließlich mit der eigenen Person und entsprechenden Konsequenzen für sein Unterrichtshandeln, wie anhand seiner folgenden Fragebogeneintragungen deutlich wird:

> Please complete the following sentence. Try to find at least three features. My mathematics teaching could be improved by ...
>
> Jeffs Antwort in Phase III:
> - *increasing focus on tasks as learning tools*
> - *increasing variety of tasks*
> - *better preparation*
> - *better classroom management skills*
> - *finding more appropriate worktasks*
>
> Jeffs Antwort in Phase IV:
> - *greater preparation time for myself*
> - *better discipline*
> - *more practical activities*
> (*Although I'm not altogether unhappy with any of these.*)

Jeffs Desiderate zur Verbesserung seines Unterrichts sind zum großen Teil an ARTISM-Inhalten orientiert - ein Beleg für die Übernahme der propagierten Unterrichtskonzepte und -methoden in Jeffs bestehendes Wertesystem sowie für die Beeinflussung seines Wissens und seiner Überzeugungen. Jeff ist offenbar deutlich geworden, daß die Berücksichtigung alternativer Konzepte und Methoden in seinem Mathematikunterricht eine durchdachte und teilweise auch zeitaufwendige Planung bedingt, denn sowohl in Phase III als auch in Phase IV bezieht er sich explizit auf qualitative wie quantitative Aspekte seiner Unterrichtsvorbereitung. Und auch in einem Interview zu Beginn von Phase IV betont er, daß die Unterrichtsvorbereitung für einen 'guten' Unterricht mindestens genauso bedeutsam ist wie das Lehrerhandeln und -verhalten im Unterricht selbst:

If you don't do the preparations outside the classroom, then you haven't got a lot of hope. And you know I feel like I have done both and at times I still do both, you know sometimes I come in and I've just had a look in the book quickly, and then I will do that. And other times I put a lot of work into like a game for instance. Ehm [thinking] it's fairly unlikely that my class will be successful consistently, if I don't put in a lot of preparation. You know I might be able to get away with it once or twice, but you can't do it consistently. So yeah I guess outside the classroom has to be at least as important as inside the classroom.

Ein weiterer Hinweis für den Einfluß des ARTISM-Programms auf Jeffs fachdidaktisches Wissen und seine diesbezüglichen Überzeugungen und Werte läßt sich am Ende von Phase IV ebenfalls an seinen Unterrichtszielen für die Zukunft festmachen.

Is there any particular area in your teaching which you would still like to improve? Yeah, I would like to do more group work, but the kids have to learn to do that in order to make it work effectively. I'm still struggling with that. When they work in groups, often half of the group members aren't working and rely on the others and they don't learn anything. Yeah, I think that.

Jeff bezieht sich in diesem Zusammenhang konkret auf einen der inhaltlichen Schwerpunkte des ARTISM-Programms - den Einsatz von Gruppenarbeit. Ted hat an Schule A eindrücklich demonstriert, wie erfolgreich Gruppenarbeit sein kann, wenn diese Arbeitsform mit den Schülern geübt und vom Lehrer strukturiert wird, und Jeff knüpft offensichtlich an diesen Erfahrungen, die auf die Teilnahme am ARTISM-Programm zurückzuführen sind, an.

4.4.3.3 Jeffs Veränderungsprozeß aus modelltheoretischer Sicht

Modelltheoretisch läßt sich Jeffs Veränderungsprozeß auf zwei Ebenen erfassen. Die eine Ebene betrifft direkte Veränderungen von Jeffs Unterrichtsverständnis und Unterrichtspraxis. Die andere Ebene umfaßt indirekte, d.h. extern beeinflußte Veränderungen durch die Implementation der von der Mathematik-Koordinatorin überarbeiteten bzw. neu entwickelten und mit Material ergänzten Unterrichtseinheiten.

Direkte Einflüsse des ARTISM-Programms betreffen in erster Linie Jeffs Beurteilungspraktiken, ein Aspekt, an den er in bezug auf seine ARTISM-Teilnahme bereits bestimmte Erwartungen geknüpft hat (vgl. 4.4.2). Diesbezügliche ARTISM-Inhalte[93] bestätigen und legitimieren zum einen erstrebenswerte Veränderungen, die seitens der Schulleitung, hier vertreten durch die Mathematik-Koordinatorin, bereits vor ARTISM an

---

[93] Schwerpunktthema der vierten ARTISM-Veranstaltung war 'Beurteilung im Mathematikunterricht'.

Jeff und seine Kollegen herangetragen wurden[94]. Zum anderen erzeugen die ARTISM-Inhalte zur Leistungsbeurteilung bei Jeff auch einen gewissen Handlungsdruck, der schließlich zur (Wieder-)Aufnahme von Journals und auch zur Bewertung in einer Mappe zusammengestellter Arbeiten eines jeden Schülers mit Konstruktionen verschiedener Polygone und deren künstlerischer Ausgestaltung führt.

Übertragen auf das Clarke/Peter-Modell (vgl. Abb. 48) wirkt ARTISM demnach zunächst auf Jeffs Wissen und Überzeugungen (*Personal Domain*), denn die von ihm verlangten Adaptionen seiner Bewertungspraktiken werden im Rahmen des ARTISM-Programms inhaltlich konkretisiert.

Abb. 48
Übertragung der *direkten* Einflüsse des ARTISM-Programms auf Jeffs Unterricht auf das Clarke/Peter-Modell

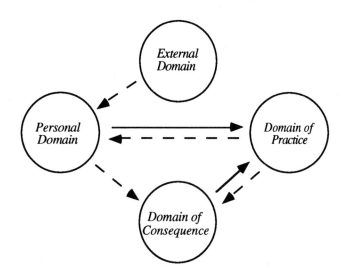

(solid line = *enactive* mediating process; broken line = *reflective* mediating process)

Diese Konkretisierung wirkt sich auch auf seine Werte und Ziele (*Domain of Consequence*) aus, denn Jeff erkennt den Wert der gewünschten und implizierten Veränderungen durchaus an und versucht, sie im Unterricht zu realisieren (*Domain of Action*). Die Unterrichtserfahrungen mit sog. alternativen Beurteilungsformen werden von Jeff

---

[94] Jeff sieht sich diesen gewünschten Veränderungen besonders ausgesetzt, weil die Mathematik-Koordinatorin dadurch, daß sie in derselben Jahrgangsstufe wie Jeff Mathematik unterrichtet, auf eine Zusammenarbeit mit ihm drängt.

zum einen anhand seiner Ansprüche und Ziele (*Domain of Consequence*) reflektiert[95] und ziehen weitere Praxisschritte (*Domain of Practice*) nach sich wie z.B. die Führung von sog. 'Checklisten' oder auch die Einbeziehung der Darstellung und Beschreibung des Lösungsweges einschließlich der aufgetretenen Schwierigkeiten und deren Überwindung in die Benotung. Zum anderen tragen sie zur Veränderung seines Wissens und seiner Überzeugungen (*Personal Domain*) bei, die dann unter Umständen ebenfalls zu weiteren praktischen Eingriffen führt.

Ein wichtiges Erlebnis war für Jeff diesbezüglich offenbar die Erfahrung, daß sich seine Versuche, für jeden einzelnen Schüler vor der Durchsicht von Klassenarbeiten, ausgehend von seinen Einschätzungen aufgrund ihres Unterrichtsverhaltens, die Note bzw. erreichte Punktzahl zu prognostizieren, als sehr realitätsfern herausgestellt haben. Durch die Konfrontation mit seinen zum Teil drastischen Fehleinschätzungen wird er besonders auf die stillen Schüler, die sich nur wenig verbal beteiligen, und ihre Leistungen aufmerksam. Er ist der Ansicht, daß er so viel über die Schüler und ihr Lernen lernt, und will auch zukünftig diese Leistungsprognosen beibehalten:

> *Actually there was something I did do from the assessment one. It suggested that we make a prediction on how a student will do in a test. I predicted on how they would go. And I was terrible. I wasn't within - I was often even further than ten off, and the test had about forty or fifty marks on it or something. I was miles off. I came - I didn't get any student right I think, and I only came close a couple of times. But I think now, having known them a bit longer, if I did that again I think it would be different. I did learn a lot about the students doing that. There were kids in the class that were very quiet, not really participating during the lessons and that I thought couldn't do it - they performed really well. And that was encouraging. Yeah, that was just at the start of the second term this year, and I think I will do it again after the unit I'm teaching now.*

Indirekte, d.h. weitgehend extern gesteuerte Einflüsse des ARTISM-Programms auf Jeffs Unterricht betreffen den Einsatz der in enger Anlehnung an ARTISM überarbeiteten Unterrichtseinheiten und seinen Umgang mit dem diese Einheiten ergänzenden Unterrichtsmaterial. Weil Jeff selbst großen Spaß am Umgang mit Mathematik hat (vgl. 4.4.2), möchte er seinen Schülern ähnliche Erfahrungen ermöglichen und sucht nach Wegen, seinen Unterricht für die Schüler interessant und relevant zu machen[96]. Von den ARTISM-Inhalten (*External Domain*) zeigt er sich, wie verschiedene Interviewäußerungen belegen (vgl. 4.4.3.1), überzeugt, sieht den Einfluß auf seine eigene Person

---

[95] Jeff äußert sich z.B. positiv hinsichtlich der Benotung der Konstruktionsmappen während der Geometrie-Einheit, die auch rechenschwachen Schülern Erfolgserlebnisse vermittelt und somit ihre Motivation gefördert habe.

[96] Dies spiegelt sich auch in seinen Motiven zur Teilnahme an einer langfristig angelegten Fallstudie wider. Jeff betont ausdrücklich, daß er davon Reflektionen und Erkenntnisse über seinen Unterricht erwartet (vgl. 4.4.1).

jedoch in erster Linie auf kognitiver Ebene hinsichtlich seiner Einstellungen und Überzeugungen (*Personal Domain*) in bezug auf seinen Mathematikunterricht. ARTISM beeinflußt Jeff darüber hinaus auch auf affektiver Ebene und vermittelt ihm offensichtlich ein Gefühl von Selbstvertrauen und Gelassenheit, das es ihm ermöglicht, sich auf ungewohnte Ansätze einzulassen.

> Did ARTISM impact on the planning and teaching of your lessons?
> *... I try to provide more activities than just the standard sort of activity. I would rarely think about ARTISM as such, but I think it has impacted on my attitude.*
>
> What do you think was the main effect of ARTISM on your teaching?
> *Well, I guess this attitude. I mean, it's sort of as if I have never really - I've always thought that active learning is more important and that, you know, if you can get the kids engaged in the work then you're half way there. But I guess ARTISM provided some ideas, but also some skills, I think, which is probably more important. You know I feel more comfortable and confident in having the kids doing say unusual things and try different things.*

Darüber hinaus bietet ARTISM Jeff offenbar auch eine Bestätigung seiner Ansprüche und Vorstellungen (*Domain of Consequence*) von 'gutem' Mathematikunterricht (hier die Berücksichtigung von Handlungs- und Lebensweltorientierung) sowie konkrete Anregungen zur Realisierung seiner Ansprüche in der Praxis und erweitert somit auch sein fachdidaktisches Wissen (*Domain of Practice*), wie Abb. 49 zeigt.

Abb. 49
Übertragung der *indirekten* Einflüsse des ARTISM-Programms auf Jeffs Unterricht auf das Clarke/Peter-Modell

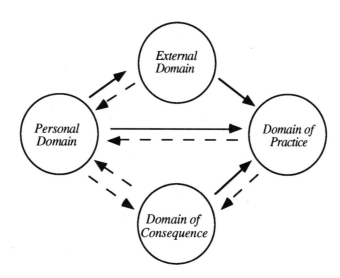

(solid line = *enactive* mediating process; broken line = *reflective* mediating process)

In bezug auf den Transfer dieses im Rahmen des ARTISM-Programms vermittelten Wissens in seine Praxis zeigt Jeff jedoch, wie bereits unter 4.4.3.1 deutlich geworden ist, wenig Eigendynamik und Kreativität. Seine Unterrichtspraxis profitiert vielmehr vom Einsatz der auf der Grundlage des ARTISM-Programms extern, nämlich durch die Mathematik-Koordinatorin, entwickelten Unterrichtseinheiten und Materialien. Jeff greift also auf indirektem Wege auf ARTISM (*External Domain*) zurück und kommt so zur praktischen Erprobung von ARTISM-Inhalten (*Domain of Practice*). Seine Erfahrungen mit den alternativen Ansätzen und Methoden in der Unterrichtspraxis sind weitgehend konform mit den seinem Mathematikunterricht zugrunde liegenden Werten und Zielen (*Domain of Consequence*), d.h. er sieht u.a. positive Auswirkungen auf das Lernen der Schüler. Diese positiven Erfahrungen bestärken ihn dann zum weiteren Einsatz alternativer Unterrichtsmaterialien und -strategien (*Domain of Practice*).

Charakteristisch für Jeffs Veränderungsprozeß ist, daß es im Gegensatz zu Ted keine unmittelbare Verbindung zwischen den Fortbildungsinhalten und seiner Unterrichtspraxis gibt. Jeffs Lernprozeß in Zusammenhang mit Lehrerfortbildung ist in erster Linie ein kognitiver Lernprozeß, denn sowohl den direkten als auch den indirekten Veränderungen seiner Unterrichtspraxis (*Domain of Action*) gehen Veränderungen bzw. Bestätigungen seines Wissens und seiner Überzeugungen (*Personal Domain*) sowie seiner Wertvorstellungen und Ziele in bezug auf seinen Mathematikunterricht voraus.

Zusammenfassung

Jeffs Veränderungsprozeß umfaßt sowohl intern (direkte) als auch extern gesteuerte (indirekte) Veränderungen seiner Unterrichtspraxis. Die extern gesteuerten Praxisveränderungen, die durch die interne Schulentwicklung forciert werden, nehmen in diesem Prozeß einen großen Stellenwert ein und lassen sich, wie unter 4.4.3.1 dargestellt, mit Hilfe der Analysen der Fragebogenerhebungen und Unterrichtshospitationen in Phase IV an Jeffs Unterrichtshandeln festmachen. Besonders deutlich wird der Stellenwert dieser Veränderungen, wenn man berücksichtigt, daß in Phase III die Überarbeitung bzw. Neuentwicklung der Mathematikcurricula und der zugehörigen Unterrichtseinheiten für den Jahrgang 7 noch nicht abgeschlossen waren und Jeff im wesentlichen auf die 'alten' Unterrichtseinheiten zurückgreifen mußte.

Auch wenn Jeffs Einschätzung, daß sein Mathematikunterricht in Phase IV am besten durch das Scenario Nummer vier charakterisiert wird, etwas zu optimistisch erscheint[97], lassen sich in bezug auf den Einsatz vielfältiger Aufgabenstellungen und Aktivitäten in

---

[97] Die Auswertung der Schülerwahrnehmungen und Unterrichtshospitationen ergibt, daß die für das Scenario Nummer vier charakteristischen Elemente 'Gruppenarbeit' und 'Einsatz vielfältiger Unterrichtsmaterialien und Geräte in Jeffs Unterricht in Phase IV nur sporadisch vorkommen (vgl. 4.4.3.1).

Phase IV tatsächlich eindeutige Veränderungstrends feststellen. Jeff selbst beschreibt den Haupteffekt des ARTISM-Programms auf ihn persönlich als "willingness to try different things". Diese Charakterisierung scheint sehr treffend, denn ähnlich wie Neil bleibt auch Jeff im Spannungsverhältnis von Theorie und Praxis gefangen. Obwohl seine Bereitschaft zur Veränderung durchaus da war (und ist), entbehren seine Unterrichtsplanung und -vorbereitung sowie sein Unterrichtshandeln bislang noch Eigendynamik und Kreativität bei der praktischen Umsetzung von Fortbildungsinhalten in seinem Unterricht. Allen praktischen Veränderungen gehen Veränderungen seines fachdidaktischen Wissens und seiner Überzeugungen sowie Werte und Ziele voraus. Sein Lernprozeß im Rahmen der Lehrerfortbildung findet also in erster Linie auf kognitiver Ebene statt. Veränderungen der Praxis sind erst in einem zweiten Schritt zu erkennen.

Den praktischen Einfluß des ARTISM-Programms auf das Mathematikcurriculum seiner Schule (Item G), die Bereitstellung themenrelevanter Literatur zur jeder einzelnen ARTISM-Session (Item H) und die langfristig angelegte Programmstruktur mit "Follow-Ups" anhand von Schulbesuchen und zusätzlichen Veranstaltungen (Item C) bewertet Jeff rückblickend als die drei wichtigsten konzeptionellen Aspekte des ARTISM-Programms (vgl. Abb. 50 unter 5.3.2) und kommentiert seine Entscheidung wie folgt:

> *I really do think that the background readings were handy. Again, a lot of these things - I wouldn't say they are enjoyable - like all this reading, but it's good. It is good to have it. That one with modelling - that session was - I didn't really feel comfortable with the idea of modelling and eh, and the activity that we did - I'm not sure, if the maths of it was right and I'm still not sure, but it was good to have the reading so that I can say 'look I didn't really get that, but I've got the reading here, that's all about it and I can read through it'. I thought that was good.*

Die bereitgestellte Literatur gibt ihm offensichtlich die Möglichkeit, die behandelten Inhalte zu wiederholen, zu prüfen und ggfs. deren Sinn und Bedeutung für die Unterrichtspraxis zu legitimieren. Außerdem betont Jeff auch noch an anderer Stelle nachdrücklich den Einfluß des ARTISM-Programms auf das Mathematikcurriculum:

> *I do think that ARTISM had a big impact on our curriculum, just the way it's being organised now. I mean we've had to rewrite the units anyway, but ARTISM certainly helped from that point of view. And that certainly had an impact on my teaching sort of indirectly, not so much through something that happened to me, but because the units have changed and I think are more in line with what we've been doing. But that's made it really easy for me to change.*

Jeff ist offensichtlich bewußt, daß seine Veränderungen auf der Ebene der Unterrichtspraxis in engem Zusammenhang mit der Reformierung der Mathematikcurricula und Überarbeitung der Unterrichtseinheiten für den Jahrgang 7 an seiner Schule stehen und ihm diese innerschulischen Entwicklungen die Veränderung seiner Unterrichtspraxis entscheidend erleichtern.

Kapitel 5

Konzeptionalisierung der Kontextspezifität der individuellen Veränderungsprozesse von Lehrern

Obwohl die Konzeption des ARTISM-Programms stark am aktuellen Wissen über effektive, d.h. praxiswirksame Lehrerfortbildung orientiert ist (vgl. 2.2.2), hat die Teilnahme am ARTISM-Programm zumindest für Kim nicht zu wesentlichen Veränderungen auf kognitiver und/oder praktischer Ebene geführt. Und auch bei Neil und Jeff waren kognitive wie praktische Veränderungen zumindest eingeschränkt.

Die Fallstudien haben vielmehr gezeigt, daß der Veränderungsprozeß von Lehrern bzw. ihr Umgang mit Fortbildungsinhalten auch von zahlreichen Variablen, die unabhängig von dem Konzept und der Struktur des betreffenden Fortbildungsprogramms sind, beeinflußt wird. Diese Variablen sind zum einen interner Natur, d.h. sie sind bezogen auf die individuellen biographischen und entwicklungsbedingten Voraussetzungen und Möglichkeiten der Teilnehmer und betreffen sowohl ihr Wissen, ihre Überzeugungen, Wahrnehmungen und Werte als auch ihr (Unterrichts-)Handeln. Zum anderen sind diese Variablen extern gesteuert und betreffen in erster Linie schulinterne Faktoren wie das Schulklima und die Kollegialität der Lehrer untereinander, die Unterstützung der Teilnahme und Implementation von Lehrerfortbildung seitens der Schulleitung oder auch Übereinstimmungen der angestrebten Veränderungen mit strukturellen und organisatorischen Bedingungen seitens der Schule.

Auf modelltheoretischer Ebene konnten diese genetisch vielschichtigen Variablen allerdings zum großen Teil nicht erfaßt werden. Anhand von Kims Fallstudie ist deutlich geworden, wie besonders individuelle biographisch verankerte, entwicklungsbedingte und auch auf das schulische Umfeld bezogene Faktoren den Veränderungsprozeß von Lehrern drastisch zu beeinflussen vermögen. Daher soll die Kontextspezifität des Veränderungsprozesses von Lehrern, d.h. die den Veränderungsprozeß bedingenden und beeinflussenden Variablen, die zum einen durch den Lehrer selbst, zum anderen durch sein schulisches Umfeld und darüber hinaus auch durch die inhaltlichen wie strukturell-organisatorischen Faktoren einer Fortbildungsmaßnahme bestimmt sind, im folgenden unter Rückgriff auf das erhobene Datenmaterial und die zum großen Teil bereits im zweiten Kapitel dieser Arbeit referierte themenbezogene Literatur konzeptionalisiert werden.

5.1 Biographische und entwicklungsbedingte Faktoren

Wie anhand der vier Einzelfallstudien deutlich geworden ist, haben die einzelnen Lehrer individuell sehr unterschiedliche Ausgangspositionen zu Beginn des ARTISM-Programms, die sich auch auf den Verlauf und die Qualität ihres Veränderungsprozesses auswirken. Diese unterschiedlichen Ausgangspositionen der Fortbildungsteilnehmer werden durch individuelle biographisch verankerte und entwicklungsbedingte Faktoren beeinflußt, die sich auf verschiedenen Ebenen ansiedeln lassen. In der themenbezogenen Fachliteratur werden folgende Bedingungsfaktoren identifiziert, die sich auch an den im fünften Kapitel dargestellten Fallstudien festmachen lassen. Sie betreffen das jeweilige Lebensalter und das Stadium der beruflichen wie kognitiven Entwicklung der einzelnen Fortbildungsteilnehmer, die Auswirkungen bestehenden Wissens und existierender Überzeugungen von Lehrern auf die im Rahmen von Lehrerfortbildung angestrebten Veränderungen ihrer Unterrichtspraxis sowie ihre Einstellungen gegenüber Innovationen und ihr individuelles Verständnis und ihre Ansprüche und Erwartungen an Lehrerfortbildungsprojekte. Diese Aspekte, die sich zum Teil wechselseitig bedingen und beeinflussen, und ihre Bedeutung für den individuellen Veränderungsprozeß der vier Fallstudienteilnehmer sollen im folgenden thematisiert werden.

5.1.1 Lebensalter und berufliche wie kognitive Entwicklungsstadien

Oja (1989) hat die Zusammenhänge von Lebensalter und beruflicher Entwicklung von Lehrern (Gould, 1978; Levinson et al., 1978) und dem Stadium ihrer kognitiven Entwicklung (Weathersby et al., 1980; Loevinger, 1976) untersucht. Zentrales Ergebnis von Ojas diesbezüglichen Fallstudien ist, daß Lehrer, die sich ungefähr im gleichen Lebensalter und beruflichen Entwicklungsstadium befinden, teilweise sehr unterschiedliche Gefühle und Verhaltensweisen bei der Teilnahme an intentionaler Lehrerfortbildung zeigen und daß diese Unterschiede in Zusammenhang stehen mit dem jeweiligen kognitiven Entwicklungsprozeß von Lehrern, der unabhängig von ihrem Lebensalter ist:

> *We found that the reasons 'why' teachers chose to become involved often correlated with their life age and career cycles. On the other hand, we found that 'how' the teachers participated in the groups, and their goals, expectations and outcomes often correlated with their cognitive-developmental stage perspectives. Both ages and stages of development were important to our understanding of teachers participating in a two-year staff development project.*
>
> (Oja, 1989, 123)

Obwohl bei der Datenerhebung für die in dieser Arbeit dargestellten Fallstudien des beruflichen Veränderungsprozesses von Lehrern der Einfluß von Lebensalter und beruflichen wie kognitiven Entwicklungsstadien nicht explizit berücksichtigt wurde, lassen sich dennoch deutliche Unterschiede feststellen. Auch wenn aufgrund der mangelnden Datengrundlage keine detaillierte und umfassende Analyse dieses Bedingungsgefüges möglich ist, sollen dennoch einzelne Aspekte in diesem Zusammenhang in bezug auf die vier in dieser Arbeit vorgestellten Einzelfallstudien erhellt werden, die meiner Ansicht nach in engem Zusammenhang mit dem beruflichen Veränderungsprozeß der betreffenden Lehrer stehen.

Vergleicht man z.B. Ted und Kim, die beide auf eine zwanzigjährige berufliche Erfahrung als Lehrer zurückgreifen können und einen ähnlichen frontal ausgerichteten Unterrichtsstil bevorzug(t)en, so zeigen sie deutliche Unterschiede in ihrer Reaktion auf das ARTISM-Programm, die offensichtlich u.a. auch auf ihren unterschiedlichen kognitiven Entwicklungsphasen beruhen. Ted beurteilt rückblickend seinen eigenen Unterricht vor der Veränderung durch die Teilnahme am ARTISM-Programm als reformbedürftig und betont die Notwendigkeit der eigenen Veränderung (vgl. 4.1.3.3) für die Verbesserung seines Unterrichts. Die Fähigkeit zur Selbstkritik, die Ted zum Zeitpunkt seiner Teilnahme am ARTISM-Programm offensichtlich hat, und die Anerkennung der eigenen Verantwortung sind zentrale Elemente der "Conscientious Stage" (vgl. Oja, 1980, 23) des kognitiven Entwicklungsprozesses von Erwachsenen:

> *At the Conscientious Stage adults are capable of self-criticism. This combined with long-term, self-evaluated goals and ideals and a sense of responsibility form the major elements of the adult conscience, all evident at this stage.*
>
> (Oja, 1980, 23)

Kim hingegen sieht nicht die eigene Veränderungsbedürftigkeit in bezug auf ihren Mathematikunterricht, sondern sucht die Gründe, die sie an einer Veränderung ihres Unterrichts hindern, auf externer Ebene, d.h. sie benennt in diesem Zusammenhang u.a. die mangelnde Lernbereitschaft und Leistungsfähigkeit ihrer Schüler, die zu großen Klassen und die schlechte Ausstattung ihrer Schule mit Unterrichtsmaterial (vgl. 4.2.3.2). Das Bestreben nach Selbstschutz, das Kims Verhalten charakterisiert, ist in der "Self-Protective Stage" des kognitiven Entwicklungsprozesses von Erwachsenen nach

Loevinger (1976) und Oja (1980, 22) verankert. Offensichtlich befinden sich Kim und Ted in verschiedenen kognitiven Entwicklungsstadien ihres Erwachsenenalters ("ages and stages of adult development", vgl. Oja, 1989), was deutlich Auswirkungen auf ihren Zugriff auf die Inhalte des ARTISM-Programms hat.

Entscheidende Faktoren für Jeffs Reaktion auf das ARTISM-Programm sind sicherlich sein relativ junges Lebensalter und seine geringe berufliche Erfahrung als Lehrer im Vergleich zu den anderen Fallstudienteilnehmern (vgl. 4.4.1). Jeffs beruflicher Veränderungsprozeß und besonders dessen Steuerung und Beeinflussung seitens der Mathematik-Koordinatorin basiert auf einer Defizitvorstellung in bezug auf seine fachdidaktischen Fähigkeiten, die mit seiner geringen eigenen Lehrerfahrung in Zusammenhang stehen. Diese Art von Veränderung charakterisieren Clarke & Hollingsworth (1994, 154) als "change as training".

Neils relativ späte Entscheidung zur drastischen Veränderung seiner Karriere, d.h. seine Entscheidung, Grundschullehrer zu werden, steht sicherlich in Zusammenhang mit seinem kognitiven Entwicklungsstadium und Lebensalter zu diesem Zeitpunkt[98]. Darüber hinaus ist Neils professionelle Entwicklung von allen Fallstudienteilnehmern den meisten Veränderungen unterworfen, denn er entscheidet sich nach einigen Jahren der Tätgkeit als Grundschullehrer aus Motiven, die in Zusammenhang mit seinen sportlichen Interessen stehen, für den Wechsel von der Grundschule an eine Sekundarschule (vgl. 4.3.1). Hier ist meiner Ansicht nach auch die Ursache für seinen Theorie-Praxis-Konflikt zu suchen, denn er hat offensichtlich Defizite hinsichtlich der Kenntnisse in bezug auf Curriculumsinhalte und deren Verwirklichung (vgl. Shulman, 1986) im Mathematikunterricht der Sekundarstufe, die sich u.a. auch an der mangelnden Kenntnis alternativer Unterrichtsmaterialien und deren Einsatz im Unterricht widerspiegelt (vgl. dazu u.a. Neils Umgang mit Problem Solving Material unter 4.3.3.1). Diese Defizite tragen sicherlich zu Neils Schwierigkeit bei, die Inhalte der australischen Reformbestrebungen des Mathematikunterrichts, die zunächst in der Primarstufe implementiert wurden und die ihm sowohl aus seiner Ausbildung als auch aus seiner Tätigkeit als Grundschullehrer bekannt sind, im Unterricht adäquat zu realisieren. Neils beruflicher Werdegang hat Unstimmigkeiten zwischen seinen Überzeugungen und seinem Unterrichtshandeln erzeugt, da es ihm offensichtlich teilweise nicht gelingt, die von ihm vertretenen Unterrichtsideale in die Praxis umzusetzen (vgl. Thompson, 1992; Clarke, 1991).

---

[98] Zur Herstellung genauer kausaler Zusammenhänge fehlt jedoch die Datengrundlage.

5.1.2 Auswirkungen bestehenden Wissens und existierender Überzeugungen auf die im Rahmen von Lehrerfortbildung angestrebten Veränderungen

In engem Zusammenhang mit der beruflichen Erfahrung von Lehrern stehen auch ihre Ausbildung, die Ausprägung der verschiedenen Formen des Lehrerwissens und ihrer Überzeugungen. Brophys (1991) sowie Fennemas und Loef-Frankes (1992) Untersuchungen zu den Auswirkungen des fachlichen Wissens von Lehrern auf ihre Unterrichtspraxis belegen eine enge Verbindung zwischen der Qualität des Fachwissens von Lehrern und ihrem Unterrichtsstil (vgl. 1.2.3.2)[99]. Wie ein Vergleich von Teds und Kims Veränderungsprozeß bzw. Umgang mit den ARTISM-Inhalten zeigt, scheint dieser Zusammenhang auch für den Transfer der ARTISM-Inhalte in die Unterrichtspraxis von Bedeutung zu sein. Die Inhalte des ARTISM-Programms betreffen allerdings ausschließlich fachdidaktisch-pädagogisches Wissen (vgl. 2.2). Während Ted die praktische Umsetzung dieser fachdidaktisch-pädagogischen Inhalte relativ problemlos leisten kann, gelingt Kim der Transfer in die Unterrichtspraxis nur sehr bedingt. Vergleicht man Teds und Kims Fachwissen, so ergeben sich deutliche Unterschiede. Obwohl die Datenerhebung das Fachwissen der beteiligten Lehrer nur am Rande einbezieht[100], ergeben die Beobachtungen während der Unterrichtshospitationen und die Lehrerantworten zu einem der Fragebögen diesbezüglich dennoch etwas Aufschluß.

Ted wirkt in seinem Unterricht fachlich sehr sicher. Er benutzt generell keine vor der Stunde angefertigten Aufzeichnungen zur Lösung von Aufgaben in seinem Unterricht und kann sich sehr schnell auf mathematischer Ebene auf Fragen von Schülern beziehen und sich auf ihre Anregungen und Ideen einlassen. Kim hingegen betont in einem informellen Gespräch, daß sie die Vorbereitung ihres Unterrichts im Jahrgang 12 sehr viel Zeit kostet, da sie alle im Unterricht zu behandelnden Aufgaben vorher zu Hause selbst bearbeitet und den Lösungsweg festhält. Sie bevorzugt eindeutig Aufgaben im 'Päckchenrechnenstil', die lediglich die wiederholte Anwendung eines bestimmten Algorithmus verlangen und die sich eindeutig auf ein mathematisches Themengebiet wie Algebra oder Prozentrechnung beziehen. Anders als Ted und auch Jeff, deren Angaben bezüglich ihres Mathematikverständnisses in sich stimmig und absolut konstant sind und auf ein relationales Mathematikverständnis (Skemp, 1978,9) hindeuten, macht Kim zu

---

[99] Je eingeschränkter das fachliche Wissen von Lehrern ist, desto enger arbeiten sie mit dem Schulbuch, legen weniger Wert auf interaktive Diskurse, bevorzugen Einzel- und Stillarbeit und stellen das Fach als eine Sammlung statischen und faktischen Wissens dar.

[100] Der Grund hierfür ist die eindeutige Konzentration des ARTISM-Programms auf die Vermittlung von fachdidaktischem Wissen und dessen Transfer in die Unterrichtspraxis.

den verschiedenen Befragungszeitpunkten unterschiedliche Angaben und versieht wechselnde Aussagen mit Fragezeichen bzw. läßt ihre Angaben offen. Diese Aspekte deuten auf ein instrumentelles Verständnis von Mathematik (a.a.O.) hin, das durch das Festhalten an einem Regelwerk, dessen Ursprung und Zusammenhänge Kim nicht eindeutig klar sind (vgl. auch 1.2.3.2), bestimmt wird.
Anscheinend bestehen kausale Zusammenhänge zwischen der Ausbildung von fachlichem Wissen und Überzeugungen von Lehrern und der Entwicklung von fachdidaktischen Kompetenzen und Fertigkeiten, die sich schließlich in der Unterrichtspraxis widerspiegeln. Vor dem Hintergrund dieser Erkenntnis scheint die einseitige Ausrichtung von fachspezifischen Fortbildungsprogrammen auf rein fachdidaktisch-pädagogische Inhalte somit zumindest für einen Teil der Fortbildungsteilnehmer problematisch. Wünschenswert für die Zukunft ist daher die genaue Erforschung der Zusammenhänge zwischen den verschiedenen Formen des Wissens und der Überzeugungen von Lehrern sowie deren Verknüpfung (Shulman, 1986, Skemp, 1978) und den Inhalten und Zielen von Lehrerfortbildung, um Lehrerfortbildungsmaßnahmen möglichst effektiv für alle Teilnehmer konzipieren zu können.

5.1.3 Individuelle Einstellungen gegenüber berufsbezogenen Innovationen und diesbezügliche Ansprüche an die Lehrerfortbildung

Lehrer, die an Fortbildungsprogrammen teilnehmen, haben nicht nur sehr unterschiedliche Ausgangspositionen, was ihre individuellen biographischen Bedingungen und Voraussetzungen und ihren Entwicklungsstand und damit zusammenhängend auch ihr Wissen und ihre Überzeugungen betrifft, sondern sie zeichnen sich darüber hinaus auch durch ihre unterschiedlichen Einstellungen und Haltungen gegenüber berufsbezogenen Innovationen aus. Joyce und McKibbin (1982) haben die Bereitschaft gegenüber berufsbezogenen Innovationen von über dreihundert Lehrern in Kalifornien untersucht und basierend auf ihren Forschungsergebnissen und unter Rückgriff auf Maslows[101] Beschreibungen psychologischer Entwicklungsstadien die folgenden fünf Klassifikationsmuster entwickelt. Sie unterscheiden

- "Omnivores", d.h. Lehrer, die ihre ganze Energie auf ihre berufliche Entwicklung konzentrieren;

---

[101] Maslow, A. H. (1968). Toward a psychology of being. New York: van Nostrand Comp.

- "Active Consumers", d.h. Lehrer, die etwas weniger Eigeninitiative zeigen als "Omnivores", deren Berufsleben jedoch voller Aktivität steckt,
- "Passive Consumers", d.h. Lehrer, die zwar nicht oder nur selten eigene Fortbildungsinitiativen entwickeln, jedoch Fortbildungsangebote annehmen, wenn sie ihnen präsentiert werden;
- "Resistant", d.h. Lehrer, die kaum Fortbildungsmöglichkeiten suchen bzw. sich darauf einlassen, außer auf Gebieten, auf denen sie sich bereits als erfolgreich ansehen oder wenn direkte finanzielle oder persönliche Anreize geschaffen werden;
- "Withdrawn", d.h. Lehrer, die kaum oder nur unter sehr großen Anstrengungen und Bemühungen zur Teilnahme an Fortbildungsmaßnahmen bewegt werden können (a.a.O., 37 ff.).

Die individuell unterschiedliche Bereitschaft zu beständiger Evaluation, Revision und Modifikation (Wilson, 1989) ist auch anhand der im vorangegangenen Kapitel dargestellten Einzelfallstudien deutlich geworden. Während Ted aufgrund der zahlreichen Eigeninititativen und Aktivitäten, die er, ausgehend von seiner Teilnahme am ARTISM-Programm, entwickelt hat, zu den "Active Consumers" gezählt werden kann, sind Neil und Jeff eher den "Passive Consumers" zuzuordnen, da sie das ARTISM-Programm zwar annehmen, jedoch anders als Ted nur wenige eigene Initiativen entwickeln. Kim hingegen begegnet dem ARTISM-Programm und seinen Inhalten nur widerstrebend und kann sich auf Veränderungen ihres Mathematikunterrichts offensichtlich nur sehr schwer einlassen. Nach Joyce & McKibbins (1982) Klassifikationsschema läßt sie sich am ehesten der Kategorie "Resistant" zuordnen.

So unterschiedlich die individuelle Bereitschaft der Fallstudienlehrer zur Veränderung ihres Unterrichts ist, so unterschiedlich sind auch ihre Vorstellungen von effektiver Lehrerfortbildung. Doyle und Ponder (1977, 2) identifizieren Praxisorientierung von Lehrerfortbildung als eine der bedeutendsten Bedingungen und Voraussetzungen für die Adoption von Innovationen. Von den ARTISM-Teilnehmern wird die Berücksichtigung der Praxisorientierung allerdings durchaus nicht einheitlich beurteilt. Ted schätzt an ARTISM besonders die Tatsache, daß das Programm durch praktische Erprobungsphasen und den Einfluß auf das Mathematikcurriculum der Schule die Fortbildungsinhalte an die Unterrichtspraxis anbindet, daß ARTISM langfristig angelegt ist und daß er durch die Schulbesuche der Veranstalter Hilfen und Rückmeldungen bezüglich seiner individuellen Erfahrungen im Rahmen seiner Unterrichtserprobungen erhält:

> *"Regular lunchtime school-visits to each school" that's one, because, it puts the pressure on the teachers that are taking part in it to evaluate and look at their teaching rather than to sit back and wait for you to come down again and actually do nothing. I think that's why, that's the main reason for it. "ARTISM is an extended program of integrated ideas and practice and has an on-going structure*

> *with follow-up sessions" which is I suppose pretty much relevant. Okay, [thinking, going through the list again] and I suppose it's got "a practical influence on the school maths curriculum through the writing, teaching and evaluation of a new unit of work". That is important if you really want a long-term change. Yeah, these are the three, I would say.*
>
> (Ted)

Auch Teds Kollege Jeff bewertet den praktischen Einfluß auf das Mathematikcurriculum positiv (vgl. 4.4.3.2) und betont, daß ihm dadurch seine individuelle Veränderung erleichtert wurde:

> *I do think that ARTISM had a big impact on our curriculum, just the way it's being organised now. I mean we've had to re-write the units anyway, but ARTISM certainly helped from that point of view. And that certainly had an impact on my teaching sort of indirectly, not so much through something that happened to me, but because the units have changed and I think are more in line with what we've been doing. But that's made it really easy for me to change.*
>
> (Jeff)

Für Neil stehen im Rahmen von Lehrerfortbildung der Austausch und die Diskussion mit Kollegen eindeutig im Vordergrund (vgl. 4.3.3.1), denn Innovationen, die von Lehrern selbst ausgehen, scheinen ihm realistischer als Innovationsbestrebungen, die von außen, d.h. durch Wissenschaftler und/oder Vertreter der Schulverwaltung initiiert werden:

> *I think if we have the opportunity to share with other teachers who are doing much the same things we learn a lot from them. I think the important thing is that this is facilitated though. And I see that as the role of the ACU. But just to get teachers together and that's the sort of inservicing that I would like to - the three schools who were involved were in fact inserviced on the one day. Now, I'm not saying that the program that we did needs to be changed. This is meant as a follow-up. If we all get - say two years down the track or whatever it is - what have you done that's different from what you were doing. And it's good to get the year 8 teachers and the year 9 teachers - I mean they are often the same people - but sevens, eights, nines and tens, whatever combination you like, to share ideas like 'now this is what we are doing and this is working, and these are some of the things that we've done'. ...*
>
> (Neil)

Darüber hinaus beurteilt Neil die langfristig angelegte Struktur des ARTISM-Programms, das sich über mehrere Monate erstreckt und sowohl durch eine entsprechende Strukturierung der einzelnen Veranstaltungen als auch durch die Schulbesuche der Veranstalter Gelegenheit zu "Follow-Up" bietet, und ferner auch den praktischen Einfluß des ARTISM-Programms auf das Mathematikcurriculum der eigenen Schule als bedeutsam für seinen eigenen Veränderungsprozeß.

Vergleicht man die Angaben von Neil und Jeff hinsichtlich ihres Verständnisses der Charakteristika effektiver Lehrerfortbildung, so bestätigt sich die Einschätzung, daß Neil und Jeff zu den sog. "Passive Consumers" gehören (vgl. Joyce & McKibbin, 1982).

Beide bewerten den Einfluß auf das schulinterne Mathematikcurriculum als wichtigen Aspekt von Lehrerfortbildung. Wie die Ausführungen unter 4.3.3.1 und 4.4.3.1 gezeigt haben, profitieren beide von Material und Unterrichtseinheiten, die seitens der Mathematik-Koordinatoren entwickelt bzw. ausgewählt wurden. Anders als Ted räumen beide hingegen der eigenen Erprobung von Unterrichtsmethoden, -konzepten und -materialien, die im Rahmen der ARTISM-Veranstaltungen propagiert wurden, keinen besonderen Stellenwert ein.

Für Kim ist die Praxisorientierung von Lehrerfortbildung anscheinend kaum oder nur wenig von Bedeutung. Die Begegnung und der Austausch sowohl mit Kollegen ihrer eigenen Schule als auch mit Lehrern anderer Schulen scheint hingegen das Kriterium zu sein, das Kims Verständnis von effektiver Fortbildung entscheidend prägt (vgl. 4.2.3.2). Austausch und Zusammenarbeit mit Kollegen ist ein Aspekt, der nicht nur von Neil und Kim als bedeutsam für ihre eigene Fortbildung beurteilt wird. Auch die Untersuchungen von Joyce & McKibbin (1982) haben ergeben, daß die überwiegende Mehrheit der von ihnen in diesem Zusammenhang befragten Lehrer die Ansicht vertritt, daß der informelle Kontakt und Austausch mit Kollegen ihr eigenes professionelles Wachstum am nachhaltigsten beeinflußt.

Wie die Auswertung der Einzelfallstudien der ARTISM-Teilnehmer impliziert, besteht anscheinend ein Zusammenhang zwischen der Konkretisierung individueller Fortbildungsansprüche im Rahmen von Lehrerfortbildung und individueller Einstellungen und Haltungen gegenüber berufsbezogenen Innovationen und dem persönlichen beruflichen Veränderungsprozeß von Lehrern, der allerdings bislang noch nicht ausreichend erforscht ist. Genauere Kenntnisse dieser Zusammenhänge und ihrer Wechselwirkungen könnten meiner Ansicht nach dazu beitragen, Lehrerfortbildung effektiver zu konzipieren und zu implementieren.

5.2 Einflüsse der Schulverwaltung, der Schulorganisation und des Schulklimas auf den Veränderungsprozeß von Lehrern

In den Darstellungen der vier Einzelfallstudien ist der Einfluß des schulischen Umfeldes auf den Veränderungsprozeß der beteiligten Lehrer bereits angeklungen. Auch in der themenbezogenen Fachliteratur finden sich zahlreiche Hinweise auf die Bedeutung des Schulklimas und der Ausbildung der Kollegialität der Lehrer untereinander, der Unterstützung seitens der Schulleitung sowie der Übereinstimmung der angestrebten Veränderungen mit strukturellen Bedingungen seitens der einzelnen Schulen für die erfolgreiche Implementation von Lehrerfortbildungsprojekten. Daher soll diesen Aspekten und ihren Auswirkungen auf die individuellen Veränderungsprozesse der ARTISM-Teilnehmer im folgenden unter Rückgriff auf die themenbezogene Fachliteratur nachgegangen werden.

5.2.1 Schulklima und Kollegialität

Nicht nur Lehrer selbst sehen in der Begegnung und im Austausch mit Kollegen ein wichtiges Kriterium für effektive Lehrerfortbildung (vgl. 5.1.3), auch Wissenschaftler und Lehrerfortbildner auf internationaler Ebene wie Noddings (1992), Fischer (1990), Fullan (1990), (Miller, 1990), Schönig (1990), Wood (1989), Edelhoff (1988a) und Little (1982a) betonen, daß die Erfolgsaussichten von Lehrerfortbildung u.a. auch durch die Variablen Schulklima und Kollegialität gesteuert werden.
Vergleicht man die Fallstudien von Ted, Jeff, Neil und Kim unter diesem Gesichtspunkt, so wird deutlich, daß sie seitens der Schulen sehr unterschiedliche Ausgangsbedingungen und Voraussetzungen für ihre berufliche Entwicklung haben. Ted zum Beispiel arbeitete bereits vor der Teilnahme an ARTISM sehr eng mit seinem Kollegen Jack zusammen, der die beiden Parallelklassen im Jahrgang 10 unterrichtet. Auch wenn die Hauptinitiative zur Veränderung des Mathematikcurriculums und der Bewertungspraktiken in Schule A sicherlich von Ted ausging, hatte er bei seinem Veränderungsprozeß Jacks Unterstützung.
Little (1990) vertritt die Auffassung, daß sich mindestens vier verschiedene Phasen bzw. Stufen in bezug auf den Grad der Kollegialität identifizieren lassen:

> " ... storytelling and scanning for ideas, aid and assistance, mutual sharing, and joint work."
> (Little, 1990, 519)

Diese vier Stufen lassen sich auch in der Zusammenarbeit von Ted und Jack erkennen. Beide haben von ihnen entwickelte Unterrichtsansätze im Rahmen der beiden letzten ARTISM-Veranstaltungen im Plenum vorgestellt, wobei sie auch ihre Zusammenarbeit geschildert und den beiderseitigen Wert dieser Zusammenarbeit betont haben.
Jeff hatte durch den engen Kontakt zur Mathematik-Koordinatorin ebenfalls Gelegenheit zur kollegialen Zusammenarbeit, obwohl diese Kooperation sicherlich im Vergleich zu Ted und Jack weniger auf Gegenseitigkeit als auf Hilfen und Unterstützung der Koordinatorin in bezug auf Jeffs fachdidaktische Fragen und Probleme basierte.
Auch Neils Zusammenarbeit mit Kollegen im Fach Mathematik beschränkt sich im wesentlichen auf die Fachkonferenzen der Jahrgangsstufen und den Empfang von Unter-

richtsmaterial vom Mathematik-Koordinator seiner Schule. Ein Problem für Neil ist sicherlich sein großes sportliches Engagement, das ihn in den meisten Pausen und unterrichtsfreien Stunden auslastet und ihm nur wenig Freiraum für andere Aktivitäten läßt. Obwohl Kim am ehesten Zeit und Gelegenheit zur intensiven Zusammenarbeit mit Kollegen hätte, da sie keine weiteren ehrenamtlichen oder nebenberuflichen Ämter (wie z.B. Jahrgangsstufen- oder Fachkoordinatorin) bekleidet, die ihre Zeit zwischen ihren Unterrichtsstunden in Anspruch nehmen würden, hat sie von allen vier Fallstudienlehrern den wenigsten Kontakt und Austausch mit Kollegen. Bemerkenswert ist in diesem Zusammenhang allerdings, daß sie die gemeinsame Teilnahme mehrerer Lehrer ihrer Schule am ARTISM-Programm sowie die Gelegenheit zum Austausch und zur Diskussion mit Lehrern anderer Schulen im Rahmen ihrer ARTISM-Teilnahme als wesentliche Elemente für effektive Lehrerfortbildung beurteilt. Obwohl über die Gründe für die mangelnde Zusammenarbeit mit Kollegen nur spekuliert werden kann, vermute ich, daß eine intensive Zusammenarbeit mit einem oder mehreren Kollegen ihrer Schule Kims individuellen Veränderungsprozeß positiv beeinflußt hätte, da ihrerseits offensichtlich durchaus der Wunsch nach Kooperation und Austausch mit Kollegen besteht.

Auffällig ist, daß weder Ted noch Jeff den Austausch und die Kooperation mit Kollegen als aus ihrer Perspektive wichtige Elemente von Lehrerfortbildung benennen, obwohl beider individueller Veränderungsprozeß eng mit diesen Variablen verknüpft ist. Neil und Kim hingegen betonen besonders die Bedeutung dieses Aspekts in Zusammenhang mit Lehrerfortbildung, was vermutlich damit zusammenhängt, daß sie den Kontakt, den Austausch und die Zusammenarbeit mit Kollegen zu einem gewissen Grad entbehren.

Das Schulklima an den drei am ARTISM-Programm beteiligten Schulen war zwar nicht explizit Gegenstand der Datenerhebung, dennoch lassen sich aufgrund meines Kontaktes zu den drei Schulen in Zusammenhang mit der Durchführung der Fallstudien einige Beobachtungen gegenüberstellen. Schule A ist eine verhältnismäßig kleine Schule mit insgesamt knapp dreißig Angestellten, die sich alle untereinander kennen. Im Lehrerzimmer sitzen alle um einen großen Tisch, wobei es keine feste Sitzordnung gibt. Der Rektor verbringt die Pausen grundsätzlich im Lehrerzimmer und sucht den direkten Kontakt und das Gespräch mit den Lehrern. Allen Lehrern ist bekannt, daß sich die Mathematikfakultät der Schule am ARTISM-Programm beteiligt und daß im Zusammenhang damit eine Überarbeitung des Mathematikcurriculums stattfindet. Die Schulen B und C sind wesentlich größer (ca. 90 bis 100 Lehrer) und somit auch anonymer, da sich nicht alle Lehrer untereinander mit Namen kennen. Wenn überhaupt, zeigen sich die Rektoren nur sehr sporadisch im Lehrerzimmer. Während in Schule A das ARTISM-Programm und seine Inhalte oft Gegenstand der Unterhaltungen waren, wenn ich vor oder nach meinen Hospitationen bei Ted und Jeff im Lehrerzimmer saß und teilweise sogar Lehrer, die Natur- und Gesellschaftswissenschaften unterrichteten, an den ARTISM-Sessions teilnahmen, war die Beteiligung der Mathematiklehrer am ARTISM-Programm in Schule B und C außerhalb der Mathematikfakultät kaum bekannt und somit auch nicht Anlaß für Gespräche oder Fragen.

Keiner der Lehrer von Schule B oder Schule C berichtete im Rahmen der Lehrerpräsentationen in den ARTISM-Sessions sechs und sieben über Aktivitäten, die in Zusammenarbeit mit Kollegen geplant und durchgeführt worden waren, und auch im Rahmen der Schulbesuche der Veranstalter wurden keine Kooperationsinitiativen unter Kollegen deutlich. In Schule A sind die Mathematiklehrer, die am ARTISM-Programm teilgenommen haben[102], zu einem Team mit gemeinsamen Interessen und Zielen zusammengewachsen, wie die Mathematik-Koordinatorin in Phase IV rückblickend in einem informellen Gespräch betonte. Die veränderten Beurteilungspraktiken im Mathematikunterricht, die zunächst von Ted und Jack ausgingen, wurden darüber hinaus auch auf andere Fächer übertragen. Fullan (1990, 14) und Little (1990, 519) warnen jedoch vor einer unkritischen Glorifizierung der kollegialen Kooperation und betonen, daß sorgfältig geprüft werden müsse, ob die Zusammenarbeit von Kollegen wirklich zu einer Weiterentwicklung und Verbesserung des Verständnisses und der Praxis von Unterricht führt oder lediglich bestehende u.U. reformbedürftige Unterrichtspraktiken bestätigt. Ähnlichkeiten und Parallelen zu den unterschiedlichen Schulkulturen in Schule B und C im Vergleich zu Schule A in Zusammenhang mit Lehrerfortbildung finden sich auch bei McLaughlin (1991), der zwei Schulen beschreibt, die notwendigen Innovationen und Reformen völlig unterschiedlich begegnen:

> *One [school] reflects the energy and excitement of a faculty working together to rethink their curriculum and plan strategies for responding to their changing school population. The other [school] is a demoralized, discouraged setting where teachers look back to the 'good old days'. ... the primary difference between the two settings lies in school leadership and the structures established (or not) to support school-level collegiality and professional development.*
> (McLaughlin, 1991, 74)

Als bedeutsame Faktoren für schulische Innovationen identifiziert McLaughlin ebenfalls den Grad der Ausbildung schulinterner Strukturen, die die Kollegialität der Lehrer und ihre berufliche Entwicklung fördern bzw. behindern. Darüber hinaus betont er den Einfluß und das Verhalten der Schulleitung für die erfolgreiche Implementation von Innovationen, ein Aspekt, der im folgenden im Mittelpunkt der Betrachtungen stehen wird.

---

[102] Bis auf zwei Ausnahmen haben alle Lehrer, die an Schule A das Fach Mathematik unterrichten, am ARTISM-Programm teilgenommen.

5.2.2 Unterstützung seitens der Schulleitung

Der Grad der Unterstützung durch den Schulleiter ist in der Literatur als wesentlicher Faktor für die (langfristigen) Erfolgsperspektiven von Lehrerfortbildung identifiziert worden (vgl. Clarke, 1991; Hopkins, 1990; Miller, 1990; Wilson, 1989; Fullan, 1988; Owen et al., 1988; McLaughlin & Marsh, 1978). Die verschiedenen Führungsstile, die diese Unterstützung ausmachen, werden von Hall et al. (1984) auf drei Ebenen kategorisiert:

- "Initiators", d.h. Schulleiter mit klar umrissenen, entschiedenen langfristigen Zielen in bezug auf die interne Schulentwicklung;
- "Managers", d.h. Schulleiter, die den Lehrern grundlegende Unterstützung bei der Realisierung von Innovationsbestrebungen anbieten und liefern, dabei allerdings meist nicht über die Grundanforderungen hinausgehen;
- "Responders", d.h. Schulleiter, die dem Kollegium weitgehend Autonomie einräumen und einzelnen Lehrern Gelegenheit zur Führungsübernahme bei bestimmten Projekten und Zielen geben.

Hall et al. betonen allerdings, daß es in Zusammenhang mit effektiver Lehrerfortbildung nicht den besten bzw. erstrebenswertesten Führungsstil gibt, sondern daß der Erfolg von Lehrerfortbildung u.a. auch abhängig vom Kollegium sowie von der Art und vom Umfang der gewünschten Veränderungen ist. Fullan (1988) unterstreicht den drastischen und kontinuierlichen Zuwachs von Innovationsanforderungen an die Schulen, wodurch der Schulleiter in vielerlei Hinsicht gefordert werde. Es könne nicht erwartet werden, daß er die Führungsrolle bei sämtlichen Innovationsvorhaben übernimmt:

> *... expecting principals to lead the implementation of all official policies, when the task is clearly impossible, creates overload, confusion, powerlessness, and dependency on cynicism.*
> (Fullan, 1988, 10)

Folglich kommt auf seiten der Schulen einzelnen Lehrern bzw. im anglo-amerikanisch/australischen Schulsystem besonders auch den verantwortlichen Fachkoordinatoren eine wichtige Bedeutung für den Veränderungsprozeß sowohl auf der Ebene einzelner Lehrer als auch auf der Ebene der Schulentwicklung zu, wobei Sparks & Loucks-Horsley der Zusammenarbeit auf Führungsebene eine wichtige Funktion beimessen:

> *Although much research points to administrators as being key leaders in staff development and change, it is also true that others can take leadership and support roles, and they might, in fact, be better placed to do so. Research on school improvement indicates that a team approach can help to orchestrate leadership and support functions ...*
> (Sparks & Loucks-Horsley, 1990, 246)

In bezug auf die drei am ARTISM-Programm beteiligten Schulen lassen sich große Unterschiede hinsichtlich der Rolle und Unterstützung der Schulleitung bzw. des an den einzelnen Schulen vorherrschenden Verständnisses von Lehrerfortbildung als gemeinsame Aufgabe von Schulleitung und Fach-Koordinatoren feststellen, die meiner Ansicht nach die individuellen Veränderungsprozesse der einzelnen Lehrer an diesen Schulen entscheidend beeinflußt haben.

In Schule A haben sowohl der Schulleiter als auch die Mathematik-Koordinatorin ein konkretes Verständnis ihrer Rolle in bezug auf Lehrerfortbildung und sehen diesbezüglich eine persönliche Verantwortung. Der Schulleiter betont, daß es zu seinen Aufgaben gehöre herauszufinden, wer im Kollegium welchen Fortbildungsbedarf hat und warum die berufliche Entwicklung einiger Kollegen stagniert. Die Zusammenarbeit mit den Fach-Koordinatoren ist für ihn diesbezüglich eine wichtige Voraussetzung, da die Koordinatoren einen besseren Überblick über konkrete fachliche wie fachdidaktische Probleme und Schwierigkeiten der Lehrer haben. In bezug auf Fortbildungsprojekte oder -bestrebungen, die nicht einzelne Fachcurricula betreffen, scheut er sich hingegen nicht vor einem direkten Gespräch mit potentiellen Fortbildungskandidaten.

> *My role is to work out from the staffing point of view which staff actually requires professional development, because I found that one of the most difficult things was finding a record that people actually had been involved in staff development and finding out which areas they needed to be developed. ... You've got to find out which staff have actually been engaged in professional development, and secondly when you've isolated those people who haven't been involved in it, you try and find out why. Some people are intimidated to go and ask whether they can attend professional development activities, because they feel that their role doesn't warrant them to do anything like that or they'd been teaching in a certain way for a long time. And there are those people who are simply too scared to take part in professional development. So I would try and find those people who haven't been involved in it and encourage them to do that. But you can't really go up to someone and say 'You should be doing professional development'. You gotta go through a little of a network, so really the faculty coordinators are the ones who give the most encouragement to people to attend professional development activities. But if it's something that is outside of a pure curriculum viewpoint, for example if it was a professional development on leadership or an area like that, then I would directly approach people that I thought are appropriate.*
>
> (Schulleiter Schule A)

Die Mathematik-Koordinatorin sieht ihre Verantwortung auf drei Ebenen. Zum einen fühlt sie sich verantwortlich für die Organisation von Fortbildungsprojekten wie ARTISM. Zum anderen nutzt sie auch die Fachkonferenzen gezielt zur Fortbildung und gibt ihren Kollegen kontinuierlich neue Materialien und unterrichtsrelevante Literatur an die Hand, die sie in ihrem Unterricht erproben können und über die im Rahmen der nächsten Fachkonferenz oder in eher informellen Gesprächen diskutiert wird.

I see that as one of the most crucial roles for any coordinator, because you are not only responsible for what's happening in classrooms, but you are also responsible for making sure that the people who are teaching the material are up to date, are aware of current trends. And also not just blindly accepting current trends, but questioning them. And by doing that taking ownership of them. I think with professional development you go through a number of stages. You've got your big productions with professional development such as ARTISM where you stop and you know and pin down 'Let's have a look at this program, let's have a look at this new idea', and you go into it in great detail. You've then got your other form which will happen in the faculty meetings, so that each faculty meeting - ours runs 90 minutes once a term - it really focusses on professional development. And I mean in little ways such as new learning and teaching activities you can try in the classroom, maybe new ways of teaching students, maybe new ways for record keeping. Then there's the other aspect of professional development, that you are constantly giving people material to read, to challenge them all time. Keep presenting to them that we are living in a very rapidly changing world. And the education system is changing just as quickly, and they must keep up with material, for example this booklet that I showed you the other day about chance and data which is terrific. I've just about finished reading that. And I'm going to photocopy sections and give it to people and ask them to take it away, read it and then get them to try it and report back on that at the next meeting.

(Mathematik-Koordinatorin Schule A)

Lehrerfortbildung wird in Schule A seitens der Schulleitung[103] als zentrales Element der internen Schulentwicklung verstanden. Wie der Schulleiter betont, hat die Schule in den beiden Jahren vor ARTISM einen drastischen Veränderungsprozeß durchlaufen, um als Privatschule weiterhin konkurrenzfähig zu sein. Qualifizierter Mathematikunterricht ist laut Auffassung der Schulleitung ein wichtiges Kriterium für Elternentscheidungen bezüglich der Schulwahl für ihre Kinder. Deshalb hat man sich u.a. so sehr um Fortbildung der Mathematiklehrer der Schule bemüht und wesentlich zur Initiierung des ARTISM-Programms beigetragen.

Um den großen Stellenwert zu betonen, der dem ARTISM-Programm im Rahmen der Schulentwicklung zugeschrieben wird, trägt der Schulleiter entscheidend dazu bei, daß das Mathematik-Programm ARTISM einen hohen Bekanntheitsgrad innerhalb der Schule hat, indem er ARTISM und die Erfahrungen der Teilnehmer in Zusammenhang mit ihrer Teilnahme an diesem Programm im Rahmen der Lehrerkonferenzen thematisiert und ihren Einsatz, ihre Bemühungen und ihre Erfolge offiziell und für alle wahrnehmbar anerkennt. Darüber hinaus versucht er durch Freistellungen vom Unterricht oder administrativen Aufgaben, den Fortbildungsteilnehmern mehr Zeit für ihre berufliche Entwicklung einzuräumen, da ein Mangel an Zeit sowohl vom Schulleiter als auch von der Mathematik-Koordinatorion als ein wesentliches Hindernis für effektive Lehrerfortbildung gesehen wird.

---

[103] Zur Schulleitung zähle ich auch die Koordinatoren der einzelnen Fächer.

> *... it's very difficult to be in teaching and then you go off at night and take part in professional development activities that are fairly intense and then come back and front up the next day at school. Last year our staff had a tremendous amount of professional development and time release to do that. ...*
>
> (Schulleiter Schule A)

Offensichtlich sieht dieser Schulleiter seine Verantwortung in bezug auf Lehrerfortbildung in erster Linie in der Rolle des "Initiators" und des "Managers" (siehe oben), denn er engagiert sich besonders bei der Initiierung des ARTISM-Programms, das aus seiner Sicht ein wesentlicher Beitrag zur Schulentwicklung ist, und der administrativen Unterstützung bei der Durchführung, wobei er die fachliche Betreuung der Teilnehmer bei der Mathematik-Koordinatorin in guten Händen weiß und hinsichtlich organisatorischer Fragen sehr eng mit ihr zusammenarbeitet. Besonders die offizielle Anerkennung der Leistungen der ARTISM-Teilnehmer ist in diesem Zusammenhang ein zentraler Aspekt für den Erfolg des ARTISM-Programms in Schule A. Während Ted anscheinend keinen bewußten Zusammenhang zwischen seinem individuellen Veränderungsprozeß und dem Verhalten der Schulleitung wahrnimmt "I have never thought about that at all. I'm sorry, I can't answer that on the spot.", sind Jeff die unterstützende Haltung des Schulleiters und seine Verdienste bei der erfolgreichen Implementation des ARTISM-Programms durchaus bewußt:

> *Well, he's very supportive of it. I think it's his role to instigate it, but he certainly needs to be supportive. I felt that ... [the principal's] role in ARTISM was good, because he came along and sort of started it all off. I mean in a case where the principal is still actively teaching, I'd certainly expect him to come to the actual inservice sessions. But I mean, ... [the principal] is not teaching maths anymore, so that probably wasn't that important. But certainly, he encouraged us as much as he could I felt, and I think that's very important, to sort of encourage the staff to attend. The main thing I think is to be very supportive.*
>
> (Jeff)

Übereinstimmend beurteilen sowohl der Schulleiter als auch die Mathematik-Koordinatorin von Schule A die Beteiligung am ARTISM-Programm als einen großen Erfolg, da sie die berufliche Entwicklung aller Teilnehmer mehr oder weniger stark beeinflußt und nachhaltige Konsequenzen für die Unterrichtspraxis und die gesamte Schulentwicklung gehabt hat.

Im Vergleich zu Schule A bot Schule B durchaus ungünstigere Ausgangsbedingungen und Voraussetzungen für die Implementation des ARTISM-Programms seitens der Unterstützung der Schulleitung. Anders als der Schulleiter von Schule A sieht der Schulleiter von Schule B keine direkte persönliche Verantwortung für Lehrerfortbildung und ist über das ARTISM-Programm nur bedingt informiert, wie der folgende Interviewausschnitt belegt:

> How do you see your role as a principal with respect to staff professional development?
> *Actually, I see myself as a member of a team, a sort of administration team. We have an administration team which feeds information through to me. So I see myself as ultimately being responsible, and yeah, just as a result we are making the final decision. We did have a couple of ongoing sorts of things that we were looking at. We have a Centre in Narooma [NSW] which we are very keen to get started and the students too, actually. So we have sent students and staff up a number of times each year for a week. So that's very much on issues like what it is that makes a catholic school and also a school trying to keep that tradition central to [the religious founder] alive and well. So that's one of the thrusts we have. And we certainly dissiminate information that comes through to the staff on staff development in their own particular fields.*
> How effective do you think has your role been?
> *My role specifically? Well, I don't really see that as my role specifically to do that. That's been the sort of a role that ideally the deputy headmaster would do. And this is the first year for me as we are back to having an active deputy. So that's been written into the deputy headmaster's role. So it has been a sort of a shared role.*
>
> (Schulleiter Schule B)

Der Mathematik-Koordinator nimmt hingegen ähnlich der Koordinatorin von Schule A eine direkte Verantwortung und konkrete eigene Aufgaben in bezug auf die Fortbildung der Mitglieder seiner Fakultät wahr, sieht sich jedoch starken organisatorischen Einschränkungen ausgesetzt, die ihn bei der Realisierung seiner Ansprüche behindern:

> How do you see your role as a maths coordinator with special respect to staff professional development?
> *As far as their professional development is concerned and improving their own teaching ability, I think the most important thing is to give everyone in the department the opportunity to be as - the highest qualified teacher they possibly can. That means first of all giving them a lot of support in just the management things. But then after that is to keep them abreast and make them aware of changes, make them aware of developments and just expose them to, you know, to different ideas.*
> And how did you actually assist them with their professional development?
> *Well the ARTISM course last year was fantastic for us, because it was a focus that we had. The people in the group are a very stable group. A group who had set ideas, very set ideas and been here for a long time and they just weren't really receptive to change. And some of them still aren't. But that course presented really interesting ideas that then got them involved in. Once that was established, then I thought the most important thing was that we met regularly. And they were actually timetabled during the day, not at night time. And once those meeting times were set and people would know that there were meeting times, then we would make sure that there was an open discussion on what we were doing. So everyone knew what each person was doing. The only problem last year was that I spent most of my time organizing them, because the department didn't have a coordinator on this site this was more or less left to go into automatic mode which, you know, everyone was doing his or her own thing. So I had to spend most of my time making sure that they were going in the same direction, doing common - not common tests, but introducing a testing program that we thought reflected the ARTISM-program.*
>
> (Mathematik-Koordinator Schule B)

Durch die Teilnahme am ARTISM-Programm konnte aus seiner Sicht zwar eine gemeinsame Basis für die Reform des Mathematikunterrichts an Schule B entwickelt werden, bezüglich einer nachhaltigen Veränderung der Unterrichtspraxis der an ARTISM beteiligten Kollegen äußert er jedoch Zweifel, die zum Teil auf eigenen Erfahrungen beruhen:

> *... As far as the staff is concerned, they appreciate being helped. They really appreciate it. You know, the feedback from them is, that they told me at the end of the year they really appreciated the lot of hard work that went into it. Whether there has been long term change in their behaviour, I am not that sure. And I think only time will tell. You know, people who have been working out of a textbook all their life and then have ideas and they can be stimulated by them. But whether they actually then go into the classroom and are continually challenged by it, I'm not too sure, you know. I think that would be true in my own case. And I think the reason for that is, because I've got two year 12 classes this year and I'm spending a minimum of three hours a night just on preparation. Now, something has got to suffer. And I am falling back into that easy mode, and I know that's happening with my eights and tens, you know. We talk about it and I'm - you know, I've got ideas and I know, well I've had them and I still retain a couple of interesting things, but really on the whole, you know, I think I'm falling back.*
>
> (Mathematik-Koordinator Schule B)

Der Schulleiter vertritt die Auffassung, daß sich die überwiegende Mehrheit der Lehrer an seiner Schule in angemessener Form beruflich weiterentwickelt und daß lediglich ein Mangel an Zeit, die Schulmüdigkeit älterer Kollegen sowie eine falsche Grundeinstellung zum Lehrerberuf seitens einiger weniger Lehrer den Entwicklungsprozeß behindern. Im Gegensatz dazu ist der Mathematik-Koordinator der Auffassung, daß die Mehrheit der Mathematiklehrer an Schule B sich nicht angemessen beruflich weiterentwickelt. Die Gründe dafür sieht er auf verschiedenen Ebenen. Zum einen betont er, ähnlich wie der Schulleiter, den Mangel an Zeit für die Teilnahme an Lehrerfortbildung, da aus finanziellen Gründen kaum Lehrer zum Zweck ihrer Fortbildung vom Unterricht freigestellt werden könnten. Zum anderen betont er in diesem Zusammenhang auch, daß Schule B eine "high involvement school" ist, die das Engagement der Lehrer in vielfacher sportlicher oder künstlerischer Hinsicht fordert und somit ihre Zeit und Bereitschaft zum Engagement im Rahmen von Lehrerfortbildung drastisch einschränkt:

> *And I also think because of the nature of this school which is a high involvement school where there are lots of other activities going on all the time, people then will drift to those. And if they drift somewhere along - they neglect something, and they neglect their class which is a bit of a shame, you know. The thing that does get sacrificed is your actual class. ...*
>
> (Mathematik-Koordinator Schule B)

Darüber hinaus sieht er auch in der mangelnden Kollegialität, d.h. dem gegenseitigen Austausch und der Zusammenarbeit der Lehrer untereinander und dem Mangel an positivem Feedback und der Anerkennung der Leistungen der Lehrer bei ihrem individuellen

Veränderungsprozeß wichtige Gründe für die berufliche Stagnation vieler seiner Kollegen:

> *Whereas we are by ourselves, we're isolated, and a lot of people I think don't know that this is important. They just gonna get back to their own idea of how important teaching is and the one to one contact is. And it is sad in a school, because, what happens in a school is the thing that gets brought on the notice board is: the swimming team won, the production was fantastic. And no one ever gets up at an assembly and says 'Gee, that teacher gave a fantastic maths lesson last week. The 32 kids were standing on their seats, they were so excited about it'. And that's what we need to listen to, but no one ever says that. So, you know, I think we suffer a lot from positive feedback. All those sorts of things that make you feel that what you're doing is really important, and that make you slip back into that, you know, comfort zone or you know, that sort of attitude. ...*
> (Mathematik-Koordinator Schule B)

Die Einschätzung des Mathematik-Koordinators erscheint mir aufgrund meiner eigenen Erfahrungen in bezug auf Schule B durchaus realistisch. Neil wird durch sein starkes Engagement im Schulsport sicherlich im Hinblick auf einen Mangel an Zeit bei seinem individuellen Veränderungsprozeß eingeschränkt. Auch er hat nur wenig Gelegenheit zur Kooperation mit Kollegen und erfährt sicherlich keine direkte Unterstützung und Anerkennung seitens der Schulleitung bei seinem beruflichen Veränderungsprozeß (vgl. 4.3.3.1).

Aufgrund seiner eingangs erwähnten geringen Kenntnis des ARTISM-Programms, seiner Inhalte und Ziele sowie der Veränderungsbestrebungen seitens der Teilnehmer konnte der Schulleiter von Schule B entgegen den Erwartungen des Mathematik-Koordinators auch kaum Unterstützung und Anerkennung an die ARTISM-Teilnehmer bei ihrem Veränderungsprozeß vermitteln.

Sein Führungsstil läßt sich am ehesten mit dem des von Hall et al. (1984) geprägten "Responders" vergleichen, da er zwar finanzielle Mittel für die Beteiligung seiner Schule am ARTISM-Programm bewilligt, jedoch nicht zu persönlichem Engagement hinsichtlich der Unterstützung der am ARTISM-Projekt teilnehmenden Kollegen bereit ist. Nach Neils Auffassung engagiert er sich zwar stark für die Fortbildung seines Kollegiums auf theologischer Ebene, während die allgemein pädagogische und fachspezifische Lehrerfortbildung vernachlässigt wird.

Auch an Schule C sind die Voraussetzungen für eine erfolgreiche Implementation des ARTISM-Programms bezüglich der Unterstützung seitens des Schulleiters und des Mathematik-Koordinators weniger optimal, wie die folgenden Aussagen belegen. Der Schulleiter sieht durchaus eine direkte Verantwortung seiner Person für die Fort- und Weiterbildung seines Kollegiums und beschreibt seine eigene Rolle in bezug auf Lehrerfortbildung auf drei Ebenen:

> How do you see your role as a principal with respect to staff professional development?
> *I think it's a three pronged role. Firstly, I - from my own perspective I believe I have a role to initiate professional development amongst staff in areas that I think are important which may not necessarily be covered by the interest and the strength of the staff members themselves. So I think I have a role as an initiator. But more importantly I think I have a role to listen to the whole staff and the points of view that they express with regards to professional development. And listen carefully to them. For instance this year they came up as a staff with the proposal that we concentrate on school discipline particularly in the classroom. That's the second area I think, listening to the whole staff. But then taking it from the whole staff to - to people and certain groups in the school. And that's our professional development coordinator and the curriculum coordinator. And discussing the whole thing with them, getting them to get back to the staff and finally presenting it to my executive. And then allowing whatever areas that the staff beliefs are important to go ahead. So there is the initiator on my part, listening to the whole staff and then trying to direct what the whole staff is saying through the coordinators of professional development and the curriculum person and then presenting that to my people.*
> (Schulleiter Schule C)

Bezogen auf die von Hall et al. (1984) entworfenen Kategorien versteht sich der Schulleiter von Schule C als "Initiator", da er sich für Fortbildungsprojekte und -vorhaben engagiert, die nicht unbedingt seitens des Kollegiums gefordert oder angeregt werden, aber die seiner Meinung nach für die Schulentwicklung bedeutsam sind. Außerdem nimmt er auch die Rolle des "Responder" ein, d.h. er geht nach eigener Aussage auf Anregungen aus dem Kollegium ein und delegiert die Realisierung der Fortbildungswünsche der Lehrer an den schulinternen Koordinator von Lehrerfortbildung bzw. die entsprechenden Fach-Koordinatoren. Als ungünstiger Umstand bei der Implementation des mathematikspezifischen Fortbildungsprojekts ARTISM erweist sich jedoch die Einstellung des verantwortlichen Mathematik-Koordinators an Schule C. Seinem Verständnis nach liegt die Verantwortung für Lehrerfortbildung in erster Linie beim einzelnen Lehrer. Seine eigene Verantwortung besteht aus seiner Sicht darin, Fortbildungsangebote innerhalb des Fachkollegiums bekannt zu machen und ggfs. sicherzustellen, daß alle Lehrer, die an Fortbildungsprojekten teilnehmen wollen, Gelegenheit dazu bekommen.

> *Well, professional development other than specific things which we do in the faculty is up to each individual. I - because we are a member of the Mathematics Association of Victoria - so what the MAV does is, every month they send us an outline of all their professional development activities for that particular calendar month that is coming up. So we photocopy this and put it in everyones pigeon hole in the maths department and then each teacher - it's their decision to pick and choose what they wish to go to. At the end of the year we send two teachers to the Victorian maths conference at La Trobe University. And again that's based on a roster, because we can only really afford to send two, maybe three.*
> (Mathematik-Koordinator Schule C)

Anders als die Mathematik-Koordinatorin von Schule A und der Mathematik-Koordinator von Schule B, die sich, wie die Fallstudien von Ted (vgl. 4.1.3.3), Jeff (vgl. 4.4.3.1) und Neil (vgl. 4.3.3.1) gezeigt haben, mehr oder weniger darum bemühen, die betreffenden Kollegen bei ihrem individuellen Veränderungsprozeß auf unterschiedliche Weise zu unterstützen[104], unterhält der Mathematik-Koordinator von Schule C kaum direkten fachbezogenen Kontakt zu einzelnen Kollegen und betrachtet seine eigene Aufgabe in bezug auf die Fortbildung des Fachkollegiums durch die Organisation der Beteiligung seiner Schule am ARTISM-Programm bereits als erfüllt.

Sein Verständnis von Lehrerfortbildung beruht auf der Vorstellung, daß Lehrer sich in erster Linie durch ihren eigenen Unterricht und diesbezügliche Erfahrungen beruflich weiterentwickeln.

> *Professional development to me is - is the teacher in the classroom. And if there are certain things that can help a teacher to get their point across to the student, well then I think they have achieved what they are set out to do in the first place.*
> (Mathematik-Koordinator Schule C)

Praxisorientierung ist daher seiner Meinung nach ein wichtiges Element von entsprechenden Fortbildungsprojekten, um Lehrern diese praktischen Unterrichtserfahrungen zu ermöglichen:

> *What teachers require from professional development is not so much to go along and have people lecture to them, it's to go along - they like to see things which they can actually take physically back into the classroom, professional development loses it's - and that has been one of the great problems with professional development, because people who tend to run these courses tend to make them into lecture type things, in where a teacher is sitting there and they expect him to take notes like in a lecture. That just doesn't work. If it's a workshop, well then that's different, because they'll go along and they'll be given something to actually try something and sit down and do it. So therefore they have something that they can try, and then in their minds they can picture it. Well, this will work in my year 9 maths class, this wouldn't work in mine, but it might work in Max' year 7 class. Well, then there's benefits and then when people come to the faculty meetings then they can say 'Oh I went to this, no good to me, but it might be good for you'.*
> (Mathematik-Koordinator Schule C)

Die Fallstudie von Kim hat gezeigt, daß allein die Bereitstellung von Anregungen und Unterrichtsmaterial und die explizite Aufforderung zu ihrer Erprobung kein Garant für den tatsächlichen Transfer alternativer Unterrichtskonzepte, -methoden, -inhalte und

---

[104] Hier lassen sich allerdings durchaus qualitative Unterschiede feststellen. Während die Mathematik-Koordinatorin von Schule A eine aktive Zusammenarbeit mit Jeff anstrebt, die über die bloße Bereitstellung von Material hinausgeht, und Teds Potential für die schulinterne Entwicklung erkennt und fördert, beschränkt sich der Mathematik-Koordinator von Schule B im wesentlichen auf die Verteilung von Unterrichtsmaterial und die Überarbeitung von Unterrichtseinheiten.

-materialien in die Unterrichtspraxis der beteiligten Lehrer ist, der zudem die kritische Reflexion der Erfahrungen diesbezüglicher Unterrichtserprobungen einschließt. Es ist bereits angeklungen, daß die Ursachen für Kims Umgang mit dem ARTISM-Programm auf verschiedenen Ebenen zu suchen sind (vgl. 5.1 sowie 5.2.1). Positives Feedback des Schulleiters und aktivere Unterstüzung seitens des Mathematik-Koordinators hätten aber u.U. zum Anstoß eines wirklichen Veränderungsprozesses beitragen können. Diese Vermutung wird durch Kims diesbezügliche Ausführungen genährt. Kim äußert eine ähnliche Einschätzung der Leistungen des Mathematik-Koordinators in bezug auf die Fortbildung des Fachkollegiums. Zugleich formuliert sie auch Wünsche an eine inhaltliche Ausweitung seiner bisherigen Tätigkeit:

> What do you think is the role of the maths coordinator in your school with respect to staff professional development?
> *Well, he does do things for us. I mean, he gives out the contact and then you can go to whatever inservices you want to go to. Maybe he could get those people to report back to the rest of us, which we don't have time to do because we don't have that many meetings.*
> What does he do apart from informing people about available or advertised inservices? Does he get the maths staff together as a group?
> *No, he sort of leaves it up to us to talk within our year level if we want to, but I think it is better if it does come from a coordinator, because as soon as it is just a 'come if you want' type meeting, people don't bother coming.*
>
> (Kim)

Kim wünscht sich offenbar ein verbessertes Kommunikationsfeld und einen intensiveren Austausch über Fragen und Probleme sowie Erfolge des eigenen Mathematikunterrichts mit ihren Kollegen. Mit der Organisation und Strukturierung solcher Treffen und Gespräche durch den Mathematik-Koordinator verbindet sie die Hoffnung auf das Zustandekommen dieses Austausches mit Kollegen, der an Schule C zumindest unter den Mathematiklehrern unüblich ist (vgl. 5.2.1).

Wie die Analyse und Interpretation des im Rahmen des ARTISM-Programms erhobenen Datenmaterials vermuten läßt, besteht ein Zusammenhang zwischen dem Grad der Unterstüzung von Lehrerfortbildungsprojekten seitens der Schulleitung und der Qualität von individuellen Veränderungsprozessen der Fortbildungsteilnehmer.

Im Gegensatz zu Schule A, wo Schulleiter und Mathematik-Koordinatorin Hand in Hand arbeiten und Lehrerfortbildung als wichtigen Teil der Schulentwicklung verstehen sowie eine direkte Eigenverantwortung für die Fortbildung des Kollegiums sehen, funktioniert die Zusammenarbeit zwischen Schulleiter und Mathematik-Koordinator an den anderen beiden Schulen weniger optimal. Während der Schulleiter von Schule B zumindest fachspezifischer Lehrerfortbildung in Mathematik offensichtlich seine Unterstützung und sein Interesse verweigert, zeigt sich der Schulleiter von Schule C generell aufgeschlossen. Beide übertragen die Verantwortung für fachspezifische Lehrerfortbildung in erster Linie dem Mathematik-Koordinator. In Schule B engagiert sich der Koordinator zwar aktiv für die Fortbildung der Mathematiklehrer und die Reform des Mathematikunterrichts an seiner Schule, kämpft allerdings mit organisatorischen Schwierigkeiten, die mit den ihm zur Verfügung stehenden Mitteln nur schwer zu überwinden sind. Der Mathematik-Koordinator von Schule C hingegen sieht seine Rolle in bezug auf Lehrerfortbildung des Kollegiums schwerpunktmäßig in der Information seiner Kollegen über mögliche Fortbildungsangebote und wird der ihm seitens des Schulleiters übertragenen Führungsrolle nur bedingt gerecht.

Der am ARTISM-Programm beteiligte Vertreter des *CEO* kommt zu einer ähnlichen Einschätzung des Implementationserfolgs der ARTISM-Inhalte an den drei Schulen:

> *The key elements in my view were first and foremost that one of the three schools had a very real need, one that had been expressed over twelve months, to do something about mathematics programs and teaching and learning processes being used in the school. And therefore it was very much predisposed to looking for something that would help them with that need that they had identified for themselves. And so we were very well placed and there was a high level of readiness for some kind of professional development program in which they would be a significant part. The fact that the other two schools didn't have the same level of need I think made the professional development process different for the three schools. But I would have to say on my participation of the program, all teachers from the three schools got something out of the program. Some got more than others and we would expect that, but it would also be my judgement that the school that initiated the request [School A] probably got more out of the program - I would say in fact did get more out of the program than the other three schools.*

(Phil)

Was von ihm als "very real need" bezeichnet wird, ist meiner Ansicht nach das übereinstimmende Interesse von Schulleiter und Mathematik-Koordinatorin an einer Reform des Mathematikunterrichts an Schule A, die von beiden als wichtiges Element der internen Schulentwicklung verstanden und behandelt wird. Grundlage für diese (notwendige) Reform des Mathematikunterrichts ist ihrer Meinung nach die berufliche Fortbildung und Veränderung der Mathematiklehrer ihrer Schule.

Auch Ken, einer der drei Programmentwickler, sieht in der mangelnden Unterstützung von Lehrerfortbildung seitens der Schulleitung einen Faktor, der den individuellen Veränderungsprozeß der Teilnehmer entscheidend behindern kann. In seiner diesbezüglichen Interviewäußerung wird deutlich, daß auch er ein unterschiedliches Niveau in bezug auf Unterstützung seitens der Schulleitungen der drei am ARTISM-Programm beteiligten Schulen wahrgenommen hat:

> ... in the ARTISM program I think you could say that the presence of that form of administrative recognition was variable. It varied from site to site, from school to school and was perceived differently by teachers. The maths coordinators of the various schools obviously could also provide that sort of recognition to the staff there. But I think that was a constraint. ... I really think the greatest limitation was the variation of administrative support.
>
> (Ken)

Wie die Ausführungen hinsichtlich der qualitativen Beteiligung der Schulleiter und Fachkoordinatoren der drei am ARTISM-Programm beteiligten Schulen nahelegen, ist u.a. auch das Verständnis der Schulleiter und Koordinatoren sowie die Art und Weise ihrer Zusammenarbeit bedeutsam für die Wirksamkeit von Lehrerfortbildung und sollte daher zukünftig Gegenstand gezielter wissenschaftlicher Untersuchungen sein.

5.2.3 Übereinstimmung der angestrebten Veränderungen mit strukturellen Bedingungen seitens der Schule

Eng verbunden mit der Art und Qualität des Umgangs mit Lehrerfortbildung seitens der Schulleitung ist auch die Gestaltung des schulischen bzw. curricularen Umfeldes für angestrebte Veränderungen. Eine mangelnde Übereinstimmung der angestrebten Veränderungen der Lehrer mit strukturellen Bedingungen seitens der Schule kann den Veränderungsprozeß von Lehrern entscheidend behindern (Clarke, 1991; Fullan 1990, Stephens et al., 1989; Little, 1984). D. M. Clarke verweist diesbezüglich besonders auf drei Aspekte, die auch für den Veränderungsprozeß der ARTISM-Teilnehmer von Bedeutung zu sein scheinen:

> - *the pressure of "covering the curriculum" leaving little time to try innovative approaches which are perceived as not closely related to the intended curriculum;* ...
> - *student assessment and teacher evaluation methods that are not in harmony with the proposed changes;*
> - *the perceptions of parents, principal, the school board, and the immediate community about essential content, appropriate pedagogy, and assessment.*
>
> (D. M. Clarke, 1991, 9)

Der Schulleiter und vor allem die Mathematik-Koordinatorin von Schule A sind von den Inhalten des ARTISM-Programms und der Bedeutung dieser Inhalte für die Reform des Mathematikunterrichts an ihrer Schule überzeugt. Sie haben das ARTISM-Projekt initiiert und ihre Vorstellungen bezüglich relevanter Inhalte eingebracht, die von den Programmentwicklern integriert worden sind (vgl. 2.1.2.1). Ihr Ziel ist die Reform des Mathematikunterrichts an Schule A, und die entsprechende Fortbildung der Lehrer wird von ihnen als ein Mittel zur Erreichung dieses Ziels verstanden. Parallel dazu setzt sich besonders die Mathematik-Koordinatorin für die Überarbeitung der einzelnen Unterrichtseinheiten für die Mathematik-Curricula der verschiedenen Jahrgänge ein. Sie erkennt schnell Teds und Jacks Potential für die Implementation der angestrebten Reformen und überträgt ihnen die Verantwortung für die Überarbeitung der Unterrichtseinheiten für die Jahrgangsstufe 10. Ferner steuert sie die durch Ted angeregte Reform der Beurteilungspraktiken an Schule A, die den veränderten Zielen, Inhalten und Methoden des Mathematikunterrichts Rechnung tragen, und unterstützt mit Hilfe des Schulleiters deren Adaption und Verbreitung in den weiteren Fächern.

Die Veränderungen des Mathematik-Curriculums und der Formen der Leistungsbeurteilung sind schließlich entscheidende Voraussetzungen für Jeffs Veränderungsprozeß (vgl. 4.4.3.1). Sein individueller Veränderungsprozeß ist in erster Linie ein Adaptionsprozeß an veränderte schulische und curriculare Bedingungen. Clarke und Hollingsworth (1994, 155) klassifizieren einen derartigen Veränderungsprozeß als "change as adaptation".

Auch der Mathematik-Koordinator von Schule B setzt sich für eine Reform des Mathematik-Curriculums und die entsprechende Überarbeitung der vorhandenen verbindlichen Unterrichtseinheiten ein. Die Fallstudie von Neil hat gezeigt, daß auch sein Veränderungsprozeß zu einem gewissen Grad von in enger Anlehnung an das ARTISM-Programm entwickelten neuen Unterrichtseinheiten profitiert (vgl. 4.3.3.1). Der Impuls, der durch die Beteiligung der Schule am ARTISM-Programm gesetzt werden konnte, ist jedoch nicht so stark, daß der einsetzende Reformprozeß über die Überarbeitung der einzelnen Unterrichtseinheiten für die verschiedenen Jahrgangsstufen hinausgeht und Veränderungen der Beurteilungspraktiken an Schule B nach sich zieht. Offensichtlich sieht der Schulleiter in dieser Hinsicht keinen Reformbedarf, da er anscheinend auch über die Inhalte des ARTISM-Programms und den Grad der Implementation dieser Inhalte an seiner Schule nicht informiert ist.

An Schule C zieht die Beteiligung der Mathematiklehrer am ARTISM-Programm keine umfassende Reform des Mathematikcurriculums nach sich. Kim hat daher auch aus dieser Sicht von allen vier Fallstudienteilnehmern die ungünstigsten Ausgangsbedingungen. Einerseits ist sie an die bestehenden stark am Frontalunterricht orientierten Unterrichtseinheiten gebunden, um das Curriculum abzudecken, andererseits stehen auch die an Schule C verbindlichen Formen der Leistungsbeurteilung im Widerspruch zu den im ARTISM-Programm propagierten Inhalten. Weder der Schulleiter noch der Mathematik-Koordinator[105] sehen offenbar einen konkreten Reformbedarf in bezug auf das Mathe-

---

[105] Der Mathematik-Koordinator von Schule C setzt sich, anders als seine beiden Kollegen, nicht für die Neuentwicklung bzw. die Überarbeitung bereits vorhandener Unterrichtseinheiten ein. Auch die zum Teil von Teilnehmern seiner Schule im Rahmen des ARTISM-Programms entwickelten Unterrichtseinheiten werden im Gesamtcurriculum nicht weiter berücksichtigt.

matikcurriculum, die schulinterne Beurteilungspraxis sowie Unterrichtshandeln der Lehrer und verhindern somit eine Veränderung der strukturellen Bedingungen für den individuellen Veränderungsprozeß der Lehrer.

Die Bedeutung des Schulklimas, der Qualität der kollegialen Beziehungen der Lehrer und der direkten wie indirekten (d.h. Anpassung der strukturellen Bedingungen seitens der Schule) Unterstützung der Schulleitung für den individuellen Veränderungsprozeß der Teilnehmer an Lehrerfortbildungsinitiativen ist anhand der bisherigen Ausführungen deutlich geworden. Besonders dem Schulleiter kommt in diesem Zusammenhang eine zentrale Rolle zu, da er Einfluß auf alle genannten Faktoren nehmen und somit den Veränderungsprozeß von Lehrern entsprechend fördern und unterstützen bzw. behindern kann.

Obwohl die genauen kausalen Bedingungen des Einflusses, des Verständnisses und Handelns des Schulleiters in bezug auf Lehrerfortbildung und die Qualität des individuellen Veränderungsprozesses von Fortbildungsteilnehmern zukünftig sicherlich noch im Detail erforscht werden sollten, scheint es dringend geboten, den Schulleiter aktiv in Fortbildungsprojekte unterschiedlichster Art einzubinden, um mögliche positive Einflüsse auf die individuellen Veränderungsprozesse der Fortbildungsteilnehmer zu forcieren.

5.3 Auswirkungen der konzeptionellen und strukturell-organisatorischen Bedingungen von Fortbildung auf den Veränderungsprozeß

Der berufliche Veränderungsprozeß wird neben individuell-personengebundenen und schulintern-begründeten Faktoren auch durch die konzeptionellen und strukturell-organisatorischen Bedingungen von Lehrerfortbildungsmaßnahmen beeinflußt. Zwar bot das ARTISM-Programm auf dieser konkret fortbildungsbezogenen Ebene seitens seiner Inhalte und Struktur zunächst für alle Teilnehmer die gleichen Voraussetzungen, im Rahmen der im fünften Kapitel dargestellten Fallstudien ist jedoch bereits angeklungen, daß eben diese konzeptionellen und strukturellen Charakteristika des ARTISM-Programms von Ted, Kim, Neil und Jeff hinsichtlich ihres individuellen Veränderungsprozesses durchaus unterschiedlich beurteilt und bewertet wurden.
Aus diesem Grund will ich im folgenden auf einige ausgewählte, d.h. seitens der Lehrer, Mathematik-Koordinatoren, Schulleiter und ARTISM-Programmentwickler im Rahmen der Interviews und Fragebogen thematisierte ARTISM-bezogene Aspekte eingehen,

denen von den Beteiligten eine gewisse Relevanz für die individuellen Veränderungsprozesse der teilnehmenden Lehrer zugeschrieben wird. Diese Aspekte knüpfen an die Kernelemente des ARTISM-Programms an (vgl. 2.2.2), die z.T. auch Gegenstand der Datenerhebung aus den verschiedenen Perspektiven der am beruflichen Veränderungsprozeß von Lehrern direkt oder indirekt beteiligten Personen (vgl. Abb. 18 unter 3.3) waren und in einem Fragebogen zusammmengefaßt worden sind.

5.3.1 Strukturell-organisatorische Voraussetzungen und Bedingungen des ARTISM-Programms

In Zusammenhang mit den Limitationsfaktoren von Lehrerfortbildung wird von allen an den Fallstudien beteiligten Lehrern, Schulleitern und Mathematik-Koordinatoren der Faktor "Zeit" identifiziert (vgl. auch D. M. Clarke, 1991; Stephens et al. 1989).

> *So professional development, while it is a definite necessity, it's the time aspect it has to be devoted to, you have to sort of be careful with.*
> (Mathematik-Koordinator Schule C)

Allerdings beziehen sich ihre diesbezüglichen Ausführungen auf z.T.unterschiedliche Dimensionen dieses Aspektes, wie an einigen folgenden exemplarischen Lehreraussagen deutlich wird. Zum einen betreffen die Aussagen einen Mangel an Zeit der Lehrer bei der Implementation von Fortbildungsinhalten in die Praxis. Während Kims Äußerung diesen Zeitmangel auf die Unterrichtsstunden selbst bezieht, spricht Ted zeitliche Begrenzungen bei der Unterrichtsvorbereitung an:

> *I'd like to be able to give things back and have enough time to sit with the kid that you have given it to and show them what they were doing wrong. Or sit beside them and let them tell you what they are doing, so that you know how they think. And you just can't do it with that many kids in the time given.*
> (Kim)

> *My present goals or aims at the moment would be - I have to find more time to free myself to spend more time on developing "open-ended questions". I wanna have the time to do that. I mean I do it, I know if I do it, it goes well, but I'd like to have more time.*
> (Ted)

Zum anderen beziehen sich Aussagen zum Stichwort 'Zeit' im Rahmen von Lehrerfortbildung auf den zeitlichen Rahmen der Durchführung der Fortbildungsprogramme und -maßnahmen selbst. Die ARTISM-Sessions finden, wie bei den meisten anderen Fortbildungsprogrammen auch, im Anschluß an das Unterrichtsende eines Tages statt, ein Umstand, der besonders vom Mathematik-Koordinator von Schule B und von Neil als negativ und erfolgshemmend empfunden und der auch vom Schulleiter der Schule A kritisch beurteilt wird.

> *No, I think the biggest or the most contageous thing would be - or the hardest part were the three hours after school at the end of the day, I found that very difficult. And the other part of that course is that you get people missing out. You lose continuity. I mean I was fortunate that I didn't miss any, but a number of our staff started and didn't complete and that was, eh, they missed one because they had other school commitments as well. When they signed up it was with the best of intention. I think you lose something when that happens. I mean that's the trouble with any program that is on-going. I suppose the opposite against that is the fact that you if you do it in one day or two days then you don't have the opportunity to put into practice what you have learned. So I think there is pros and cons. I personally would prefer to do it a session, not necessarily at the school, but when you are not actually teaching. That's very difficult, especially on a Monday. But I think that's a financial and organizational problem.*
> (Neil)

> *And for professional development, as far as inservicing, time is really important. I went to an inservice last night for my year twelves, and I think I've got four more to go to, and it is - you know - I live an hour away from here and you're then home at ten o'clock.*
> (Mathematik-Koordinator Schule B)

In Neils Äußerung ist bereits angeklungen, daß die Bereitstellung von Zeit zur beruflichen Fortbildung offensichtlich eng von dem Gesamtbudget der einzelnen Schulen abhängig ist. Die Freistellung von Lehrern zur Teilnahme an Fortbildungsveranstaltungen während der Unterrichtszeit ist in Australien nur sehr bedingt möglich und in den meisten Fällen ohne besondere staatliche Unterstützung nicht zu leisten, schon gar nicht für die Teilnahme an längerfristigen Fortbildungsmaßnahmen.

Bei den drei am ARTISM-Programm beteiligten Schulen handelt es sich um Privatschulen, die sowohl staatliche Zuwendungen als auch die monatlich anfallenden Schulgebühren für jeden einzelnen Schüler und seitens der Katholischen Kirche bereitgestellte Mittel zu ihren Einnahmequellen rechnen[106]. Dennoch betonen alle drei Schulleiter starke finanzielle Einschränkungen bei der Realisierung von Lehrerfortbildung.

Diese finanziellen Einschränkungen greifen im wesentlichen auf zwei Ebenen: Zum einen betreffen sie direkt die Finanzierung von Programmen wie ARTISM, zum anderen sind Unterrichtsfreistellungen von Lehrern zur Teilnahme an Fortbildungsveranstaltungen nur sehr begrenzt möglich, da eine Vertretung der betreffenden Stunden mit bereits an der Schule beschäftigten Lehrern, die alle zeitlich sehr ausgelastet sind, nicht möglich und die Einstellung neuer Lehrer zu kostenaufwendig ist.

---

[106] Das Budget von rein staatlich getragenen Schulen ist noch wesentlich begrenzter.

Demzufolge finden in Australien die meisten Fortbildungsaktivitäten im Anschluß an den Unterricht statt und tragen somit zu einer weiteren Belastung der Lehrer bei.

> *... I think another very important constraint was that it [ARTISM] was being done at the end of a school day when teachers were relatively tired. But again despite that I believe that the program was as successful as I would have hoped given that constraint. ...*
>
> (Phil, Vertreter des *CEO*)

Besonders bei Lehrern der Sekundarstufe sei die Bereitschaft, an sog. "after school programs" teilzunehmen, deutlich geringer als bei Lehrern der Primarstufe, wie einer der drei ARTISM-Programmentwickler zum Ausdruck bringt:

> *I think the difficulty that people have experienced with secondary teachers in Victoria is their reluctance to participate in after school programs over an extended period of time. Primary teachers seem to have done that very readily and secondary school teachers have not. I think one of the advantages of ARTISM over similar programs which have been around is that it was only a smaller number of after school meetings, although the meetings were slightly longer, and I think that form had made the program more feasible. The limitation, I guess, on the program would be the culture in secondary schools which does not necessarily stimulate secondary teachers to participate in voluntary programs.*
>
> (Mark)

Bei der Konzeption des ARTISM-Programms wurde versucht, diesen persönlichen wie strukturellen Bedingungen Rechnung zu tragen, indem ARTISM deutlich kürzer als vergleichbare Programme für die Primarstufe angelegt war, d.h. ursprünglich lediglich fünf Veranstaltungen umfaßte[107]:

> *... there are clearly time constraints, but ARTISM was designed on the basis that there would be time constraints. That's why ARTISM was as short as it was. That's why there were only five formal sessions in contrast with EMIC's ten, because it was felt that secondary teachers could not be asked to give up as much time as people who engaged in the EMIC program were being asked to commit. So the time constraints - I don't think we should list the time constraints as a source of limitation of the program, because it was part of the program's original brief.*
>
> (Ken)

Von den vier Fallstudienteilnehmern war Neil sicherlich derjenige, der aufgrund seiner zahlreichen (außer)schulischen sportlichen Verpflichtungen den zeitlichen Rahmen des ARTISM-Programms am negativsten empfand. Sicherlich hätten auch Ted, Jeff und Kim es begrüßt, wenn ARTISM vormittags hätte stattfinden können und somit nicht zu Lasten ihrer Freizeit gegangen wäre. Ob eine Verlegung auf den Vormittag jedoch tatsächlich

---

[107] Zwei weitere Veranstaltungen im Anschluß fanden auf ausdrücklichen Wunsch und Anregung der Beteiligten statt.

bedeutsame positive Auswirkungen auf ihren individuellen Veränderungsprozeß gehabt hätte, kann anhand der vorliegenden Daten nicht belegt werden[108]. Zumindest Kim scheint, abgesehen vom ARTISM-Programm, generell zur Teilnahme an abendlichen Fortbildungsveranstaltungen bereit zu sein, wie ihre Einschreibung in ein abends stattfindendes Teilzeitstudium in Mathematikdidaktik an der *University of Melbourne* vermuten läßt.

Ein weiteres strukturell-organisatorisches Kriterium, das für die Implementation des ARTISM-Programms und damit auch für die Veränderungsprozesse der beteiligten Lehrer u.U. von Bedeutung ist, betrifft die Forderung nach der 'Freiwilligkeit von Lehrerfortbildung' (Clarke, 1991; Claussen, 1990; Stephens et al., 1989; Edelhoff, 1988b; Bönsch, 1983). Da das ARTISM-Programm allein von den drei teilnehmenden Schulen finanziert wurde, hatten sowohl die Schulleiter als auch die Mathematik-Koordinatoren ein starkes Interesse an der Teilnahme möglichst vieler Kollegen, um die Kosten zu rechtfertigen. Besonders bei Kim entstand der Eindruck, daß sie lediglich dem Wunsch der Schulleitung in bezug auf ihre Teilnahme am ARTISM-Programm nachkommen wollte, jedoch ursprünglich für sich persönlich keinen konkreten Fortbildungsbedarf sah (vgl. 4.2.2). Wie ihre Fallstudie gezeigt hat, entwickelte sie starke Abwehrmechanismen in bezug auf den möglichen Transfer von ARTISM-Inhalten in ihre Unterrichtspraxis bzw. die Veränderung ihres Wissens und ihrer Überzeugungen. Obwohl Kim nicht direkt zur Teilnahme gezwungen wurde, hätte sie sich unter anderen Umständen wahrscheinich nicht für eine Teilnahme am ARTISM-Programm interessiert bzw. sich freiwillig und aus eigenem Antrieb dafür beworben. So nimmt sie zwar regelmäßig an den einzelnen Veranstaltungen teil, beteiligt sich jedoch nur sehr wenig während der einzelnen Sitzungen und erscheint nur einmal im Rahmen eines Schulbesuchs der Veranstalter.

Der Umstand, daß bei der Planung und Organisation des ARTISM-Programms versucht wurde, der Forderung nach 'schulnaher' Lehrerfortbildung (Clarke, 1991; Edelhoff, 1988; Bönsch, 1982) durch die Wahl von Schule A als Austragungsort nachzukommen, scheint zumindest für die vier Fallstudienteilnehmer nur eine untergeordnete Rolle gespielt zu haben (vgl. Abb. 50 unter 5.3.2). Lediglich Neil bezieht sich konkret auf diesen Aspekt, dem er allerdings keine besondere Bedeutung beimißt, sondern diesbezüglich lediglich eine persönliche Vorliebe artikuliert.

---

[108] Dies betrifft besonders Jeff und Kim, da Ted, wie unter 4.1 deutlich geworden ist, ohnehin sehr von seiner Teilnahme am ARTISM-Programm profitiert und einen drastischen Veränderungsprozeß durchlaufen hat.

5.3.2 Konzeptionelle Charakteristika des ARTISM-Programms

Die Kernelemente des ARTISM-Programms knüpfen im wesentlichen an folgende Ansprüche in bezug auf effektive Lehrerfortbildung nach australischem Verständnis (vgl. 1.2.3.4) an: Praxisorientierung und Kontinuität von Lehrerfortbildung (Items B, C, E, G), Gelegenheit und Motivation zum Austausch und zur Zusammenarbeit mit Kollegen (Items D und J), Berücksichtigung der Fortbildungswünsche der Teilnehmer (Item I), schulnahe Lehrerfortbildung (Item A), individuelle und langfristige Unterstützung der Teilnehmer bei ihrem Veränderungsprozeß (Items F und H) sowie die Berücksichtigung der Tatsache, daß die Teilnahme an einem Fortbildungsprogramm offiziell als Qualifikationserwerb anerkannt wird und entsprechende Zertifikate bei Bewerbungen oder Beförderungen vorgelegt werden können[109] (Item K).

Wie Abb. 50 auf der folgenden Seite zeigt, wird die Bedeutung dieser einzelnen Elemente seitens der Fallstudienteilnehmer und der Programmentwickler sehr unterschiedlich eingeschätzt und bewertet. Die Prioritäten und Ansprüche der vier Fallstudienlehrer sind keineswegs konform, sondern variieren jeweils abhängig von ihren individuellen wie schulinternen Voraussetzungen und Bedingungen, wie im vierten Kapitel bereits angeklungen ist (vgl. 4.1.3.4, 4.2.3.2, 4.3.3.1 sowie 4.4.3.4).

Auch die Programmentwickler formulieren trotz genereller Übereinstimmung durchaus auch abweichende Prioritäten, die ihr persönliches differenziertes Verständnis von effektiver Lehrerfortbildung und ihrer diesbezüglichen Vorerfahrungen widerspiegeln. Die größte Übereinstimmung unter allen Beteiligten findet die Bedeutung der Praxisorientierung von Lehrerfortbildung. Von insgesamt 24 Nennungen beziehen sich 14 auf diejenigen Items, die die Verknüpfung des ARTISM-Programms mit der Unterrichtspraxis der Teilnehmer thematisieren, d.h die Items (B), (C), (E) und (G), wobei die Nennungen von Item B (die individuelle praktische Erprobung von neuen Unterrichtsansätzen und -strategien im eigenen Unterricht der beteiligten Lehrer betreffen) deutlich überwiegen.

---

[109] Wie aus Abb. 50 hervorgeht, wird dieser Aspekt offenbar weder von den Fallstudienteilnehmern noch von den Programmentwicklern als wesentliches Kriterium von Lehrerfortbildung beurteilt. Allerdings hat es im Vorfeld ausgehend von den beteiligten Schulleitungen Verhandlungen mit dem *CEO* dahingegend gegeben, daß die Gewährleistung der Anerkennung der erworbenen Qualifikation seitens des *CEO* sowie der örtlichen Universitäten im Rahmen eines weiterführenden Studiums eine grundlegende Bedingung für die finanzielle Beteiligung am ARTISM-Programm war.

Abb. 50
Beurteilung der für den individuellen Veränderungsprozeß bedeutendsten ARTISM-Elemente aus der Sicht der Fallstudienteilnehmer und der Programm-Entwickler

ARTISM-Kernelemente gemäß Fragebogen	Fallstudienteilnehmer				Programmentwickler			
	Ted	Kim	Neil	Jeff	Phil	Mark	Ken	Tony
The venue of the ARTISM program is a school (A)								
ARTISM involves the practical exploration of new ideas and strategies in the participants' own classrooms (B)	*				*	*	*	*
ARTISM is an extended program of integrated ideas and practice and has an on-going structure with follow-up sessions (C)			*	*	*			*
ARTISM is addressing a group of teachers from one school (D)		*						
Four-week breaks between the sessions provide time to trial and explore the introduced teaching alternatives (E)						*		*
Regular lunchtime visits to each school between the sessions to offer support and feedback regarding the classroom experiences (F)	*				*		*	
ARTISM has a practical influence on the school maths curriculum through the writing, teaching, and evaluation of a new unit of work (G)	*		*	*			*	
Background readings regarding the different topics of the program are provided (H)		*		*				
The participating teachers have a direct impact on the content and structure of the ARTISM program (I)		*						
ARTISM provides the opportunity of sharing ideas, successful teaching strategies and concerns with peers among the three schools (J)			*			*		
ARTISM provides a certificate for purposes of promotion or employment (K)								

Neben den vier Programmentwicklern betont besonders Ted diesen Aspekt, der sich für seinen individuellen Veränderungsprozeß als entscheidender Faktor erwiesen hat:

> ... *We need to sort of repeat, repeat, repeat, try, try, try until it sort of - something seems good for a little while. I very appreciate this about the ARTISM program, because that's why I'm personally sort of - I am working it out to get self-benefits really.*
>
> (Ted)

Auch Phil, der Vetreter des *CEO*, und Ken, der für die Entwicklung des ARTISM-Programms hauptverantwortliche Wissenschaftler, sehen in der konkreten Anknüpfung an die Unterrichtspraxis der Teilnehmer ein zentrales konzeptionelles Element effektiver Lehrerfortbildung:

> *I think first and foremost it [a professional development program] must be related to the knowledge and practice of the teachers for whom they are intended. That is the teacher must be able to see some connections between the professional development that is being offered and their work in the classroom. I think it must be practical in so far as the teacher must be able to see that some of it, at least, includes strategies that they can say 'look, yes I think I can do that, it's worth giving it a try and I think it will have some benefit for student learning'. Because unless we are able to establish that or unless teachers come to that understanding within the time frame of the professional development program then it's unlikely to change practice.*
>
> (Phil)

> *... practicability and accessibility. So practicability of the ideas, accessibility is a way of summing up what I just said about the teachers being able to grapple with the ideas in a way that is real to them. There must be something that stimulates experimentation. There must be something which the teacher can go and try. If the stimulus is purely for reflection, then I think ultimately it's probably futile.*
>
> (Ken)

Mark und Tony unterstreichen in besonderem auch die Bedeutung der Kontinuität von Lehrerfortbildung (vgl. 2.3) und knüpfen somit an das von Nevermann (1988) geforderte 'Prinzip der Sequentialisierung' von Lehrerfortbildung an, wonach sich Fortbildungsveranstaltungen in regelmäßigen Abständen über einen längeren Zeitraum verteilen sollten. Dieses Prinzip der Sequentialisierung (vgl. Item C) ist beim ARTISM-Programm eng mit dem Bemühen um Praxisorientierung verknüpft, da, wie Mark betont, gerade die zeitliche Abstufung der einzelnen Sessions an die besonderen Gegebenheiten und Bedürfnisse von Lehrern der Sekundarstufe angepaßt ist und ihnen durch die bewußt festgelegten Abstände zwischen den einzelnen Veranstaltungen Zeit und Gelegenheit zur praktischen Erprobung der propagierten Inhalte gegeben wird. Jeff ist offenbar ebenfalls vom Wert der längerfristig orientierten Konzeption des ARTISM-Programms überzeugt, auch wenn er diesen Aspekt nicht zu den ersten drei, seiner Meinung nach besonders bedeutsamen, Charakteristika des ARTISM-Konzepts zählt.

> *The on-going structure of the program is excellent. Even if you think after the last couple of sessions 'I'm glad it's over', it is good. It sort of picks up many things. I mean it's not much point getting feedback and then not being able to do anything about it. So, I think that's good.*
>
> (Jeff)

Er sieht diesbezüglich ebenfalls einen engen Zusammenhang zum Aspekt der Praxisorientierung, da die langfristig angelegte Programmstruktur u.a. auch erlaubt, das in bezug auf die Schilderung der eigenen Erfahrungen erhaltene Feedback im Unterricht zu berücksichtigen, und so zu weiteren Erprobungen führt. Auch Phil bewertet rückblickend die Kombination von Praxisorientierung und Kontinuität seitens der ARTISM-Konzeption als zentral für den individuellen Veränderungsprozeß der Teilnehmer und bezieht sich außerdem, wie auch Jeff, noch auf ein weiteres konzeptionelles Element: die Unterstützung und Begleitung der Lehrer bei ihrem individuellen Veränderungsprozeß durch die Schulbesuche der Veranstalter zwischen den einzelnen Sessions.

> *Another reason why I believe it was a success was that it was built over time and in response to the kinds of needs that teachers were articulating. And one of the reasons that that happened was they were able to ask questions or make comments after they actually tried things in their own classrooms and found the degree to which they worked and the degree to which they required further support or further qualification. So that was another very important indicator of success. The fact that it was spaced that means learning over time with input, application, reflection and further input was a very important factor in my view in enabling the program to achieve those kinds of outcomes.*
>
> (Phil)

Seitens der Lehrer betont Ted eindrücklich die Bedeutung der Schulbesuche für eine langfristige und dauerhafte Veränderung der Unterrichtspraxis. Bereits im Rahmen seiner unter 4.1.3.1 dargestellten Explorationsphase ist deutlich geworden, wie sehr die Diskussionen während der Schulbesuche den Effekt des ARTISM-Programms für Ted sowohl unterrichtspraktisch als auch auf kognitiver Ebene gefördert haben.

Eine weitere Dimension dieses Aspekts der Unterstützung des Veränderungsprozesses seitens der Veranstalter betrifft, zumindest aus der Sicht von Jeff und Ted, offenbar die Vorauswahl und Bereitstellung von themenbezogener Fachliteratur zu jeder einzelnen Veranstaltung, ein Kriterium, das für die beteiligten Wissenschaftler anscheinend nur eine untergeordnete Rolle gespielt hat, da es zwar in das Gesamtkonzept integriert wurde, jedoch in Zusammenhang mit den Kriterien effektiver Lehrerfortbildung von keinem der beteiligten Programmdesigner während der Interviews thematisiert wurde. Wie anhand der folgenden Ausführungen deutlich wird, benutzen sowohl Ted als auch Jeff die Literaturbeiträge in erster Linie zur Auffrischung und Vergegenwärtigung der verschiedenen Themen der einzelnen Sessions:

> *Yes, I actually used some [of the provided readings] in the classroom situation. I found it quite useful to do spot reading. I'd open up a new section and spot read there and spot read here and I'd get an overview, and then I'd come back again and choose a small section. I don't think, I'd be that interested to sort of thoroughly read it through and memorize it, but I'm getting that - every now and then I open it up and have a look at various areas.*
>
> (Ted)

> *And the good thing, I think, was that it was backed up by literature. So, because you don't write everything down and you don't remember everything, but it's all there anyway and you can go back and have a look at it. I haven't looked through much at this stage, but it's on my desk and it's a good variety.*
>
> (Jeff)

Die Berücksichtigung vielfältiger bereits anhand der Fachliteratur als für die Implementation praxiswirksamer Lehrerfortbildung bedeutsam identifizierter Kernelemente und Dimensionen bei der Konzeption des ARTISM-Programms spiegelt sich meiner Meinung nach auch in der 'Qualität der Lehrerfortbildner' (vgl. 2.3) wider. Seitens der Fallstudienteilnehmer wird dieses Kriterium besonders von Jeff, thematisiert:

> *Phil was in all of these sessions and well eh, not for me so much, but sometimes I did think he was a little bit too patronising to some of the teachers. Somebody like Ted who has been teaching for I don't know exactly how many years, but he is obviously experienced. I don't know, but sometimes he sort of presented an idea and Phil would sort of always correct him. But anyway - that [the school visits] was a good idea. When it comes to Ken, he is terrific. There is nobody that really compares. I mean, he runs unbelievable sessions. But the others were great as well.*
>
> (Jeff)

Alle vier Veranstalter sehen sich mehr oder weniger sowohl in der Rolle des Impulsgebers für den individuellen Bildungsprozeß im Rahmen von Lehrerfortbildung als auch in der Rolle des Moderators in bezug auf den damit eng verbundenen persönlichen Lern- und Veränderungsprozeß (Faber, 1983). Dieser Rolle versuchen sie besonders durch die Schulbesuche nachzukommen.

Wie aus der Abb. 50 hervorgeht, haben die Fallstudienteilnehmer sehr unterschiedliche konzeptionelle und strukturelle Ansprüche und Bedürfnisse in bezug auf ihre Fortbildung. Zum Teil sind diese Ansprüche sehr realistisch und individuell begründet und führen bei ihrer konzeptionellen Berücksichtigung durchaus zum Erfolg, d.h. einer langfristigen Veränderung der Unterrichtspraxis, wie besonders die Fallstudie von Ted gezeigt hat.

Kapitel 6
Resümee und Ausblick

Anhand der im ersten Kapitel herausgearbeiteten theoretischen und empirischen Forschungsdefizite in bezug auf die Lehrerfortbildung aus deutscher Perspektive sollen im folgenden zunächst die Ergebnisse der empirischen Untersuchung zusammenfassend systematisiert und ihre Bedeutung für das Handlungs- und Forschungsfeld Lehrerfortbildung herausgestellt werden.

6.1 Kernelemente des professionellen Entwicklungsprozesses: Aktion und Reflexion

Die vier Einzelfallstudien belegen, daß der Veränderungsprozeß von Lehrern, der auf ihren Erfahrungen und ihrem Lernen in der Lehrerfortbildung basiert, ein sehr individueller und zugleich äußerst komplexer Prozeß ist, der Veränderungen auf affektiver, kognitiver und unterrichtspraktischer Ebene umfaßt. In der Vergangenheit entwickelte und der Konzeption und Implementation von Lehrerfortbildung zugrunde liegende Modelle des Veränderungsprozesses (vgl. 1.2.2.3) implizieren jeweils eine bestimmte sequentielle lineare oder zyklische Abfolge der Veränderungen auf den drei beteiligten Ebenen und basieren entweder auf kognitivem oder handlungs- und erfahrungsgesteuertem Lernen im Rahmen von Lehrerfortbildung. Die Einzelfallstudien belegen jedoch, daß die Struktur des Veränderungsprozesses nicht nur von Lehrer zu Lehrer variieren, d.h. individuell verschieden auf entweder kognitiven, handlungs- und erfahrungsgesteuerten Lernprozessen oder einer Kombination beider basieren kann. Auch die einzelnen Phasen des individuellen Veränderungsprozesses können unterschiedlich strukturiert sein, wie besonders die Fallstudie von Ted gezeigt hat.

Die beiden charakteristischen strukturellen Elemente des auf Lernen und Erfahrungen beruhenden Veränderungsprozesses von Lehrern sind 'Aktion' und 'Reflexion', wobei sich diese beiden Kernelemente individuell unterschiedlich auf den Veränderungsprozeß auswirken und verschiedene Formen annehmen können. Sie sind zum einen charakteristisch für die am Veränderungsprozeß beteiligten Dimensionen (Wissen und Überzeugungen, Werte und Ziele, Unterrichtspraxis) und betreffen zum anderen auch die Art der Verbindungen zwischen diesen drei Ebenen.

Unter dem Begriff 'Aktion' sind dabei diejenigen Tätigkeiten zusammengefaßt, die sich sowohl auf das Lehrerhandeln im Rahmen der Fortbildung selbst als auch auf das Unterrichtshandeln und die -vorbereitung von Lehrern beziehen. Solche 'Aktionen' können sowohl durch den Wunsch bzw. die Bereitschaft zur Erprobung alternativer Unterrichtsmethoden, -konzepte und/oder -materialien angeregt werden (vgl. Ted) als auch aus Veränderungen des Wissens bzw. der Überzeugungen und der Werte bzw. Ziele des Unterrichts resultieren (vgl. Jeff). Die Verbindungen zwischen den am Veränderungsprozeß beteiligten Ebenen beruhen auf Reflexion. Reflexion der bestehenden Unterrichtspraxis, des eigenen Wissens/der Überzeugungen bzw. der mit dem (Mathematik-)Unterricht verbundenen Werte und Ziele liefert entweder den Impuls zur Veränderung oder resultiert aus Veränderungen auf diesen Ebenen. Dabei evaluieren Lehrer zum einen ihre bestehende Unterrichtspraxis und versuchen für sich zu klären, ob die Implementation der im Rahmen der Fortbildung propagierten alternativen Konzepte, Strategien und Materialien zu einer Kompensation der von ihnen identifizierten Defizite oder Probleme führen kann und welche Elemente sie konkret übernehmen wollen. Die Ergebnisse diesbezüglicher Erprobungen werden dann anhand ihrer bestehenden Werte und Ziele bzw. ihres bestehenden Wissens und ihrer Überzeugungen gemessen und führen entweder zu weiteren Veränderungen oder bestätigen bewährte traditionelle Praktiken. Zum anderen können die im Rahmen einer Lehrerfortbildung präsentierten Inhalte auch zunächst zur Reflexion der bestehenden Überzeugungen bzw. einer Erweiterung des fachlichen, fachdidaktischen bzw. pädagogischen Wissens eines Lehrers führen, die sich dann auf Veränderungen der Unterrichtspraxis bzw. der eigenen Werte und Ziele auswirken. Das im Entstehungsumfeld dieser Studie entwickelte Clarke/Peter-Modell des professionellen Veränderungsprozesses von Lehrern (Abb. 5) hat sich für die theoretische Abbildung der individuell verschiedenen Veränderungsprozesse als geeignet erwiesen, da es die Beschreibung der verschiedenen Strukturen dieser Prozesse zuläßt und somit ein besseres Verständnis des Gesamtkonzepts ermöglicht, was wiederum für die Konzeption von Lehrerfortbildungsmaßnahmen von Bedeutung ist (vgl. 6.3)

6.2 Bedingungsfaktoren beruflichen Lernens

Wie durch die Fallstudien von Kim und teilweise auch von Neil und Jeff belegt wird, ergeben sich in Zusammenhang mit der Teilnahme an intentionaler Lehrerfortbildung nicht zwingend Veränderungen auf kognitiver, affektiver und/oder unterrichtspraktischer

Ebene, da der Grad des individuellen Veränderungsprozesses von verschiedenen Faktoren und Bedingungen beeinflußt werden kann. Das berufliche Lernen von Lehrern, auf dem der Veränderungsprozeß letztlich basiert, wird dabei nicht nur von Bedingungsfaktoren in der Institution Schule beeinflußt und gesteuert, wie eines der von Baumann und Genger (1978) formulierten Forschungsdefizite der Lehrerfortbildung impliziert. Die bereits in der Vergangenheit vielfach festgestellte Kontextspezifität von Lehrerfortbildung ist vielmehr von einer 'Dreidimensionalität' derjenigen Faktoren und Bedingungen geprägt, die den individuellen Veränderungsprozeß beeinflussen. Die drei Dimensionen betreffen den Lehrer selbst, sein schulisches Umfeld sowie die Konzeption und Organisation der jeweiligen Lehrerfortbildung. Basierend auf den vier Einzelfallstudien konnten im einzelnen folgende interne und externe Bedingungsfaktoren von Lehrerfortbildung identifiziert werden:

Individuell biographische und entwicklungsbedingte Faktoren
Die vier Einzelfallstudien deuten auf einen engen Zusammenhang zwischen dem Lebensalter der am ARTISM-Programm beteiligten Lehrer sowie ihren jeweiligen beruflichen wie kognitiven Entwicklungsstadien (Oja, 1989) und ihrem beruflichen Lernen hin. Die jeweilige Phase der individuellen altersmäßigen, beruflichen und kognitiven Entwicklung scheint sich dabei auch auf den Grad der aus der Teilnahme an der Fortbildung resultierenden Veränderungen auf den drei o.g. Ebenen auszuwirken. Darüber hinaus ist anhand der Fallstudien deutlich geworden, daß auch bestehende Wissensgrundlagen und existierende Überzeugungen von Lehrern die im Rahmen der Lehrerfortbildung mehr oder weniger explizit angestrebten Veränderungen der Unterrichtspraxis ebenso positiv oder auch negativ beeinflussen können wie individuelle Dispositionen gegenüber berufsbezogenen Innovationen im allgemeinen und die eigenen Ansprüche und Erwartungshaltungen an eine Fortbildungsmaßnahme.

Bedingungsfaktoren für berufliches Lernen von Lehrern in der Institution Schule
Die Analyse der im Rahmen der Untersuchung aus multiplen Perspektiven erhobenen Daten hat ergeben, daß Ted, d.h. derjenige Lehrer, der ausgehend vom ARTISM-Programm die weitreichendsten Veränderungen gezeigt hat, seitens seiner Schule für einen solchen Veränderungsprozeß offenbar eine günstige Ausgangssituation und ein unterstützendes Umfeld hatte. Eine zentrale Rolle spielte in diesem Zusammenhang der Schulleiter, der die Beteiligung seiner Schule als Teil der Schulentwicklung verstanden hat. Dies führte zu einer hohen Übereinstimmung des schulischen bzw. curricularen Umfeldes im Sinne der Schulentwicklung mit den seitens der ARTISM-Konzeption angestrebten Veränderungen, ein Umstand, der Teds und auch Jeffs Entwicklungs-

prozeß entscheidend geprägt hat. Der positive Einfluß der Schulleitung, der auf der dem ARTISM-Programm beigemessenen Priorität beruhte, umfaßte sowohl die moralische Unterstützung der Teilnehmer durch Lob und Anerkennung ihrer Leistungen und Motivation zu weiteren Veränderungen als auch unterstützende Maßnahmen auf organisatorischer Ebene durch Bereitstellung von Finanzmitteln und, soweit möglich, auch Freistellung vom Unterricht bzw. Entlastung der Lehrer von administrativen Aufgaben. Ferner bemühte sich der Schulleiter aktiv und bewußt um ein positives, entspanntes Schulklima und trug besonders der Förderung und Unterstützung der kollegialen Zusammenarbeit bei der Stundenplanerstellung Rechnung, so daß Ted und sein Kollege Jack, mit dem er bereits in der Vergangenheit im Jahrgang 10 erfolgreich zusammengearbeitet hatte, diese Kooperation fortsetzen konnten. Wie die Fallstudie von Ted gezeigt hat, war seine kollegiale Zusammenarbeit mit Jack ein zentrales Element seines Veränderungsprozesses. Der hohe Grad ihrer Kollegialität läßt sich an der Übereinstimmung mit den vier in der Fachliteratur (Little, 1990) als wesentlich identifizierten Phasen bzw. Stufen[110] festmachen.

Keiner der drei anderen Fallstudienteilnehmer hatte für seinen beruflichen Lern- und Veränderungsprozeß eine ähnlich günstige Kombination unterstützender Faktoren und Ausgangsbedingungen seitens der Schule, und keiner von ihnen hat derart drastische, kontinuierliche und systematische Veränderungen auf allen drei oben beschriebenen Ebenen gezeigt.

Strukturell-organisatorische und konzeptionelle Voraussetzungen und Bedingungen intentionaler Lehrerfortbildung

Als wesentlicher strukturell-organisatorischer Bedingungsfaktor von intentionaler Lehrerfortbildung wird von allen am ARTISM-Programm beteiligten Lehrern, Schulleitern und Mathematik-Koordinatoren der Faktor 'Zeit' genannt. Allerdings hat dieser Aspekt mehrere Dimensionen: Zum einen beklagen vor allem die Lehrer einen Mangel an Zeit für die Erprobung und Implementation von Fortbildungsinhalten in die Unterrichtspraxis, da sie häufig bereits einen durch curriculare Verpflichtungen erzeugten Zeitdruck wahrnehmen. Zum anderen betreffen die Verweise auf den Aspekt Zeit den zeitlichen Rahmen der Durchführung von Fortbildungsprogrammen, wobei die Lehrer eindeutig Fortbildungsprogramme und -initiativen bevorzugen, die nicht im Anschluß an den Unterricht am Ende eines Tages stattfinden. Aus der Sicht der Schulleiter ist dies ein verständlicher Wunsch nach einer möglichst stressfreien und unbelasteten Lern-

---

[110] Diese vier Phasen umfassen (1) Berichte und Erzählungen über den eigenen Unterricht, (2) gemeinsame Suche nach Anregungen und Ideen, (3) gegenseitige Unterstützung und Hilfestellungen sowie (4) gezielte Zusammenarbeit bei der Unterrichtsplanung und -durchführung.

atmosphäre, dem sie vielfach jedoch aus finanziellen Gründen nicht Rechnung tragen können, da der dafür nötige Vertretungsunterricht im Budget der Schule nicht vorgesehen ist. Die Mathematik-Koordinatoren beklagen darüber hinaus auch einen Mangel an Zeit für die Organisation von Lehrerfortbildung und die individuelle Begleitung und Unterstützung der teilnehmenden Kollegiumsmitglieder.

Die in der internationalen Literatur vielfach geforderte 'Schulnähe', d.h. die nicht vom Arbeitsort Schule räumlich distanzierte Lehrerfortbildung (Edelhoff, 1988a) scheint aus der Sicht der am ARTISM-Programm beteiligten Lehrer im Gegensatz zur Auffassung der Programm-Entwickler nur von untergeordneter Bedeutung zu sein.

Die Erwartungshaltungen und Ansprüche der vier Fallstudienlehrer an die Konzeption von Lehrerfortbildung sind keineswegs konform, sondern variieren jeweils abhängig von ihren individuellen wie schulinternen Voraussetzungen und Bedingungen. Auch die Programmentwickler formulieren trotz genereller Übereinstimmung durchaus auch abweichende Prioritäten, die ihr persönliches differenziertes Verständnis von 'effektiver' Lehrerfortbildung und ihre diesbezüglichen Erfahrungen widerspiegeln. Die größte Übereinstimmung unter allen Beteiligten findet die Berücksichtigung der Praxisorientierung im Rahmen von Lehrerfortbildung, die im ARTISM-Programm im wesentlichen auf zwei Ebenen verankert ist und sowohl die individuelle Erprobung alternativer Unterrichtskonzepte, -methoden und -materialien und deren Reflexion als auch die Entwicklung bzw. Überarbeitung, Implementation und Evaluation einer Unterrichtseinheit umfaßt.

6.3 Fortbildungsdidaktische Kompetenzen der Fortbildner und ihre Auswirkungen auf Lernerfolge in der Lehrerfortbildung

Der Lehrerfortbildner und seine Kompetenzen standen in dieser Studie nicht explizit im Vordergrund der Untersuchung. Kernelemente seiner Arbeit sind die Planung, Konzeption, Implementation und Evaluation von intentionaler Lehrerfortbildung. In diesem Zusammenhang ist das Wissen von Lehrerfortbildnern über konzeptionelle Charakteristika effektiver Lehrerfortbildung[111] und der Transfer dieses Wissens in die Fortbildungspraxis von entscheidender Bedeutung. Somit spiegelt dieses Wissen und seine Orientierung am aktuellen Stand der Forschung auf diesem Gebiet auch die Kompetenz

---

[111] Die Effektivität von Lehrerfortbildung ist zwar generell in Abhängigkeit von den jeweiligen Zielen einer Fortbildungsmaßnahme zu sehen, impliziert aber im allgemeinen eine maximale Praxiswirksamkeit ihrer Inhalte in der Unterrichtspraxis der teilnehmenden Lehrer.

und Qualität eines Fortbildners. Aus den empirischen Ergebnissen ergibt sich anknüpfend an die Forderungen von Clarke (1991), Owen et al. (1988) sowie Wood & Thompson (1980) für die Konzeption von Lehrerfortbildungsmaßnahmen folgendes Fazit: Lehrerfortbildungskonzepte sollten den Fortbildungsteilnehmern je nach ihren unterschiedlichen Bedürfnissen, Vorlieben und Ansprüchen multiple Einstiegs-, Zugriffs- und Umgangsweisen mit den Fortbildungsinhalten und -zielen ermöglichen und ihnen bei ihrem individuellen Veränderungsprozeß Unterstützung auf den verschiedenen unterrichtspraktischen wie affektiven und kognitiven Ebenen bieten. Mit anderen Worten, Lehrer sollten als erwachsene Lerner die Möglichkeit zur aktiven Mitgestaltung und Steuerung ihres Lernprozesses erhalten. Fortbildungskonzepte, die den Lehrern diesbezüglich einen möglichst großen Entscheidungsspielraum einräumen und grundsätzlich verschiedene Arten und Qualitäten von Veränderungsprozessen im Sinne des Clarke/Peter-Modells zulassen und fördern, scheinen die größte Aussicht auf langfristige und dauerhafte Veränderungen zu beinhalten. Idealerweise bemühen sich solche Fortbildungskonzepte auch um die Integration des Schulleiters und beziehen sich auf die gemeinsame Teilnahme mehrerer Lehrer einer Schule (vgl. 5.2), um auch auf Schulebene bestmögliche Voraussetzungen für die individuellen Entwicklungsprozesse zu schaffen.

Darüber hinaus kann die gezielte weitere Erforschung der individuell biographisch verankerten und entwicklungsbedingten Faktoren des Entwicklungsprozesses von Lehrern (vgl. 5.1) in Zukunft dazu beitragen, das von Rice (1992a, 474) beschriebene Phänomen zu entmystifizieren, wonach sich unabhängig von der Konzeption und den schulinternen Bedingungen und Voraussetzungen von Lehrerfortbildung der berufliche Alltag einiger Lehrer drastisch verändert hat, während andere Lehrer an traditionellen Unterrichtsformen festgehalten haben.

6.4 Perspektiven für die Theorie und Praxis von Lehrerfortbildung

Im folgenden Ausblick sollen aus den empirischen Ergebnissen meiner Untersuchung Perspektiven für die Theorie und Praxis von Lehrerfortbildung abgeleitet und die sich aus meiner Sicht ergebenden Forschungs- und Handlungsaufgaben kurz charakterisiert werden.

Im Rahmen der vorliegenden Studie wurde eine methodische Vorgehensweise entwickelt, die die multiplen Perspektiven aller am Veränderungsprozeß beteiligten Personen[112] bei

---

[112] Betroffen sind in der vorliegenden Studie zum ARTISM-Programm neben den Lehrern und ihren Schülern auch die beteiligten Schulleiter und Mathematik-Koordinatoren sowie die ARTISM-Entwickler.

der Darstellung und Analyse der individuellen Veränderungsprozesse sowie ihrer kontext-spezifischen Faktoren und Bedingungen berücksichtigt. In dieser Arbeit wurde bewußt eine Kombination dieser verschiedenen Perspektiven gewählt, um den individuellen Veränderungsprozeß und seine Bedingungsfaktoren möglichst umfassend zu erhellen und ein diesbezügliches theoretisches Verständnis abzuleiten. Gerade für die genauere Erforschung der verschiedenen Dimensionen der Kontextspezifität individueller Veränderungsprozesse kann die separate Betrachtung und Untersuchung jeder einzelnen im Zusammenhang mit dem beruflichen Lernen von Lehrern relevanten Perspektive wertvolle Erkenntnisse liefern.

In Zusammenhang mit den individuell biographisch und entwicklungsmäßig verankerten Bedingungsfaktoren sind entscheidende Informationen sicherlich vorwiegend aus der Perspektive des Lehrers selbst zu erwarten. Die genauere Erforschung der Einflüsse der Schulleitung, Schulorganisation und des Schulklimas auf den Veränderungsprozeß von Lehrern erfordert hingegen in erster Linie auch Informationen seitens der Schulleiter und gegebenenfalls auch der Fach-Koordinatoren. Die wissenschaftliche Identifizierung der für effektive Fortbildung notwendigen strukturell-organisatorischen und konzeptionellen Charakteristika ist dagegen neben der Lehrerperspektive besonders auf die Perspektive der Lehrerfortbildner bzw. der verantwortlichen Programmentwickler (soweit diese Personenkreise nicht sogar identisch sind) angewiesen. Im einzelnen sind die sich diesbezüglich ergebenden weiteren Forschungsfragen und -themen bereits im vorangegangenen Kapitel formuliert worden.

Untersuchungen zur Wirksamkeit und Evaluation von Lehrerfortbildung, wie sie seit den achtziger Jahren verstärkt zu verzeichnen sind (vgl. 1.1.1.3), sollten meiner Ansicht nach zukünftig verstärkt auch Fragen bezüglich der Kontextabhängigkeit der individuellen Veränderungen einbeziehen. In der *theorieorientierten Evaluation* von Lehrerfortbildung, wie ich sie eingangs unter Rückgriff auf Wulf (1975) und Haenisch (1985) charakterisiert habe, sehe ich diesbezüglich eine für die Erfassung und Konkretisierung der Kontextspezifität des individuellen Veränderungsprozesses von Lehrern geeignete Forschungsmethode. Aus den empirischen Ergebnissen der vorliegenden Arbeit lassen sich meiner Meinung nach folgende Perspektiven für die Praxis von Lehrerfortbildung entwickeln:

Stärkere Berücksichtigung von subjektiven Theorien von Lehrern im Rahmen von Lehrerfortbildung

Aktion und Reflexion sind als die beiden charakteristischen strukturellen Elemente des auf Lernen und Erfahrungen beruhenden Entwicklungsprozesses von Lehrern identifiziert worden. Anhand der Einzelfallstudien, und hier besonders in bezug auf Kim, ist in diesem Zusammenhang ansatzweise deutlich geworden, daß das Handeln der Lehrer zu einem großen Teil auf bestehenden Überzeugungen, Werten, Zielen und Routinen beruht. Solche dem individuellen Unterricht zugrunde liegenden subjektiven Theorien von Lehrern (Heymann, 1982; Schlee & Wahl, 1987) sollten im Rahmen von Lehrerfortbildung künftig in viel stärkerem Maß rekonstruiert und analysiert werden, um schließlich basierend auf kritischen Reflexionen ggfs. bewußt und gezielt modifiziert werden zu können.

Verstärkte Integration der Lehrerfortbildung in die interne Schulentwicklung
Die Einbeziehung schulinterner Faktoren in die Fallstudien von Ted und Jeff hat besonders deutlich gemacht, daß die Wirksamkeit von Lehrerfortbildung offenbar verstärkt wird, wenn Lehrerfortbildung seitens der Schulleitung und davon ausgehend auch seitens des Kollegiums als Teil der internen Schulentwicklung verstanden und umgesetzt wird. Die Beitragschancen der schulinternen Lehrerfortbildung für die Schulentwicklung hat u.a. bereits Schönig (1990) festgestellt. Wie allerdings besonders Teds drastischer Veränderungsprozeß belegt hat, ist Lehrerfortbildung zu einem gewissen Grad auch auf externen Input seitens der Wissenschaft angewiesen und allein über schulinterne Fortbildung in umfassender Form nicht zu gewährleisten. Erstrebenswert erscheint mir in diesem Zusammenhang die verstärkte Integration und Beteiligung der Schulleitungen an Fortbildungsprojekten, um eine engere Verknüpfung angestrebter Veränderungen mit schulinternen Zielen und Ansprüchen zu ermöglichen. Die Wirksamkeit von kostenintensiver und damit wertvoller Fortbildungsarbeit könnte so sicherlich verstärkt werden.

Eine wichtige bildungspolitische Aufgabe, die sich abschließend aus den Erkenntnissen der Untersuchung ableiten läßt, ist mit meiner Hoffnung verbunden, daß diese Arbeit ein klein wenig dazu beitragen kann, den vielfach beschriebenen australischen "Fortbildungsethos" auch in Deutschland stärker zu verankern.

Bibliographie

Alisch, L.-M., Baumert, J. & Beck, K. (Hrsg.) (1990). *Professionswissen und Professionalisierung.* Braunschweig: Braunschweiger Studien zur Erziehungs- und Sozialwissenschaft.
Altrichter, H. & Posch, P. (1990). *Lehrer erforschen ihren Unterricht. Eine Einführung in die Methoden der Aktionsforschung.* Bad Heilbrunn: Klinkhardt.
Aregger, K. (Hrsg.) (1976). *Lehrerfortbildung. Projektorientierte Konzepte und neue Bereiche.* Weinheim: Beltz.
Aregger, K. & Lattmann, U. P. (1976). Lehrerfortbildung und Curriculumentwicklung. Ein integrierter Ansatz. In K. Aregger (Hrsg.), *Lehrerfortbildung. Projektorientierte Konzepte und neue Bereiche* (S. 57-118). Weinheim: Beltz.
Australian Education Council (1991). *A national statement on mathematics for Australian schools.* Melbourne, Vic.: Curriculum Corporation.
Baptist, P. (1987). Lehrerfortbildung in Mathematik an der Universität Bayreuth: Informationen und Reflexionen. *Zentralblatt für Didaktik der Mathematik, 19* (2), 48-50.
Barnett, C. S. & Tyson, P. A. (1993). Case methods and teacher change: Shifting authority to build autonomy. In B. Atweh, C. Kanes & M. Carss (Eds.), *Contexts in mathematics education. Proceedings of the Sixteenth Annual Conference of the Mathematics Education Research Group of Australasia* (pp. 75-81). Brisbane: Mathematics Research Group of Australasia.
Barnett, C. S. (1991). *Using case methods for mathematics inservice.* Paper presented at the annual meeting of the National Council of Teachers of Mathematics, New Orleans, Louisiana.
Barth, R. (1972). *Opening education and the American school.* New York: Agathon.
Barwon - South Western Region (1990-91). *EMIC Evaluation Report.* Melbourne: Victorian Ministry of Education.
Bauersfeld, H., Heymann, H. W., Krummheuer, G., Lorenz, J. H. & Reiß, V. (1982). *Analysen zum Unterrichtshandeln.* Köln: Aulis.
Bauersfeld, H. (1978). Kommunikationsmuster im Mathematikunterricht. In H. Bauersfeld (Hrsg.), *Fallstudien und Analysen im Mathematikunterricht* (S. 158-170). Hannover: Schroedel.
Baumann, R. & Genger, A. (1978). Lehrerfortbildung - Lernen für die Praxis? Zur Forschungslage in der Bundesrepublik. *Zeitschrift für Pädagogik, 24* (3), 373-382.
Becker, F. J. (1983). Adressatenbezogene Analyse und didaktische Entscheidungen bei der Planung von Lehrerfortbildungsveranstaltungen. *Unterrichtswissenschaft, 11* (3), 264-275.
Beesey, C. (1989). Exploring mathematics in classrooms. A model of professional development for teachers. In B. Doig (Ed.), *Everyone counts* (pp.108-110). Melbourne: The Mathematical Association of Victoria.
Begg, A. (1992) *Professional development: Designing programmes for high school mathematics teachers. (Teachers Guide).* Hamilton, New Zealand: Centre for Science und Mathematics Education Research, University of Waikato.
Bell, A., Brekke, G. & Swann, M. (1987). Diagnostic Teaching Part 5: Graphical interpretation. Teaching styles and their effect. *Mathematics Teaching, 120,* 50-57.
Berlin, B. M. & Jensen, K. (1989). Changing teachers. *Education and Urban Society, 22* (1), 115-120.
Berliner, D.C. (1987). Der Experte im Lehrerberuf: Forschungsstrategien und Ergebnisse. *Unterrichtswissenschaft, 15* (3), 274-284.
Berman, P. & McLaughlin, M. W. (1978). *Federal programs supporting educational change. Vol. VIII: Implementing and sustaining innovations.* Santa Monica: Rand Corporation.
Binneberg, K. (1985). Grundlagen der pädagogischen Kasuistik. Überlegungen zur Logik der kasuistischen Forschung. *Zeitschrift für Pädagogik, 31* (6), 773-788.
BLIPS Numeracy Initiative, Ministry of Education, Victoria (1989). *Exploring mathematics in classrooms. An introduction to EMIC.* Melbourne: Ministry of Education.
Bloch, J. A., Bünder, W., Frey, K. & Rost, J. (1981). *Charakteristiken der Lehrerfortbildung im naturwissenschaftlichen Bereich in der Bundesrepublik Deutschland.* Kiel: Institut für die Pädagogik der Naturwissenschaften an der Universität Kiel.
Böhmer, M. (1983). *Zentrale und dezentrale Lehrerfortbildung. Entwicklung, Strukturen und Innovationen.* Weinheim: Beltz.

Bönsch, M. (1983). Skizzen für ein neues Konzept der Lehrerfort- und -weiterbildung. In *Die Deutsche Schule, 75* (4), 314-321.

Bohnsack, F., Wenzel, H. & Wesemann, M. (1990). Möglichkeiten der Veränderung von Schule durch schulinterne Lehrerfortbildung - Perspektiven für eine künftige Praxis, Forschungs- und Bildungstheorie. In H. Wenzel, M. Wesemann & F. Bohnsack (Hrsg.), *Schulinterne Lehrerfortbildung. Ihr Beitrag zu schulischer Selbstentwicklung* (S. 217-239). Weinheim/Basel: Beltz.

Boomer, G. (1987). *Changing hearts and minds or changing structures? Current models / practices of inservice education: Limitations and assumptions.* Melbourne: University of Melbourne.

Botte, G. (1986). *Abwehrverhalten und Theoriefeindlichkeit beim Lernen von Lehrern.* Frankfurt: Gesellschaft zur Förderung Arbeitsorientierter Forschung und Bildung.

Brenn, H. (1984). Zehn Thesen zur Lehrerfortbildung. *Erziehung und Unterricht, 134* (2), 82-90.

Bromme, R. (1992). *Der Lehrer als Experte. Zur Psychologie professionellen Wissens.* Bern: Huber.

Bromme, R. & Strässer, R. (1990). Mathematik im Beruf: Die Beziehung verschiedener Typen des Wissens im Denken von Berufsschullehrern. In L.-M. Alisch, J. Baumert & K. Beck (Hrsg.), *Professionswissen und Professionalisierung* (S.207-226). Braunschweig: Braunschweiger Studien zur Erziehungs- und Sozialarbeit.

Bromme, R. (1989). *Der Lehrer als Experte. Möglichkeiten und Grenzen des Expertenansatzes in der Psychologie. Das Beispiel der Lehrerkognitionsforschung.* Habilitationsschrift. Universität Bielefeld.

Bromme, R. (1987). Die Untersuchung des professionellen Wissens von Lehrern. In G. A. Eckerle & J. L. Patry (Hrsg.), *Theorie und Praxis des Theorie-Praxis-Bezugs in der empirischen Pädagogik* (S. 179-204). Baden-Baden: Nomos.

Bromme, R. et al. (1981). *Perspektiven für die Ausbildung der Mathematiklehrer. Untersuchungen zum Mathematikunterricht Bd. 2.* Köln: Aulis.

Brookfield, S. (1988). Understanding and facilitating adult learning. *School Library Media Quarterly, 67* (46), 1-7.

Brophy, J.E. (1991). Conclusion to advances in research on teaching. Teachers' knowledge of subject matter as it relates to teaching practice. In J. E. Brophy (Ed.), *Advances in research on teaching: Teachers' subject matter knowledge and classroom instruction* (vol. 2, pp. 347-362). Greenwich, Connecticut: JAI Press.

Brügelmann, H. (1982a). Pädagogische Fallstudien: Methoden-Schisma oder -Schizophrenie? In D. Fischer (Hrsg.), *Fallstudien in der Pädagogik. Aufgaben, Methoden, Wirkungen* (S. 62-82). Konstanz: Faude.

Brügelmann, H. (1982b). Fallstudien in der Pädagogik. *Zeitschrift für Pädagogik, 28* (4), 609-623.

Bund-Länder-Kommission für Bildungsplanung und Forschungsförderung (1981). *Dimension und Grenzen der Evaluation schulischer Neuerungen. CERI-Seminar Neusiedl am See 1979.* Stuttgart: Klett-Cotta.

Burden, P. R. (1990). Teacher development. In. W. R. Houston (Ed.) (1990). *Handbook of research on teacher education* (pp. 311-328). New York: Macmillan.

Carlin, P. (1992). *Principal and teacher development: The critical keys to effective schools and quality teaching.* Melbourne: Catholic Education Office.

Carlin, P., Clarke, D.J. & Peter, A. (1992). The collaborative development and evaluation of a professional development program for junior secondary mathematics teachers. In D. R. Dymock (Ed.), *The impact of professional development on professional practice* (pp. 136-153). Armidale, NSW: University of New England.

Charlton, M. & Holmes-Smith, P. (1987). *An evaluation of the Key Group project: A professional development program.* Melbourne: Ministry of Education, Victoria.

Christmann, N. (1987). Lehrerfortbildung im Fachbereich Mathematik der Universität Kaiserslautern. *Zentralblatt für Didaktik der Mathematik, 19* (2), 55-57.

Clarke, D.J. & Hollingsworth, H. (1994). Reconceptualising teacher change. In G. Bell, B. Wright, N. Leeson & J. Geake (Eds.), *Challenges in Mathematics Education: Constraints on construction. Proceedings of the Seventeenth Annual Conference of the Mathematics Education Research Group of Australasia* (vol. 1, pp. 153-165). Lismore, NSW: Mathematics Research Group of Australasia.

Clarke, D. J. & Peter, A. (1993a). Modelling teacher change. In B. Atweh, C. Kanes & M. Carss (Eds.), *Contexts in mathematics education. Proceedings of the Sixteenth Annual Conference of the Mathematics Education Research Group of Australasia* (pp. 167-175). Brisbane: Mathematics Research Group of Australasia.

Clarke, D. J. & Peter, A. (1993b). *Classroom experimentation and teacher reflection in a dynamic model of professional growth.* Paper presented to the annual conference of the American Educational Research Association, Atlanta, Georgia.

Clarke, D.J., Carlin, P. & Peter, A. (1992a). *ARTISM - The art of teaching mathematics. A professional development program for secondary mathematics teachers.* Oakleigh, Victoria: ACU.

Clarke, D.J., Carlin, P. & Peter, A. (1992b). *Professional development and the secondary mathematics teacher: An interim report.* Research Report No. 6. Oakleigh, Victoria: Mathematics Teaching and Learning Centre, Australian Catholic Unversity.

Clarke, D.J., Carlin, P. & Peter, A. (1992c). Professional development and the secondary mathematics teacher: A case study. In B. Southwell, B. Perry & K. Owens (Eds.), *Space - The first and final frontier. Proceedings of the Fifteenth Annual Conference of the Mathematical Research Group of Australasia* (pp. 197-208). Richmond, NSW: Mathematics Research Group of Australasia.

Clarke, D.J. (1988). Realistic assessment. In D. Firth (Ed.), *Maths counts - who cares?*, Melbourne: Mathematical Association of Victoria (MAV).

Clarke, D.M. (1993). *Influences of the changing role of the mathematics teacher.* Dissertation, University of Wisconsin, Madison, USA.

Clarke, D.M. (1991). *The role of staff development programs in facilitating professional growth.* University of Wisconsin, Madison, USA.

Claussen, C. (1990). Freiwilligkeit in der Fortbildung von Lehrerinnen und Lehrern. *Die Grundschulzeitschrift, 4* (35), 2-3.

Clements, D.H. & Battista, M.T. (1990). Constructivist learning and teaching. *Arithmetic Teacher, 38* (1), 34-35.

Cloer, E. (1980). Geschichtliche Entwicklung der Lehrerfortbildung in Deutschland bis 1945. In U. Kröll (Hrsg.), *Institutionalisierte Lehrerfortbildung* (S. 13-37). Weinheim: Beltz.

Cobb, P., Wood, T. & Yackel, E. (1990). Classrooms as learning environments for teachers and researchers. In R.B. Davis, C.A. Mayer & N. Noddings (Eds.), *Constructivist views on the teaching and learning of mathematics* (pp. 125-146). Reston, Virginia: National Council of Teachers of Mathematics (NCTM).

Cockcroft, W. H. (1983). *Mathematics counts.* London: Her Majesty's Stationary Office (HMSO).

Cogan, J. & Anderson, D. (1977). Teachers' professional reading habits. *Language Arts, 54* (3), 254-258, 271.

Cooney, T. J., Wilson, M. R. & Shealy, B. E. (1992). *The role of research on teachers' beliefs in designing mathematics teacher education materials.* Paper presented to the annual meeting of the American Education Research Association, San Francisco.

Cossmann, R. (1988). Länderumfrage: Lehrerfortbildung. *Grundschule, 20* (1), 32-34.

Davis, R. B., Maher, C. A. & Noddings, N. (Eds.) (1990). *Constructivist views on the teaching and learning of mathematics.* Reston, Virginia: National Council of Teachers of Mathematics.

Day, C. (1985). Professional learning and researcher intervention: An action research perspective. *British Educational Research Journal, 11* (2), 133-151.

Desforges C. & Cockburn, A. (1987). *Understanding the mathematics teacher: A study of practice in first schools.* London: Falmer Press.

Deutscher Ausschuß für das Erziehungs- und Bildungswesen (Hrsg.) (1966). *Empfehlungen und Gutachten des Deutschen Ausschusses für das Erziehungs- und Bildungswesen 1953-1965. Gesamtausgabe.* Stuttgart: Klett.

Deutscher Bildungsrat (Empfehlungen der Bildungskommission) (1974): Zur Förderung praxisnaher Curriculum-Entwicklung. Stuttgart: Klett.

Deutscher Verein zur Förderung der Lehrerfortbildung und Lehrerweiterbildung e.V. (1988). *Fernstudium und das Lernen Erwachsener. Forum Lehrerfortbildung.* Heft 14. Grebenstein: DVLFB.

Dewe, B., Ferchhoff, W. & Radtke, F.-O. (1991). Das "Professionswissen" von Pädagogen. In B. Dewe, W. Ferchhoff & F.-O. Radtke (Hrsg.), *Erziehen als Profession? Zur Logik professionellen Handelns in pädagogischen Feldern* (S. 70-91). Opladen: Leske und Budrich.

Dewe, B. Ferchhoff, W. & Radtke, F.-O. (1990). Die opake Wissensbasis pädagogischen Handelns - Einsichten aus der Verschränkung von Wissensverwendungsforschung und Professionalisierungstheorie. In L.-M. Alisch, J. Baumert & K. Beck (Hrsg.), *Professionswissen und Professionalisierung* (S. 291-320). Braunschweig: Braunschweiger Studien zur Erziehungs- und Sozialarbeit.

Dewe, B. & Radtke, F.-O. (1989). Klinische Soziologie - eine Leitfigur der Verwendung sozialwissenschaftlichen Wissens. Dargestellt am Falle der Fortbildung von Lehrern. In U. Beck & W. Bonß (Hrsg.), *Weder Sozialtechnologie noch Aufklärung?* (pp.46-71). Frankfurt/Main: Suhrkamp.

Dewe, B. (1988). *Wissensverwendung in der Fort- und Weiterbildung.* Baden-Baden: Nomos.

Dietrichs, E. (1991). Professionalität. Ein Diskussionsbeitrag der Lehrerfortbildung. *Die Grundschule, 23* (4), 61-63.

Directorate of School Education, Victoria (Ed.) (1993). *Summary Statistics, Victorian Schools.* Melbourne: Directorate of School Education, Victoria.

Dollase, R. (1991). Kinder und Jugendliche gestern, heute, morgen - Konsequenzen von Zeitwandelstudien für die LehrerInnenaus- und -fortbildung. In S. Bäuerle (Hrsg.), *Lehrer auf die Schulbank* (S. 10-31). Stuttgart: Metzlersche Verlagsbuchhandlung.

Dossey, J. A. (1992). The nature of mathematics: Its role and its influence. In D. A. Grouws (Ed.), *Handbook of research on mathematics teaching and learning* (pp. 39-48). New York: Macmillan.

Doyle, W. (1990). Themes in teacher education research. In W. R. Houston (Ed.), *Handbook of research on teacher education* (pp. 3-24). New York: Macmillan.

Doyle, W. (1981). Research on classroom contexts. *Journal of Teacher Education, 32* (6), 3-6.

Doyle, W. & Ponder, G. A. (1977). The practicality ethic and teacher decision making. *Interchange, 8* (3), 1-12.

Drerup, H. (1987). *Wissenschaftliche Erkenntnis und gesellschaftliche Praxis. Anwendungsprobleme der Erziehungswissenschaften in unterschiedlichen Praxisfeldern.* Weinheim: Deutscher Studienverlag.

Dumke, A.: Lehrerfortbildung in der Nachkriegszeit - eine Reminiszenz. In U. Kröll (Hrsg.), *Institutionalisierte Lehrerfortbildung* (S.78-94). Weinheim: Beltz.

Eckerle, G. A. & Patry, J. L. (Hrsg.) (1987). *Theorie und Praxis des Theorie-Praxis-Bezugs in der empirischen Pädagogik* . Baden-Baden: Nomos

Edelhoff, C. (1988a). Lehrerfortbildung im Schnittfeld der Interessen und Bedürfnisse. *Pädagogik, 40* (6), 8-12.

Edelhoff, C. (1988b). Schulreform und die Anforderungen an den Lehrer. Aufgaben der Lehrerfortbildung. Verpflichtung oder Freiwilligkeit? *Die Deutsche Schule, 80* (3), 324-330.

Erickson, F. (1986). Qualitative methods in research on teaching. In M. C. Wittrock (Ed.), *Handbook of research on teaching* (pp. 119-161). New York: Macmillan.

Ernest, P. (1989). The impact of beliefs on the teaching of mathematics. In P. Ernest (Ed.), *Mathematics teaching: The state of the art* (pp.249-254). New York: Falmer Press.

Ernest, P. (1991). *The philosophy of mathematics education.* Hampshire: Falmer Press.

Faber, W. (1983). Lehrerfortbildung als Erwachsenenbildung. In Akademie für Lehrerfortbildung Dillingen (Hrsg.), *Lehrerfortbildung. Didaktik - Organisation - Reflexion* (S. 16-38). Akademiebericht Nr. 67. Dillingen: Akademie für Lehrerfortbildung.

Fend, H. (1986). Was ist eine gute Schule. *Westermanns Pädagogische Beiträge, 38* (7/8), 8-12.

Fennema, E. & Loef-Franke, M. (1992). Teachers' knowledge and its impact. In D. A. Grouws (Ed.), *Handbook of research on mathematics teaching and learning* (pp. 147-164). New York: Macmillan.

Fenstermacher, G.D. & Berliner, D.C. (1985). Determining the value of staff development. *The Elementary School Journal, 85* (3), 281-314.

Fischer, D. (1990). *Lehrerfortbildung. Entwicklung, Positionen und Aufgaben aus evangelischer Sicht.* Münster: Comenius.

Fischer, D. (1986). *Institutionen der Lehrerfortbildung. Dokumentation zur Organisation und Struktur staatlicher und kirchlicher Lehrerfortbildung.* Münster: Comenius.

Fischer, D. (1983). Lernen am Fall oder: Wohin führen Fallstudien in der Pädagogik? In D. Fischer (Hrsg.), *Lernen am Fall. Zur Interpretation und Verwendung von Fallstudien in der Pädagogik* (S. 8-21). Konstanz: Faude.

Fischer, D. (1982). Fallstudien in der Pädagogik: Erfahrungen und Perspektiven. In D. Fischer (Hrsg.), *Fallstudien in der Pädagogik. Aufgaben, Methoden, Wirkungen* (S. 229-238). Konstanz: Faude.

Friberg, D. (1981). *Lehrerfortbildung und Lehrerweiterbildung unter dem Anspruch auf Mitwirkung und Mitbestimmung der Lehrer.* Dissertation. Fachbereich Erziehungswissenschaften, Universität Essen.

Friberg, D. (1976). *Lehrerfort- und Lehrerweiterbildung - Eine Bibliographie deutschsprachiger Literatur von 1945-1974.* Düsseldorf: Landesinstitut für schulpädagogische Bildung Nordrhein-Westfalen. Informationen zur Lehrerfortbildung, Heft 11.

Frischkopf, A. (1981). Lehrerfortbildung. In W. Twellmann (Hrsg.), *Handbuch Schule und Unterricht, Bd. 1: Pädagogisch-personelle Aspekte der Schule und des Unterrichtens.* (S. 222-235). Düsseldorf: Schwann

Fullan, M. G. (1991). *The new meaning of educational change.* New York: Teachers College Press.

Fullan, M.G. (1990). Staff development, innovation and institutional development. In B. Joyce (Ed.), *Changing school culture through staff development* (pp. 3-25). Alexandria, VA: Association for Supervision and Curriculum Development.

Fullan, M., Bennett, B. & Rolheiser-Bennett, C. (1990). Linking classroom and school improvement. *Educational Leadership, 47* (8), 13-19.

Fullan, M. (1988). *Strategies for taking charge of the elementary school principalship.* Toronto: Ontario Public School Teachers' Federation.

Fullan, M.G. (1987). Implementing the implementation plan. In M. Wideen & I. Andrews (Eds.), *Staff development for school improvement. A focus on the teacher* (pp. 213-222). New York: Falmer.

Fullan, M.G. (1985). Change processes and strategies at the local level. *The Elementary School Journal, 85* (3), 391-420.
Fullan, M. G. (1982). *The meaning of educational change.* New York: Teachers College Press.
Fullan, M. G. & Pomfret, A. (1977). Research on curriculum and instruction implementation. *Review of Educational Research, 47* (2), 335-397.
Geiser, H., Frey, K. & Bünder. W. (1981). Strukturen der Evaluation in der Lehrerfortbildung. In A. Genger, C. Edelhoff & E. Müser (Hrsg.), *Wirksamkeit von Lehrerfortbildung für pädagogisches Handeln in der Schule* (S. 59-76). Fuldatal: Hessisches Insititut für Lehrerfortbildung.
von Glasersfeld, E. (Ed.) (1991). *Radical constructivism in mathematics education.* Dordrecht: Kluwer.
von Glasersfeld, E. (1987). *Wissen, Sprache und Wirklichkeit.* Braunschweig: Vieweg.
von Glasersfeld, E. (1983). Learning as a constructive activity. In J. C. Bergeron & N. Herscovics (Eds.) *Proceedings of the Fifth Annual Meeting of the North American Chapter of the International Group for the Psychology of Mathematics Education* (vol. 1, pp. 41-69). Montreal: North American Chapter of PME.
von Glasersfeld, E. (1981). Einführung in den radikalen Konstruktivismus. In P. Watzlawik (Hrsg.), *Die erfundene Wirklichkeit. Wie wir wissen, was wir zu wissen glauben. Beiträge zum Konstruktivismus* (pp. 16-38). München: Piper.
Good, T.L. & Grouws, D.A. (1987). Increasing teachers' understanding of mathematical ideas through inservice training. *Phi Delta Kappan, 69* (6), 778-783.
Gould, R. L. (1978). *Transformations: Growth and change in adult life.* New York: Simon & Schuster.
Greber, U., Maybaum, J., Priebe, B. & Wenzel, W. (Hrsg.) (1991). *Auf dem Weg zur 'Guten Schule': Schulinterne Lehrerfortbildung.* Weinheim: Beltz.
Groeben, N., Wahl, D., Schlee, J. & Scheele, B. (1988). *Forschungsprogramm Subjektive Theorien. Eine Einführung in die Psychologie des reflexiven Subjekts.* Tübingen: Francke.
Guba, E. G. & Lincoln, Y. S. (1981). *Effective evaluation: Improving the usefulness of evaluation through naturalistic inquiry.* San Francisco: Jossey-Bass.
Gunstone, R. F. & Northfield, J. R. (1988). *Inservice education: Some constructivist perspectives and examples.* Paper presented at the annual meeting of the American Educational Research Association, New Orleans.
Guskey, T.R. & Sparks, D. (1991). What to consider when evaluating staff development. *Educational Leadership, 49* (3), 73-76.
Guskey, T. R. (1986). Staff development and the process of teacher change. *Educational Researcher, 15* (5), 5-12.
Guskey, T. R. (1985). Staff development and teacher change. *Educational Leadership, 42* (7), 57-60.
Haenisch, H. (1988). *Evaluation in der Lehrerfortbildung: Ziele, Verfahrensweisen, Beispiele. Lehrerfortbildung in Westfalen.* Soest: Soester Verlagskontor.
Haenisch, H. (1986). Gute und schlechte Schulen im Spiegel der empirischen Schulforschung. *Westermanns Pädagogische Beiträge, 38* (7/8), 18-23.
Haenisch, H. (1982). *Lehrpläne auf dem Prüfstand. Grundlagen und Verfahren der Curriculumevaluation.* Paderborn: Schöningh.
Häring, L. (1983). Zur Zusammenarbeit zwischen staatlicher Lehrerfortbildung und Universität. Kurzdarstellung der Situation in Bayern. In Akademie für Lehrerfortbildung Dillingen (Hrsg.), *Lehrerfortbildung. Didaktik - Organisation - Reflektion* (S. 106-109). Akademiebericht Nr. 67. Dillingen: Akademie für Lehrerfortbildung.
Hagmüller, P. (1979). *Empirische Forschungsmethoden. Eine Einführung für pädagogische und soziale Berufe.* München: Kösel.
Hall, G.E., Rutherford, W.L., Hord, S.M. & Huling, L.L. (1984). Effects of three principal styles on school improvement. *Educational Leadership, 41* (5), 22-31.
Hall, G.E. & Loucks, S. (1978). Teachers' concerns as a basis for facilitating and personalizing staff development. *Teachers College Record, 80* (1), 36-53.
Hall, G.E. & Loucks, S. (1977). A developmental model for determining whether the treatment is actually implemented. *American Educational Research Journal, 14* (3) 263-276.
Haller, I. & Wolf, H. (1973). Neuorganisation der Lehrerfortbildung als Teilstück schulnaher Curriculumentwicklung. In U. Kröll (Hrsg.) (1980), *Institutionalisierte Lehrerfortbildung. Konzepte, Modelle und ihre Praxis* (S. 203-218).Weinheim: Beltz.
Hamacher, U. (1976). Professionalisierung und Curriculuminnovation. In K. Aregger (Hrsg.), *Lehrerfortbildung. Projektorientierte Konzepte und neue Bereiche* (S. 201- 239). Weinheim: Beltz.
Harney, K., Jütting, D. & Koring, B. (Hrsg.) (1987). *Professionalisierung der Erwachsenenbildung. Fallstudien.* Frankfurt/Main: Lang.
Harris, B.M. (1980). *Improving staff performance through in-service education.* Boston: Allyn & Bacon.

von Harten, G. & Steinbring, H. (1991). Lesson transcripts and their role in the in-service training of mathematics teachers. *Zentralblatt für Didaktik der Mathematik, 23* (5), 169-177.

Haughton, I. (1990). Continuing Maths. In M. A. Clements (Ed.), *Whither Mathematics? Proceedings of the Twenty-Seventh Annual Conference of the Mathematical Association of Victoria* (pp. 273-275). Melbourne: MAV.

Heck, G. & Schurig, M. (Hrsg.) (1982). *Lehrerfort- und Lehrerweiterbildung.* Darmstadt: Wissenschaftliche Buchgesellschaft.

Heckt, D.H. & Krichbaum, G. (1988). Fortbildung als Prozeß. *Grundschule, 20* (1), 8.

Henry, N. B. (Ed.) (1957). *In-service education for teachers, supervisors, and administrators. (Yearbook of the National Society for the Study of Education: Part I).* Chicago: University of Chicago Press.

Heymann, H.W. (1982). Didaktisches Handeln im Mathematikunterricht aus Lehrersicht. Bericht über zwei Fallstudien zu subjektiven Hintergründen des Lehrerhandelns. In H. Bauersfeld, H. W. Heymann, G. Krummheuer, J. H. Lorenz & V. Reiß, *Analysen zum Unterrichtshandeln* (pp. 141-167). Köln: Aulis.

Hinson, S., Caldwell, M.S. & Landrum, M. (1989). Characteristics of effective staff development programs. *Journal of Staff Development, 10* (2), 48-52.

Hofer, M.(1987). Denkprozesse von Lehrern. *Unterrichtswissenschaft, 15* (3), 259-260.

Hollingsworth. H. (1993). *Teacher change in primary mathematics - A study of teachers' perceptions and practice.* Colloquium Paper, Deakin University, Geelong (Australia).

Holly, M. L. & Blackman, C. (1981). Building a conceptual framework for professional development. *Action in Teacher Education, 3* (1), 1-10.

Hoover, W. (1989). *Staff development in rural, small schools: A view from educators in the southwest.* Austin, Texas: Southwest Educational Development Laboratory.

Hopf, C. (1984). Soziologie und qualitative Sozialforschung. In Hopf, C. & Weingarten, E. (Hrsg.), *Qualitative Sozialforschung* (S. 11-40). Stuttgart: Klett.

Hopkins, D. (1990). Integrating staff development and school improvement: A study of teacher personality and school climate. In B. R. Joyce (Ed.), *Changing school culture through staff development* (pp. 41-67). Alexandria, VA: ASCD.

Howey, K. R. & Vaughan, J. C. (1983). Current patterns of staff development. In G. Griffin (Ed.), *Staff development. 82nd yearbook of the National Society for the Study of Education* (pp.92-117). Chicago: University of Chicago Press.

Huber, L. (1971). Curriculumentwicklung und Lehrerfortbildung in der BRD. In G. Heck & M. Schurig (Hrsg.) (1982), *Lehrerfort- und -weiterbildung. Theoretische Grundlagen und praktische Verwirklichung in Deutschland nach 1945* (S. 154-170). Darmstadt: Wissenschaftliche Buchgesellschaft.

Huberman, A.M. & Miles, M.B. (1984). *Innovation up close: How school improvement works.* New York: Plenum Press.

Hunkins, F.P. & Ornstein, A.C. (1989). Curriculum innovation and implementation. *Education and Urban Society, 22* (1), 105-114.

Hunsaker, L. & Johnston, M. (1992). Teacher under construction: A collaborative case study of teacher change. *American Educational Research Journal, 29* (2), 350-372.

Hutson, H. M. (1981). Inservice best practices: The learnings of general education. *Journal of Research and Development in Education, 14* (2), 1-9.

Inhelder, B., Sinclair, H. & Bovet, M. (1974). *Learning and the development of cognition.* Cambridge, Massachusetts: Harvard University Press.

Institut für die Pädagogik der Naturwissenschaften an der Universität Kiel (Hrsg.) (1981). *Zur Rolle der Hochschule in der Lehrerfortbildung.* Universität Kiel.

Jackson, P.W. (1974). Old dogs and new tricks: Observations on the continuing education of teachers. In L. Rubin (Ed.), *Improving inservice education* (pp.19-29). Boston: Allyn & Bacon.

Johnson, N. (1989). *Teachers and change: A literature review.* Melbourne: Institute of Education, University of Melbourne.

Johnson, N. J. & Owen, J. M. (1986). *The two cultures revisited: Interpreting messages from models of teaching and clinical supervision to encourage improvement in teaching.* Paper presented at the Annual Conference of the Australian Educational Research Association, Melbourne.

Joyce, B. R (1990). The self-educating teacher: Empowering teachers through research. In B. R. Joyce (Ed.) *Changing school culture through staff development* (pp. 26-49). Alexandria, VA: Association for Supervision and Curriculum Development.

Joyce, B. R. & Showers, B. (1988). *Student achievement through staff development.* New York: Longman.

Joyce, B.R., Hersh, R.H. & McKibbin, M. (1983). *The structure of school improvement.* New York: Longman.

Joyce, B R. & McKibbin, M. (1982). Teacher growth states and school environments. *Educational Leadership, 40* (2), 36-41.
Joyce, B.R. & Showers, B. (1980). Improving inservice training: The messages of research. *Educational Leadership, 37* (5), 379-385.
Judd, C.M., Smith, E.R. & Kidder, L.H. (1991). *Research methods in social relations.* Fort Worth: Holt, Rinehart & Winston.
Jüttemann, G. (1981). Komparative Kasuistik als Strategie psychologischer Forschung. *Zeitschrift für klinische Psychologie und Psychotherapie, 29* (2), 101-118.
Karmel, P. (1973). *Schools in Australia: Report of the Interim Committee for the Australian Schools Commission.* Canberra: AGPS.
Kemnis, S. (1987). Critical reflection. In M. F. Wideen & I. Andrews (Eds.), *Staff development for school improvement. A focus on the teacher* (pp. 73-80). New York: Falmer Press.
Kemp, T. (1976). Was ist Weiterbildung? *Berufsbildung in Wissenschaft und Praxis, 5* (1), 2-4.
Killion, J. P. & Kaylor, B. (1991). Follow-up: The key to training for transfer. *Journal of Staff Development, 12* (1), 64-67.
Klippert, H. (1983). Grundriß einer Didaktik der Lehrerfortbildung. In H. Klippert, B. Herrmann, R. Heimlich & M. Deckwerth (Hrsg.) *Ganzheitliche Lehrerfortbildung. Begründung, Konzeption, Praxisberichte* (S. 149-254). Stuttgart: Burg.
Klippert, H., Herrmann, B., Heimlich, R. & Deckwerth, M. (1983). *Ganzheitliche Lehrerfortbildung. Begründung, Konzeption, Praxisberichte.* Stuttgart: Burg.
Kluth, M. & Witte, H. (1985). Fortbildung der Fortbildner. *Lehrerjournal, 53* (1), 21-24.
Knab, D. (1983). Lehrerfortbildung: Zufriedenheit und Interesse. *Unterrichtswissenschaft, 11* (3), 221-226.
Knab, D. (1981). Der Lehrer muß dran glauben. Was bedeutet Wirksamkeit von Lehrerfortbildung? *betrifft: Erziehung, 14* (3), 24-27.
Knapp, R. & Priebe, B. (1983). Schulinterne Lehrerfortbildung. Begründung, Möglichkeiten, Grenzen. *Schulmanagement, 14* (2), 10-15.
Knowles, K. (1984). *The adult learner: A neglected species.* Houston, Texas: Gulf.
Kohls, E. (1889). Fortbildung der Fortbildner - ein hoffnungsloses Unterfangen? *Schulmanagement, 20* (2), 26-31.
Koring, B. (1989). Zur Professionalisierung der Lehrtätigkeit. *Zeitschrift für Pädagogik, 35* (6), 771-788.
Kraak, B. (1987). Was Lehrerinnen und Lehrer denken und tun, erklärt mit der Handlungs-Entscheidungs-Theorie. *Unterrichtswissenschaft, 15* (3), 274-284.
Kröll, U. (Hrsg.) (1980). *Institutionalisierte Lehrerfortbildung. Konzepte, Modelle und ihre Praxis.* Weinheim: Beltz.
Krüger, P. (1978). *Lehrerfortbildung.Voraussetzungen, Möglichkeiten, Grenzen.* Oldenburg: M 1-Verlag.
Krüger, W. (1984). *Wissenschaftliche Weiterbildung. Eine Untersuchung zur Theorie und Didaktik der Wissenschaft in der universitären Weiterbildung.* Bad Heilbrunn: Klinkhardt.
Krumm, V. (1979). *Übersicht über Verfahren für die Evaluation von Lehrerfortbildung.* IPN Symposium Kiel, Arbeitspapier 8.
Kultusminister des Landes Nordrhein-Westfalen (1985). *Grundschule. Richtlinien Mathematik.* Köln: Greven.
Kunert, K. (1993). Ein Kollegium entwickelt sich. Zur Praxis der schulinternen Lehrerfortbildung. *Die Deutsche Schule, 88* (2), 195-208.
Lamnek, S. (1993). *Qualitative Sozialforschung. Bd 2. Methoden und Techniken.* Weinheim: Beltz.
Landesinstitut für Schule und Weiterbildung (Hrsg.) (1990). *Lehrerfortbildung Nordrhein-Westfalen. Fortbildungsdidaktische Analyse: Planung, Durchführung und Auswertung von Lehrerfortbildung.* Soest: Soester Verlangskontor.
Lehmann, R. (1983). Gütekriterien in Fallstudien. In D. Fischer (Hrsg.), *Lernen am Fall. Zur Interpretation und Verwendung von Fallstudien in der Pädagogik* (S. 51-57). Konstanz: Faude.
Lerman, S. (1989). Constructivism, mathematics and mathematics education. *Educational Studies in Mathematics, 20* (2), 211-223.
Levinson, D. J., Darbow, C., Klein, E. B., Levinson, M. & McKnee, B. (1978). *The seasons of man's life.* New York: Knopf.
Lewin, K. A. (1935). *Dynamic theory of personality.* New York: McGraw-Hill.
Liebau, E. (1983). Hochschule, Schule und Lehrerfortbildung - Perspektiven in einem schwierigen Dreiecksverhältnis. *Zeitschrift für Sozialforschung und Erziehungssoziologie, 3* (1), 116-125.
Lincoln, Y. & Guba, E. (1985). *Naturalistic inquiry.* Beverley Hills, California: Sage.
Lindeman, E.C. (1961). *The meaning of adult education.* Montreal: Harvest House.

Lindner, H. (1982). Die Fortbildung der Mathematiklehrer. In G. Heck & M. Schurig (Hrsg.), *Lehrerfort- und Lehrerweiterbildung* (S. 335-344). Darmstadt: Wissenschaftliche Buchgesellschaft.

Little, J.W. (1990). The persistence of privacy: Autonomy and initiative in teachers' professional relations. *Teachers College Record, 91* (4), 509-536.

Little, J.W. (1984). Seductive images and organizational realities in professional development. *Teachers College Record, 86* (1), 84-102.

Little, J.W. (1982a). Norms of collegiality and experimentation: Workplace conditions of school success. *American Educational Research Journal, 19* (3), 325-340.

Little, J.W. (1982b). Making sure: Contributions and requirements of good evaluation. *Journal of Staff Development, 3* (1), 25-47.

Loevinger, J. (1976). *Ego development: Conceptions and theories.* San Francisco: Jossey-Bass.

Lortie, D.C. (1975). *Schoolteacher: A sociological study.* Chicago: University of Chicago Press.

Loucks, S. F. & Melle, M. (1982). Evaluation of staff development: How do you know it took? *Journal of Staff Development, 3* (1), 102-117.

Louden, W. (1992). Understanding reflection through collaborative research. In A. Hargraeves & M.G. Fullan (Eds.), *Understanding teacher development* (pp. 178-215). London: Cassell.

Lovitt, C. & Clarke, D. M. (1988). *Mathematics curriculum and teaching program. Professional development package. Activity banks (vols 1 & 2).* Canberra: Curriculum Development Centre.

Lowe, I. & Lovitt, C. (1984). *Reality in mathematics education teacher development package - Lesson pack.* Melbourne: Education Department of Victoria, Curriculum Branch.

Lütgert, W. & Schüler, H. (1978). Curriculum-Entwicklung und Lehrer-Fortbildung. *Zeitschrift für Pädagogik, 24* (3), 351-362.

MacDonald, B. (1985). *Democratic evaluation.* Melbourne: Monash University, Clayton.

Maher, C. A. & Alston, A. (1990). Teacher development in mathematics in a constructivist framework. In R.B. Davis, C.A. Maher & N. Noddings (Eds.), *Constructivist views on the teaching and learning of mathematics* (pp. 147-165). Reston: NCTM.

Main, A. (1985). *Educational staff development.* London/Sydney: Croom Helm.

McLaughlin, M. W. (1991). Enabling professional development: What have we learned? In A. Lieberman & L. Miller (Eds.), *Staff development for education in the 90s* (pp. 61-82). New York: Teachers College Press.

McLaughlin, M. W. & Marsh, D. D. (1978). Staff development and school change. *Teachers College Record, 80* (1), 69-94.

McPherson, B. (1980) Are they in roses? Teachers and staff development. *Journal of Education, 162* (1), 120-134.

Meyer, R. (1985). *Lehrerfortbildung und Evaluation. Eine Untersuchung zur Evaluation in der Lehrerfortbildung in Niedersachsen.* Dissertation. Universität Hannover.

Middleton, J. A., Webb, N. L., Romberg, T. A. & Pittelman, S. D. (1990). *Teachers' conceptions of mathematics and mathematics education.* Madison, Wisconsin: Wisconsin Center for Education Research.

Miller, R. (1991). Schule von innen heraus verändern durch schulinterne Lehrerfortbildung: SCHILF. *Pädagogik, 43* (5), 6-10.

Miller, R. (1990). *Schilf-Wanderung. Wegweiser für die praktische Arbeit in der schulinternen Lehrerfortbildung.* Weinheim/Basel: Beltz.

Ministry of Education, Victoria (1989). *Reality in mathematics education.* Melbourne. Ministry of Education, Victoria (1988). *The mathematics framework p-10.* Melbourne.

Morawietz, H. (1980). *Unterrichtsdifferenzierung. Ziele, Formen, Beispiele und Forschungsergebnisse.* Weinheim: Beltz.

Münzinger, W. & Voigt, J. (1988). Routine und Reflektion. Fachspezifische Kommunikationsanalysen in der Lehrerbildung. *Die Deutsche Schule, 80* (3), 351-369.

Munro, R.G. (1976). Innovation without change. *Education, 25* (4), 14-18.

Murdoch, K. (1992). *Teachers, change and integrated curriculum.* Masters thesis. Institute of Education, University of Melbourne.

Mutzeck, W. (1991a). Von der Absicht zum Handeln. Zur Wirksamkeit von Fortbildungsinhalten für den Schulalltag. *Pädagogik, 43* (5), 24-26.

Mutzeck, W. (1991b). Transferorientierte Evaluation. In U. Greber, J. Maybaum, B.Priebe & W.Wenzel (Hrsg.), *Auf dem Weg zur 'Guten Schule': Schulinterne Lehrerfortbildung* (S. 481-513). Weinheim: Beltz.

Mutzeck, W. (1988). *Von der Absicht zum Handeln. Rekonstruktion und Analyse subjektiver Theorien zum Transfer von Fortbildungseinheiten in den Berufsalltag.* Weinheim: Deutscher Studienverlag.

Mutzeck, W. & Pallasch, W. (Hrsg.) (1983). *Handbuch zum Lehrertraining.* Weinheim: Beltz.

National Council of Teachers of Mathematics (1991). *Professional standards for teaching mathematics.* Reston, Virginia: National Council of Teachers of Mathematics.

National Research Council (1989). *Everybody counts: A report to the nation on the future of mathematics education.* Washington, DC: National Academy Press.

Nevermann, K. (1988). Omnipotenzerwartungen. Was Lehrer/innen und Fortbildner/innen alles können müssen. *Pädagogik, 40* (6),30-34.

Nevo, D. (1986). The conceptualization of educational evaluation: An analytical review of the literature. In E. R. House (Ed.), *New directions in educational evaluation* (pp. 15-29). London: Falmer Press.

Nickson, M. (1992). The culture of the mathematics classroom: An unknown quantity? In D. A. Grouws (Ed.), *Handbook of research on mathematics teaching and learning* (pp. 101-114). New York: Macmillan.

Niermann, J. (1981). *Methoden der Unterrichtsdifferenzierung.* Düsseldorf: Schwann.

Niklaus, D. (1979). Lehrerfortbildung - am Lehrer vorbei? *Westermanns Pädagogische Beiträge, 31* (12), 459-464.

Noddings, N. (1992). Professionalization and mathematics teaching. In D. A. Grouws (Ed.), *Handbook of research on mathematics teaching and learning* (pp. 197-208). New York: Macmillan.

Oja, S.N. (1989) Teachers: Ages and stages of adult development. In M. L. Holly & C. S. McLoughlin (Eds.), *Perspectives on teacher professional development* (pp. 119-154). London: Falmer Press.

Oja, S.N. (1980). Adult development is implicit in staff development. *Journal of Staff Development, 1* (2), 8-55.

Orlich, D. C. (1989). *Staff development. Enhancing human potential.* Boston: Allyn & Bacon.

Ornstein, A.C. (1982). Innovation and change: Yesterday and today. *High School Journal, 65* (8), 279-286.

Owen, J., Johnston, N., Clarke, D. M., Lovitt, C. & Morony, W. (1988). *Guidelines for consultants and curriculum leaders.* Melbourne: Curriculum Corporation.

Peter, A., Clarke, D. J. & Carlin, P. (1992). Facilitating change for secondary mathematics teachers. *Journal of Science and Mathematics Education In Southeast Asia, 15* (2), 67-79.

Petri, G. (1981). Was kann Evaluation zur Förderung der Effizienz von pädagogischen Entwicklungsprojekten beitragen? In Bund-Länder-Kommission für Bildungsplanung und Forschungsförderung (Hrsg.), *Dimension und Grenzen der Evaluation schulischer Neuerungen. CERI-Seminar Neusiedl am See 1979 (S. 61-75).* Stuttgart: Klett-Cotta.

Philipp, R. A., Flores, A., Sowder, J. T. & Schappelle, B. P. (1994). Conceptions and practices of extraordinary mathematics teachers. *Journal of Mathematical Behavior, 13* (2), 155-180.

Pinks, W. (1989). *Effective development for urban school improvement.* Paper presented to the annual meeting of the American Educational Research Association, San Fransisco.

Priebe, B. & Greber, U. (1991). Schulinterne Lehrerfortbildung: Ansätze, Entwicklungen, Diskussionsstände im Überblick. In U. Greber, J. Maybaum, B. Priebe & W. Wenzel (Hrsg.), *Auf dem Weg zur "Guten Schule": Schulinterne Lehrerfortbildung* (S. 5-20). Weinheim: Beltz

Priebe, B. & Schiffers, R. (1983). Wohin steuert die Lehrerfortbildung? *In Neue Deutsche Schule, 35* (17), 14-19.

Raapke, H. D. (1983). Beteiligung der Hochschulen an der allgemeinen Erwachsenenbildung als Herausforderung für Wissenschaft und Praxis. *Zeischrift für Pädagogik, 29* (18.Beiheft), 214-218.

Radtke, F.-O. (1980). Die Rolle der Universitäten in der regionalen Lehrerfortbildung. Perspektiven einer subjektbezogenen Lehrerfortbildung. *Bildung und Erziehung, 33* (4), 306-316.

von Recum, H. (1982). Perspektiven des Bildungswesens in den achtziger Jahren. *Die Deusche Schule, 74* (1), 10-22.

Redden, T. & Pegg, J. (1993). The psychology of problem solving as a vehicle for the analysis of professional development of inservice teachers. In B. Atweh, C. Kanes & M. Carss (Eds.), *Contexts in mathematics education. Proceedings of the Sixteenth Annual Conference of the Mathematics Education Research Group of Australasia* (pp. 493-497). Brisbane: Mathematics Research Group of Australasia.

Rice, M. (1993). Professional development for teachers of mathematics: Into the 1990s. In J. Mousley & M. Rice (Eds.), *Mathematics: Of primary importance. Proceedings of the Thirtieth Annual Conference of the Mathematical Association of Victoria* (pp. 189-195). Melbourne: MAV.

Rice, M. (1992a). Towards a professional development ethos. In B. Southwell, B. Perry & K. Owens (Eds.), *Space - The first and final frontier. Proceedings of the Fifteenth Annual Conference of the Mathematical Research Group of Australasia* (pp. 470-477). Richmond, NSW: MERGA.

Rice, M. (1992b). Teacher change: A constructivist approach to professional development. In W. Gleeson & K. Graham (Eds.), *Proceedings of the Sixteenth PME Conference* (vol. 2, pp. 250-257). University of New Hampshire, Durham.

Rice, M. (1991). *Key group: A case study in the professional development of primary mathematics teachers.* Paper presented to the Fourteenth Annual Conference of the Mathematics Education Research Group of Australasia, Gold Coast, Queensland.

Rice, M. (1990). *Key Group: How empowering is it? A case study in the professional development of teachers.* Paper presented to the Thirteenth Annual Conference of the Mathematics Education Research Group of Australasia, Hobart, Tasmania.

Rice, M. & Mousley, J. (1989). *Beyond 413: Teachers' reflections on mathematics education.* Paper presented to the Twelfth Annual Conference of the Mathematics Education Research Group of Australasia, Bathurst, NSW.

Robinson, I. (1989). The empowerment paradigm for the professional development of teachers of mathematics. In N. Ellerton & M. A. Clements (Eds.), *School mathematics: The challenge to change* (pp. 269-283). Geelong,Vic. (Australia): Deakin University Press.

Robinson, I. (1987). Exploring Mathematics In Classrooms (EMIC). In W. Caughey (Ed.), *From now to the future* (pp. 13-19). Melbourne: Mathematical Association of Victoria.

Robinson, I. (1986). Exploring Mathematics In Classrooms (EMIC). In N. Ellerton (Ed.), *Mathematics: Who needs what?* (pp. 80-85). Melbourne: Mathematical Association of Victoria.

Romberg, T. A. (1984). *Curriculum development and curriculum research: The difficulty of curricular reform in school mathematics.* Unpublished manuscript. University of Wisconsin, Madison.

Ruprecht, H. (1979). Lerntheoretische Grundlagen der Lehrerfortbildung. In A. Schmidt, *Didaktik der Lehrerfortbildung I - Lerntheoretische Grundlagen, Modelle und Möglichkeiten* (S. 9-64). Hannover: Schrödel.

Scheilke, C. T. (1978). *Von der akademischen zur pragmatischen Lehrerfortbildung. Probleme, Reformen, Perspektiven.* Dissertation. Fachbereich Sozial- und Verhaltenswissenschaften, Pädagogik, Eberhard-Karls-Universität, Tübingen.

Schifter, D. (1991). *Assessing the impact of a constructivist-oriented inservice program on mathematics instruction.* Paper presented at the Psychology of Mathematics Education Research Presession (Research Methodologies for Studying Teacher Change), Blacksburg, Virginia.

Schittko, K. (1984). *Differenzierung in Schule und Unterricht: Ziele, Konzepte, Beispiele.* München: Ehrenwirth.

Schlee, J. & Wahl, D. (Hrsg.) (1987). Veränderung subjektiver Theorien von Lehrern. Oldenburg: Universität Oldenburg, Zentrum für pädagogische Berufspraxis.

Schmidt, A. (1979). *Didaktik der Lehrerfortbildung I - Lerntheoretische Grundlagen, Modelle und Möglichkeiten.* Hannover: Schrödel.

Schmidt, A. (1980). *Didaktik der Lehrerfortbildung II - Kursgestaltung und Evaluation.* Hannover: Schrödel.

Schoen, D. A. (1983) *The reflective practitioner: How professionals think in action.* New York: Basic Books.

Schoenfeld, A. H. (1989). Problem solving in context(s). In R. Charles & E. Silver (Eds.), *Teaching and evaluating mathematical problem solving* (pp.82-92). Reston, Virginia: National Council of Teachers of Mathematics.

Schoenfeld, A. H. (1985). *When good teaching leads to bad results: The disasters of well taught mathematics classes.* Berkeley: University of California.

Schönig, W. (1990). *Schulinterne Lehrerfortbildung als Beitrag zur Schulentwicklung.* Freiburg/Breisgau: Lambertus.

Schönig, W. (1988). Schulinterne Lehrerfortbildung zwischen Autonomie und staatlicher Steuerung. Die schulinterne Lehrerfortbildung als Beitrag zur Schulentwicklung? *Neue Sammlung, 28* (3), 404-417.

Scholz, G. (1984). *Lehrerfortbildung als notwendiger und notwendig selbstbestimmter Lernprozeß zur Professionalisierung des beruflichen Handelns von Lehrern.* Dissertation. Fachbereich Erziehungswissenschaften, Johann Wolfgang Goethe-Universität, Frankfurt/Main.

Scott-Hodgetts, R. (1992). Qualified qualitative research: The best guide in our quest for quantifiable improvements. In F. Seeger & H. Steinbring (Eds.), *The dialogue between theory and practice in mathematics education: Overcoming the broadcast metaphor. IDM Materialien und Studien Bd. 38* (pp. 193-202). Institut für Didaktik der Mathematik, Universität Bielefeld.

Scriven, M. (1991). *Evaluation thesaurus. Fourth edition.* London: Sage.

Scriven, M. (1973). The methodology of evaluation. In B. R. Worthen & J. R. Sanders (Eds.), *Educational evaluation: Theory and practice* (pp. 60-106). Belmont, CA: Wadsworth.

Senatskommission Erziehungswissenschaft der Deutschen Forschungsgemeinschaft (1976). Empfehlungen zur Förderung erziehungswissenschaftlicher Forschung. *Zeitschrift für Pädagogik, 22* (1), 9-34.

Shealy, B. E., Arvold, B., Zheng, T. & Cooney, T. J. (1994). *Conceptualising the professional growth of preservice secondary mathematics teachers*. Paper presented at the annual meeting of the American Educational Research Association, New Orleans.

Showers, B., Joyce, B.R. & Bennett, B. (1987). Synthesis of research on staff development: A framework for future study. *Educational Leadership, 45* (3) 77-87.

Shulman, L. S. (1987). Knowledge and teaching: Foundations of the new reform. *Harvard Educational Review, 57* (1), 1-22.

Shulman, L. S. (1986). To those who understand: Knowledge growth in teaching. *Educational Researcher, 15* (2), 4-14.

Siemon, D. E. (1989). Knowing and believing is seeing: A constructivist's perspective of change. In N. Ellerton & M. A. Clements (Eds.), *School mathematics: The challenge to change* (pp. 250-267). Geelong (Australia): Deakin University Press.

Siemon, D. E. (1987). Effective strategies for changing school mathematics. *Vinculum, 24* (4), 13-28.

Simon, M. A. & Schifter, D. (1993). Toward a constructivist perspective: The impact of a mathematics teacher inservice program on students. *Educational Studies in Mathematics, 25* (4), 331-340.

Simon, M. A. (1989). *The impact of intensive classroom follow-up in a constructivist mathematics teacher education program*. Paper presented to the annual meeting of the American Educational Research Association, San Francisco. (ERIC Document Reproduction Service No. ED 313 351).

Simonis, H. (1983). Thesenpapier: Zusammenarbeit Hochschule - Lehrerausbildung/ Phase II - Lehrerfortbildung. In Akademie für Lehrerfortbildung Dillingen (Hrsg.), *Lehrerfortbildung. Didaktik - Organisation - Reflektion* (S. 110-114). Akademiebericht Nr. 67. Dillingen: Akademie für Lehrerfortbildung.

Skemp, R. R. (1978) Relational understanding and instrumental understanding. *Arithmetic Teacher, 26* (3), 9-15.

Smylie, M. A. (1988). The enhancement function of staff development: Organisational and psychological antecedents to individual teacher change. *American Educational Research Journal, 25* (1), 1-30.

Sparks, D. M. & Loucks-Horsley, S. (1990). Models of staff development. In W. R. Houston (Ed.), *Handbook of research on teacher education* (pp.234-250). New York: Macmillan.

Sparks, D. M. (1983). Synthesis of research on effective staff development for effective teaching. *Educational Leadership, 41* (3), 65-72.

Stake, R. E., Shapson, S. & Russell, L. (1987). Evaluation of staff development programs. In M. F. Wideen & I. Andrews (Eds.) *Staff development for school improvement. A focus on the teacher* (pp. 196-211). New York: Falmer Press.

Stake, R. E. (1986). Evaluating educational programmes. In D. Hopkins (Ed.), *Inservice training and educational development: An international survey* (pp. 245-254). London: Croom Helm.

Steffens, U. (1986). Erkundungen zur Wirksamkeit und Qualität von Schule. *Die Deutsche Schule, 78* (3), 294-305.

Steinbring, H. (1987). Schulmathematik zwischen praktischen Anforderungen und theoretischen Orientierungen. Erfahrungen in kooperativer Materialentwicklung und Lehrerfortbildung zur Stochastik in der Sekundarstufe I. *Zentralblatt für Didaktik der Mathematik, 19* (2), 57-64.

Steiner, H.-G. (1987). Lehrerfortbildung. Vorbemerkungen. *Zentralblatt für Didaktik der Mathematik, 19* (2), 4.

Stenhouse, L. (1982). Pädagogische Fallstudien: Methodische Traditionen und Untersuchungsalltag. In D. Fischer (Hrsg.), *Fallstudien in der Pädagogik. Aufgaben, Methoden, Wirkungen* (S. 24-61). Konstanz: Faude.

Stephens, W. M., Lovitt, C. J., Clarke, D. M. & Romberg, T. A. (1989). Principles for the professional development of teachers of mathematics. In N. Ellerton & M. A. Clements (Eds.), *School mathematics: The challenge to change* (pp. 220-249). Geelong, Victoria: Deakin University Press.

Strauss, A. (1987). *Qualitative analysis for social scientists*. Cambridge, MA: Harvard University Press.

Sullivan, P. (1989). *An investigation of the impact of pre-service teacher education and other professional support on classroom practices of primary teachers*. Dissertation. Faculty of Education, Monash University, Melbourne.

Tenorth, H.-E. (1989). Professionstheorie für die Pädagogik. *Zeitschrift für Pädagogik, 35* (6), 809-823.

Thompson, A. (1992). Teachers' beliefs and conceptions. A synthesis of the research. In D. A. Grouws (Ed.), *Handbook of research on mathematics teaching and learning* (pp. 127-146). New York: Macmillan.

Thompson, A. (1984). The relationship of teachers' conceptions of mathematics teaching to instructional practice. *Educational Studies in Mathematics, 15* (2), 105-127.

Tillmann, K.-J. (Hrsg.) (1989). *Was ist eine gute Schule?* Hamburg: Bergmann & Helmig.

Tuckman, B. W. (1978). *Constructing educational research.* New York: Harcourt Brace Jovanovich.
Voigt, J. (1991). Interaktionsanalysen in der Lehrerbildung. *Zentralblatt für Didaktik der Mathematik, 23* (5), 161-168.
Voigt, J. (1984). *Interaktionsmuster und Routinen im Mathematikunterricht - Theoretische Grundlagen und mikroethnographische Falluntersuchungen.* Weinheim: Beltz.
Wade, R. (1985). What makes a difference in in-service education? A meta-analysis of research. *Educational Leadership, 42* (4), 48-54.
Wagner, A. C., Barz, M., Maier-Störmer, S., Uttendorfer-Marek, I. & Weidle, R. (1984). *Bewußtseinskonflikte im Schulalltag.* Weinheim: Beltz.
Weathersby, R. & Tarule, J. M. (1980). *Adult development: Implications for higher education.* Washington: AAHE-ERIC/Higher Education Research (ERIC Document Reproduction Service No. 4 ED, 191-382).
Weber, H. (1987). *Evaluation eines Curriculums - Möglichkeiten und Probleme. Bd. 1: Theorieansätze.* Franfurt/Main: Lang.
Weniger, E. (1951). Die bleibenden Aufgaben der Lehrerfortbildung. *Westermanns Pädagogische Beiträge, 3* (3), 97-104.
Wenz, A. & Adams, C. D. (1991). Life after training: A look at follow-up. *Journal of Staff Development, 12* (1), 60-62.
Wenzel, H., Wesemann, M. & Bohnsack, F. (Hrsg.) (1990). *Schulinterne Lehrerfortbildung. Ihr Beitrag zu schulischer Selbstentwicklung.* Weinheim: Beltz.
Whitford, J. (1991). Continuing Maths continues. In J. O'Reilly & S. Wettenhall (Eds.), *Mathematics: Inclusive, dynamic, exciting, active, stimulating. Whither Mathematics? Proceedings of the Twenty-Eighth Annual Conference of the Mathematical Association of Victoria* (pp. 116-118). Melbourne: Mathematical Association of Victoria (MAV).
Wiersma, W. (1991). *Research methods in education.* Boston: Allyn & Bacon.
Will, K. (1987). *Lehrerfortbildung. Eine bundesweite Bestandsaufnahme. Schriftenreihe des Bildungs- und Förderungswerkes e.V. der Gewerkschaft Erziehung und Wissenschaft.* Frankfurt: GEW.
Wilson, P. S. (1989). Critical variables for teacher involvement in curricular change. In J. Malone, H. Burghardt & C. Keitel (Eds.), *The mathematics curriculum: Towards the year 2000* (pp. 331-336). Perth: Curtin University of Technology, Western Australia.
Wilson, S. (1977). The use of ethnographic techniques in educational research. *Review of Educational Research, 47* (1), 245-265.
Winter, H. (1987). Eine langjährige Zusammenarbeit mit Grundschullehrern. Reminiszenzen und Reflexionen. *Zentralblatt für Didaktik der Mathematik, 19* (2), 68-71.
Wittmann, E. C. (1987). Ein Fortbildungskurs für Grundschullehrer als Beispiel für Lehrerfortbildung im Rahmen mathematikdidaktischer Forschungs- und Entwicklungsarbeit. *Zentralblatt für Didaktik der Mathematik, 19* (4), 137-139.
Wittrock, M. (1974). Learning as a generative process. *Educational Psychologist, 11* (2), 87-95.
Wolcott, H. F. (1988). Ethnographic research in education. In R. M. Jaeger (Ed.) *Complementary methods for research in eduation* (pp. 187-210). Washington, DC: American Educational Research Association.
Wood, T., Cobb, P. & Yackel, E. (1991). Change in teaching mathematics: A case study. *American Educational Research Journal, 28* (3), 587-616.
Wood, E. F. (1989). *Staff development for mathematics teachers: Assumptions to consider.* (ERIC Documentation Reproduction Service No. ED 308 084).
Wood, F. H. & Thompson, S. R. (1980). Guidelines for better staff development. *Educational Leadership, 37* (5), 374-378.
Wottawa, H. & Thierau, H. (1990). *Lehrbuch Evaluation.* Bern: Huber.
Wulf, C. (1975). Funktionen und Paradigmen der Evaluation. In K. Frey. (Hrsg.), *Curriculum-Handbuch* (S. 580-600). München: Piper.
Yin, R. (1989). *Case study research: Design and methods.* London: Sage.
Zigarmi, P., Betz, L. & Jensen, D. (1977). Teachers' preferences in and perceptions of in-service education. *Educational Leadership, 34* (1), 545-551.

Glossar

Advanced Skills Teacher (AST)   Erfahrene Lehrer können sich auf (interne) Stellenausschreibungen zum *Advanced Skills Teacher* der Level 1 bis 3 bewerben. Diese Positionen sind mit erweiterten administrativen Aufgaben, wie der Koordination eines Jahrgangs oder Unterrichtsfachs in Zusammenhang mit entsprechender Stundenentlastung und Gehaltserhöhung, verbunden

Catholic Schools   Schulen, die zum Verbund der von der Katholischen Kirche gegründeten und z.T. finanziell getragenen Privatschulen gehören. Das Budget dieser Schulen wird zu 60-70 Prozent vom Staat mitgetragen

Chalk and Talk   Englisches Synonym für Frontalunterricht

Continuing Maths   Fortbildungsprogramm für Mathematiklehrer der Jahrgangsstufen 5-8, das anknüpfend an *EMIC* Ende der 80er Jahre vom *Ministry of Education, Victoria,* entwickelt, durchgeführt und finanziert wurde

Curriculum Coordinator   Lehrer, der für die Koordination des Gesamtcurriculums einer Schule bezüglich aller beteiligten Fächer und Jahrgangsstufen verantwortlich ist (in der Regel ein *Advanced Skills Teacher* Level 3)

Exploring Mathematics In Classrooms (EMIC)   Vom *Ministry of Education, Victoria,* geplantes und seit 1985 implementiertes und evaluiertes Fortbildungsprogramm für Primarstufenlehrer, die das Fach Mathematik unterrichten

Government Schools   Schulen, die komplett vom Staat getragen werden und nicht schulgeldpflichtig sind

Independent Schools   Privatschulen unterschiedlicher Träger, die weder zum staatlichen noch zum katholischen Schulsystem gehören, jedoch staatliche Finanzmittel erhalten

Junior Secondary Teacher	Lehrer für die Jahrgangsstufen 7 bis 10
Ministry of Education, Victoria	Das im australischen Bundesstaat Victoria für Bildung und Erziehung verantwortliche Ministerium
Number Skills	Rechenfertigkeit(en)
Open-ended Questions	"Offen" formulierte Fragen und Aufgabenstellungen, die mehrere richtige Lösungen haben
Prep/Preparatory Grade (Bezeichnung variiert in den einzelnen Staaten bzw Territorien)	Eingangsklasse der insgesamt siebenjährigen australischen Grundschule, die als 0 oder Prep bezeichnet wird und der sich die Jahrgangsstufen 1 bis 6 anschließen
Preservice Education	Ausbildung zum Lehrer entweder für die Primarstufe (Klassen 0 bis 6) oder die Sekundarstufe (Klasse 7 bis 12) an einer Hochschule oder Universität. Möglich ist entweder ein (vierjähriges) *Bachelor of Education* Degree für die Primar- oder Sekundarstufe bzw. ein (dreijähriges) *Bachelor of Arts / Science* Degree plus einjähriges *Diploma of Education*.
Primary School	Bezeichnung für die siebenjährige australische Grundschule (Klassen 0-6), für die im allgemeinen für alle Kinder ab dem fünften Lebensjahr Schulpflicht besteht
Principal	Schulleiter/Rektor
Problem Solving	Problemlösen
School-based Professional Development	Schulinterne Lehrerfortbildung
School Policy	Verbindliche innerschulische Entscheidungen über Curriculumsinhalte und Beurteilungspraktiken
School Support Centre	Vom *Ministry of Education, Victoria* getragene regionale Zentren, die für alle staatlichen Schulen in einem bestimmten Bezirk einen Beratungsservice auf verschiedenen Ebenen (Schulpsychologie, Sprachtherapie, Schülerseelsorge, Curriculumentwicklung, Lehrerfortbildung etc.) anbieten

Secondary School	Bezeichnung für alle weiterführenden Schulen (Klassen 7-10 bzw. 7-12), die an die Grundschule (*Primary School*) anschließen. In der Regel handelt es sich dabei in Australien um Schulen, die mit der deutschen Gesamtschule vergleichbar sind
Senior Secondary Teacher	Lehrer für die Jahrgangsstufen 11 und 12
Staff Development	Siehe *Professional Development*
Subject/Faculty Coordinator	Lehrer, der für die Koordination des Curriculums eines Fachs durchgängig für alle Jahrgangsstufen verantwortlich ist (in der Regel ein *Advanced Skills Teacher* Level 2 oder 3)
Teacher Inservice Education	Von unterschiedlichen Institutionen und Organisationen intentional veranstaltete Lehrerfortbildung
Teacher Professional Development	Dieser Begriff umfaßt generell alle Dimensionen und Formen von Lehrerfortbildung und impliziert in besonderem mit der Teilnahme an Lehrerfortbildung in Zusammenhang stehende Veränderungen der Unterrichtspraxis, des Wissens und/oder der Einstellungen und Haltungen von Lehrern.
Term	Anders als in Deutschland, wo das Schuljahr formal in zwei Schulhalbjahre unterteilt wird, teilt man in Australien das Schuljahr in vier Quartale, sog. "terms".
Textbook	Schul- oder Fachbuch
Unit	Unterrichtseinheit
Variation	Funktionale Abbildungen
Victorian Certificate of Education (VCE)	Der nach Klasse 12 in Victoria erworbene Schulabschluß, der generell (im Einzelfall für bestimmte Fächer abhängig vom Notendurchschnitt) das Studium an einer Hochschule oder Universität ermöglicht, zugleich ist *VCE* eine gängige Bezeichnung für die Anfang der neunziger Jahre reformierte Oberstufe (Jahrgangsstufe 11 und 12)